KB129105

실존주의 상담 및
심리치료의 기술

Emmy van Deurzen · Martin Adams 공저

이동훈 · 이정기 · 윤영선 · 임인구 · 강수운 공역

학지사

역자 서문

실존이라는 주제는 오래전부터 인간을 이해하는 철학적 개념의 하나였다. 상담 및 심리치료를 공부하는 학자나 전문가들에게 내담자를 이해하고 상담하는 데 있어서 실존주의는 구체적인 상담기법과 상담기술을 제공한다기보다는 하나의 큰 방향성을 제시해 주는 철학적 개념에 해당한다. 실존주의 심리치료는 제2차 세계대전 이후로 유럽에서 활발하게 일어났던 철학사상이다. 20세기에 합리주의와 실증주의에 대한 반동으로 실존주의가 활발하게 일어났던 것처럼 오늘날의 현대사회도 성과와 경쟁에 개인의 개성과 주체성이 매몰되어 개인의 삶 자체가 고통받는 시대가 되었다.

실존주의에서는 개인의 고통과 불행에 의미를 두고 우리 삶의 좋은 부분과 어두운 부분을 모두 의미 있는 부분으로 살펴보도록 강조한다. 삶 속에서 '나'라는 실존이 겪고 있는 본래의 주어진 것들을 탐색하고 그 속에서 존재하는 한계들을 수용하되, 거기에서 자기의 고유한 가능성과 존재의 의미를 찾아가도록 안내한다. 이를 통해 삶의 고통과 문제도 올바로 직면하고 수용하도록 우리를 안내함으로써 우리 삶의 지평을 넓히고자 한다. 이러한 실존주의의 본질과 삶의 철학을 이 책을 통해 전달하고 싶었다.

저와 더불어 이 책의 번역 작업에 참여하신 분은 먼저 국내에 실존주의 상담을 소개하고 실존주의 상담과 관련하여 활발한 활동을 하고 계시는 이정기 전 서울신학대학교 교수님이시다. 이정기 교수님은 이 책 외에도 『맑은 혼으로 꿈꾸기』『존재는 넉넉하다』『존재의 바다에 던진 그물』『그리스도 요법 입문』 등의 책을 쓰셨고, 『실존주의 상담학』『실존주의 상담과 심리치료의 실제』『영성과 심리치료』『정신통합』이라는 역서들을 출간하셨다. 이정기 교수님은 현재에도 한국실존치료연구소 대표로 실존아카데미를 운영하시면서 활발하게 한국에서의 실존주의 전문가 양성에 애쓰고 계신다. 또한 이정기 교수님과 함께 활동을 하고 계시는 윤영선 박사(한국실존치료연구소 소장)님과 임인구 박사(실존상담연구소 소장)님이 번역 작업에 참여하셨다. 또한 성균관대학교 외상심리건강연구소의 강수운 박사님이 번역 작업에 참여하셨다.

성균관대학교 외상심리건강연구소의 조은정 선생님이 꼼꼼하게 교정 작업을 해 주신 것에 감사드린다. 당초 이 원서 1판의 번역 작업이 거의 마무리되어 가던 중에 2판 원서가 나온 것을 알게 되면서 1판의 번역 작업을 중단하고 2판 번역을 처음부터 다시 하기로 결정하게 되었다. 1판과 2판 책을 한 문장한 문장 비교 · 검토해 가면서 재작업을 하느라 당초 출간을 마음먹었던 일정보다 무척이나 많은 시간이 소요되었다. 결국 거의 만 5년여 만에 이 책이 출간되었다. 1판에서 2판으로 일부 내용이 바뀐 부분을 하나하나 대조해 가는 과정에서 큰 도움을 준 성균관대학교 외상심리건강연구소의 김미현 선생님께도 깊은 감사를 드린다.

실존주의 상담 및 심리치료에 관심 있는 분들이 공부할 수 있는 또 하나의 좋은 책이 나올 수 있도록 오랜 시간 믿고 기다려 주신 학지사의 김진환 사장님께 깊은 감사를 드린다. 이 책이 나오기까지 물심양면으로 많은 도움과 지원을 해 주신 학지사의 관계자 선생님들께도 깊은 감사를 드린다. 국내에 몇권의 실존심리치료 서적이 나와 있지만 이 책이 실존주의 상담의 가치와 중요성을 아는 분들이 공부할 수 있는 또 하나의 자원이 될 것이다.

역자 대표
이동훈

제2판 서문

우리는 이 책의 제1판을 마쳤을 때, 제2판이 이렇게 빨리 나오리라고는 기대하지 않았다. 제1판을 출판한 후 곧 새롭게 제2판을 출판한다는 것은 상담과 심리치료에 실존주의 접근법을 결합하는 사람들의 전 세계적인 지속적 증가를 나타내고 있음을 증명하는 것이다. 이미 덴마크, 폴란드, 그리스, 한국, 페르시아, 터키에서 번역된 제1판은 명료하다는 평을 듣고 있는데, 우리는 제2판이 훨씬 더 명료하다는 평을 기대한다. 우리는 명료함의 장점을 믿는다. 만일 무엇인가가 명료하게 표현될 수 없다면, 그것에 대하여 분명하게 생각할 수 없을 것이다. 명료함은 사람들이 더 쉽게 논박하고 논의하게 하며, 우리의 의미가 분명하다면 명료함은 환영받을 수 있을 것이다. 그런 방식으로 인간의 지식은 발전한다.

전 세계적으로 실존치료가 보급된 것에 대한 최근의 조사(Correia et al., 2014)는 모두 6개 대륙 42개국에서 131개의 실존치료 기관이 공식적으로 설립되었다고 말한다. 대부분의 이 나라와 기관에서 온 대표들이 2015년 제1회 세계실존치료회의가 런던에 있는 New School of Psychotherapy and Counselling 주최로 모였다. 그리고 국제 조직인 세계실존치료연합(World Confederation for Existential Therapy: WCET)이 만들어졌다. 제2차 세계실존치료회의는 2019년 부에노스아이레스에서 열릴 것이다.

그 회의의 한 가지 구체적인 결과는 스티븐 다이아몬드(Stephen Diamond)

에 의해 회의가 시작되기 전에 시작된 프로젝트를 완성하는 것이었는데, 그것은 실존치료에 대한 공동 정의를 정하는 것이었다. 이것은 전 세계에서 온 100여 명의 실존치료사가 힘을 합하여 회의 후에 완성되었고, 홈페이지에서 볼 수 있다.

　이 책의 제1판이 나온 이래로 짧은 기간이었지만, 실존치료 영역은 확장되고 있다. 세계회의와 거기에 참여한 사람들 모두는 분명 그 일에 기여하였다. 우리는 제2판이 국제주의와 협력의 정신을 반영한다고 생각한다. 그것이 용어에 모순되는 것이 아니라면, 지속적이고 역동적인 변화는 실존적 본성의 한 부분일 것이다. 제1판에서 언급했듯이, 실존적 현상학의 기본적인 틀은 핵심적인 원리들을 중심으로 상당한 유연성을 허용한다. 실존치료가 때와 장소에 따라서 다른 방향으로 발달했기 때문에 그리고 앞으로도 계속해서 그럴 것이기 때문이다. 실존치료는 어느 누구의 소유도 아니다. 맥락에 매우 민감하기 때문에 지역 환경에 잘 적응할 수 있다. 지역 환경의 조사를 일관성 있게 하기 위하여 코레이아(Correia) 등은 제1판에서 우리가 언급했던 틀을 사용하였다. 그들은 실존치료를 현존재분석, 실존주의-인간중심 접근법, 실존적 현상학적 접근법(한때는 실존분석의 영국 학파로 불렸다) 그리고 의미요법의 네 가지로 나누었다. 이 모든 실존치료는 계속해서 발달하고 있고, 어떤 것은 처음에 나왔던 것보다 더 부각되었다. 코레이아 등(2014)은 그것들 사이의 차이점과 유사점에 대한 유용한 연구를 실행했다. 철학자 마르틴 하이데거(Martin Heidegger)는 우리가 우리의 과거를 소유하면서 그것을 부인하거나 부당하다고 주장하지 않고, 두려움과 통제가 아닌 결단과 기대를 갖고 있어야만 참되게 미래로 나아갈 수 있다고 말하였다. 마찬가지로 모든 실존치료사도 자신의 과거를 개인적으로 해석하게 된다. 우리 저자 중 한 명인 에미 반 두르젠(Emmy van Deurzen)은 철학과 국제주의 배경을 가지고 있고, 다른 저자인 마틴 애덤스(Martin Adams)는 정신분석과 공동체 행동의 배경을 가지고 있다. 이 책은 그러한 배경을 실존치료의 이해로 엮어 낸다. 나와 애덤스는 견고하게 실존주의 현상학적 전통에서 작업한다. 이 전통 또한 여러 부류로 발달하였다. 한 부류는 어네스토 스피넬리(Ernesto Spinelli)가 대표적인데, 그의 관계적 접근법은 그가 초기에 관심을 가졌던 칼 로저스(Carl Rogers) 이론을 도입하여 관계적이고 경험적인 주제를 강조한다. 이와는 대조적으로 우리가 이 책에서 나타내고자 하는 것은 보다 철학적 실존치료로서, 현상학적 · 해석학적 · 발견적 그리고 산파술과 변증법적 원리를 가지고 작업한다. 실존치료 영역을 검토한 믹 쿠퍼(Mick Cooper, 2017)는 치료 실제에 다원론적 틀을 발달시켰다. 그것 또한 실존주의 원리에 토대하고 있으며, 실존적 현상학적 접근법을 결합시킨다. 그의 해석은 인간중심 전통을 배경으로 한다고 알려져 있으나, 더 중요한 것은 실존치료에서 행동 연구의 가치와 필요성 그리고 사회 정의에 대한 관심으로 알려져 있다. 우리는 그의 연구와 우리의 연구가 일치한다고 생각한다.

이 책의 저자 두 사람 모두 실존적 현상학적 학파 입장에서 제2판을 쓰긴 했지만, 실존치료 기술, 사고방식과 철학적 입장은 같은 실존치료 나무의 네 가지 모두를 포괄한다. 실존적 현상학파의 특징은 매우 추상적이고 이해하기 어려운 경향이 있는 대륙 철학 모임 그리고 매우 실제적인 경향이 있는 영국 경험적 학파로부터 변증법적으로 생겨났다. 결과적으로 그것은 명료함과 철학적 엄격함의 장점을 결합시킨다.

치료와 상담 사이의 차이점과 유사점에 대하여 수년 동안 많은 논쟁이 있으나, 두 영역에서 만들어질 수 있는 유용한 점이 있다. 우리는 이 책의 성격과 제목 때문에 '상담사' '치료사' '심리치료사'라는 단어를 같은 의미로 사용한다.

실존적 개념이 확장된 것은 매우 큰 유익이 있고, 우리는 그것을 기뻐하면서 그것을 더 많이 이해한 것에 대하여 자긍심을 느낀다. 그러나 삶의 모든 것이 그런 것처럼 그것은 대가를 치른다. 점점 더 많은 사람이 실존적 지향성을 주장한다. 물론 그들이 실존치료의 재편성을 바르게 할 수는 있지만, 실존치료에 대한 오해가 생기기 시작하는 것 같다. 우리는 이 책에서 다양한 방식으로 그것들을 다루려 한다.

인간 존재는 무엇보다 중요해서 치료적 관점보다 앞선다. 우리는 윤리적으로 그리고 치료적 관점이 무엇이든 각 사람의 인간성을 인정하고, 우리 모두는 윤리적 행동이 무엇인지를 안다.

기술의 예에서 이 책이 말하는 것, 즉 우리가 하는 것과 우리가 그것을 하는 이유, 치료사에게 유용한 기술들 중에서 하나만 주어지기 때문에, 어쩔 수 없이 여러 가지 치료 모델 사이의 공통점과 중복이 있을 것이다. 이것이 혼란과 오해가 있을 수 있는 영역이다.

오해는 하나의 태도가 전반적으로 실존적 현상학적 철학의 맥락에서 나올 때 그리고 그것이 인간 존재에 대한 기본적인 가정을 공유하지 않는 다른 맥락에 적용될 때 생겨날 수 있다. 요리 비유를 사용하자면, 당신이 신선한 바질을 사용하지 않기 때문에 이탈리아 요리사가 되지 않는 것과 같다. 우리가 사물을 발견하는 방법과 우리가 가치 있게 여기는 증거가 무엇인지에 대한 일관성은 효과적인 삶에서 중요하다. 철학에서는 그것을 '인식론'이라 부른다. 두 가지 치료 양식이 특별한 기술을 주장하기 때문에 그것이 같은 이유로 그것을 하고 있다는 의미는 아니다. 하나의 다른 이유는 다른 효과를 보여 줄 것이다. 인간 존재는 하나의 결정론적 원리로만 움직이지 않는다. 의도와 행동에 일관성이 있기 위하여, 인간은 그 사람에 대한 같은 이미지와 같은 원리들 위에 있어야 한다.

이 책에서 우리는 중요한 많은 주제를 다루고, 실존치료사가 그 주제를 어떻게 보는가를 명료화한다. 우리는 그것이 실존치료에서 생겨나는 오해를 없앨 수 있기를 바란다. 그것은 이 책 전체에서 나올 것이고 중요한 것은 강조될 것이다.

이 책은 일차적으로 실존상담과 심리치료의 기술에 대한 것이다. 이 책에서 '이론' '실제' '방법'과 같은 단어를 사용할 수는 없다. 그런 단어들은 매우 익숙하지만 다른 많은 익숙한 단어처럼 우리가 실제로 알고 있었어도 서로 바꿔 쓰면서 결과적으로 부정확하게 사용하기 시작한다면, 얼마 지나서는 그것들이 무엇을 말하는지를 잊게 된다. 이것은 혼란을 야기할 수 있다. 따라서 이제 기억하기에 유용한 정의를 제시할 것이다.

이론은 관찰된 것을 묘사하고 설명하고 어떤 일이 일어날지를 예측하려 한다. 이론은 관찰에 의하여 발달되어, 공통 요소들을 밝히고, 관찰된 요소들 사이의 관계에 대한 질문을 발달시켜, 그것을 검증하고, 결과를 평가하며, 그에 따라 이론을 수정한다. 이론은 하나의 추상적 개념이다. 일반화되고 밝혀진 규칙과 원리는 언제나 원자료의 복잡성을 단순화시킬 것이다. 이것은 필요하지만 정확성의 대가를 치른다. 이론을 생각하는 또 다른 방법은 지도이다. 우리는 지도가 실제 영토와 같지 않다는 것을 기억해야 한다. 지도는 부분적일 뿐이다. 그것은 만들어지자마자 낡은 것이 되고, 실제 영토와 같지 않게 된다. 어떤 지도도 모든 것을 담을 수 없다. 그것은 특별한 것을 보여 주기 위하여 다른 것은 가릴 수밖에 없다. 지도의 종류는 많고 각각의 지도는 여러 척도로 다른 영역의 특징을 보여 준다. 각각의 지도는 특별한 이유와 목적, 특별한 시간을 위하여 특별한 현실을 보여 주기 위하여 제작된다. 그것은 구체적인 맥락을 갖는다. 비유를 너무 멀리서 보지 않는다면, 모든 것은 수직적으로 위에서 보는 영토를 보여 준다. 그것은 마치 유일한 관점인 것 같다. 관찰하고 알아차리며 타당성을 주기 위한 요소가 무엇인지에 대하여 선택하고, 그것은 이론으로 가능하게 된다. 만일 이론이 그다음의 경험으로 수정되지 않는다면, 그것은 유용하지 않게 된다. 즉, 그것은 문자 그대로 사용할 수 없고, 이론이 아니라 도그마, 미신, 추측, 신념일 뿐이다. 우리는 보통 학습하고 이해할 때를 제외하고, 삶의 매 순간에 이론을 검증하고 만든다. 더 나아가 우리는 삶에서 다양한 관점을 가짐으로써 위로부터, 함께, 아래로부터, 다른 사람의 관점으로부터 이론을 만든다. 그것은 우리가 세계관을 구성하는 방법이다. 우리가 더 많은 관점을 가질수록 우리의 세계관은 더 완벽해지고 탄력적이 된다. 그러나 완벽한 세계관은 결코 가능하지 않다는 것을 기억해야 한다. 우리의 지식은 언제나 부분적이다. 성공적인 삶은 여러 가지 방식으로 우리의 지식이 부분적이고 불완전하다는 것을 발견하는 것이다.

보다 구체적으로 보면, 치료 이론은 다음 네 가지 기준을 충족시킬 필요가 있다. ① 한 사람의 본성에 대한 기본적인 가정을 진술하고, ② 성격을 어떻게 획득하는가를 설명하며, ③ 성격을 어떻게 영속시키는가를 설명하고, ④ 이 성격을 기본적인 가정과 일치하도록 변화시키는 실제적인 방식을 제시한다. 우리는 지금 우리가 어디에 있는가를 지도로 나타내는 전자 방식에 익숙하지만, 구글 지도는 여전히 역사의 영향을 받고 선택적이어서 어떤 대체물도 없다. 우리가 할 수 있는 유용한 질문은 '치료를 위한 전지구위치파악시스템(GPS)과 같은 것이 있을 수 있다면 그것은 무엇일까?'이다. 우리는 그것을 삶에서 다양한 관점으로부터 얻는다는 것을 기억해야 할 것이다.

종종 모르고 있는 것이 있는데, 그것은 모든 이론이 이론을 만드는 이론에 기초해 있다는 것이다. 다른 치료적 관점과 이론은 자신의 이론을 구성하는 개념이 어떻게 도출되었는가를 분명하게 알지 못한다. 증거기반 실제와 증거의 위계에 기초한 연구를 하는 요즈음, 그것은 중요하게 고려할 사항이다. 실존치료는 어떤 종류의 증거를 소중하게 여기는가에 대하여 매우 분명하고 투명하다. 다른 모든 이론과 다르게 만드는 한 가지는 그것이 언제나 현상 연구 방법에 기초하고 있다는 것이다. 실존적 사고는 논쟁을 즐기고, 그 논쟁은 근거가 분명할 때만 효과적일 수 있다. 어떤 사람은 실존주의 철학 원리에 동의하지 않을 수 있지만, 더 중요한 것은 왜 동의하지 않는가를 아는 것이다.

실존치료는 기법에 회의적이고 그 이유도 분명하다. 빅터 프랭클(Viktor Frankl)은 그것을 잘 요약한다. "우리가 환자를 기계와 같이 본다면, 치료사는 기술자로 볼 수 있다."(2000: 26) 기법이라는 단순한 형태로 당신은 주어진 환경에서 특별한 결과를 성취하기 위하여 무엇을 해야 하는가에 대한 구체적인 설명을 따른다. 그것은 이론적 원리를 조작화하는 방식이다. 그러나 행동하려는 의도를 기계화하고 그것을 기법으로 일반화하는 것은 위험하다. 그때 우리는 그 사람뿐만 아니라 관계도 제거하게 된다. 그것은 치료사의 태도와 의도에 대한 살아 있는 인간의 의미와 일관성에 초점을 맞추는 실존치료의 모든 원리에 역행한다. 신념과 실행 사이에 간극이 있을 때, 충분한 주의와 개인적 헌신 없이 무엇인가를 할 때, 행동은 기법이 된다. 실존치료사는 기법의 비

인간적 결과에 초점을 맞추기보다 자신의 경험, 자신의 성실성과 가치의 진실성을 신뢰하는 경향이 있다. 따라서 여기에서는 '기술(skills)' 또는 '실제(practice)'(또는 실천, praxis)라는 용어를 사용하여 우리의 신념을 실행하고 보여 준다. 우리는 성공적인 삶이 기법(technique)의 획득이 아니라 기술 획득의 과정이라고 생각한다. 기법은 도구이고, 기술은 존재를 소유하는 방식이다. 기술은 우리가 어떻게 존재하는가를 말한다. 망치는 그것을 사용하기 위하여 기술을 가지고 있을 때만 유용하다. 그렇지 않으면 그것은 위험하다. 이러한 구분이 치료 세계에서는 중요하다. 왜냐하면 기법은 치료를 조작하고 비인간화된 전략이 되게 하기 때문에, 제한된 계약 모델로 쉽게 인식된다. 상담에서는 기술에서 기법으로 바뀔 위험이 언제나 존재하고, 실존치료사는 이 위험에서 결코 자유로울 수 없다. 우리가 지름길을 구하려는 것은 인간적 실패를 나타낸다. 그러나 우리가 실존적 현상학적 원리를 고수한다면, 그 위험을 줄이고 그것에 대한 자각을 높일 것이다.

마지막으로 그리고 중요하게, '철학'이라는 단어는 고대 그리스에서 유래한 것이고 '지혜의 사랑'을 의미한다. 그리고 현실, 실존, 지식, 가치, 이유, 마음과 언어와 같은 일반적이고 근원적인 문제를 연구한다. 철학은 그러한 주제들을 엄격하게 체계적이고 분석적으로 다루는 특징을 지닌다. 실존주의 철학은 현상학에 기초해 있기 때문에, 실존주의 철학에 기초한 치료 실제는 일반적인 삶의 문제를 현상학적으로 살펴보고 그것을 이해하고 분석하여, 지혜를 증가시킨다.

이 책에는 다른 이론적 관점과 실존치료 사이의 관계에 대한 새로운 특별한 관점이 있다. 우리는 너무나 많은 사람이 실존치료에 대하여 가지고 있는 오해를 다룰 것이다. 그중 어떤 것은 뿌리 깊은 가정이고, 어떤 것은 지식의 부족이나 잘못된 정보에 따른 것이다. 우리는 실존치료에 대한 일반적인 오해를 직접적으로 다룰 것이다.

● 실존주의 개념은 비관적이다

실존주의 개념은 인간 실존에 대한 것이기 때문에 진리로부터 멀리 있는 것이 있을 수 없다. 많은 부정적인 면이 있는 것도 진실이지만, 인간 실존은 긍정적인 면도 많다. 우리가 자신의 의견대로 살고 외로움과 소외를 이해해야 한다는 사실은 실제로 우리의 선택과 행동의 결과가 절망의 원천이 아니라, 개인적 성취로 주장할 수 있기 때문에 희망의 원천이 될 수 있다. 우리의 운명이 결정되어 있기 때문에 우리가 자유롭지 못하다면 실존주의는 비관적일 것이다. 삶은 그것이 주는 도전에 참여하지 않거나 익숙하지 않은 사람들에겐 어둡고 비관적으로 보일 뿐이다. 치료에 오기로 선택한다는 것은 종종 이것을 검토하기 위하여 용기 있는 첫발을 내디딘 것이다.

● 실존상담은 과거에 관심이 없다

실존치료사는 상담을 지금 여기에만 제한하지 않는다. 그들은 전 생애에 관심을 갖는다. 생물학적 생일은 알고 있지만, 실존적 탄생은 보다 복잡하고 사실 한 사람의 실존 전체이다. 인간 발달에 대한 실존적 이론은 우리가 발달하고 성숙하며 쇠퇴하고 죽음에 다가가는 실존 변화를 어떻게 이해하는가에 관심이 있다. 우리는 과거의 선택에 따라 현재 삶이 어떻게 제한되었는가를 이해할 수 있을 때 회복력과 개방성을 가지고 불확실한 미래에 직면할 수 있다. 우리가 사실이라고 생각했던 것이 실제로는 선택이었음을 이해할 때 과거를 현재로 고집스럽게 가져오지 않게 되며, 어떻게 살지에 대한 적절한 선택을 더 자주 할 수 있다.

● 실존주의는 주관적이고 개인주의적이다

우리의 자율성은 근본적인 것이지만, 우리가 다른 사람들 그리고 세계와

기본적으로 연결되어 있는 것에서 우리의 의미와 정체성이 생긴다는 것도 사실이다. 우리는 서로 다른 사람과, 사물과, 우리 자신과, 우리가 소중하게 여기는 생각과 관계 맺는 방식에 따라 정의된다. 모든 사람이 답을 해야 하는 질문들 중 하나는 '나는 어떻게 나이면서 타인과 연결될 수 있는가?'이다. 우리를 완벽한 소외로부터 지키는 것은 타인과 연결되어 있는 것이지만, 우리는 개별성을 유지하는 다름에 대한 욕구도 가지고 있다. 이것은 우리 모두가 가지고 있는 딜레마이다.

● 실존상담은 지적이다

실존치료는 매우 실제적이고 경험에 기초한 치료로, 삶의 사실을 철학적으로 이해하는 것에 근거한다. 실존치료사는 일상적 경험의 문제를 이해하려고 고심하기 때문에 우리는 더 지략적으로 살 수 있다. 철학을 읽는 것보다 더 중요한 것은 실존적으로 사는 것이 무엇을 의미하는가를 아는 것이다. 우리가 인간 존재로서 가지는 유일한 권위는 우리 자신의 경험에 대한 권위이고 삶의 모순에 대하여 배운 것에 대한 권위이다. 우리는 똑같이 어두운 밤에 형제자매와 같은 내담자들과 연결되기 위하여 그것을 사용한다. 우리 모두는 같은 배를 타고 있다. 이 경험은 깊은 지식과 새로운 확신뿐만 아니라 겸손도 가져다준다. 왜냐하면 우리 모두가 같은 역설과 딜레마를 공유한다는 것을 알고 있기 때문이다. 우리는 치료사로서 우리가 다루고 있는 고통에서 예외가 아니다.

● 어떤 것이라도 실존치료 실제로 들어간다

이러한 오해는 실존상담사들이 '그들이 무엇을 하는가'에 대하여 말하기를 꺼리는 것에서 생겨난다. 그들은 훈련생들에게 자신만의 스타일을 발달시킬 책임을 주고 싶어 한다. 그러나 진실은 언제나 더 복잡하다. 실존상담은 현상학에 기초해 있기 때문에 체계적이다. 현상학의 원리에 진실할 수 있음으로써

만 우리의 상담 실제는 실존의 소여성에 진실할 수 있게 된다. 이론과 실제를 연결하는 것이 이것이다. 이것은 실존상담이 경직되고 정형화된 것이라고 말하는 게 아니다. 우리는 결코 관계가 어떻게 발전할 것인지를 예측할 수 없다. 단지 치료사가 현상학의 윤리적 실제적 원리를 고수함으로써 실존의 소여성에 진실할 수 있다.

이 책은 보다 미묘한 다른 변화와 함께 완전히 새로운 두 개의 장이 있다. 하나는 실존 기술을 적용할 수 있는 수많은 다른 맥락에 대한 것이다. 그 맥락은 수퍼비전, 코칭, 부부와 가족 상담, 집단상담, 삶의 양단에 서 있는 사람들에 대한 상담 등이다.

다른 하나는 21세기에 상담과 심리치료에 직면하는 수많은 도전에 대한 것이다. 즉, 보건 서비스, 연구, 상담심리학 전문가 출현, 디지털 기법으로 치료 작업을 하는 것 등의 도전에 대한 것이다.

이 책의 또 다른 혁신은 인터넷을 이용한다는 것이다. 우리는 책으로부터 배우기와 읽기의 경험을 더하고 향상시킬 많은 발표와 인터뷰, 이야기를 인터넷에서 발견할 것이다.

우리는 이러한 모든 새로운 특징들이 이 책이 실존치료를 이해하는 데 기여하는 것을 한층 더 강화시키길 희망한다.

온라인 내용

- 실존치료에 대한 공동의 정의
- 에미 반 두르젠과 마틴 애덤스가 이 책에 대하여 이야기한 대화, 이 책을 쓰는 과정에서 그들이 발견한 것과 거기에 포함된 변화

차례

실존치료의 구조

당신이 진리의 산에 오르는 것은 결코 헛되지 않을 것이다. 당신은 오늘 더 높은 곳에서 일어날 것이다. 아니면 내일 더 높은 곳에서 일어날 수 있도록 당신의 힘을 키워야 할 것이다.

– 프리드리히 니체

이론적 배경과 역사

실존치료의 소개

실존철학자가 이야기하는 문제들은 인간이 항상 스스로에게 묻는 질문이지만 만족할 만한 답을 찾게 된 적은 없다. 그렇기에 이러한 질문들은 친숙하면서도 문제가 있다. 그 질문들은 다음과 같다.

- 살아 있다는 것의 의미는 무엇인가?
- 왜 아무것도 없지 않고 무엇인가 있는가?
- 다른 사람들에게 어떻게 행동해야 하고 그들과 어떻게 관계를 맺어야 하는가?
- 어떻게 해야 가치 있는 삶을 살 수 있을까?
- 내가 죽은 후에는 어떤 일이 일어날 것인가?

이 문제들은 또한 내담자들이 집착하고 있는 문제이기도 하다.

이런 질문들이 익숙함에도 불구하고 실존적인 아이디어가 심리치료계에 잘 알려져 있지 않은 데는 이유가 있다. 첫째로, 실존치료는 하나의 창립자로 인해 성립된 것이 아니기 때문이다. 이를테면, 실존치료에는 프로이트(Freud)나 로저스(Rogers), 펄스(Perls)나 파블로프(Pavlov) 같은 대표자가 없다.

둘째는 실존치료가 철학에 뿌리를 두고 있기 때문인데, 삶에 대한 질문과 그 긴 역사에는 연관이 있음에도 불구하고 거기에는 항상 학문적 규율이 있어 왔다.

모든 심리치료의 관점은 실은 철학에 기초를 두고 있지만 그러한 사실은 잘 드러나지 않았다. 대부분의 치료사와 상담자는 실용적으로 훈련되었기 때문에 철학적인 관점에서 질문을 탐구하는 것이 익숙하지 않다. 그들은 종종 심리적 또는 행동적 증상에 초점을 두거나 전문적 상호작용을 하려는 완고한 관점에만 집중한다.

비록 모든 실존치료사가 흔히 철학적 입장을 가지고 있더라도, 그들은 각각 다른 관점을 가질 수 있고, 이 역동성과 다양성이 바로 실존적 접근에 특별한 강점과 회복력(resilience)을 제공할 수 있게 하는 요소일 것이다. 이러한 가족 유사성은 우리가 여기에서 이야기하고자 하는 실존치료의 특징적인 기술과 개입에 대해 밝히는 일을 가능하게 한다. 우리는 내담자들이 갖고 있는 인간에 대한 질문을 어떻게 철학적으로 탐구할지에 깊게 집중할 것이다.

서문에서 이야기한 것처럼, '실존적 기술'의 윤곽을 그리려고 하는 것은 복잡하다. 왜냐하면 구조화와 기술은 개인적 자유와 책임을 저해하는 것으로 느껴져 왔기 때문이다. 실존치료사는 이렇게 말하는 것을 주저한다. "이것이 어떻게 당신이 실존치료를 하는가에 대한 방식입니다." 왜냐하면 실존치료의 중심 원칙 중 하나가 자신만의 고유한 방법을 만들어야 하는 것이기 때문이다. 하지만 이것은 정말로 아무렇게나 펼쳐 내는 중구난방(free-for-all)을 의미하지는 않는다. 실존치료는 의미로의 탐구이고, 전체의 체계를 고려하지 않은 탐구는 두서없는 결과를 이끌어 냄으로써 탐구자가 찾아내려고 하는 것에 임의적인 영향을 주게 될 것이다. 따라서 이러한 탐구에는 탐구를 이끄는 특징적 구조, 행위, 원칙적인 개입, 특별한 기술이 수반된다. 실존치료사의 과제는 이런 것을 자신의 것으로 만드는 것이다. 그들은 현상학적 탐구를 뒷받침하는 넓은 구조에 기반을 두고 있다. 실제로 실존철학은 현상학적 탐구방법을 실존 연구에 적용한 결과 나온 것이다.

더 깊게 들어가기 전에, 특정한 단어들이 특별하게 활용되는 것에 대한 이해가 필요하다. '선택' '불안'과 같은 일상적인 단어는 실존적 전통에서 특별한 의미로 사용되고 있고, 이를 명심해야 할 필요가 있다. 반대로, '세계 내 존재(being-in-the-world)' 혹은 '피투성(thrownness)'과 같이 우리를 겁주는 듯한 낯선 단어들도 있다. 하지만 사실 이런 단어들은 우리에게 익숙한 어떤 경험을 뜻하는 표현이다. 이 또한 설명할 것이다.

'철학적으로'라는 말은 어떤 의미인가

심리치료에 대한 실존적 접근을 철학적으로 설명하려 하는 것은 무엇을 의미하는가? 넓은 범주의 철학적 저술은 치료사들과 연결 가능하지만, 모든 철학자가 치료사들과 친밀한 것은 아니다. 철학자들이 모두 인간이나 도덕적 이슈만을 다루는 것은 아니기 때문이다. 고대 그리스의 철학자, 동양 철학자, 19 · 20세기 대륙 철학자들이 대개 치료사들과 연관이 있으며, 대부분의 분석 철학자들은 심리치료와 관련이 없다.

실존적 태도로 일하고자 하는 상담자와 치료사들이 철저하게 이러한 문학과 철학에 기반을 둘 필요는 없다. 하지만 삶에 대한 생각에 있어 철학적 방법을 발달시킬 필요는 있다.

다른 치료적 접근은 기본적으로 생물학적 · 심리학적 · 사회학적 · 학문적 · 영적이지만, 대부분 철학에 대해서는 소홀히 한다. 그들은 개인 내부나 사람들 사이에서 무엇이 일어나는가에 대해 집중하지만, 인간의 보편적 조건에 대해 고려하거나 철학, 사회정치적 관점으로 영역을 넓히는 일은 드물다.

대부분의 치료사는 무엇이 잘못되었는가를 병리학적 관점에서 기술하는 것에 중점을 두고, 그들의 목적이 사람들의 문제를 치료하는 것에 있다고 말한다. 그러나 실존치료사는 병리학 이상의 차원을 수용하기에, 개인의 문제는 단순한 문제에서 삶 그 자체로 지평이 넓어진다. 실존치료사는 성격, 병, 치료 같은 것들보다 진실, 현실, 본성과 같은 것에 중점을 두고, 기능과 역기능에 대해 생각하기보다는 불가피하게 맞게 되는 삶의 과제를 다룰 역량에 대해 생각하는 것을 선호한다.

실존적 접근이 이러한 생각들(ideas)을 포함하고 있지만, 이는 단순히 낱말 맞추기 퍼즐처럼 지적이거나 수학처럼 추상적이지는 않다. 삶을 이해하는 것은 말하고, 걷고, 숨 쉬고, 먹는 능력과 같이 생존에 필수적이다. 이는 실용적이고 견고하다. 언제나 삶 자체가 우리에게 교사가 되어 주며, 그에 따라 우리 삶에 변화를 주지 않는다면 그 모든 생각은 쓸모없는 것이다.

경험을 기반으로 한 행동은 우리 모두의 첫 번째 언어이다. 이렇게 보면 실존치료는 일상 철학의 실용적 응용이라 할 수 있다. 삶의 가능성과 제한성에 대해 이해하고, 그에 따라 생산적이고 창조적으로 살 수 있게 하는 것에 대한 것이다. 실존적 생각을 시작하는 것은 단일성을 넘어 다양성으로, 추상성을 넘어 견고함으로, 단순한 대답을 넘어 열린 결말의 역설로, 이미 존재하는 도그마와 권력을 넘어 개인적으로 발견하고 어렵게 쟁취한 주체의 권위를 평가할 용기를 요구한다.

근본적으로 실존치료사의 기술은 아폴로 델피 신전에 새겨진 문장으로 시작한다. "너 자신을 알라." 우리가 우리 자신과 인간 존재에 대한 관계를 이해하지 않고는 그 어떤 것이나 그 누구라도 이해할 수 없기 때문이다. 이것은 치료사로서 가장 기본적인 도구는 이론이나 기술이 아닌 우리 자신이며 삶에 대한 이해라는 것을 뜻한다.

그러나 우리는 계속해서 변하고, 기본적으로 다른 사람과의 관계에 놓여 있기 때문에 우리 자신에 대한 이해는 쉽지 않은 일이다. 이것이 뜻하는 바는 어떤 개인적 결정을 할 때 다른 사람의 요구를 절대 무시할 수 없으면서도 다른 사람이 온전히 누군가의 결정을 대신 할 수도 없다는 것이다. 이것은 역설이다.

'실존적으로'라는 말은 어떤 의미인가

독일의 철학자 마르틴 하이데거(Martin Heidegger), 프랑스의 철학자 장 폴 사르트르(Jean-Paul Sartre)는 모두 실존이 본질보다 우선한다는 것에 동의하였다. 이것은 '우리는 우리가 존재하는 것(what we are)'보다 '우리가 존재한다는 사실(that we are)'이 더 기본적이라는 사실이다. 우리가 그 무엇으로 드러나는 것이 먼저이고 우리를 정의하는 것은 그 나중이다.

게다가 우리는 항상 무엇이 되는 과정에 있다. 사람은 다른 무엇보다 역동적이고, 살아 있고, 자기성찰적이고, 계속해서 변한다. 이것이 가장 중요한 특성이다. 즉, 우리는 존재하고, 살아 있고, 우리 자신으로 변화하고 알고 배운다. 예를 들어, 이 책의 본질은 항상 이 책이다. 이것은 절대 변하지 않으며 책은 스스로 변화할 수 없다. 사람은 시기에 따라 다르다.

우리는 역동적이고, 반응하고, 상호적이다. 하나의 관점에서 사람의 본질은 그들의 화학적 구성(예: 85%의 물)이라고 할 수 있다. 다른 관점에서 사람은 자기 부모가 가진 유전자의 반으로 만들어진 유전학적 구성이라고 할 수 있다. 또 다른 관점에서는 초기 경험과 교육의 결과라고 할 수 있다. 혹은 우리 뇌의 생화학적 반응으로 정의된다고 볼 수도 있다. 실존적으로, 사람은 이보다는 더 상위의 무엇이다.

다음의 미완성 문장에 대해 생각해 보자,

근본적으로 사람은……

만약 본질이 존재보다 더 기본적이라고 한다면, 인간 본성의 관점에 따라 이 문장은 매우 다양하게 완성될 수 있다. 예를 들면, 다음과 같다.

근본적으로 사람은 DNA이다.

근본적으로 사람은 그들 자신을 위해 있다.

근본적으로 사람은 사회적 존재이다.

근본적으로 사람은 신의 형상으로 만들어졌다.

인간 본질에 대해서 너무나 다양한 방법으로 말할 수 있다는 사실은 왜 심리치료 이론이 다양하게 있는가를 설명해 준다. 왜냐하면 모두 본질을 존재보다 상위에 두고 이 본질을 구성하는 것이 무엇인가에 대해 다른 의견을 가지고 있기 때문이다.

하지만 존재가 본질에 선행한다는 것이 맞다면, 위의 문장은 다음과 같이 완성될 수 있다.

근본적으로 사람은 존재한다(people are).

우리가 실존하고 있다는 것과 우리가 어떻게 실재하는가는 본질을 결정하는 것이지 그와는 반대로 본질이 실존을 결정하는 것이 아니다. 이것이 바로 모든 실존철학자가 공유하는 첫 번째 원칙이다. 그들의 가장 기본적인 관심사는 인간 존재이다. 이것은 실존치료의 성격을 결정짓는 가장 중요한 요소이기도 하다. 이 전제를 수용하면 '그 치료적 접근은 실존적이다.'라고 할 수 있다.

물론 어떤 수단을 동원하더라도 문제가 끝나는 것은 아니다. 사람이 기본적으로 정해진 본질이 없다면 그 삶은 개인적 해석, 책임, 선택의 일이 될 것이다. 우리가 우리의 본질, 본성, 감각으로 받아들인 것은 사실 시간에 따라 진화하고 기본적으로 받은 것들, 존재의 경계를 해석하는 방법의 결과이다. 타고난 유연성과 유동성을 깨닫기 위해 불안, 존재적 불안을 불러일으키기 때문에 우리는 본질을 고정된 것으로 본다.

실존의 한계와 특별한 존재방식을 생각하고 성찰하는 능력이 우리의 자기감을 형성한다. 이러한 성찰은 우리가 존재하고 되어 가는 데 중요한 역할을 한다. 또한 우리가 이러한 것들을 이해하면 환경에 의해 결정되게 할지, 아니면 삶의 도전에 직면할 방법을 찾을지를 선택할 수 있게 된다.

✏️ Exercise

당신이 가진 정체성, 성격, 재능 여섯 가지의 목록을 만들어 보자. 예를 들면, 다음과 같다.

- 부모
- 정원사
- 이중언어 사용자
- 아들/딸
- 치료사
- 학생

이제 목록을 보며 각각의 특성이 없으면 당신의 삶이 어떻게 될지 생각해 보자. 이전 특성에 관해 완료하기 전까지 다음 특성으로 넘어가지 않는다. 이것은 어려울 수도 있지만 불가능하지는 않다. 상상하다 보면 강한 감정이 올라올 수도 있다. 이 정체성에 매우 애착되어 있는 것이다. 사실 우리는 이 특성이 바로 우리라고 생각한다. 하지만 우리는 사실 그보다 더 또는 (덜) 존재한다. 또한 이런 특성 없이도 우리는 우리이다. 여전히 우리는 존재한다. 결국 이 실습의 마지막에 당신은 당신의 특별한 정체성(identities)이 일시적으로 없어지더라도 남아 있는 감각을 발견하게 될 것이다.

존재에 대해, 우리 자신에 대해 돌아보는 인간 본성의 특별한 능력은 다른 동물이나 물체와는 다른 인간만의 가장 큰 특성이다. 하지만 이는 개인적 책임이라는 대가를 치른다.

주요 실존철학자

연대기 순으로 제시된 다음의 간략한 전기는 실존주의에 대한 다양한 아이디어를 제공해 준다.

쇠렌 키르케고르(Søren Kierkegaard, 1813~1855)는 종종 '실존주의의 아버지'라 불리는 덴마크의 철학자이다. 그는 간접적인 방법으로 종종 가명을 사용하며 글을 썼고, 19세기 중산층 사회의 순응으로 간주한 것, 특히 기독교를 해석하는 위선적인 방법에 대해 이의를 제기하였다. 그는 불안(고뇌)으로부터의 배움을 지지하였고, 주어진 진실을 넘어 주관적인 진리에 가치를 두었다. 그는 우리가 무엇보다도 심미적으로 그리고 윤리적으로 사는 것을 배워야만 한다고 믿었다. 그러나 우리가 신과의 관계 그리고 신에 대한 우리 자신의 개인적 감각을 발견할 만큼 신앙의 도약을 할 수 있을 때까지 우리 자신에 대해 생각하는 법을 배우기 위해 우리는 의심을 할 필요가 있다.

프리드리히 니체(Friedrich Nietzsche, 1844~1900)는 시적이고 수사적인 방식으로 글을 썼던 독일 철학자이다. 그는 사람들의 군중심리라고 불렀던 것을 비판했다. 기량이 뛰어난 인습 타파주의자로서 그는 모든 시스템, 특히나 가치 평가적인 것들에 반대했다. "신은 죽었다."라고 말한 것으로 유명하다. 그는 각 사람이 확립된 가치를 넘어서서 사실감과 현실성을 갈망하기 위해 철저하게 질문을 해야만 한다고 말했다. 우리는 옳고 그름을 재평가해야 하며, 자신이 소유한 가치와 도덕성을 창조하고, 열정과 개인적 긍정적 힘으로 사는 자주적인 슈퍼맨인 초인(Ubermensch)이라 불리는 사람이 되기를 열망해야만 한다.

에드문트 후설(Edmund Husserl, 1859~1938)은 모든 대상 그리고 의식 자체를 포함한 의식의 행위를 묘사하고 이해하기 위한 새로운 방법을 고안한 논리학자이자 수학자이다. 그는 그 과정을 '현상학: 사물이 나타나는 방법을 탐구하는 과학'이라고 불렀다. 그는 의식은 늘 어떤 것(something)에 대한 의식이고, 그 대상으로부터 절대 분리될 수 없다고 말했다. 이것은 지향성(intentionality)의 원칙이라 알려져 있다. 현상학은 우리가 물리적 · 개인적 · 사회 적 · 도덕적 상황들을 판단하는 데 더 다양한 방법을 사용할 수 있도록 하며, 훈련된 우리의 직관을 사용함으로써 직접적으로 물질의 본질(essence)을 확인할 수 있도록 도와주는 절차이다.

마르틴 부버(Martin Buber, 1978~1965)는 오스트리아의 유대인 철학자이자 신학자이다. 그는 사람의 존재는 기본적으로 상대적이라고 강조했다. 그는 거리둠(distance), 편애(partiality) 그리고 착취(exploitation)의 특징을 지닌 대상들과 관련된 우리의 매일이 이후 더 나아질 것이란 점과 함께, '나-너' 그리고 '나-그것' 관계 양식 사이의 구별을 제안했다. '나-너' 관계는 꽉 차 있고 열린 판단(appraisal)에 기초하며 상대방의 성과와 관련된다. 그는 두 사람 사이의 공간의 중요성을 그들이 함께 만들었고, 그래서 그들의 교류의 질이 변화한다고 기술했다.

카를 야스퍼스(Karl Jaspers, 1883~1969)는 후설과 함께 독일의 정신과 의사이자 철학자이다. 그는 우리가 살고 있는 대로의 인간의 조건에 어떤 통찰을 제공하는 과학의 능력에 만족하지 못했다. 그는 그것의 부재로 절망하지 않기 위해 '세계관'의 필요와 의사소통의 구원하는 힘에 대한 영구적인 딜레마를 강조했다. 그는 우리가 우리의 존재에서 상기하는 죽음, 죄책감, 비난, 의심, 실패와 같은 '한계 상황(limit situations)'의 불가피함에 대해 논쟁하였다. 또한 우리의 매일의 사로잡힘(preoccupations)을 초월하는 우리 존재의 포괄적인 요소들을 계속해서 아는 것의 중요성을 말했다.

파울 틸리히(Paul Tillich, 1886~1965)는 독일 개신교 신학자로, 1930년대에

미국으로 이민을 갔다. 그는 비존재(non-being)의 불안에 직면할 용기를 지지했으며, '실존적' 불안과 '신경증적' 불안을 구별했다. 틸리히의 신에 대한 개념은 우리가 매일의 삶에서 받아들이는 것을 배울 필요가 있다는 현실성의 표식이 되었다. 그는 롤로 메이(Rollo May)의 연구에 많은 영감을 주었다.

가브리엘 마르셀(Gabriel Marcel, 1889~1973)은 프랑스의 철학자이자 극작가였다. 그는 존재의 기본적 미스터리와 타인들에 대한 개방의 중요성을 강조했다. 더불어, 제대로 사는 것은 인간 실존이 분투하도록 조화 안에 믿음을 가진한 사람을 요구한다는 신념도 강조했다. 그는 우리 자신에 대한, 삶에 대한 그리고 각자에 대한 충성을 말했고, 미래에 예비해 둔 무엇이든 충성을 다해 준비할 필요가 있다고 언급했다.

마르틴 하이데거(Martin Heidegger, 1889~1976)는 독일의 철학자이고, 실존주의자들 중 가장 영향력 있는 사람 중 하나였다. 그의 저서는 우리의 죽음에 대한 필연적인 의식으로 자극된 불안과의 관계를 통한 단호한 인식에 대한 인간의 역량을 강조했다. 그는 또한 존재의 근거(ground of Being)라 불리는 것을 강조했고, 인간 존재가 존재의 수호자(guardians)가 되어야 하는지, 아니면 안내자(shepherds)가 되어야 하는지에 대해 논쟁했다. 그는 그의 삶의 후반부에 스위스의 정신과 의사 메다드 보스(Medard Boss)와 함께하기를 원했다. 또한 긴 시간 프로이트의 동료였던 루트비히 빈스방거(Ludwig Binswanger)의 영향을 받았다.

장 폴 사르트르(Jean-Paul Sartre, 1905~1980)는 프랑스의 철학자이고, 소설가이자 극작가이며, 정치적 행동주의자(political activist)였다. 소설과 연극을 통해 그는 아마도 실존주의 철학자로 잘 알려져 있을 것이다. 그는 '실존주의(existentialism)'라는 용어를 만든 사람이고, 실존주의자가 되라고 적극적으로 주장한 오직 한 사람이다. 그는 우리에게 자유를 주는 존재의 중심에서 무(無,

nothingness)를 강조했다. 그는 사람들이 이러한 자유로부터 도망치려고 시도하며 나쁜 신념 속에서 산다고 주장했다. 그는 자유로워지는 것은 선택하는 것이며 우리가 우리의 행동을 통해 우리 자신을 정의 내리는 것처럼 책임감을 가져야 한다고 믿었다. 우리는 적극적으로 우리 삶의 프로젝트를 명시하지 않는 것에 대해 어떤 변명도 할 수 없다. 나중에 그는 인간관계의 경쟁적 본성을 설명한 것에서 보다 협력적 상호작용 양식으로 옮겨 갔다.

시몬느 드 보부아르(Simone de Beauvoir, 1908~1986)는 주로 그녀의 페미니스트 기여와 실존적 주제들에 대한 소설로 잘 알려진 철학자이다. 그녀는 성과 성별, 노년의 이슈들에 대한 획기적인 저술을 남겼다. 그녀는 자유와 우연(contingency)의 윤리에 대해 썼고, 삶의 애매모호함과 각자의 새로운 상황 속에서 새로운 도덕적 선택을 하도록 준비하는 것의 중요성을 말했다. 그녀는 협력의 중요성을 강조했다.

모리스 메를로 퐁티(Maurice Merleau-Ponty, 1908~1961)는 인간 존재의 체현된 본성(embodied nature)을 강조했던 프랑스의 철학자이자 현상학자이다. 그는 후설의 상호주관성(intersubjectivity) 개념을 강조했다. 그것은 자신과 타인 사이에 실제적인 분리가 없다는 개념이다. 그는 모든 사람이 가진 경험의 뒤얽힌 모호성을 자각하고, 만약 우리가 우리의 경험으로부터 우리 자신을 객관화하거나 분리하는 것을 멈춘다면 세계를 얼마나 다르게 생각할 수 있을지를 보여 주었다.

알베르 카뮈(Albert Camus, 1913~1960)는 프랑스의 소설가이자 철학자로, 보부아르처럼 소설로 유명하다. 그는 삶을 가치 있게 만드는 것은 부조리(absurdity), 즉 인간 실존의 기본적 의미 없음에 대항해 싸우는 것이라고 강조했다. 그는 우리를 실존하게 하고 의미를 창조하게 하는 것은 이런 투쟁에 참여하는 것이라고 말했다.

실존치료의 철학적 목적

인간의 주제는 언제나 그리스 철학의 주제였고, 그리스 신화는 성경과 비슷하게 어떻게 인간의 주제를 이해하고 다룰지에 대해 설명하고 있는 이야기이다. 그리스 철학(또는 '지혜의 사랑')은 그 같은 이슈를 좀 더 이성적이고 효과적으로 탐구하였다. 그것은 실제로 신화를 너머 인간 존재에 대한 지혜의 탐구이다. 궁극적으로 실존치료는 삶에 대해 깨닫고 이해하는 지혜를 얻을 수 있도록 돕는 실용적인 응용 철학의 현대적인 형태이다. 치료는 성찰과 통찰을 명료화하기 위해 느낌, 경험 그리고 직관을 살피고 신중하게 질문하는 과정을 통해 사람들을 돕는다.

인간의 과제는 일차적으로 심리학적이거나 생리적인 것이 아니라 철학적이다. 그렇기 때문에 우리는 삶의 의미를 발견하기 위하여 스스로 세계관을 창조할 필요가 있다. 실존치료사의 과제는 개인이 더 나은 삶을 추구하는 것과 관련하여 이 철학적 질문을 실용적이고 구체적으로 하는 것이다. 치료사의 목표는 이미 만들어진 해석의 틀에 내담자를 공공연히 맞추려는 것이 아니라, 경이의 태도와 열린 마음을 가지고 내담자와 함께 진리를 탐구하는 것이다. 그것은 우리가 내담자의 진리 탐구를 돕는 만큼 삶에 대한 우리 자신의 가정을 검토할 준비가 되어 있어야 한다는 의미이다.

치료에 대한 실존적 접근은 살아 있다는 것이 무슨 의미인지에 관해 중요한 질문을 하는 철학적인 사색을 하는 방법을 배우는 것이다. 명쾌하게 생각들을 적용하는 것, 세상 속에서 우리의 위치를 이해하는 것 그리고 진실과 현실에 비추어서 결과를 평가하는 것은 치료사와 내담자 모두에게 책임이 있다. 온 마음을 다해 이것을 할 때, 우리는 삶을 즐길 수 있다.

어려움을 최소화하는 것을 찾기보다, 힘들 때를 새로운 통찰을 얻을 수 있는 순간으로 받아들이는 법을 배워야 한다. 인간의 문제는 삶의 전체적인 그림을 이해하는 데 도움을 주는 퍼즐이다.

인간의 주제에 대한 체계적인 생각의 전통을 확립한 사람은 소크라테스와 플라톤이다. 그들의 목표는 사람들이 좋은 것과 참된 것을 찾아 건강한 원칙을 바탕으로 좀 더 나은 삶을 살 수 있도록 돕는 것이었다. 소크라테스는 스승이 산파와 같은 역할을 하여 제자들이 스스로 세상에 대한 이해를 탄생시킬 수 있게 하는 방법을 창시했는데, 그 자신의 이름을 따 소크라테스식(Socrates method, 산파법)이라고 칭하였다. 제자와의 철학적 담론은 질서정연함, 신중함, 명쾌함을 따르며 언제나 상호 협조적이고 비판적이었다. 스승(치료사)과 제자(내담자)는 스승이 경험적 지침을 제공할 수는 있어도 적극적이고 독립적이다.

우리 스스로를 성찰할 때 전문적인 안내자가 있는 것은 큰 도움이 된다. 특히 우리 자신의 오류와 잘못된 편견에 대해 직면하는 성찰을 해야 할 때 큰 역할을 할 수 있다. 좀 더 정확하게 보기 위해서는 다른 사람의 눈이 필요하다. 물론 인간 존재의 복잡성에 대한 견해를 가진 철학자들에 대해 우리 스스로 공부하여 통찰을 얻을 수는 있지만 다른 사람 없이는 자신의 시각에 갇혀 한계가 올 수밖에 없다.

⏻ Key Points

- 실존철학자들은 살아 있다는 것의 의미에 관심이 있다.
- '우리가 존재한다는 사실(that we are)'은 '우리가 존재하는 것(what we are)' 보다 근본적이다.
- 실존치료사들이 그들의 내담자와 함께 진실을 탐색하는 것은 가벼운 마음으로 시작될 수 없는 철학적 연구 프로젝트처럼 다루어지며, 두 사람 모두의 전념과 완전한 참여를 요구한다.
- 사람의 삶을 증진할 수 있는 모델을 지속적으로 찾고는 있지만, 특정한 모델을 지지하지는 않는다.
- 실존상담가는 내담자의 세계관의 모든 면을 분명히 표현하고, 반향을 불러일으키기 위한 시도를 할 것이다.
- 내담자는 전반적인 인간의 삶과 특별히 그들의 삶의 기저에 있는 양극성과 역설을 탐구하도록 지지받을 것이다.
- 그 과정은 내담자의 경험에 대한 주의 깊은 설명과 그 경험의 영향, 이유, 목적, 결과에 대한 탐구로 구성될 것이다. 그리고 모든 해석은 명확히 검증되어야만 한다.
- 대화의 중요성과 관점의 개방적 교류에 대한 깨달음이 있는데, 여기에서는 각 사람이 동등하고 또 상호적인 탐구로부터 배울 수 있다는 것을 고려할 수 있다.
- 인간 삶에 대한 가설을 기꺼이 시험할 수 있어야 하고, 그 가설이 새롭게 발견된 것에 비추어서 수정될 수 있어야 한다.

주요 실존치료사

연대기 순으로 제시된 다음의 간략한 전기는 실존치료의 다양한 개념을 제공해 준다(〈표 1-1〉을 보라).

루트비히 빈스방거(Ludwig Binswanger, 1881~1966)는 카를 융(Carl Jung)과 유진 브로일러(Eugen Bleuler)와 함께 일했던 스위스의 정신과 의사로 프로이트와 평생 친구였다. 그는 실존주의와 현상학적 개념의 치료적 의미를 알았던 최초의 의사로, 마르틴 하이데거, 에드문트 후설, 마르틴 부버의 영향을 받았다. 그는 인간 존재가 자신의 실존 전체, 우리가 세계에 어떻게 개방하고 세계를 어떻게 보는지를 의미하는 Weltanschauung 또는 세계 설계로만 이해될 수 있다고 말했다.

카를 야스퍼스(Karl Jaspers, 1883~1969)는 독일의 정신의학자로, 철학자가 되어 정신의학적 문제를 철학적으로 이해하는 데 전 생애를 바쳤다. 정신병리에 대한 그의 대표작은 삶의 문제를 연구하기 위한 대안적 양식을 제안하였다.

유진 민코프스키(Eugene Minkowski, 1885~1972)는 폴란드 태생의 프랑스 정신과 의사로, 파리에서 그의 환자들을 실존상담으로 치료하면서 실존주의 방식을 실험했다. 우울증과 정신분열증을 그의 방식으로 이해한 것 그리고 시간을 강조한 것은 그의 시대에 급진적이고 새로운 출발이었고 많은 저자에게 영향을 미쳤다.

에리히 프롬(Erich Fromm, 1900~1980)은 독일에서 유대인으로 태어나 1934년 미국으로 이주했던 철학자이며 정신분석가이다. 그는 사회적 · 정치적 · 영적 · 철학적 · 심리학적인 글을 썼다. 그의 주요 업적은 자유를 인간 본성의 한 국면으로 보았다는 것이다. 우리는 그것을 포용하거나 회피할 수 있지만, 만일 회피하면 그것이 모든 정신병리적 갈등의 뿌리가 된다. 또 다른 주요 업적으로, 그는 사랑을 일차적으로 대인관계적 창조성으로 보고 그러한 사랑을 그가 병리적이라고 보았던 낭만적 사랑의 일상적 개념과 구별하였다.

메다드 보스(Medard Boss, 1903~1990)는 스위스의 정신과 의사로, 초기에는

프로이트의 영향을 받았고 후기에는 유진 브로일러, 카를 융, 루트비히 빈스
방거와 연구했다. 빈스방거는 보스를 철학자 마르틴 하이데거에게 소개하였
고, 보스는 하이데거와 함께 25년 동안 멘토링 우정을 유지했다. 그는 이러한
관계로부터 실존 심리치료를 처음으로 체계적으로 묘사한 현존재분석을 발달
시켰다. 그는 꿈을 실존적으로 이해하여, 꿈이 단순히 무의식에서 나온 것이
아니라 그 사람의 실존적 본성에 대한 것이라고 보아, 꿈에 대한 실존적 이해
에 큰 기여를 하였다.

빅터 프랭클(Viktor Frankl, 1905~1997)은 오스트리아 비엔나 출신의 유대인
의사였다. 그의 가족은 유대인 대학살이 일어난 때에 집단 수용소에서 희생당
했다. 그는 아우슈비츠에 수용되어 있는 동안 많은 치료적 개념을 생각했다.
그의 실존적 방법은 '로고테라피' 또는 '의미요법'으로 불린다. 그의 목적은
삶에서 잃어버린 의미를 되찾도록 사람들을 돕는 것이다. 그의 방법은 특별히
라틴아메리카에 영향을 미쳤다.

롤로 메이(Rollo May, 1909~1994)는 미국의 실존주의 심리학자로, 목회를
한 후 나중에 심리학 공부를 하였다. 아들러와 북미 인간중심 전통 그리고 키
르케고르의 영향을 받은 그는 결핵에 걸린 후에 마음속 일반 독자에게 『불
안의 의미(The Meaning of Anxiety)』를 썼다. 그는 후기 작품에 지대한 영향
을 미쳤던 파울 틸리히와 가까운 친구였다. 1958년 그는 에른스트 앤젤(Ernst
Angel) 및 헨리 엘렌버거(Henri Ellenberger)와 함께 정신분석과 명백하게 다
른 실존적 개념을 치료에 처음으로 도입한 획기적인 책 『실존(Existence)』을
썼다.

조지프 패브리(Joseph Fabry, 1909~1999)는 빅터 프랭클과 함께 연구했던
미국의 의미요법 치료사이다. 그는 의미를 기반으로 한 치료로 의미요법을 미
국에 정착시켰고, 『의미 추구(The Pursuit of Meaning)』라는 중요한 책을 썼다.

제임스 부젠털(James Bugental, 1915~2008)은 초기에는 카를 융과 에이브러햄 매슬로의 영향을 받았으나, 메이, 앤젤과 엘렌버거의 『실존』을 읽고 큰 감명을 받았다. 그의 주요 업적은 실제적인 것으로 치료적 현존의 본성과 가치에 초점을 맞추었으며, 그는 이것을 참된 삶과 책임 있는 삶이라고 말하였다.

한스 콘(Hans Cohn, 1916~2004)은 독일에서 유대인으로 태어나 체코슬로바키아, 폴란드, 캐나다를 거쳐 1949년 영국으로 왔다. 그는 초기에 정신분석 훈련을 받으면서 정신분석과 유사하면서 연결되어 있는 집단과 하이데거식 실존주의에 관심을 가졌다. 그리고 실존분석협회(Society for Existential Analysis) 학술지 『실존분석(Existential Analysis)』의 편집자였다. 그는 1988년과 2002년 사이에 영국의 많은 실존치료사를 가르치고 그들에게 영향을 미쳤다. 그는 두 권의 영향력 있는 책과 수많은 논문을 썼다.

기온 콘드로(Gion Condrau, 1919~2006)는 스위스 태생으로 하이데거와 보스와 함께 졸리콘(Zollikon) 세미나에 참석했던 중요한 현존재분석가였다. 그는 1990년 보스가 죽은 후에 보스의 후계자가 되어 현존재분석에 많은 기여를 하였다.

토마스 사츠(Thomas Szasz, 1920~2012)는 부다페스트 태생으로 1938년 미국으로 이주했다. 그는 평생 자유주의자, 도덕적 철학자, 정신의학의 윤리적 · 과학적 · 사회적 통제에 대한 비판가였다. 그는 정신의학적 진단이 경험을 신비화하고, 사람들의 자유와 책임을 축소하기 위하여 고안된 사회 · 정치적 구조라고 말했다. 그의 관점에서 보면, 정신적 질병의 비유는 정신의학에 잘못된 합법성을 주었고, 결백을 강요하였으며, 정신이상이 죄책감을 변명하기 위한 방어가 될 수 있게 하였다.

아론 에스터슨(Aaron Esterson, 1923~1999)은 글래스고의 가난과 박탈 속

에서 태어났다. 그는 1945년 영국 해군을 제대하면서 의학을 공부했다. 그는
『온전한 정신, 정신이상과 가족(Sanity Madness and the Family)』을 랭(R. D.
Laing)과 함께 써서 두각을 드러냈다. 이 책은 증상과 정신분열증의 단서가 사
회적으로 이해될 수 있는 것이라고 주장하였다. 그는 『봄의 잎(The Leaves of
Spring)』에서 이 개념을 더 발달시켰다. 두 책 모두 그가 평생 주장했던 것을
반영한다. 그는 실존주의 심리치료의 근본적 원리가 기법적이거나 의학적인
것이 아니라 도덕적이고 윤리적인 것이라고 주장하였다.

R. D. 랭(R. D. Laing, 1927~1989)은 글래스고에서 태어나, 정신과 의사와 정
신분석가로 훈련을 받았다. 그는 치료에 실존적 접근법을 대중화시킨 최초의
사람이다. 그의 첫 번째 책 『분열된 자기(The Divided Self)』는 1960년 첫 출
판 때만큼 지금도 영향력이 있다. 이 책에서 그는 정신분열증에 대한 기존의
견해에 의심을 갖고, 한 사람이 자신에게 부과된 사회적 압력과 가족의 압력을
견딜 수 없을 때 존재론적 불안정이 어떻게 소외를 느끼게 하는가를 묘사하였
다. 랭은 많은 책을 쓰는 작가였으며, 변덕스럽고 가끔 불화를 일으키기도 하
지만 엄청나게 카리스마 있는 사람으로 모든 관점에서 치료사들에게 지속적
으로 영향을 미치고 있다. 그는 정서적으로 불안정한 사람들에게 정신의학적
돌봄의 대안을 제공하기 위하여 필라델피아 협회와 아버스 협회(Philadelphia
Association and the Arbours)라는 치료 공동체 운동을 시작하였다.

피터 로머스(Peter Lomas, 1924~2010)는 한때 랭의 동료였으며 적지 않은
영향력을 미쳤지만 조용한 사람이었다. 그는 1960년대부터 실존적 토대 위에
서 심리치료를 해야 한다고 믿었으며 정신분석을 불만스러워했다. 치료적 관
계가 매우 특별하면서도 매우 평범한 것이라고 본 그의 견해는 다른 어떤 것
보다도 실제적인 지혜와 관련이 있다.

어빈 얄롬(Irvin Yalom, 1931~)은 미국의 정신과 의사이면서 심리치료사이

다. 그는 가장 잘 알려진 실존주의 작가로, 많은 사람이 그의 책『사랑의 처형자(Love's Executioner)』를 통해서 실존치료를 처음 접하였다. 그는 독특한 방식으로 철학적 주제를 심리학적 소설에 접목시켜 많은 책을 쓴 작가로 유명하다.

폴 윙(Paul Wong, 1937~)은 북중국에서 태어나 홍콩에서 성장하여 캐나다 토론토에 정착하였다. 그는 의미중심 상담소(Meaning-Centered Counselling Institute)의 설립자이자 대표이다. 그는 자신만의 통합 실존치료와 긍정심리치료를 발달시킨 의미요법 치료사로, 많은 책을 출판하였으며, 개인적 의미를 위한 국제 네트워크(International Network on Personal Meaning)를 설립하였다.

베티 캐넌(Betty Cannon, 1943~)은 미국의 심리치료사이며 작가이다. 그녀는 사르트르의 개념을 심리치료 이론과 실제에 적용하였다. 그녀의 오랜 동료이자 사르트르의 책을 번역한 헤이즐 반스(Hazel Barnes)의 영향을 받은 그녀의 책『사르트르와 정신분석(Satre and Psychoanalysis)』은 실존주의 심리학 영역에서 고전으로 여겨진다. 그녀는 콜로라도 볼더에서 거주하며 연구하고 있는데, 그곳에서 그녀는 응용 실존 심리치료(applied existential psychotherapy: AEP)라는 실존치료를 발달시켰다.

알리스 홀츠이-쿤츠(Alice Holzey-Kunz, 1943~)는 메다드 보스에게 훈련받은 스위스의 현존재분석가이며, 많은 논문과 현존재분석에 대한 중요한 책을 썼다.

에릭 크레이그(Erik Craig, 1944~)는 미국의 뉴멕시코주 산타페이 출신의 탁월한 현존재분석가로, 메다드 보스와 함께 훈련받고 연구했으며 꿈분석의 해석학적 전통에서 연구했다.

알프레트 랑글(Alfried Längle, 1951~)은 비엔나 출신의 의사이자 심리학자로, 의미요법이 '실존분석' 방법으로 확장되기 전에 수년 동안 프랭클과 함께 일했다. 그는 이 방법을 전 세계에 보급하기 위하여 라틴아메리카와 다른 지역에서 쉼 없이 강의했고, 최근까지는 주로 독일에서 수많은 책을 출판하였다.

에미 반 두르젠(Emmy van Deurzen, 1951~)은 네덜란드 태생으로 1977년 영국에 정착하기 전에 프랑스에서 공부했다. 먼저, 리젠트 컬리지(Regent's College, 지금은 유니버시티)에서 실존치료 훈련 프로그램을, 그다음엔 실존 아카데미의 New School of Psychotherapy and Counselling에서 시작하였다. 그녀는 실존분석협회를 설립하였고 1988년엔 학술지『실존분석』을 창간하였다. 많은 책의 저자, 공저자, 편저자인 그녀는 개인, 집단, 부부, 기관을 위한 치료 작업에 철학적 개념을 광범위하게 적용한 것에 대한 책을 썼다.

어네스토 스피넬리(Ernesto Spinelli, 1949~)는 이탈리아 출신의 심리학자, 실존 심리치료사, 작가로 캐나다에서 태어나 영국에서 심리학자 훈련을 받았다. 그는 리젠트 컬리지에서 에미 반 두르젠과 일했고, 그녀가 떠난 후 그녀가 만들었던 협회와 학교를 운영하였다. 처음에는 칼 로저스와 미국의 인간중심 실존주의 전통의 영향을 받은 그는 주로 실존적 현상학적 실제의 관계적 국면에 초점을 맞추었다.

커크 슈나이더(Kirk Schneider, 1956~)는 현대 실존주의 인간중심 심리학의 미국 상담사이자 작가이다. 제임스 부젠털과 롤로 메이의 영향을 받은 그는 인간중심 심리학을 사회적 영적 영역으로 확장시킨 많은 책을 저술하였거나 공동 저술하였다. 그는 경외기반 상담(awe-based practice)에 기여한 것으로 가장 잘 알려져 있다.

〈표 1-1〉 실존 전문가

선구자	현존재분석	인간중심- 실존주의	실존적-통합	의미요법	유럽 학파
루트비히 빈스방거 (1881~1966)	메다드 보스 (1903~1990)	롤로 메이 (1909~1994)	토마스 사츠 (1920~2012)	빅터 프랭클 (1905~1997)	로널드 D. 랭 (1927~1989)
카를 야스퍼스 (1883~1969)	기온 콘드로 (1919~2006)	제임스 부젠털 (1915~2008)	아론 에스터슨 (1923~1999)	조지프 패브리 (1909~1999)	한스 콘 (1916~2004)
유진 민코프스키 (1885~1972)	알리스 홀츠이-쿤츠 (1943~)	어빈 얄롬 (1931~)	피터 로머스 (1924~2010)	폴 웡 (1937~)	어네스토 스피넬리 (1949~)
에리히 프롬 (1900~1980)	에릭 크레이그 (1944~)	커크 슈나이더 (1956~)	베티 캐넌 (1943~)	알프레트 랑글 (1951~)	에미 반 두르젠 (1951~)

인간 삶의 한계: 실존의 소여성

앞서 제시한 모든 저자가 동의한 지점은 인간의 삶은 유한하고 이것이 우리가 직면해야 할 기본적 과제라는 점이다. 우리는 이 세상에 던져졌고, 협상 불가능한 우리 실존의 소여를 받아들여야 한다.

'던져진'이 의미하는 바는 우리가 어떤 장소에 태어났다는 사실뿐만 아니라 유전적 구성, 가족, 성, 인종, 문화와 같이 선택할 수 없고 받아들여야만 하는 특정한 사실에 대한 것이다. 우리는 특성과 한계가 주어진 이 세상에 던져졌다. 우리의 과제는 우리에게 주어진 것들로 무언가를 만들어 내는 것이다. 내 손에 쥔 삶이라는 카드에 좋은 패가 없다고 불평하기만 해서는 아무것도 얻을 수 없다. 우리가 날 때부터 가지고 있던 이 손이 우리가 가지고 놀아야 하는 손이다.

실존의 네 가지 차원

실존적 성격 이론에서는 사람을 유형별로 나누고 이름을 붙이는 과정이 없다. 대신 모든 문화에서 온 사람들이 다양한 방식으로 문제에 직면하는 실존의 다양한 차원에 대해 설명한다. 이 자원들이 바로 인간 실존의 기준척도이다.

한 사람이 그의 삶의 특정 시점에 세계에 존재하는 방식은 인간 존재의 네 가지 기본 차원이나 인간 실존의 세계들로 구성된 일반적인 지도를 만들 수 있다(Binswanger, 1963; Yalom, 1980; Deurzen, 2010). 이 네 가지 차원은 [그림 1-1]을 참조하기 바란다. 가장 바깥층은 물리적 차원이다. 그 안쪽 층은 사회적 차원이고, 그 안쪽 층은 개인적 차원이며, 가운데에 영적 차원이 있다. 이 원형 그림을 보면 삶의 네 가지 차원의 지도를 알 수 있다. 물론 현실세계에서는 각 존재의 영역이 겹치고 섞여 있고, 다이어그램으로 표현되듯이 딱 잘라 나눠지거나 정리되지는 않는다. 각 층은 사람에 따라 다르게 섞이게 된다. 이 것은 실전에 사용하기에 아주 유용한 도구로, 실존의 동시적 다차원성을 깨닫게 해 줄 뿐만 아니라 내담자가 이야기하고 있는 것이 실존의 어떤 측면인지, 더 중요하게는 내담자가 이야기하고 있지 않은 것이 실존의 어떤 측면인지를

[그림 1-1] 삶의 네 가지 차원

깨닫게 한다. 이 지도는 우리 자신이 어디에 위치해 있고 어디를 향하고 있는 지를 알게 해 준다. 지도를 영역으로 혼동하지 않도록 주의해야 한다.

또한 궁극적 관심사로 알려진 각 차원은 우리 삶을 통해 각각 다른 방법으로 직면하는 도전을 포함하는데, 이는 문제가 간단하게 풀리지 않을 수도 있다는 불안을 불러일으킬 수도 있다. 그러나 이와 같은 것이 불안을 극복하고 초월하기 위해 필수적인 해결과 결정을 찾도록 이끌 수 있다는 점은 역설적이다.

물리적 차원

물리적 차원(Umwelt, '둘러싼 세계'라는 문자 그대로)에서, 우리는 환경과 우리 주변의 자연 세계에 주어진 것들(the givens)과 관련되어 있다. 이것은 세계 관계에서 가장 근본적인 차원으로 원의 바깥에 있다. 그리고 우리의 도덕성 관계뿐만 아니라 신체, 구체적인 환경, 기후와 날씨, 물질과 소유물, 건강과 질병 역시 여기에 포함된다.

일반적인 용어로서, 이 차원에서의 분쟁은 기술에서나 스포츠에서처럼 원소나 자연 법칙을 넘어서는 지배권에 대한 탐색과 생태계나 고대에서처럼 자연적 경계의 한계를 받아들이라는 요구 사이에서 발생한다.

사람들은 대체적으로 이 차원에서는—건강과 부를 통한—안정감을 목표로 한다. 그러나 삶의 많은 부분이 점차적인 환멸감과 그 같은 안정감이 단지 일시적일 것이라는 깨달음을 가져온다. 신체적 질병은 그것이 크든 적든 우리가 영원히 살 수는 없다는 것을 상기시킨다.

삶의 매우 초기는 대개 육체적 욕구와 신체적 안전의 만족을 통한 생존 그리고 물리적인 것과 관련된다. 이 단계에서 사랑이 무엇인지에 대한 것은 신체적 안정감, 만족감, 안전을 제공하는 것이다. 탄생은 물리적 존재의 시작이고 죽음은 끝이며, 우리 생은 그 사이 어딘가의 공간이다. 타인들로부터 우리에게 주어지는 물리적 돌봄과 안정을 필요로 함으로써, 우리는 종종 노년에 이 단계로 돌아간다. 역설적이게도, 모든 사람이 오래 살기를 바라면서도 우리 중 몇 명만이 나이가 들기를 바란다. 어쩌면 죽음이 오리라는 것을 우리 모두가 알고 있기 때문에, 우리는 이에 대해 깊게 생각하려고 하지 않는 것일지도 모른다. 우리는 마치 우리가 불멸할 것처럼 행동한다.

우리는 우리의 죽음이 올 것을 알고 있지만, 그것이 언제 그리고 어떻게 올 것인지는 알 수가 없다. 우리 대부분은 우디 알렌의 "죽음이 나를 많이 걱정하게 하지는 않는다. 나는 죽음이 그렇게 두렵지는 않다. 그저 죽음이 올 때 내가 거기에 있고 싶지 않을 뿐……."이라는 말에 동의할 것이다.

친구들과 헤어질 때 우리는 "곧 만나."라고 하는데 여기에는 '곧'이라는 소망 외에 다른 것은 없다. 하지만 '곧'이 있으려면, 계속할 용기를 내야 한다. 우리는 문자 그대로 영원히 사는 것을 선택할 수 없다. 이는 유전학의 역할, 우리 몸의 조건에 따라 어쩔 수 없는 것이다. 우리가 할 수 있는 것은 단지 우리 삶에 대한 태도를 선택하는 것인데, 이것은 우리가 죽음을 어떻게 바라보는지와 긴밀히 연결된다.

참된 삶을 위해서 우리가 필요한 것은 죽음과의 관계를 어떻게 설정하는가이다.

Exercise

파트너에게 다음의 주제에 대해서 5분 동안 이야기해 보라. 파트너는 중간에 말을 끊거나 물어보지 말고 듣기만 해야 한다. 이후 활동이 어땠는지 되새겨 보라. 당신은 자신이 이야기하고자 했던 것을 이야기했는가?

- 당신이나 당신과 가까운 사람이 많이 아팠을 때 어땠는가?
- 사고를 당했거나 생명이 위태로웠을 때 어땠는가?
- 죽기 전에 어떤 것을 이루고 싶은가?
- 당신의 신체적 특성에 대해서 설명하라.

사회적 차원

사회적 차원(Mitwelt, '세상과 함께'라는 문자 그대로)에서 우리는 우리를 둘러 싼 공공 사회, 다른 사람들과 관계를 맺는다. 이 차원은 우리가 소속되어 있거 나 그렇지 않은 계급과 인종뿐만 아니라 우리가 살고 있는 문화에 대한 반응을 포함한다.

이는 세계에 살고 있는 다른 사람들의 존재에 대한 것이고, 그들과 어울릴 필요에 대한 것이다. 한편으로는 다른 사람을 상대하지 않는 것이 더 쉬워 보 이지만, 다른 한편으로 우리는 신체적 · 감정적 생존을 위해 다른 사람이 필요 하고, 너무 자주 다른 사람을 그리워하거나 그들이 없을 때 외로워한다.

조만간 우리는 내가 어떤 모습일지 아무도 모르고 있다는 사실을 알게 되 고 고독감에 직면하게 될 것이다. 그럼에도 불구하고 나는 나의 과거와 현재 와 미래가 다른 사람과 연결되어 있으며, 우리가 서로 닮아 있음에도 다른 이 들과 영구적으로 분리되어 있다는 점을 알고 있다. 나는 다른 사람들이 나에 게 필요하다는 것을 알고 다른 사람을 이해하고 이해받아야 할 필요가 있다. 매번 나에게 중요한 누군가를 만나고 헤어지는 것이 우리에게 그들의 중요성 을 뼈저리게 느끼게 한다.

우리 각자는 독립된 신체와 독립된 의식을 가지고 있으며, 다른 사람들과 의 갈등이나 협력에 직면한다. 우리는 명성이나 다른 형태의 권력을 얻음으로 써, 다른 사람보다 우위를 점할 수 있지만 이는 일시적이다.

✐ Exercise

파트너에게 다음의 주제에 대해서 5분 동안 이야기해 보라. 파트너는 중간 에 말을 끊거나 물어보지 말고 듣기만 해야 한다. 이후에 그것이 어땠는지 돌 아본다. 당신은 자신이 이야기하고자 했던 것을 이야기했는가? 혹은 자기 자신에게 놀랐는가?

- 일부일처
- 과거에 가졌던 혹은 가지고 있는 관계
- 무인도에 혼자 있는 것
- 당신의 사회적 실존

개인적 차원

자기 자신과의 관계(Eigenwelt, '자신의 세계'라는 문자 그대로)는 한 사람의 성격, 과거 경험, 미래의 가능성에 대한 관점을 가진 내면세계를 만드는 것과 관련된 것이다. 사람들은 견고한 감정, 자기 자신에 대한 신뢰감을 찾고자 하지만 삶의 사건들은 개인적 약점을 드러내고, 우리가 계획한 대로 무언가가 흘러가지 않는다는 것을 깨달을 때 우리는 혼란에 빠진다. 어떤 사람들은 자기가 누구인지 혼란스러워한다.

우리는 때때로 삶에 대한 교과서가 있는 것처럼 행동하고 상담사나 심리치료사를 찾아가는 것을 포함해 각자 다른 곳에서 그 교과서를 찾는다. 역설적으로 삶에 대한 교과서는 존재하지 않는다는 것을 발견하게 되는 때가 우리가 개인적 차원을 알게 되는 때이다.

이는 기대하지 않았던 무언가와 마주쳤을 때 일어날 가능성이 있다. 이러한 순간에 불안이 생겨나며 우리는 이 혼란을 가라앉히기 위해 회피하고 거부한 끝에 약을 복용하게 되지만, 온전히 깨어 있고 자신의 삶을 책임지고자 한다면, 사실 앞으로 나아갈 수 있는 단 하나의 방법은 책임이기 때문이다.

사르트르(2003)는 "인간은 자유롭도록 저주받았다."라고 하였다. '저주받다'의 뜻은 자유를 피할 수 없다는 것을 의미한다. 우리가 가지지 못한 선택은 선택하지 않은 선택이다. 사람은 자기 자신의 선택에 책임을 질 때에만 자신이 한 행동의 결과, 권위, 삶의 의미에 대한 것을 알 수 있다.

책임에 대해 잘못 이해하는 두 가지가 있다. 하나는 책임이 없는 것에 대해 책임을 진다는 것이고 다른 하나는 책임이 있는 것에 대해 책임을 부인하는 것이다. 이 중 하나가 (갑자기 우리가 부딪히는 뜻밖의 재난을 제외하고) 삶의 가장 큰 어려움의 원인이 된다.

이렇게 중요한 인간의 자유는 자기 자신의 행동에 대해 책임을 질 자유이다. 이것은 책임으로부터 나오는 자유가 아니다. 책임을 지는 데 필요조건은 어떤 결정을 하기 위해 현실의 제약 안에서 자유롭다는 것을 알 필요가 있다는 것이다. 실존치료사에게 선택이 의미하는 바는 언제나 우리에게 유용한 선택이 많다는 것보다는 행동 과정에 헌신하는 것과 깊은 관련이 있다. 당신이 자유롭게 선택하고 결정한다면 이익을 얻을 권리가 있다.

인간이 된다는 것이 단순히 인과관계의 결과로 인한 것이라면, 창조성이나 상상 같은 것은 없을 것이고 삶은 기계적이고 이미 결정되어 있을 것이다. 사실 삶은 복잡하고 역설적이다. 우리는 윤리적 선택을 함으로써 삶의 질서와 의미를 창조한다.

Exercise

파트너에게 다음의 주제에 대해서 5분 동안 이야기해 보라. 파트너는 중간에 말을 끊거나 물어보지 말고 듣기만 해야 한다. 이후에 그것이 어땠는지 돌이켜 보자. 당신은 자신이 이야기하고자 했던 것을 이야기했는가?

- 자유라는 것을 생각할 때 가장 먼저 떠오르는 것은 무엇인가?
- 최근 당신이 가고자 하는 방향으로 가지 않은 것에 대해서 이야기해 보라. 그때 느낌이 어땠는가?
- 최근 "어쩔 수 없어." "그렇게 됐어."라는 말을 내뱉었던 때에 대해서 이야기해 보라.

> • 최근 거짓말했던 때를 이야기해 보라.
> • 개인적으로 자기 자신에 대해 말해 보라.

영적 차원

영적 차원(Überwelt, '세계 너머'라는 문자 그대로)에서 우리는 미지(未知, un-known)와 그리고 실존을 이해하기 위해 사용하는 개념과 관계를 맺는다. 이런 방식으로 우리는 세계관과 이상적 세계에 대한 느낌과 개인적 가치 체계를 창조한다. 여기에서 우리는 성찰을 통해 삶의 의미와 목적을 발견한다. 어떤 사람들은 이 차원을 철학적 또는 이념적 차원이라고 생각할 것이고, 어떤 사람들은 영적인 것을 모두 종교에 대한 것이라고 볼 것이다.

과거 500년이 넘는 서구 산업화의 역사는 우주에 대한 특별한 감각을 천천히 풍화시켰다. 코페르니쿠스와 갈릴레오가 밝혀낸 사실은 지구가 우주의 중심이 아니고 태양의 중심을 공전하는 하나의 행성에 불과하다는 것이었다. 이런 태양계는 우주에 많이 존재하고, 지구는 우주의 중심이 아니다. 다윈(Darwin)은 우리가 자연 선택설에 의해 유전자 풀에서 진화하는 많은 종 중의 하나라는 것을 밝혀냈다. 아인슈타인(Einstein)이나 하이젠베르크(Heisenberg)와 같은 이론물리학자들은 물질의 확정성 개념에 대한 지식을 깨부수고 불확정성, 상대성, 지향성 개념으로 이를 대체했다. 이와 일맥상통하게, 실존철학자들은 사람들이 세상에 대해 알고 있는 정보를 새롭게 직면할 수 있도록 접근하였다. 삶이 의미를 창조하는 것과 관련되어 있다는 의미에서 영적 차원은 실존치료의 중심축이다.

우리는 어떻게 삶에서 모든 것이 서로 잘 맞는지에 대한 확실한 신념과 생각을 가질 수밖에 없다. 이것이 우리의 세계관이다. 이는 우리가 세상으로 나아가는 방향을 제시하고, 세상에 대한 태도를 결정하고, 의미를 창조할 수 있게 한다. 우리의 가치 체계는 무엇이 옳고 그른지 분별하게 하고, 그리스인이 이야기한 대로 '좋은 삶을 사는 것'에 성공할 수 있도록 한다. 우리는 모든 시대를 아울러 절대적이거나 '신이 준' 원칙을 믿기 좋아한다. 하지만 우리를 포기하게 만드는 장애물은 매우 많고, 우리가 살고 있는 이 가치 체계가 우리에 의해, 우리로서만 정의되었다는 것을 깨닫게 된다. 또한 그것은 절대적이지 않다. 이것이 바로 부조리가 무엇인지를 의미한다. 부조리와 의미 없음은 흔히 겪는 경험이고, 우리 대부분은 이를 매우 두려워한 나머지 가능한 한 피하려고 무엇이든 한다.

어떤 사람들에게 이것은 종교의 도그마와 같은 규범적인 세계관이고, 또 어떤 사람들에게는 더 개인적인 것이다. 사람들은 목숨을 걸 만큼 중요한 무언가, 즉 궁극적으로 그리고 보편적으로 타당한 무언가를 위한 가치를 창조한다. 대부분 그 목표는 인류에게 가치 있는 무언가에 공헌하는 것 같이 인간의 운명을 뛰어넘는 무언가를 찾는 것이다. 일시적인 명성은 쉽고 직접적으로 보일 수 있지만 궁극적으로 불멸로 가는 길로는 결점이 있다.

비어 있음과 아무것도 없음의 가능성을 직면하는 것은 영원에 대한 이러한 질문의 필수불가결한 상대이다. 이 차원에서 마주해야만 하는 모순은 목적과 부조리, 희망과 절망 사이의 긴장과 관련이 있다.

✎ Exercise

파트너에게 다음의 주제에 대해서 5분 동안 이야기해 보라. 파트너는 중간에 말을 끊거나 물어보지 말고 듣기만 해야 한다. 이후에 그것이 어땠는지 되새겨 보라. 당신은 자신이 이야기하고자 했던 것을 이야기했는가?

- 내가 원하는 대로 대접을 받지 못했을 때의 경험
- 부모의 가치: 내가 받아들인 것과 거절한 것
- 예전에는 믿었지만 지금은 믿지 않는 것
- 감사 편지를 쓰고 싶은 사람 혹은 감사 편지를 받고 싶은 사람과 그 이유

> • 죽음 뒤에 어떤 것이 있을지에 대해 특별한 믿음을 가지고 있는가에 관한 탐구
> • 영적인 자기 자신에 대해 말해 보라.

종교의 실존적 관점

부버와 틸리히와 같은 실존철학자는 인간 삶의 종교적인 차원에 대해 탐구하였고, 니체, 사르트르와 같은 철학자는 그것에 격렬히 반대하였다.

사람들은 때때로 신이 그들을 바라보고 있어 그들을 지지하고, 그들보다 더 위대한 무언가와 연결되었다는 느낌을 갖는다고 이야기한다. 어떤 사람들은 자신들이 불가지론자나 무신론자라고 말하지만 사실은 우주 안에 자신의 위치에 대한 감각을 가지고 있을 것이다. 우리가 믿는 것은 무엇이나 중요하다. 그것은 우리의 세계관, 철학적 또는 영적 관점을 나타낸 것이기 때문에 실존적 방식으로 탐색될 수 있다. 우리는 우리 자신의 신념과 가치를 자각할 수 없을지라도 철학적 관점을 갖지 않을 수 없다.

사람들이 자신들보다 큰 현실과 어떻게 연결되어 있는지를 아는 것은 중요하다. 그들은 그것을 사회, 존재, 우주, 신, 사랑의 원리, 다른 어떤 중요한 원리나 실체로 생각한다. 모든 사람은 그것을 초월적인 것으로 경험한다. 그것은 단지 자연, 태양 체계, 조상일 뿐인데도. 초월의 개념이 금기나 부재에 대한 것인 사람들은 종종 불안과 불안정에 대한 영원하고도 심오한 배경을 경험할 것이다. 심지어 그들은 버림받았거나 박해받는다고 느껴서 사건을 통제하려 할 것이다. 그들은 세계와 연결되어 있는 방식을 알 수 없어서 세계-내-존재에 대한 감각을 부인하고 개인적 의무와 책임을 비판하거나 소외된 과대감을 가질 것이다.

우리는 실존적으로 우리 자신과 다른 사람들의 세계를 구성하는 한 부분이다. 우리는 서로 공동 구성요소이다. 거기에 힘이 작용한다면 그 힘은 우리 안에 있기도 하고 동시에 우리 외부에 있기도 하다. 우리는 분리되어 있으면서

연결되어 있다.

그러한 힘이나 연결성의 원리는 근본주의 종교에서 주장하는 것처럼 간섭주의적이거나 판단적인 것이 아니다. 그것은 그냥 존재할 뿐이다. 그것이 삶이다. 우리는 실존적으로 삶을 신뢰해야 한다. 만일 우리가 삶을 신뢰하고 집단적 역동적 불확실성을 수용할 수 있다면 삶이 제공하는 기회를 활용할 수 있을 뿐 아니라 우리가 선택한 것의 결과에 대하여 책임지지만 잘못을 책임질 수 있는 우리의 능력의 한계를 수용할 수 있을 것이다.

융은 알코올 중독자 갱생회(AA) 설립에 영향력이 컸다. 그것은 중독자의 삶에 영적 차원과 연결성이 부족하다는 통찰에 기초해 있다. 그러나 AA가 종교적 교리에 기초해 있다고 보아 위협을 느끼는 몇몇 중독자는 AA를 거절하기도 한다. 사실 위협적으로 느껴지는 것은 자기와 타인들을 신뢰하고 그들이 서로 연결되어 있다는 생각일 것이다. 실존치료에서 사람들은 우주, 자기 자신, 생각, 다른 사람들을 신뢰할 수 있는 방법을 발견하고 이 신뢰의 한계를 수용할 수 있다. 이런 방식으로 균형을 잡아 가는 것은 삶이 진보하고 의미를 발견하는 데 매우 중요하다고 볼 수 있다. 철학적 명료함과 신뢰의 배경을 가진 사람들은 방향성과 목적을 알게 된다.

⏻ Key Points

- 우리는 물리적 · 사회적 · 심리적 · 영적 차원의 네 차원을 동시에 산다.
- 이 차원들 각각은 우리에게 다양한 딜레마와 도전을 주지만, 그것은 일시적으로만 해결될 수 있을 뿐이다.
- 네 차원 모두의 중요성과 영향을 알지 못한다면, 우리의 삶은 균형을 잡지 못할 것이다.
- 영성은 종교에만 있는 것이 아니라, 우리가 세계에 대하여 가지고 있는 어떤 견해와 신념에도 있다. 그것은 우리의 철학적 신념과도 같다.

시간 내의 삶

우리는 보통 시간을 한 가지 방법으로 생각한다. 그것은 '시계 시간'이라고 부른다. 이름에서 알 수 있듯이, 그것은 규칙적이고 선형적이다. 1분은 바로 이전과 동일한 비율로 지나가고 또 앞으로도 계속 그럴 것이다. 왜냐하면 시계의 시간은 지구의 공전에 대하여 그 축을 중심으로 문화적 합의를 한 것에 따라 정해졌기 때문이다. 시간은 낮과 밤이 지나가는 것으로 규정된다. 우리는 오늘 일어나고 있는 일과 내일 일어날 일과 어제 일어났던 일을 분리한다. 과거는 지나갔고, 현재는 여기에 있으며, 미래는 아직 오지 않았다. 시계의 시간은 과거가 현재로 이어지고 과거가 현재의 원인이 된다는 의미에서 인과관계을 강조한다. 대부분의 치료 이론은 이 시계의 시간으로 시간을 규정한다. 그것은 인간의 발달을 선형적 · 결정론적으로 본다. 그것은 사람들의 현재 문제의 원인이 과거의 문제에 있다고 본다. 그러나 어떤 의미에서 이 견해는 삶을 더 쉽게 만든다. 삶을 더 잘 예측할 수 있고 더 쉽게 이해할 수 있게 하지만, 사실 시계의 시간은 단지 문화적 관습일 뿐이고 산업 사회의 산물일 뿐이다. 그것은 역동적인 인간성, 상호작용하는 현재의 경험, 운명에 대한 책임으로부터 우리를 분리시킨다.

실존적으로 시간은 우리 외부에 있는 것이 아니다. 그것은 그 자체로 실체가 아니다. 그것은 인간의 문화적 맥락 밖에서는 타당성이 없는 만들어진 개념이다. 그러나 그것은 의미 있는 세계를 조직하는 방법에서는 필수적이다. 시간은 우리가 수영하는 바다와 같다. 우리는 분리된 음표가 아니라 지속적으로 흐르는 노래를 듣듯이 시간을 경험한다. 우리는 탄생과 죽음 사이의 짧은 기간에 무엇인가를 유용하게 만들고 싶은 우리의 욕구로부터 일상적인 의미를 발견한다. 따라서 보다 정확하게 말해서 우리는 시간 안에 존재하기 때문에 정해진 시간을 사는 피조물이다. 시간은 우리가 수동적으로 가지고 있는 것이 아니라 우리가 적극적으로 존재하고 있는 것이다.

실존적으로 우리는 일차적으로 미래 지향적이다. 우리는 모든 것을 목적을 가지고 할 뿐만 아니라 언제나 미래의 죽음의 확실성을 자각하고, 그 죽음이 일어나기 전에 의미 있는 삶을 사는 방법을 발견해야 하는 문제를 자각한다.

미래 지향적이라는 의미는 우리가 과거에 대하여 생각할 수밖에 없다는 것이다. 우리가 존재해 왔던 방식이 현재 우리의 존재이다. 우리 자신을 만들었던 방식이다. 이것은 하이데거가 우리의 과거는 미래로부터 우리에게 온 것이라고 말했던 것을 의미한다. 미래는 과거를 살펴보고 상기하여 배울 것을 요구한다. 그럴 때 그것이 우리 자신에게 현존하게 한다. 이것이 현재에 대한 실존적 의미이다.

그런 의미에서 과거, 현재, 미래는 동시적이다. 현재는 과거와 미래 사이의 만남으로부터 생긴다. 우리의 삶은 과거, 현재, 미래가 함께 연결되어 있기 때문에, 우리는 경험을 종합하는 방식으로 세계를 구성한다.

우리는 다음의 두 가지 방식 중 한 방식으로 그것을 실현한다.

- **참되지 않게**: 우리는 우리 자신을 과거의 결과로 보고 미리 운명 지어졌거나 우리에게 다가올 미래를 바라면서 수동적으로 기다린다. 이것은 [그림 1-2]에서 찰리 브라운이 말하는 것과 같다. 과거에 했던 자유로운 행동의 가능성을 계속해서 부인하기 때문에 이전의 실수를 반복하고 인과론의 망상을 강화하여, 종종 우리의 문제와 실망에 대하여 타인이나 사건을 탓하기도 한다.

[그림 1-2] 『피너츠(Peanuts)』 연재만화

- **참되게**: 우리는 환경을 자유롭게 결정할 수 있는 기회로 생각함으로써 결정주의를 초월하여 그 결과를 받아들일 수 있다. 이런 방식으로 우리는 적극적으로 미래를 과거와 다르게 만든다. 그렇게 할 때 우리 자신의 삶에서 기억을 상기하고 과거에 얼마나 긍정적이었나를 기억하는 것이 어렵지 않다. 그것은 성취하고 유지하기는 어려울 수 있지만 참된 삶에는 필수적이다.

이런 방식으로 우리는 미래가 과거에 따라 결정되지 않으며, 과거는 변할 수 있다는 것을 실존적으로 안다. 찰리 브라운은 이것을 암시하고 있다. 그는 혼란스러워하고 있지만 자유롭게 행동할 기회를 잡지 않고 시계의 시간 양식으로 철수하고 고착되어 있기를 더 좋아한다. 사실 삶은 기회의 산물이고, 수동적 운명주의에 반응하거나 적극적 참여에 반응한다.

이에 대한 일상의 예는 우리가 행복할 때 과거에 가졌던 행복한 시간을 더 쉽게 기억하고, 이와 유사하게 슬픈 때도 기억한다는 것이다.

우리가 과거에 따라 결정된다는 생각을 놓으면, 우리는 자유롭게 되지만 변화에 대한 책임을 계속해서 지게 된다.

치료에서 우리는 지금 취할 수 있고 과거에 취했을 수도 있던 대안적 행동 지침에 대한 자각을 촉진하고, 그 둘 사이의 결합을 탐색해야 할 필요가 있다. 또한 내담자는 일들이 자신의 선택과 행동의 결과로 일어났다는 것을 깨달을 때 강력한 감정을 환기할 것이다. 이러한 자각은 단순히 인지적인 것이 아니라 경험적인 것이어서 우리 전체 삶의 방식으로 스며든다. 그것은 우리가 알았다고 생각했던 모든 것에 도전할 잠재력이 있다. 그것은 수동적이지 않고 적극적이며, 우리의 태도와 마음의 상태에 직접적으로 영향을 미친다. 우리의 과거 경험이 선택되었다는 것을 깨닫는 것은 심오하고도 혁명적인 발견이다. 왜냐하면 그것은 우리가 미래에도 영향을 미칠 힘과 가능성을 가지고 있으며 지금 새로운 선택을 할 수 있다는 것을 의미하기 때문이다. 이것이 실존적 책임이다.

> ⏻ **Key Points**
>
> - 시간은 시계의 시간에 대한 것만은 아니다.
> - 현재는 과거와 미래를 포함한다.
> - 우리가 결정되어 있지 않다는 것에 대한 이해는 우리가 과거와 미래를 소유할 수 있음을 깨닫는 것이며, 그것이 우리를 속인다고 느끼지 않는 것이다.
> - 시간 안에서 산다는 것은 우리가 우리 삶의 수동적 수용자가 아닌 능동적인 창조자가 된다는 것이다.

역설적 삶

삶의 모든 역설은 존재의 네 가지 차원 중 하나 이상과 연관되어 있고, 내담자는 종종 이것인지 저것인지를 결정함으로써 이를 해결하려 한다. 대부분의 문제 해결 기법은 이것을 포함한다. 하지만 대안들 사이에서 결정하는 것은 수사학이나 논쟁으로 풀릴 리가 없다. 수사학은 확실성이 바람직하고, 사실이 명확하고, 해결책이 영구적으로 보일 때 유용하다. 변증법적 의사 결정은 인간의 주제를 다룰 때 더 적절하다. 그것은 기계적이지 않으며, 이해와 처리, 행동 방침에서의 개인적 헌신에 대한 것이다. 소크라테스에게 그것은 대화를 통하여 진리에 더 가까이 가고 대극들을 극복하는 하나의 수단이다.

실존치료는 변증법적으로 갈등과 양극성에 직면하면서 이루어진다. 내담자는 문제를 해결하기 위하여 모호함과 예기치 못했던 것을 견디도록 배운다. 실존의 역동적 본성 때문에 해결책은 언제나 일시적이고 잠정적이다. 사실 이러한 모호함이 삶을 즐겁게 한다. 만일 우리가 실존의 역설을 쉽게 극복하여 둘 다/그리고(both/and)의 자유와 함께 오는 불안을 견딜 수 있다면, 우리는 좀 더 만족스러운 삶을 살 수 있을 것이다. 모호함과 변화의 가능성을 견디는 것이 창조성의 본질이다.

〈표 1-2〉는 우리가 주기적으로 마주하게 되는 역설이다. 각 단계에서 기본적 과제를 직면해야만 우리는 새로운 강점을 발견할 수 있다. 반면에 우리가 그것을 피하려고만 한다면 얻는 것보다 잃는 것이 많을 것이다.

〈표 1-2〉 인간 존재의 역설

	도전	도전에 직면함: 이득	도전을 회피함: 손실
물리적	죽음과 고통	완전히 삶을 사는 것	살아 있지 않은 삶 또는 지속적인 두려움
사회적	외로움과 거절	이해하고 이해받음	따돌림 또는 따돌림받음
개인적	약함과 실패	내구력과 강점	자기애 또는 자기파괴
영적	무의미와 무가치	삶의 윤리를 발견함	광신주의 또는 무관심

⏻ Key Points

- 삶이란 살아야 할 수수께끼이지 풀어야 할 문제가 아니다.
- 역설은 오로지 둘 다/그리고(both/and)의 방법으로 접근될 수 있을 뿐이지, 결코 모든 것을 한 번에 풀 수는 없다.
- 모호함은 창조성에 본질적이다.
- 우리는 우리 문제를 기꺼이 직면해야 한다.

불안과 실존의 소여성

실존의 소여성을 자각하는 것은 실존철학자들이 불안(Anxiety), 근심(Angst), 존재론적 불안(Ontological Anxiety), 실존적 불안(Existential Anxiety)

이라 부르는 것을 불러일으킨다. 여기에서 불안은 모두 대문자 A로 시작하는데, 이는 우리가 보다 익숙하게 일상적으로 경험하는 불안을 소문자 a로 시작하는 불안과 구분하기 위해서이다. 이것은 단지 이론적 개념일 뿐이며, 보통 사람들은 대문자 A로 시작하는 불안을 느끼지 않는다. 대신에 크든 작든 우리가 겪는 매일의 불안이나 걱정은 하나 이상의 기본적 역설과 연관되어 있다. 이러한 불안은 절대 없어지지 않고 단지 회피하거나 거부될 수 있기 때문에, 삶의 과제는 이를 인정하고, 이해하고, 이와 함께 살아가는 것이다. 하이데거는 삶의 사실에 대한 불안으로부터 너무 멀리 떨어져 있게 되면 소위 '양심의 부름'에 따라 불안으로 다시 끌려오게 된다고 하였다. 산다는 것은 절대 완벽하게 안전할 수 없고, 인간 실존에 흥분과 살아 있다는 느낌을 주는 것은 바로 삶의 역설과 딜레마에 참여하는 것이다. 우리는 이 긴장 속에서 진실한 창조성과 타당성 모두의 원천을 발견한다. 불안은 없애 버리거나 피해야 할 장애물이 아닌 인생의 스승이다.

성장에 대한 실존주의와 인간중심의 견해

인간중심 심리학은 씨앗이 좋은 환경에 있으면 특별한 나무로 자라고 성장하는 것처럼 사람도 좋은 것을 위한 힘이 있다면 자연스럽게 앞으로 나아갈 수 있는 잠재력을 성취하도록 지지받는 것에 대하여 말한다. 그러나 실존적 관점은 상당히 다르다. 네 개의 차원이 가지고 있는 각각의 역설과 딜레마는 삶에 경계를 만들고, 이로써 긴장이 형성된다. 그 긴장은 경계선과 한계 안에서 공간을 탐색하기 위해 다양한 방법으로 동기부여를 한다. 삶에서 해결되지 않는 딜레마는 영속적인 긴장을 만들고, 이 긴장으로부터 삶의 의미와 목적이 생긴다. 실존적으로 우리는 잠재력의 특성을 구현한다. 이것은 우리가 자유와 책임이 있으며 삶에서 부딪히는 역설과 딜레마에 대하여 우리 자신이 반응한다는 것을 의미한다. 실존적으로 우리는 영원히 되어 가는 상태에 있기 때문에 결코 잠재력을 완전히 실현하지 못한다.

성장이 항상 긍정적이라고만 할 수는 없으며 변화가 항상 더 나은 것을 가져오지는 않는다. 쇠퇴가 있고 성장이 있으며, 거기에는 언제나 위험이 따른다. 우리는 실재하고 또 냉혹하게 직면해야 하는 한계와 가능성에 개방되어 있어야 한다. 우리의 길을 신중하게 선택해야 한다.

실존은 수많은 모순과 긴장 속에서 생겨나고, 언제나 계속적인 열망과 절망, 흥망성쇠, 애착과 상실이 없이는, 최선의 선택을 함으로써 앞으로 나아가기 위한 동기도 의미도 없을 것이다.

 Key Points

- 불안은 실존의 모든 측면에 퍼져 있고, 그것을 회피하거나 거부하기보다는 받아들이는 것이 삶을 더 흥미롭고 의미 있게 만든다.

마음과 몸

현대 사상은 우리가 몸이 세계로부터 분리되어 있을 뿐 아니라 마음이 몸과 분리되어 있다고 믿을 것을 권장한다. 그러나 몸이 없는 마음을 상상하기 어려운 것처럼 마음이 없는 몸은 상상하기 어렵다. 마음은 뇌와 매우 유사하고, 뇌는 몸의 본질적인 부분이기 때문에, 몸과 마음은 서로 닮은꼴로 연결되어 있다. 이와 유사하게, 몸과 마음은 둘을 감싸고 있는 세계와 밀접하게 연관되어 있다. 몸과 마음은 그것을 유지하는 세계 없이는 존재할 수 없다. 우리는 우리의 주의를 구현된 존재로서의 경험에서 독립적인 유기체의 추상적 개념으로 대체하였기 때문에 이 혼란 속으로 들어가게 된다. 독립적인 유기체는 기계처럼 행동하지만 내면에는 감각, 생각, 느낌이 있다. 실존치료사는 마음, 몸, 세계 사이의 기능적 구분을 받아들이기보다 인간을 맥락 안에서 숙고할

수 있는 구현된 의식을 가진 존재로 생각하기를 선호한다.

사실 가장 근원적인 우리의 상호작용 양식은 세계와 함께하는 것이다. 우리의 정체성, 우리 자신에 대하여 생각하는 방식은 세계와 분리될 수 없다. 세계관은 문자 그대로 이 몸을 포함해 지금 여기에서 세계를 보는 견해이다. 이것은 단순히 세상에 대해 우리가 가지고 있는 관점일 뿐 아니라, 우리도 한 부분을 이루고 있는 세계를 경험하고 해석하는 방식이다. 그것은 우리가 세계에 접근하는 방식이고 우리의 태도가 지향하는 방식이다. 우리가 세계를 받아들인다는 의미는 세계를 수동적으로 인식한다는 것이 아니다. 하이데거가 말했듯이, 우리는 우리의 의미 세계를 조명하는 빛의 원천이다. 이것은 우리가 하나의 주제에 빛을 비출 때 의미하는 것이다. 그것은 단순히 인지적인 것이 아니라 흡수하고 분출하는 공기 같은 것이다. 하이데거는 우리가 살고 있는 세계를 의미로 가득 채운다는 의미에서 이것을 '분위기(mood)'라고 말한다. 우리는 세계에 조율하고 그 분위기를 흡수한다. 우리는 그것을 변형시켜 분위기로 되돌려 주고, 그것은 세계에 영향을 미친다. 유진 젠들린(Eugene Gendlin)은 이를 '느낌 감각'이라고 말하는데, 우리는 그 의미를 포커싱 기법을 사용하여 자각하고 이해할 수 있다(5장에서 다룬다). 사실 우리는 대부분 우리의 세계 경험의 상호 연관된 본성을 알아차리지 못한다. 우리는 그것을 너무나 당연하게 받아들이고 있어서 종종 세상을 인식하는 특정 방식을 자각하지 못한다. 예술에서, 관점은 세계관과 여기에서 세상을 보는 시점 둘 다를 의미한다. 우리는 삶에서 타당한 세계관처럼 다른 세계관도 있다는 것과 우리의 관점은 새로운 관점으로 세계를 볼 때 변화한다는 것을 배워야 한다.

우리 몸의 본성은 우리의 세계관의 본성에 영향을 미친다. 기술의 발전은 세계로부터 몸을 분리하는 데 기여하고 있다. 19세기 후반, 과학주의 시대 초기까지, 우리는 몸에 대하여 양적으로 측정했다. 예를 들어, 1인치는 엄지손가락 하나의 길이였고, 1피트는 어른의 발 길이였으며, 펄롱, 즉 도랑의 길이는 밭을 가는 사람들이 쉬지 않고 쟁기질을 할 수 있는 길이였다. 모두들 이것을 알고 있었다. 그러나 표준화되고 객관화된 측정이 발달하면서 이러한 몸과의 연결 고리는 사라지게 되었다.

 Exercise

조용한 공간을 찾아 가능한 한 편안하게 앉는다. 눈을 감고 발가락부터 몸의 모든 부분을 묘사하며 몸에 대한 탐색을 시작하라. 서두르지 말고 각 부분에 충분한 시간을 들여 천천히 몸의 한 부분 한 부분으로 옮겨 가라. 어떤 느낌이 들었는가?

이제 함께 이 과정을 진행할 파트너를 찾는다. 가까이 얼굴을 마주보고 앉아 눈을 감고 바로 전에 했던 것처럼 당신의 몸을 살펴보라. 다른 사람이 있을 때 몸에 대한 탐색을 하면 어떤 점이 다른가?

이제 그 파트너와 반대 방향으로 앉아 5분 동안 말하지 않고 상대방의 몸의 한 부분에 시선을 둔 채 눈을 움직이지 않고 서로를 바라보라. 어떤 느낌이 들었는가?

몸을 통하여 세계와 상호작용하는 방식을 무의식적으로 말하는, 우리가 때때로 생각 없이 사용하는 문장들이 많다. 골칫거리라는 표현은 '목의 아픔(pain in the neck)'으로 표현된다. 우리는 누군가의 취약점을 그리스 신화에서 따와 '아킬레스건'이라 부른다. 자신감이 넘칠 때, 우리는 현실의 땅에 기반을 둔 느낌에 대하여 말하고, 행복할 때 '가볍다'고 느끼며, 우울할 때 '무겁다'고 느낀다.

아이였을 때 놀이터가 거대하게 느껴졌지만, 어른이 되어 돌아와 같은 놀이터를 보면 기억에 있었던 것만큼 놀이터가 크지 않아 놀라곤 한다. 우리가 작았기 때문에 놀이터가 크게 느껴졌을 뿐이다. 평균 신장보다 작은 사람들은 군중을 싫어하는데 문자 그대로 앞이 잘 보이지 않아서이다. 사람이 기동성을 잃으면 세상은 갑자기 다른 곳으로 변하여 원래 가지고 있던 자유를 누릴 수 없다.

꽤 자주 우리는 우리 몸이 사회적 규범에서 받아들여지는지에 대하여 생각한다. 몸을 하나의 '그것'으로, 승인이나 불승인의 대상으로 생각한다. 이것은 몸을, 실제로 우리의 자기(self)를 소유물이나 어떤 물건으로 만든다. 현대 문화에서 인간은 규격화될 위험에 놓여 있다.

철학자 길버트 라일(Gilbert Ryle, 1949)은 이런 문제를 '범주 오류(category error)'로 묘사한다. 마음은 결코 사물이 아니기 때문에 고정될 수 없고, 우리는 '마음(the mind)'이 아닌 '마음 씀(minding)'의 과정을 말해야 할 것이다. 우리는 마음이 명사가 아닌 동사라는 것을 기억해야 한다. 그것은 정적인 것이 아닌 역동적인 것이다.

실존치료사는 몸을 우리가 소유하는 무언가로 보지 않는다. 몸은 우리의 존재 그 자체이다. 니체는 우리가 몸을 구현하기 위하여 몸의 소리를 들을 필요가 있다는 의미에서 '지적인 몸(intelligent body)'을 이야기한다. 프롬(1995)이 말하듯이, 몸의 소리를 들을 수 있는 능력을 잃게 되면 우리는 스스로에게 파괴적 행동을 하게 된다. 자신이 배가 고픈지 그렇지 않은지 알 수 있는 능력을 잃었거나 어떻게든 부정하도록 배운 섭식장애인들에게서 이를 가장 특징적으로 알 수 있다. 음식을 먹고 안 먹고는 몸의 메시지로부터 그 사람을 분리하는 데 사용된다. 그리고 음식과 그 결과는 한 사람에게 또 다른 의미를 가지고 있어서, 인간 존재로서의 수용성 또는 박탈하거나 숨 막히게 하는 세계와의 관계에 훨씬 더 많은 관련이 있다. 결과적으로 균형을 맞추기 위해 그들은 배가 고프지 않을 때 음식을 먹거나 배고플 때 음식을 먹지 않는다.

게다가 음식의 섭취에 집착하는 것과 그 결과는 실존의 역설과 딜레마를 외면하게 하는 수단이 된다. 그것은 결국 자기 몸의 생김새에 대한 부적절한 감각을 가지게 되는 신체이형장애(body dysmorphic disorder: BDD)라는 가장 극단적인 형태로 나타난다.

> ### Key Points
>
> - 마음이나 몸은 모두 우리가 소유하는 물건이 아니라 우리 존재 그 자체이다. 마음과 몸은 우리 존재에서 분리할 수 없는 부분이다.
> - 세계-내-존재(being-in-the-world)는 우리가 세상을 만들고 세상에 의해 만들어지는 방법을 말한다. 우리는 세상으로부터 분리될 수 없고, 지속적으로 세계와 상호작용한다.

온라인 내용

- 에미 반 두르젠이 실존치료에 대하여 개관한 비디오

인간으로서의 치료사

> 행동은 동일한 가능성을 가진 몇 가지로부터 선택되지 않는 한 어떤 행
> 동이든 윤리적 특성이 없다.
>
> – 윌리엄 제임스

당신은 누구인가

　실존 심리치료는 두 사람 사이의 관계이며 영혼의 만남이지 기법적인 것이
아니다. 이러한 만남에서 각 사람은 서로에게 중요한 존재이다. 실존치료에서
내담자와 치료사는 치료적 관계 안에서 의도적으로 그들 자신을 잘 활용할
수 있도록 훈련한다. 당신이 어떤 사람인가를 아는 것이 중요한 만큼, 그 일을
하고자 하는 당신의 동기와 배움을 위한 당신의 능력은 다른 무엇보다도 중
요하다. 당신이 다른 사람의 삶을 검토하기 전에 당신 자신을 검토할 수 있는
능력과 의지를 가지고 있지 않다면, 좋은 실존치료사가 될 수 없다. 이것이 윤
리적이고 실제적인 원리이다. 그러나 당신 자신을 알려는 의지만으로는 충분
하지 않다. 당신은 삶의 복합성에 직면하여 1장에서 설명한 문제와 역설을 다
룰 준비가 되어 있어야 한다.

　실존치료사는 일들을 어떻게 이해하는가에 대한 것뿐만 아니라, 비록 더
많은 불안을 야기할지라도 그들의 이해가 단지 일시적이고 잠정적일 뿐이라
는 것도 알 것이다.

삶과 삶의 의미를 성찰하기 위한 삶의 경험

인간 존재는 다른 어떤 존재보다도 특별히 과거, 현재, 미래를 성찰할 수 있다. 시간과 공간 안에서 그리고 물리적 · 사회적 · 개인적 · 영적 차원에서 삶의 경험을 이해할 수 있는 이 능력은 개인적 편견을 검토할 수 있도록 도움을 줄 것이다. 내담자는 삶이 제기하는 문제와 씨름하는 치료사를 만나서, 치료사가 자신의 관점과 의견을 내담자에게 강요하지 않을 것임을 알 권한이 있다.

심사숙고하더라도 우리는 종종 자동적으로 잘못된 결론을 내리기도 한다. 그 이유는 결론이 너무 익숙해서 그것을 정상적이라고 생각하거나 또는 그 결론이 불안을 야기하여 그것을 면밀하게 검토하지 않기 때문이다. 우리가 세계관을 제한함으로써 개인적 책임과 경험에 대하여 우리 자신을 기만하는 많은 방식은 우리가 생존하기 위해 필요로 하는 것이다.

실존치료사는 늘 세계에 대하여 그리고 세계 안에 살고 있는 자신의 위치(place)에 대하여 끊임없이 생각하는 사람들일 것이다. 실존치료사는 실험하고 여행하면서 다른 사람에 대해 그리고 자신의 동기에 대해 호기심을 갖는다. 이 모든 것에 대한 자신의 이해를 정교화하기 위하여, 그들은 면대면 실존치료에서 삶, 자신의 행동, 개인적 세계관, 가치, 편견을 성찰할 것이다. 그렇게 함으로써 그들은 자기 자신에 대한 생각을 조정할 수 있게 되고, 다른 사람들에 대한 분명한 인식을 방해할 수 있는 두려움, 가정, 편견을 제거할 수 있다. 수퍼비전은 이것을 전문적으로 공식화하는 방법이며, 훈련을 받는 동안과 그 후에 지속적으로 자기와 삶을 면밀하게 검토하는 과정이다. 이것은 8장에서 더 깊이 있게 다룰 것이다.

우리는 나이가 들면 성숙해진다고 생각하지만 실존적 성숙은 나이가 든다고 저절로 이루어지는 것이 아니다. 일부 젊은이는 거센 폭풍을 견디고, 상대적으로 나이 든 사람들보다 짧은 인생이지만 훨씬 강렬한 삶을 산다. 그렇기 때문에 그들은 실존에 대하여 더 많이 이해하고 보다 완전한 인간 존재로 성숙할 것이다. 어떤 사람들은 나이가 들어 경험이 많아도 실존적 성숙에 결코 도달하지 못할 것이다.

실존치료사에게 요구되는 성숙의 종류는, 심지어 반대되는 것일지라도 모든 종류의 의견, 태도, 감정, 생각, 경험에 대한 여지를 남겨 두고, 그러한 것을 당신의 존재에 통합할 수 있는 능력으로 나타날 것이다. 당신은 불확실하게 있을 능력, 계속해서 답을 찾을 것이지만 그것이 반드시 알아야 하는 것은 아니라고 느낄 능력을 가질 것이다.

실존치료사는 하나의 관점에 집착하기보다는 광범위한 관점에서 현실을 바라보고 평가할 수 있으며, 불확실할 때를 알 수 있을 뿐만 아니라 거짓으로부터 진실을 구분하는 능력을 가질 수 있다. 실존치료사는 그러한 모순을 자각함으로써 야기되는 긴장을 이겨 낼 수 있다. 그들은 의심할 수 있을 것이다.

다음은 성숙하고자 하는 사람들을 위하여 특별히 도움이 되는 삶의 경험들이다.

- 가족을 부양하는 데 헌신하거나 또는 가까운 관계에 의존하는 사람들을 돌보는 것은 사랑의 본성을 발견하는 데 중요하다.
- 부모나 양부모가 된다는 것은 아버지나 어머니 그리고 아들이나 딸의 관점에서 삶을 볼 수 있게 한다. 이것은 부모가 된다는 것이 얼마나 보람 있으면서도 얼마나 어려운지 아는 데 도움이 될 수 있다. 많은 여성은 학교에서 배우지 않았어도, 이 영역에서의 실제적인 경험을 많이 갖고 있다. 이는 아이 돌봄에 대해 책임이 있는 남성들도 마찬가지일 것이다. 그러한 경험은 매우 귀중하다.
- 여러 가지 다른 직업, 다른 학문, 다른 사회 계급 등의 사회에 다각도로 참여하는 것은 분명히 유익하다.
- 다문화 경험도 인간의 의미에 대한 관점과 마음을 확장시키는 데 훌륭한 방법이다. 다른 나라에 살면서 시간을 보내는 것도 다른 방식의 삶이 있다는 것을 인정하는 좋은 방법이다. 세계를 경험하고 인식하는 방법, 특

히 다른 언어에 적응하는 사람들은 이전에 가졌던 가정에 의문을 품고 새로운 문화와 관점에 개방하는 데 매우 중요한 경험을 한다.

• 차선책으로 심리치료에 오는 사람들은 삶의 방향을 바꾸기를 바랐던 경험이 있고 또 변화시킬 용기를 가지고 있기 때문에 특히 적절하다.

• 실존치료사가 되기 위한 필수조건은 개인 삶의 수많은 중요한 교차로에서 협상하는 것이다. 탄생, 고통, 죽음을 목격하는 것보다 사람들이 존재의 신비와 가능성에 더 많이 개방하도록 하는 것도 없다.

많은 실존치료사는 자신의 삶의 위기에 직면했을 때 인간의 어려움과 예측 불허의 변화에 대한 관심을 처음으로 자각하게 된다. 역경은 결코 부정적인 것이 아니며, 오히려 어떤 면에서 부드러워지고 성숙해지기 위한 조건이다. 그것이 치료사 역할을 하고 삶을 이해하도록 촉진하는 사람에게 요구되는 것이다.

✎ Exercise

실존적 위기에서 중요한 경험이라고 생각하는 것을 적어 보라. 그 위기에서 처음에는 현실적인 기반이 흔들리고 무너질 것 같았지만, 당신 자신이 그 위기를 변형하고 변화시킬 수 있다는 것을 알게 되었다. 어떻게 당신은 그 경험을 믿을 수 있었는가, 그리고 부러지기보다는 휘어지도록 어떻게 당신을 도울 수 있겠는가? 당신이 치료사가 되는 데 이 경험의 어떤 점이 도움을 될까?

실존치료사의 도덕적 태도는 내담자 스스로가 상담에 전념할 준비가 되어 있는 것보다 더 깊고 강하게 전념할 것을 내담자에게 기대하지 않는 것이다.

그렇기 때문에 훈련생은 자신을 치료하는 데 힘을 쓰면서 자신의 마음과 영혼의 깊이를 탐색할 기회를 갖고 자신의 갈등과 모순을 이해하도록 해야 한다. 실존치료사는 개인치료에 적극적으로 참여하여 치료의 가능성과 한계를 발견하고 직면해야 할 의심과 탐색해야 할 편견과 가정을 스스로 알아야 할 것이다.

⏻ Key Points

- 실존치료사가 노련한 상담자일지라도, 삶의 경험으로부터 배울 수 있는 능력을 소유하는 것이 더 중요하다. 지속적으로 성찰하고 자각하는 삶을 사는 것은 좋은 실존치료사가 되는 지름길이다.

함께 존재하기: 호혜성, 협력, 신뢰

1장에서 보았듯이, 인간은 언제나 타인뿐 아니라 사물, 자기 자신 그리고 개념과의 관계 속에 있다. 사르트르는 타인과 함께 존재하는 방식에는 경쟁적 방식 또는 협력적 방식이 있다고 언급하였다. 그리고 경쟁적 존재 방식에는 다음 세 가지 방식이 있다.

- 지배(dominance)를 목표로 하여 타인을 조절하거나 굴복시키고, 그것이 잘 안 될 때는 싸운다. 이때 관계는 '~에게 이기기' 위한 어떤 것처럼 보인다.
- 순종적(submissive)인 것을 목표로 하여 스스로 통제받으려 하고, 타인을 달래고, 종종 그들을 위로하거나 자신의 욕구가 배제된 채 타인의 욕구를 채워 주려고 노력한다. 이러한 경우에 우리는 관계를 '~에게 패배'하거나 '고통을 겪는' 어떤 관계로 본다.
- 모든 관계로부터 단순하게 철수(withdraw)하여 게임하기를 거절할 수

있다. 애정을 표현하지 않고 타인과 함께 있는 것에 가치를 두는 척하지 않는다. 이것은 경쟁적 게임에서 보통 마지막으로 사용된다. 이때 우리는 무기력하고 부적절하다는 느낌이 들고 다시 관계를 맺기에는 너무 상처를 입었다고 느낀다.

경쟁적 관계와는 반대로, 협력적 관계는 가치 있는 것이 창조되도록 우리 자신을 맡기는 관계이다. 우리는 함께 일하며 서로의 욕구를 채워 줘야 한다는 의무감을 느끼지 않으면서 서로의 욕구를 존중한다. 그러한 관계는 다음과 같은 특성을 가지고 있다.

- 다른 사람도 그렇게 할 것이라는 믿음을 가지고 있기 때문에, 우리는 대가를 계산하지 않고 너그럽게 줄 수 있다고 느낀다.
- 우리는 우리 사이의 차이점과 유사점을 계속해서 탐색하면서, 상보성을 위한 여지를 만든다. 즉, 우리는 서로에게서 얻는 추가적인 힘을 최대한 활용한다.
- 우리는 호혜성의 불문율을 가지고 일한다. 우리는 공유된 시간과 공간을 넘어설 수는 없다는 것을 알고 있다. 그렇지만 우리는 우리의 욕구와 타인의 욕구 모두를 존중해야 하며, 유용한 자원을 나눌 때에 평등해야 한다.
- 우리는 협력을 기초로 하여 일한다. 그때 각자는 라이벌이 되기를 시도하거나 다른 사람과 경쟁하기보다는 각자 할 수 있는 만큼 하면서, 능력이 닿는 한 부부나 집단을 위해 자신의 재능을 활용한다. 그리고 그렇게 하면서도 타인의 기여를 감사하게 받아들인다.

분명히, 협력적 관계는 결코 당연한 일로 받아들여지지 않을 것이다. 부부 중 한 사람이나 두 사람 모두가 관계에서 부당한 대우를 받거나 압도되거나 한 수 아래에 있다는 느낌이 들고, 그래서 서로에게 받아들여진다고 느끼기보다 안전을 위협당한다고 느끼게 되면, 그들은 바로 경쟁적인 관계가 될 위험이 있다. 이것은 특별히 부부나 집단의 실존치료에서는 그렇다. 이에 대해서는 8장에서 다룰 것이다.

✏️ Exercise

다음의 질문들에 대해 생각해 보라.

- 당신은 경쟁적인가, 아니면 협력적인가?
- 당신은 경쟁을 하는 경향이 있는가, 아니면 경쟁을 피하는 경향이 있는가?
- 이긴다는 것은 무엇인가?
- 진다는 것은 무엇인가?
- 최초로 이겼을 때의 기억과 졌을 때의 기억은 어떠한가?

현재 당신을 매우 잘 알고 있는 사람에게 당신에 대한 경험이 어떠한지 질문해 보라.

치료사로서 우리는 타인과 경쟁적 관계가 아닌 협력적 관계를 맺는 법을 배울 필요가 있다. 그렇지 않으면 내담자에게 충분한 도움을 줄 수 없다. 물론 갈등을 잘 견디고 직면할 수도 있어야 한다. 치료사가 된다는 것은 긍정적이고, 잘 배려하며, 공감하는 것에 대한 것만은 아니다.

실존상담에서는 종종 공감의 역할에 대한 혼란이 있다. 실존철학자 야스퍼스는 공감의 개념이 다른 사람의 '경험 속으로 들어가서 느끼는' 방법이라는 데에 처음으로 동의한 사람이다. 그는 치료사가 내담자의 경험에 참여하여, 할 수 있는 한 충분히 그 경험을 반영할 필요가 있다고 말하였다. 우리는 공감을 동감(sympathy)이나 동일시(identification)와 혼돈하지 않도록 주의해야 한다. 동감은 우리가 다른 누군가와 유사한 느낌을 가질 때 단순히 우리가 유사한 경험을 했기 때문에 느끼는 것이다. 동일시는 타인이 우리와 같다고 가정하는데 종종 타인이 매우 다를 때 느낀다. 두 경우 모두에서 우리는 내담자와 우리 사이의 차이를 놓치고, 내담자의 실제 경험에 충분한 주의를 기울이지 못한다. 우리는 내담자가 느끼고 있는 것을 결코 느낄 수 없지만, 우리가 할 수 있는 것은 그들의 경험을 우리 자신에게로 가져와서 그것에 참여하고 반영하는 것이다. 그것은 그리 간단하지 않다. 그것은 내담자가 말하는 것이 틀렸다고 생각했던 것 그리고 우리가 내담자의 경험을 충분히 이해하지 못했던 것을 발견할 때 자주 분명하게 드러난다. 공명할 수 있는 우리의 능력은 계속해서 연마되어야 한다. 그 과정에서 내담자는 우리가 그것을 이해할 때까지 자기 자신에 대하여 더 많이 말할 기회를 계속해서 부여받는다. 이 과정은 우리에게 충분히 현존할 것을 요구한다. 이는 타인과 함께 존재하고, 완전히 참여하는 인간 존재(fully engaged human being)로서 치료적 만남에 충분히 참여하는 것이다. 우리가 타인의 세계에 대한 경험에 영향을 받도록 우리 자신에게 허용한다면, 우리는 자신의 경험 깊은 곳에서 내면으로부터 타인을 이해하고 들을 수 있을 것이다. 이것은 타인을 확인하거나 동감하거나 나아가 공감하는 것이 아니라 실제적이고 진실하게 타인의 실존의 현재 상황을 우리 자신에게 적용함으로써, 내담자가 가진 이슈에 대하여 훨씬 더 예민한 관점을 제공한다. 우리는 그들의 세계로 들어가 타인의 문제를 해결하려는 것이 아니라, 철학적인 의미를 발견하고 장기적인 전망을 우리에게 제공하는 상황에 대한 경험을 깊이 느끼려는 것이다. 여기에서부터 우리는 그들의 앞으로 도약할 수 있고 경험의 총체를 밝힐 수 있다. 물론 우리는 발전하고 있는 관계에 신중하고 부드럽게 주의를 기울여야 한다. 관계가 어렵다는 것은 기정사실이다. 치료 관계도 예외는 아니다.

내담자들은 치료에 와서 많은 이야기를 한다. 우리가 개별적이면서 함께 존재한다는 사실, 즉 우리의 상호 협력적인 본성(co-constituted nature) 때문에 내담자들은 어려워한다. 심지어 은둔자도 타인의 부재를 의식하고 있으며,

그의 정체성은 타인이 없는 인간으로서의 것이다(Even a hermit is aware of the absence of others and his identity is as a person-without-others). 우리는 타인이 우리와 관계 맺는 방식과 우리가 타인과 관계 맺는 방식으로 정의된다. 개인적이고 전자통신이 난무하는 현대 세계에서 우리가 서로로부터 도망갈 수 있는 길은 없다.

실존치료는 치료에서 협력적인 본성(cooperative nature)을 강조한다. 이것은 치료사가 상담실 안에서뿐 아니라 밖에서도 협력적 관계를 맺을 수 있어야 한다는 말이다. 왜냐하면 일상생활에서 협력적 관계를 맺을 수 없다면 치료에서도 그럴 수 없기 때문이다.

실존치료사는 자신의 경험을 통해 관계에서 잘못될 수 있는 것이 무엇인지에 대한 분명한 지식을 얻을 것이다. 그러나 더 중요한 것은 올바른 관계를 맺으려면 무엇을 할 수 있는지, 타인들 가운데 일원이 되기 위해 그들이 할수 있는 것이 무엇인지, 차이를 어떻게 말할 수 있는지를 아는 것이다.

실존치료사는 위험과 검토를 감수하지 않고 신뢰가 두터워질 수 없다는 것을 안다. 그들은 상황을 언제 신뢰할 수 있고 없는지를 판단하도록 배웠을 것이다.

분명하게 보이진 않지만, 신뢰를 얻고 잃는 것은 수동적이지 않고 적극적이라는 것을 아는 것이 중요하다. 간단하게 말해, 신뢰는 일관성 있으며 우리가 약속했던 때에 우리가 말한 것을 행함으로써 얻어진다는 것이다. 불신은 사람들이 자신의 말에 진실하지 않아서 실망할 때 또는 환경이 우리의 기대에 어긋날 때 생긴다.

이것은 치료사로서 우리의 작업에 직접 반영된다. 왜냐하면 내담자들은 우리에게 중요한 것을 말하는 위험을 감수하고 그것이 존중과 관심과 이해로 다루어지고 있음을 알게 될 때, 우리를 신뢰하기 때문이다. 이것이 그들에게 새로운 희망을 준다. 신뢰를 쌓는 원리는 관계와 소속감을 유지하고 심화하는 접착제와 같다.

치료에서 우리는 관계가 아무리 호혜적이라 하더라도 동등하지 않다는 것을 기억해야 한다. 치료사와 내담자는 다른 목적을 가지고 있고 다른 역할을 하고 있다. 전문가가 저지르는 윤리 위반 중 다수는 치료사가 상호성을 동등한 것으로 잘못 이해하기 때문에 발생한다. 내담자는 취약한 입장에서 치료사에게 오기 때문에, 우리는 이것을 존중해야 하고, 친구나 배우자처럼 우리의 개입에 적극적으로 반응하기를 기대하지 말아야 한다. 우리는 내담자가 자신의 행동과 경험을 방어하지 않도록 하고, 내담자 자신을 탐색할 여지를 줄 필요가 있다.

개인적인 것과 정치적인 것

함께 존재하는 것은 친밀한 관계만을 말하는 것이 아니다. 여기에는 정치적인 차원도 포함되어 있다. 우리에게는 집단을 만들 수 있는 타고난 능력이 있고, 모든 집단에는 집단을 움직이는 규칙이 있다. 실존치료사는 세계와의 상호 관계를 이해하기 때문에 종종 전문가나 공동체 또는 정당 정치와 같은 정치적 삶에서 적극적인 역할을 하게 될 것이다.

개인적인 것은 정치적인 것과 얽혀 있다. 사르트르의 희곡 대부분은 이 관계를 탐색한다. 사람들이 더 나은 방향으로 개선될 수 있기 때문에, 그들은 그들 주변의 세계 또한 더 나은 방향으로 변화시킬 기회를 가질 수 있다는 것을 알 필요가 있다. 우리는 사회적 환경과 상호 연관되어 있고, 그 사회에 영향을 줄 수 있는 만큼 환경의 영향을 받는다.

많은 사람들이 하이데거와 사르트르의 정치적 입장을 비판한다. 하이데거는 특별히 그럴 만한 이유로 나치에 가담하였다. 그러나 분명한 것은 이 철학자들이 정치에 깊이 관여했고 자신의 신념에 따라 그들의 삶을 용감하게 살았다는 것이다. 그렇게 하면서 그들은 실수를 했지만 그로부터 배웠고, 이는 자신의 권위를 맹목적으로 따르지 않도록 우리를 상기시킨다.

선거에서 투표를 하는 것은 공동체의 일원으로서 우리의 책임이고, 이것은 세계 내 존재의 실제적인 의미이고 실존적 삶의 의미이다. 물론 어떤 사람들은 투표를 하지 않고 기권함으로써 사회로부터 스스로를 분리시킨다. 더 넓은 세계에 소속되어 있음을 포기하는 사람 또는 사회에 미칠 수 있는 영향을 포기하는 사람은 그것이 의미하는 바가 무엇인지에 관해 이해할 필요가 있다.

⏻ **Key Points**

- 자율성을 존중한다는 것은 다른 점이 있음에도 불구하고 그 점 때문에 그들을 수용할 수 있다는 의미이다.
- 상호성과 협력이 없다면 사회의 조직은 붕괴될 것이고, 우리는 개별적 · 집단적으로 인간성과 정체성을 상실할 것이다.
- 실존치료사는 개인적 · 사회적 · 문화적 · 정치적 관계를 똑같이 탐색한다.

자립할 수 있는 능력과 개별성

개인적 세계에서 편안함을 느끼기 위하여 사람들은 자립심을 추구한다. 확실한 것은 아니지만, 사람들은 오직 삶에서 스스로 투쟁에 참여함으로써 자립할 수 있을 것이다. 참된 자립은 그들이 자신의 사람들과 함께 있을 때에 행복할 수 있고, 또한 많은 사람과 얕은 관계를 많이 맺기보다는 가까운 친구들과 가족들과 더 깊고 개인적 관계를 즐길 수 있음을 의미한다. 이것이 둘 다/그리고(both/and)의 또 다른 예이다. 우리가 우리다움에 더 가까울수록 친밀한 관계에서 더 편안할 수 있다.

결과적으로 우리는 어떤 관계가 서로에게 자양분이 되는지를 더 잘 판단할 수 있게 되고 상대방을 어떻게 더 깊이 있게 신뢰할 수 있는지를 알게 된다. 또한 자율적이라는 것이 홀로 한다는 의미가 아니고 다른 사람들이 믿는 것을 단순히 반대한다는 의미도 아님을 이해하지 않고서는 우리는 자율적이 될 수 없다. 이는 자기감을 잃지 않으면서 집단의 일부가 되도록 자기 자신을 자유롭게 한다는 의미이다. 그렇게 할 수 있는 사람들은 얼핏 보면 매우 평범한 사람들로 보이지만, 자신이 믿는 것을 행할 뿐 아니라 예기치 않은 상황에서 어떻게 행동해야 할지를 안다. 그들은 독립적이지만 소외되어 있지 않다. 사실, 그들은 순응하는 사람들이 아니다. 종종 마치 전에는 본적이 없다는 듯이, 그들은 어떤 것을 볼 수 있는 능력이 있다. 혹자는 그것을 무지나 순진함으로 이해할지도 모르지만, 사실 그것은 개방성이며 불확실함을 견딜 수 있는 능력이다.

자립과 개별성의 또 다른 측면은 재정적 독립인데, 이는 자신의 능력 안에서 스스로를 실질적으로 돌보고, 일하고, 살 수 있는 능력을 말한다. 이것은 건강한 삶의 특징이다. 그들은 재정적 독립이 내담자가 노력할 만한 가치가 있는 것임을 알고 있다. 종종 치료에서 중요하게 다뤄지지 않기는 하지만, 믿음직하게 되는 것과 신뢰할 만한 가치가 있는 것은 인간관계에서 동등하게 중요하다.

유머

유머는 가까워지거나 멀어지는 데 활용될 수 있다. 치료사의 유머감각은 거리를 두거나, 혼란스럽게 하거나, 다른 사람을 바보로 만드는 데 사용되지 않을 것이다. 그리고 그 유머 안에는 원망, 경멸, 냉소가 들어 있지 않다. 실존 치료사의 유머감각은 드물게 활용되며, 종종 실존의 아이러니와 비극을 강조하기 위하여 사용된다. 만약 내담자가 웃음거리가 되고 있다거나 자신의 문제가 가볍게 다루어지고 있다는 느낌을 받는다면, 치료는 위태로워지고 신뢰를 잃게 될 것이다. 내담자가 자기 자신에 대하여 말하면서 유머를 자주 사용한다면, 치료사는 이러한 거리두기와 자기 자신을 가볍게 보는 것에 대한 이유를 확인할 필요가 있다. 그 이유는 아마도 내담자가 따뜻하고 너그럽지만 자기 자신을 객관적으로 본다는 것일 수도 있고, 다른 누군가가 자신을 비하하기 전에 스스로 자신을 비하하는 버릇이 있기 때문일 수도 있다.

투명성과 지혜

어떤 치료적 관점은 신성이나 영성에 대한 사람들의 경험을 체계적으로 탐색하지 않는다. 우리가 투명성에 대하여 말하는 것은 실존의 영적 차원을 말하는 것이고, 삶의 모든 부분이 연결되어 있고 그것이 모두 동일하게 중요하다는 것을 알 수 있는 능력을 말한다. 투명성은 우리가 내면의 생각, 감정, 감각과 직관, 삶에서 일어나는 사실들에 개방할 것을 요구한다. 진리가 무엇이든 또는 진리가 우리를 어디로 인도하든, 우리는 진리에 직면할 준비가 되어 있어야 한다. 이것은 겸손과 용기를 필요로 하고, 또한 자신의 세계관과 이념에 대한 이해와 통찰을 필요로 한다.

우리는 모두 일상의 삶에서 선과 악, 의미와 의미 없음 등의 반대 세력과 투쟁한다. 그리고 종종 그 주제를 전적으로 피하거나 조작함으로써 또는 한쪽만을 선택함으로써 투쟁을 피한다. 우리 자신이 존재하는 모든 것에 유용할 수 있다는 투명성의 원리는 우리가 진리를 추구하게 할 수 있다. 더 이상 우리 자신을 우주의 중심으로 보지 말고, 우리가 소속되어 있고 우리의 삶을 만들어 가고 있는 더 큰 복잡성의 일부라는 것을 알아야 한다. 이는 결코 쉽지 않다. 왜냐하면 안전이라는 망상적 신념을 버려야 하기 때문이다. '삶은 당신이 만드는 것이다.' 또는 '세계는 모든 사람이 만드는 것이다.'와 같은 말을 하기는 쉽고 그런 상투적인 말이 진실이지만, 실제로 그렇게 살기는 훨씬 더 어렵다. 그런 말을 많이 하는 사람들은 사실을 받아들이고 자기 자신을 개방하기보다는 자신이나 타인을 설득하려고 노력하는 것 같다. 치료에서 이런 말은 삶의 신비를 검토하지 못하게 하기 쉽다.

투명성과 지혜는 실존 사상가들이 '자기(self)'를 하나의 물건이 아닌 과정으로 보는 것과 관련이 있다. 눈에 비유해 보자면, 심리치료 이론에 반영되어 있는 많은 서양 사상은 빛이 들어오면 조명되는 것, 즉 비교적 고정되어 있고 내적인 어떤 것을 자기(self)라고 본다. 그러나 실존적으로 보면 자기는 눈의 홍채와 같아서 실존의 빛이 들어오게 한다. 시력의 비유는 세계를 보는 것에 대한 것이 아니라, 세계를 자기 안으로 들어오게 하는 것 및 세계와 연결되는 것에 대한 것이다.

우리가 비유적으로 사용하는 '홍채'를 열 때, 우리는 세계를 분명하고도 투명하게 다차원적 영광 속에서 볼 수 있고, 세계 안에 있는 우리의 위치와 우리가 그것에 기여할 수 있는 바를 볼 수 있다. 우리는 '빛', 즉 실존이 드러날 수 있도록 가능한 한 더 투명하고 더 열려 있기를 갈망해야 한다. 이런 일이 일어날 때, 사람은 동시에 그리고 호혜적으로 빛날 수 있고 세계를 밝힐 수 있다.

이것이 세계의 한 부분이 된다는 것이고 세계 내 존재가 된다는 의미이다. 세계의 존재와 세계를 위한 존재, 그러면서 세계의 한 부분이 된다는 이 관점에서 보면, 우리는 인간 실존을 훨씬 더 철학적인 태도로 성찰할 수 있다. 우리는 실제로 중요한 것과 부수적인 것에 대한 관점을 갖게 된다.

Exercise

투명성과 지혜를 사회·윤리철학자 라인홀트 니부어(Reinhold Niebuhr, 1892~1971)만큼 잘 설명한 사람도 없을 것이다. 그는 변화시킬 수 없는 것을 받아들이는 고요함과 변화시킬 수 있는 용기 그리고 그 둘을 구별할 수 있는 지혜를 가지라고 하였다.

현재의 삶에서 당신이 변화시키고 싶은 것과 이와 똑같이 당신이 받아들이고 싶은 것을 생각해 보라.

Key Points

- 인간은 언제 개방할지, 연결할지, 단절할지, 분리할지를 선택할 수 있다.
- 진리에 적극적으로 다가가는 것은 삶에 의미를 주는 것이지 결과를 내는 것이 아니다.

치료사로서 당신은 누구인가

실존치료사로 일한다는 것은 그 사람에 대한 특별한 요구를 한다. 실존철학과 상담의 핵심은 한 사람이 자신의 삶을 어떻게 이해하는가를 알아야 한다는 것이다. 실존치료사는 자신의 역할을 잘 감당하기 위하여 유용한 개인적·전문적 자원을 충분히 활용할 수 있어야 한다.

실존 심리치료사로 산다는 것

실존 심리치료사가 된다는 것은 외로운 직업일 수 있다. 개인상담은 제한된 사회적 세계로 들어가면 더 외로워질 수 있다. 우리는 치료사로 그리고 한 인간으로 살기 위하여 무엇을 해야 할지 알아야 한다. 실존적으로, 그 둘은 나누어질 수 없다.

많은 실존 심리치료사가 다른 전문 영역에서 온다. 이것은 인간 실존에 대한 광범위한 관점을 갖는다는 것을 의미하기 때문에 가치 있는 일이다. 그러나 효율적 상담을 위하여 실존치료사는 그들의 삶에서 계속해서 다른 관심도 갖고 헌신도 해야 한다.

만일 치료사가 그렇게 할 수 없다면, 그들은 자신의 관심과 개인적 관계에서 충족해야 하는 욕구를 내담자를 통해 채우면서 자신이 내담자를 이용하고 있음을 발견하게 될 것이다. 우리가 내담자를 만나는 짧은 시간 동안, 내담자는 우리의 충분한 관심을 받을 권리가 있다. 그러나 반드시 분명하게 밝히지는 않더라도, 내담자 또한 상담자가 상담실 밖에서 생산적이고 흥미로운 삶을 살고 있다는 것을 알 필요가 있다. 많은 실존 심리치료사는 분리되어 있지만 관련 있는 영역에서 아주 유사한 직업을 가지고 있다. 이것은 치료사로서의 작업을 약하게 만들기보다는 향상시킨다. 비교적 많은 실존치료사가 예술 분야에서도 적극적으로 활동하는 것처럼 보인다. 이 또한 단지 치료사로서의 작업을 향상시킬 뿐이다.

이 모든 말이 너무 이상적으로 들릴 수 있겠지만, 실존치료사는 자신이 가장 중요한 존재라는 것을 자각하기 때문에 인간의 결점, 불완전함, 맹점, 갈등, 딜레마에 민감하다. 그들은 불안, 죄책감, 고통, 기쁨, 슬픔 등의 감정에 익숙하지만 또한 그러한 것들이 살아 있음에 얼마나 핵심적인 부분인지도 알 수 있다. 그래서 그것을 이해하는 게 가능하지만, 그러한 것을 없애고자 한다면 스스로를 폄하시키는 것일 수 있다.

수퍼비전이 도울 수 있긴 하지만 살아남기 위해 더 중요한 것은 개인적 편견을 스스로 검토하고 이런 이유로 경험으로부터 배우는 능력이다. 이는 우리가 기준 이하의 기능을 하고 있을 때와 헤어져야 할 때를 알려 주는 것이다.

<table>
<tr><td>⏻ **Key Points**</td></tr>
</table>

- 우리는 모두 실존 심리치료와 같은 것이 있다는 것을 잊는 시간이 필요하다.
- 우리 스스로가 충만한 삶을 살아갈 때 타인들이 충만한 삶을 살 수 있도록 도울 수 있다.

훈련에서 개인치료의 중요성

훈련의 한 부분인, 개인치료의 위치에 대한 이슈는 실존치료사에게는 특별한 의미를 지닌다. 실존치료사가 되기 위하여 당신이 자기 자신을 면밀하게 검토하고 삶에 대하여 가능한 한 많이 배워야 한다는 데에는 의심의 여지가 없다. 삶을 경험하는 것만으로는 충분하지 않다. 당신은 삶을 체계적으로 검토하고 지속적인 경험으로부터 배워야 한다. 치료사의 모습이 되기 위해, 당신이 자신의 삶에 대한 질문과 자신의 역할을 이야기할 수 있도록 특별히 검토하는 것은 우리가 인간의 본성과 조건을 이해하도록 돕는 이론과 개념을 창조한 사람들, 즉 철학자, 심리학자, 소설가를 연구하는 것만큼 필수적이다. 내담자로서의 경험을 통해 어떻게 치료사가 되는지를 배우는 한편, 실제 훈련 회기에서 필수적인 기술을 배우는 것도 중요하다. 그런 다음 수퍼비전을 받으면서 이 기술을 다양한 맥락과 다양한 내담자에게 연습해야 한다.

Key Points

- 실존 훈련은 철학 이론과 심리학 이론 둘 다에 정통할 것을 요구한다.
- 여기에는 기술 훈련과 수퍼비전 연습도 포함된다.
- 실존분석은 당신의 삶의 경험에 대하여 적극적으로 성찰하는 것이다.
- 치료사로서 당신을 위한 치료는 훈련 속에서 당신의 삶에 대하여 배우는 시간을 갖는 것이다.

온라인 내용

- 자기성찰에 대한 에미 반 두르젠의 이야기
- 실존적 관점과 훈련 경험을 선택한 이유에 대하여 최근에 자격증을 딴 실존치료사 아이로 아이오아누(Iro Ioannou)와 인터뷰한 것
- 실존적 관점에서 정치적 차원의 중요성에 대하여 경험이 많은 상담사 마틴 밀턴(Martin Milton) 박사와 인터뷰한 것

현상학적 작업: 실존치료의 핵심

> 우주는 변화이고, 우리의 삶은 우리의 생각이 만든 것이다.
>
> – 마르쿠스 아우렐리우스

현상학: 가정, 편견, 맹점, 세계관

치료는 탐구이기 때문에 어떤 탐구라도 믿을 만한 결과를 낼 방법을 필요로 한다. 물리학은 모두 자연과학적 방법을 사용한다. 그것은 예측 가능하고 본질적 본성을 가지고 있는 무생물에게는 매우 효과적이지만, 인간에게는 그리 효과적이지 않다. 왜냐하면 인간은 자신의 행동과 선택의 맥락에 매우 반응적이기 때문이다.

인간에게 조금 더 효과적인 방법은 자기성찰을 하는 것이다. 그것이 개인의 주관적 행동을 정확히 포착하기 때문이다. 그러나 자기성찰에는 객관성이 없다. 대안이 되는 관점도 없다. 내담자들은 자신의 문제에 대한 다양한 대안적 관점을 알 수 없기 때문에 치료에 오고, 치료사는 내담자에게 새로운 관점을 제공한다.

객관적 과학도 주관적 자기성찰도 인간 연구에는 적절하지 않기 때문에 20세기 초 에드문트 후설은 인간학에 보다 적절한 방법으로 현상학을 제안하였다. 현상학은 체계적이기 때문에 특징적 행동과 개입(기술)을 가지고 있으며, 그것은 결과가 믿을 만하다면 신중하고 체계적으로 적용될 필요가 있다.

현상학은 객관적인 것과 주관적인 것 모두를 승인하면서 그 둘 사이의 관계를 발견한다. 이것은 여러 영역에 적용될 수 있다. 최근의 실존철학의 업적은 현상학에 기초해 있다. 상담심리학 연구에서 현상학적 방법은 점점 더 중요해지고 있다. 현상학은 실존치료의 실제에서 원론적 방법들 중 하나이다.

현상학의 목표는 우리 자신, 세계, 세계와 우리의 관계를 보다 정확하게 알기 위하여 세계와 세계 내 우리의 부분에 대하여 가정한 것을 명료화하는 것이다.

후설의 기본적인 개념은 지향성의 원리인데, 그것은 우리가 언제나 특별한 무엇인가에 대하여 의식하고 있다는 개념이다. 세계와의 관계에서 주체 없이는 의식도 없다. 하이데거는 후기 연구에서 이것을 세계 내 존재라고 말했다. 동시에 우리는 세계를 의식하면서 세계와 관계를 맺고 세계로부터 의미를 발견한다. 우리는 결코 단순한 관찰자가 아니고 언제나 참여적 관찰자이다. 우리는 주변 세계와 반드시 상호 연결되어 있어서 언제나 그 세계를 해석하고 있다. 이에 대한 간단한 예는 누군가와의 관계에 대하여 갖는 한 사람의 관점이 같은 관계에 대하여 다른 사람이 갖는 관점과 차이가 있을 것이라는 점이다.

현상학의 토대가 되는 원리는 많이 있다. 다음은 실존치료에 매우 중요한 세 가지 현상학적 원리이다.

- 우리는 세계를 적극적으로 해석하기도 하고 창조하기도 한다.
- 우리의 관찰은 결코 가정으로부터 자유로울 수 없다. 따라서 우리는 우리의 편견을 인식해야 하고 우리의 가정을 가능한 한 많이 한쪽으로 치워 놓아야 한다. 또는 괄호치기를 해야 한다. 그리고 섣불리 우리의 관찰에 결론을 내리거나 해석하기보다는 실제로 우리 앞에 있는 것을 묘사한다.
- 우리는 각자의 세계를 공동 구성한다. 즉, 치료 관계를 포함하여 우리의 관계의 특성은 변화와 성장의 핵심이다.

현상학적으로 상담할 때, 우리는 세계와 어떻게 관계 맺는지에 대한 분명한 개념을 형성한다. 우리는 세계 자체를 더 잘 이해하게 되고, 관계 맺는 과정에서 만들어진 자기를 이해하게 된다.

문자 그대로 현상학은 사건과 사물이 스스로를 드러냄에 따라 그것들을 연구하는 것이다. 즉, 겉으로 보이는 것이 거기에 있는 모든 것을 의미하는 것은 아니다. 따라서 그것에 대해 어떤 것도 섣불리 가정해서는 안 된다. 실존치료사는 현상학적이 될 때 내담자가 말하고 있는 것에 대한 그들의 가정을 괄호치기하려고 노력한다. 그리고 단순히 그것을 듣고 모든 것이 무엇을 의미하는지에 대해 호기심을 갖는 것을 목적으로 한다.

후설은 우리가 보고자 하는 것들을 보는 경향성을 자연스럽게 보는 방식이라고 말했다. 그는 이렇게 자연스러운 태도의 영향을 줄이고 마치 처음 보는 것처럼 사물을 보는 방법을 제안하였다. 우리는 때때로 휴일에 새로운 장소로 가서 힐끗 보는 것이 익숙한 대상으로 둘러싸인 집에서 보는 것보다 한층 더 자각의 감각을 높임을 알아차린다. 아이들은 어른보다 이것을 더 쉽게 할 수 있다. 그들에게는 모든 것이 새롭기 때문이다.

우리가 자신의 세계관을 자각하게 되면, 다른 많은 세계관 중에서 자신의 세계관만이 유일하게 유익한 것임을 알게 된다. 우리 자신의 개인적 지도를 자각하면 할수록 그 지도를 내려놓고 그 장소에 더 잘 집중할 수 있게 된다. 실존치료사의 과제는 다른 관점을 발견하고 인정하는 이 과정을 촉진하는 것이다.

현상학은 다음과 같이 질문한다. 그 무엇이라도 이해하게 하는 첫 번째 이해가 없다면 우리는 어떻게 이해할 수 있을까?

Exercise

종이 클립, 우유 팩, 신문과 같은 일상의 사물을 생각해 보라. 효과성이나 가치를 평가하지 말고, 그 물건의 다른 용도 스무 가지를 생각해 보라. 그 물건을 일반적인 용도로 생각하지 않으려면 무엇을 해야 하는가?

 Key Points

• 우리는 언제나 세계를 이해하고 있으며, 결코 우리의 가정에서 자유로울 수 없다.

• 세계에 대한 보다 정확한 그림을 그리기 위해서는 우리가 세계를 어떻게 이해하는가를 알아야 한다.

• 주의를 기울임으로써―알아차리고 묘사함으로써―설명하지 않거나 미리 판단하지 않으면, 우리는 우리의 가정에 대한 더 좋은 생각을 할 수 있다.

• 실존치료는 치료사와 내담자 모두에게 현상학적 연구 프로젝트이다.

• 현상학은 우리가 인간의 상호작용과 만남 그리고 철학적 연구와 검증의 엄격한 기준을 따를 수 있도록 돕는다.

• 그 길을 인도하는 것은 치료사의 이론적 모델이나 개인적 편견이 아닌 내담자 자신의 이야기이다.

실존치료의 가정

어떤 행동도 가정들로부터 자유로울 수 없다. 그리고 실존치료를 받는 내담자들은 오직 그들이 다음과 같은 기본 가정을 따를 때에만 혜택을 받을 수 있다.

- 삶을 이해하는 것은 가능하다.
- 그렇게 하는 것이 합리적이다.
- 사람은 각자 삶과 삶에 대한 태도를 잘 결정할 수 있는 능력이 있다.
- 어려운 문제는 피한다고 해결되는 것이 아니다.
- 인간의 본성은 기본적으로 유연하고 적응적이다.
- 사람들은 삶으로부터 배울 수 있고 문제를 초월할 수 있다.

따라서 이 기본 가정을 이해하지 못한다면 어떤 내담자들은 떠날지도 모른다. 그들은 보다 처방적이거나 교훈적인 것을 원할 것이다. 실존치료는 모든 사람을 위한 것이 아니다. 내담자에게 세계 내 존재 방식에 기꺼이 책임질 것을 요구한다.

가정 질문하기

질문하기는 실존치료의 핵심이다. 그리고 그것은 질문 형태의 '~에 대하여 질문하는 것'이라기보다는 협력적으로 '~와 함께 질문하는 것'이다. 우리는 아직 모르는 어떤 것을 알아 가려고 노력하고 있다. 그리고 삶의 문제를 다루는 최선의 방법에 대해 우리 자신에게 질문한다.

그러나 먼저 치료사로서 우리는 삶과 세계가 어떻게 존재하고 어떻게 해야만 한다고 생각하는 우리의 가정, 판단, 편견과 선입견에 대해 질문할 필요가 있다. 삶에 대한 내담자의 관심과 고통은 치료에서 그들의 현존으로 표현되며, 그들의 가정이 결함이 있고, 잘못되고, 모순되고, 검토되지 않았음을 나타낸다. 우리는 내담자가 자신의 특별한 세계 내 존재 방식을 자각할 수 있도록 도와야 한다.

처음에는 내담자가 객관적으로 옳은지는 중요하지 않다. 그것이 무엇을 의미하는지, 그것이 내담자의 삶에 대한 결정을 어떻게 말해 주는지, 그 선택이 만족스러운지를 알아내는 것이 훨씬 더 중요하다. 내담자가 자신의 삶을 책임지고, 용기 있게 자각하고 이해하면서 삶의 목표를 성취하는 것이 가장 중요하다.

실존적으로 모든 가정은 실존의 소여성(the givens of existence)과 관련이 있다. 그것들은 다음과 같다.

- 물리적 가정의 예: '나의 아이들은 나보다 먼저 죽지 않을 것이다.'
- 사회적 가정의 예: '다른 사람들은 문제가 많다.'
- 심리적 가정의 예: '나는 결코 내가 원하는 방식으로 얻을 수 없다.'
- 영적/윤리적 가정의 예: '사람들은 나쁜 일을 하면 벌을 받아야 한다.'

 Exercise

15분 동안, 다음에 주어진 문장에 대하여 네 가지 수준에서 당신의 가정들 중 하나를 적어 보라. 그런 다음 그것을 읽고, 적은 것과 같은 것이 무엇인지, 그 안에 어떤 가정이 포함되어 있는지에 대하여 생각해 보라.

1. 죽기 전에 내가 하려는 것
2. 나의 친구들과 잘 지내는 방법
3. 나의 삶에서 나 자신이 되는 것과 그러기 위하여 내가 할 것
4. 나의 도덕적 가치와 그 가치에 따라 사는 방법

현상학적으로 작업하기

현상학적으로 작업할 때 우리는 치료에서 상호작용하는 방식 그리고 그렇게 하면서 수많은 지침을 따르는 방식에 주의를 기울인다. 후설은 그것을 '현상학적 환원'이라고 했다. 현상학적 작업의 더 진전된 단계에서 우리는 관찰 대상에 보다 더 날카롭게 초점을 맞추면서 그것의 진수가 무엇인지를 알아내려고 노력할 것이다. 그것은 '직관적 환원(eidetic reduction)'으로 알려져 있다. 더 나아가 그 과정에서 우리는 우리의 주관적 참여에 초점을 맞출 수 있고, 후설이 '초월적 환원'이라고 말했던 것을 통하여 그것을 면밀히 검토할 수 있다. 그 두 가지 방법에 대하여는 이 책의 뒷장에서 다룰 것이다. 지금은 우리가 현상학적 환원으로 인하여 무엇을 할 수 있는가를 살펴보자.

> ## 몇 가지 환원으로 구성되는 현상학적 방법
>
> 1. **현상학적 환원**: 노에시스(Noesis) 또는 심사숙고하는 사람(cogitation)에 관하여: 의식의 과정
> 2. **직관적 환원**: 노에마(Noema) 또는 심사숙고(cogitationes)에 관하여: 의식의 대상
> 3. **초월적 환원**: 코기토(Cogito: 자아의 지적 작용, 나는 생각한다. 고로 나는 존재한다. –역자 주) 또는 지성(Nous)에 관하여: 의식의 주체

주의 기울이기

현상학적 상담은 주의 기울이기(attention)로 시작되고 유지된다. 내담자에게 충분히 주의를 기울일 수 있는 우리의 능력은 좋은 치료의 출발점이다. 무엇을 만나든 우리는 그것에 주의를 기울인다. 즉각적으로 우리는 그것과 유사해 보이는 관점에서 그것을 생각한다. 우리는 그럴 수밖에 없다. 이는 우리가 의미를 창조하는 피조물로서 행동하는 것으로 '자연스러운 태도'이다.

우리가 그 대신 해야 할 것은 바로 주의를 기울이는 것이다. 단순히 관찰하고, 경청하며 주의를 기울이도록 자신을 훈련하는 것이 중요하다. 알아차리고 관찰하고 묘사하는 시간을 가져 보라. 그러면 현상학적으로 작업하는 방법을 알게 될 것이다.

우리가 주의를 기울이고 적절하게 묘사하기 시작하면, 우리는 앞으로 나아갈 수 있다. 그리고 현상학적 환원의 실제에는 몇 가지가 더 있다.

판단 중지

현상학적 환원의 첫 번째 방법으로 주의의 대상을 자각하게 되면, 우리는

대상에 대한 우리의 가정을 점점 더 많이 자각하게 된다. 이 모든 과정을 판단 중지(Epoché) 또는 문자 그대로 판단 보류라 한다. 가정에 대한 우리의 자각 이 점차 증가할수록, 우리는 그 가정을 은유적으로 괄호 안에 넣을 수 있다. 그래서 우리는 그 대상을 더 분명하게 볼 수 있도록 일시적으로 그것을 분리시킬 수 있다. 그러나 반드시 그렇게 할 수 있는 것은 아니다. 우리는 먼저 우리의 가정을 자각해야 한다. 가정이 무엇인가를 아는 것만으로는 충분하지 않다. 그 가정이 우리에게 의미하는 것이 무엇인지, 그리고 그 가정이 어떻게 세계를 습 관적으로 이해하는 방식의 한 부분이 되는지를 이해해야 한다. 동시에 우리가 절대 그 가정을 완전하게 자각할 수도 없고, 그것을 버리거나 금지할 수도 없 다는 것을 이해해야 한다. 우리는 이미 알고 있는 것을 모를 수 없고, 단지 우 리가 알고 있는 세계에 대하여 새로운 차원을 다시, 새롭게, 추가로 더 보도록 우리 자신을 훈련시킬 수 있을 뿐이다. 이것이 지향성의 원리의 한 부분이다. 즉, 나는 세계에 대한 나의 가정으로부터 분리될 수 없고 내가 할 수 있는 것은 가능한 한 그것을 자각하는 것이다. 때때로 이것을 규칙이라 부르기도 하지만, 목표로 생각하는 편이 더 낫다. 왜냐하면 그것이 결코 실제로 완전하게 성취될 수 없기 때문이다. 괄호치기가 판단중지의 한 국면이긴 하지만, 그것은 단지 일반적으로 세계에 대한 우리의 관찰과 가정을 분명하게 분리시킴으로써 우리 의 가정을 다루는 실제적인 과제를 말하는 것이다. 판단 중지는 그 자체로 세 계에 대한 자각, 판단 보류, 묘사, 가정에 대한 자각, 가정에 대한 괄호치기, 가 정 다루기, 자각으로 돌아가기의 전 과정이 연속적으로 이어지길 요구한다.

검증

두 번째 부분은 검증(verification)이다. 이것은 보다 더 해석적인(hermeneutic) 기능을 가지는데, 그것은 해석(interpretive)이라고 말할 수 있는 것이다. 검증 할 때, 우리는 우리에게 나타난 현실로 계속 돌아가도록, 그리고 우리의 관찰 이 옳고 우리의 관찰 대상과 직접적으로 관련되어 있는지를 검토하도록 훈련

받는다. 우리는 직관을 사용하며, 실제로 사례가 되는 것 그리고 우리가 관찰하고 묘사하고 있는 것으로 되돌아가기 위하여 실제적인 것을 직접적으로 이해한다. 이는 우리가 이전에는 단지 묘사되기만 했던 것의 의미를 이해하도록 허용한다. 그러나 각각의 해석은 진실과 일치하는지 검증될 필요가 있다. 우리는 세계에 대해 이해하는 것과 실제적인 것을 비교한다. 상담 실제에서 이것은 우리가 묘사한 것이 실제적인 경험과 얼마나 밀접하게 연관되어 있는가를 내담자와 함께 계속해서 검토하는 것을 의미한다. 피드백 고리는 우리의 관찰이 선입견으로 돌아오려는 경향성을 본질적으로 수정하게 한다.

현상학 그리고 핵심 조건

칼 로저스는 자신을 현상학적 치료사로 부르지는 않았지만, 실존철학자들에게 큰 동감을 하고 있었고, 종종 실존철학자들에게 영감을 받았다. 그의 이론은 광범위하게 현상학적이라고 볼 수 있는데, 계속해서 그 사람의 실제적인 경험으로 돌아온다는 목표를 가지고 있기 때문이다. 로저스의 개념은 그 시대의 기계적인 행동주의와 정신분석에 반대하여 나왔으며, 그가 일조했던 '제3세력'은 많은 부분이 현상학과 게슈탈트 심리학의 개념에서 나온 것이다. 게슈탈트 심리학은 현상학에서 발달된 것이다. 인간중심 이론과 실제는 그 사이에서 발달되었지만, 현상학과 세 명의 치료사의 핵심 조건들 뒤에 있는 원리들 사이의 차이점과 유사점을 명료화할 필요가 있다 (Barratt-Lennard, 1998).

공감

로저스는 내담자의 세계가 마치 자신의 세계인 것처럼 이해하고자 하는 마음이 공감이라고 말하였다. 그리고 내담자가 개인적으로 인식한 세계에 들어가서 그 안에 철저하게 있게 '되는' 것에 대하여 말하였다(1980:

142). 실존철학자 카를 야스퍼스는 치료사가 내담자에게 반향하는 것 (resonating)에 대하여 말하였는데, 이것은 미묘하고 심오한 차이를 나타 낸다. 왜냐하면 우리 모두는 살아 있는 존재의 기본적인 경험을 공유하지만 그것에 대하여 전적으로 고유한 견해를 가지고 있기 때문이다. 부버(1958) 와 하이데거(1962) 또한 다른 사람이 느끼는 것을 우리도 느낄 수 있다고 상상하지 말라고 경고했다. 이것은 우리가 다른 사람의 경험을 결코 완전 히 이해할 수 없지만 보다 더 가치 있는 것은 이해할 수 있고, 살아 있는 존 재의 기본적인 존재론적 딜레마와 역설에 대한 우리의 경험과 이해 그리고 다른 사람이 투쟁하고 있는 것을 공유한다는 의미이다. 이러한 주제에 대한 우리의 개인적인 이해와 감정은 우리가 고려하고 있는 문제를 더 명료하게 할 것이다. 이것이 우리가 내담자에게 진실하게 가치 있는 이유이다. 즉, 우 리는 동시에 같을 수도 있고 다를 수도 있으며, 같은 주제에 새로운 빛을 비 출 수도 있다.

무조건적 긍정적 존중

현상학적으로 들음으로써, 우리는 내담자의 이야기를 반향할 수 있다. 이 것은 우리의 내면에 개방성과 겸손과 존중하는 마음을 불러일으킬 것이다. 그러나 이 존중이 실제적이지 않다면 그것은 곧 알려질 것이고 우리는 거짓 으로 보일 것이다. 랭(Laing)은 "어느 때라도 마지막에는 자신이 가지고 있 는 것보다 더 많은 사랑이나 관심을 보여 주는 것이다. 치료사의 […] 돕고 자 하는 동기가 내담자로 하여금 존재하도록 도우려는 것에 집중되면 될수 록, 더 많은 희망이 있을 것이다."라고 말했다(1960: 45). 우리가 존중하고 신뢰하는 것은 내담자가 스스로 결정하고 자율성을 가질 수 있는 능력이다.

일치성

로저스는 일치성을 "내가 지금 경험하고 있는 감정이나 태도는 모두 내가 그 태도를 자각하는 것과 일치한다."라는 의미로 규정했다(1961: 50). '참됨'이라고도 불리는 그것은 전적으로 다른 실존적 의미와 매우 큰 혼란을 야기한다. 현상학적 주의는 치료사가 내담자를 위하여 진실하게 현존하기 위하여 괄호치기를 해야 할 개인적 반응, 가정, 선입견을 밝힐 것이다. 이것을 효율적이고 윤리적으로 할 수 있는 우리의 능력은 내담자에 대한 우리의 가치 척도이다. 우리는 현상학적으로 주의를 기울일 때 내담자와의 관계에서 우리 자신이 드러난다는 것을 기억해야 한다. 그러면 실제적인 기술은 그것을 치료적으로 어떻게 사용하는가를 아는 것이 된다. 치료에서는 노출이 너무 많아도, 너무 적어도 문제가 된다. 더 정확하게 말하자면 치료적 실수는 특별한 때에 필요한 현존의 특성을 잘못 판단하면서 하게 된다는 것이다.

가정 자각하기

우리는 무엇에 대한 가정을 많이 가지고 있다. 우선, 우리는 보고 생각하고 느끼는 과정에서 가정한다. 예를 들어, 우리는 의심, 호기심, 고소함과 함께하는 어떤 것에 대하여 생각하거나 느낄지도 모른다. 후설은 이것을 노에시스(Noesis),[1] 즉 자각하는 과정의 특성이라고 하였다. 그런 다음 우리는 의식의 대상에 대하여 가정을 하는데, 후설은 이것을 노에마(Noema)[2]라고 했다. 마침내 우리는 우리가 의식하는 대로 우리 자신에 대해 가정한다. 후설은 이렇게 사고하는 주체를 코기토(cogito),[3] 또는 그 가정을 벗어날 때의 초월적 자아라고 불렀다. 이 모든 것은 우리가 세계를 보는 방식을 왜곡하는 여과 장치

---

1) 역자 주: 철학에서 순수 지성(이성)의 인식 작용, 심리에서는 인식(cognition), 의식의 작용

2) 역자 주: 의식의 대상. Noesis에 대한 의식 내면에서의 객관적 측면. 초월적 실재가 아니라는 점에서 내재적이며 동시에 실재가 아닌 점에서 Noesis와 구별된다. 그것은 관념적인, 구체적으로는 의미적인 존재이다.

3) 역자 주: 데카르트(R. Descartes)의 『철학의 원리(Principia Philosophiae)』에 나오는 "나는 생각한다. 따라서 나는 존재한다(cogito ergo sum)."라는 구절을 약칭한 것이다.

와 같은 것들이다. 우리가 습관적으로 왜곡하는 방식을 충분히 자각하게 될 때에야 비로소 우리는 내담자의 자율성을 존중하면서 반응하게 될 것이고, 우리의 관점이 내담자의 자유를 제한하는 방식을 성찰할 수 있을 것이다.

그러나 침묵을 포함하여 치료사의 모든 개입은 삶과 내담자와 그들 자신에 대한 기본 가정들을 표현하는 것이다. 그리고 많은 경우에 이것은 특별히 강요적이거나 해가 되지는 않을 것이다. 우리는 가정이 나쁘다고 말하고 있는 것이 아니다. 검토되지 않았거나 알지 못하는 가정들이 상담을 제한하기 쉽다는 것이다. 검토되지 않은 치료사의 가정들 중에서 위험한 한 가지는 내담자가 치료사의 가정에 동의하거나 반항하지 않는다면, 내담자가 상담자의 가정을 사실이라고 느낀다고 가정하는 것이다. 그 가정이 우리에게 무엇을 의미하는지 이해하지 못한다면, 그것은 우리 자신과 내담자에 대한 책임을 회피하고 부인하는 것이다.

우리는 결코 가정으로부터 자유로울 수 없다. 여기에 역설이 있다. 우리는 세계를 이해하기 위해서뿐만 아니라 보통 우리가 세계를 어떻게 이해하는가를 우리 자신에게 상기시키기 위해서도 이 가정을 필요로 하기 때문이다. 내담자들도 이 가정들을 알기 위하여 우리를 필요로 하는데, 그때 우리는 그 가정으로 무엇을 하는지를 알아야 한다. 우리가 가정을 괄호치기하려는 이유는 우리의 가정이 마치 치료인 것처럼 보이게 해서 치료를 제안이라는 세련된 형태로 바꾸려는 것으로부터 내담자를 보호하기 위함이다. 뒤에서 살펴보겠지만, 수퍼비전은 우리가 괄호치기하는 가정의 개인적 의미를 알기 위한 좋은 기회이다. 삶은 계속된다. 그렇기에 발전해 가는 우리의 가정에 대한 성찰은 계속된다.

회기를 시작하기 전

내담자를 만나기 전에 우리는 주의를 집중시키기 위한 준비를 할 필요가 있다. 상담 회기를 준비하는 것은 중요하다. 상담 회기를 시작하기 전에 시간

을 갖고 상담실을 정리한 후, 내담자의 의자에 앉아서 내담자가 되어 보는 상
상을 해 보라. 그리고 다시 당신의 의자로 돌아와서 두 개의 경험을 비교해 보
라. 상담실에 대한 다른 관점에 주목하여 당신은 볼 수 없는데 내담자는 볼 수
있는 것은 무엇인지, 반대의 경우에는 어떤 것이 있는지 주목해 보라. 상담 회
기의 매 시간에 감사하라. 이것이 당신이 제공할 수 있는 주의의 질에 차이를
만들기 때문이다.

　　자신에게 다음과 같은 질문을 하라.

- 나는 아침형 인간인가, 아니면 저녁형 인간인가?
- 이것이 나에게 어떤 차이를 만드는가?
- 현재 내가 몰두하고 있는 것은 무엇인가? 나는 무엇을 생각하고 있는가?
- 나의 배경이 되는 감정은 무엇인가?
  - 피곤한가? 왜 그런가?
  - 흥분하고 있는가? 무엇에 대하여?
  - 걱정하고 있는가? 무엇 때문에?
- 다음 몇 시간을 기대하고 있는가? 왜?/왜 아닌가?
- 차분하고 꾸준한가? 어떻게?

　　이를 통해 당신은 당신의 편견과 맹점을 자각하는 과정을 시작할 것이다.
이것은 당신이 보다 분명하게 보고 들으며 관계 맺을 수 있도록 할 것이다.

회기가 진행되는 동안

　　앞서 제시한 모든 질문은 내담자가 상담실 안에 들어올 때까지 계속되다가
일단 회기가 시작되면 보다 구체적이 될 것이다. 우리는 언제나 세계를 어떻
게 보는가에 영향을 미치는 전반적인 정서적 톤이나 색깔을 가지고 있다. 우
리는 어떻게 느끼는가로 시작할 필요가 있다. 왜냐하면 이것이 우리의 실존에

서 가장 분명한 국면이기 때문이다. 우리의 정서는 세계와 우리를 연결시킨다. 그것은 우리의 경험에 색깔을 입히는 것이다.

우리는 분명히 우리에게 들리는 것에 그리고 관계를 유지하는 것에 초점을 맞출 필요가 있다. 이것을 이해하려면 우리 자신에게 더 많은 질문을 할 필요가 있다.

오늘 내가 어떻게 느끼고 있는가를 기억하고, 스스로에게 다음과 같은 질문을 해 보라.

- 지금 내담자와 함께 있다는 것은 어떤 것인가? 나와 함께하며 내담자가 두려워하고, 분개하고, 유혹하고, 화내는 대상은 누구인가?
- 내담자와 결코 눈을 마주치지 않는 것/눈 마주침을 결코 회피하지 않는 것은 어떤 것인가?
- 이 내담자와 침묵하면서 앉아 있는 것/조금도 침묵하지 않고 말을 하는 것은 어떤 것인가?

이러한 배경 질문을 하는 것은 우리가 우리 자신과 내담자 사이의 차이를 이해할 수 있도록 돕는다. 치료사는 습관적으로 어떤 내담자를 대할 때는 무겁고 무기력하게 느끼지만, 다른 내담자를 대할 때에는 기운이 더 나는 것을 느낄 수 있다. 이러한 관찰은 수퍼비전이나 개인치료에서 주목되어야 하고 다루어져야 한다.

숙련된 수준으로, 우리는 침묵과 충분한 주의를 기울이면서 시작할 필요가 있다. 우리가 말을 해야 한다는 것에서 자유로울수록, 더 많이 주의를 기울이고 들을 수 있다. 우리의 자각은 그것을 이해하기 위하여 어떤 것에 비추는 빛과 같다. 이것은 그리 나쁜 비유는 아닌 것 같다. 왜냐하면 우리가 어딘가에 지나치게 밝은 빛을 비추면 대상이 평면적으로 나타나면서 그림자가 보이지 않기 때문이다. 우리는 내담자가 볼 수 있을 만큼의 충분한 빛을 비출 필요가 있다. 너무 과한 빛으로 내담자를 경험하지 못하게 하고 짓눌러 눈이 멀게 해서는 안 된다. 명심하라. 최선의 노력을 다한다 해도 우리는 항상 내담자에게 영향을 미치고 있다. 하지만 현상학적으로 존재하게 됨으로써 우리는 곧 이 영향의 본질에 대해 알게 될지도 모른다.

주의를 기울일 수 있는 우리의 능력은 불확실함을 견딜 수 있는 능력과 상호 관련되어 있다. 여기에는 한편으로는 혼란스러운 상태와 모호함, 다른 한편으로는 생각하지 않고 나태하고 독단적인 상태라는 두 가지 대안이 존재한다. 만일 우리의 주의가 설명이나 이론을 추구하거나 산만해지는 것을 발견한다면, 그것은 우리가 충분히 주의를 기울이지 않고 있다는 의미일 것이다.

📑 사례

감정에 대한 가정이 잘못되었을 때

폴은 잰과 린이라는 두 여자와의 관계 문제로 단기치료를 받으러 왔다. 두 여자는 서로의 존재를 모르고 있다. 폴은 죄책감을 느끼면서도 그 누구도 떠날 수 없었다. 치료사는 그녀가 관계에 대하여 생각했던 것을 한쪽으로 치워 놓고 폴이 스스로 결정하도록 도와야 한다고 생각했다. 그녀는 그렇게 했고 어떻게 할지를 알고 있었다. 치료 마지막에 폴은 치료사가 경청해 주고, 선택하고 결정하는 것에 대한 그의 무능력과 관련된 문제를 파악할 수 있도록 도와준 것에 감사해했다. 그는 "나는 여전히 어떻게 해야 할지 모르겠어요. 하지만 당신이 내가 누구와 함께 있어야 한다고 생각하는지는 알아요. 바로 린이죠."라고 말했다. 치료사는 깜짝 놀랐다. 왜냐하면 사실상 치료사가 린을 잰보다 더 좋아했기 때문이다. 폴은 계속 말을 이어 갔다. "……당신은 언제나 린보다는 잰에 대한 나의 불안에 더 많은 관심을 기울였죠. 그러나 하다못해 당신은 나에게 어떻게 해야 할지도 말하지 않았어요."

🔊 해설

우리의 의견을 완전히 한쪽으로 치워놓고 괄호치기하는 것은 불가능하다. 폴은 치료사로부터 받았던 주의의 특성이 적절한 때에 그의 문제를 탐색할 필요가 있는 것이라고 느꼈다. 폴이 치료사의 감정을 자각했더라도 그는 그 감정이 그의 문제를 탐색하지 못하게 했음을 알지 못했다. 잰에 대한 치료사의 감정을 한쪽으로 밀어놓을 수 없었기 때문에, 치료사는 자신이 개인적 선호를 표현했다는 것을 알아차리지 못했다.

당신은 자신의 편견과 가정을 어떻게 알아차릴까?

당신이 특별한 내담자와 상담하는 것에 대해 당신 자신에게 물어볼 수 있는 다음의 다섯 가지 단순한 질문으로 시작하는 것이 좋을 것이다.

① 내담자를 위해 내가 원하는 것은 무엇인가?
② 지금 당장 내담자에게 충고를 한다면 무엇을 할 수 있을까?
③ 나는 다른 내담자가 아닌 바로 이 내담자에게 다른 감정을 느끼는가? 그것은 무엇에 대한 것인가?
④ 나의 호기심을 채우기 위하여 정보를 요구하였는가?
⑤ 나는 왜 자기노출을 했는가?

이 단순한 질문들에 대한 답은 당신이 상담 내용과 과정에 대한 가정을 자각할 수 있게 할 것이다. 우리는 모두 우리 자신을 윤리적인 상담사라고 생각하고 싶다. 종종 첫 번째 답은 이것을 반영할 것이다. 그러나 우리는 우리 자신에게 주는 첫 번째 답을 받아들이지 않고, 우리 자신의 답에 이의를 제기하는 방식을 발달시킬 필요가 있다.

> **📑 사례**
>
> ## 내용에 대한 가정이 잘못되었을 때
>
> 마리아는 직장이나 가족 관계에서의 어려움 때문에 지역 보건의에 의하여 의뢰되었다. 첫 회기에서 그녀는 자신의 문제를 묘사하였다. 그리고 때때로 모든 것이 '싫증난다'고 말했다. 그러나 한편으로는 우울증에 관한 책 한 권을 샀고 그것은 효과가 있었다고 말했다. 그녀가 첫 회기에 매우 낙관적으로 보였기 때문에 상담사는 상담을 더 하지 않아도 되겠다는 결정을 했고 마리아도 동의했다. 그러나 그다음에 상담사는 마리아가 자살 충동을 느낄 때 왜 상담을 끝내게 되었는지를 묻는 지역 보건의의 소견을 알게 되었다.
>
> **🔊 해설**
>
> 상담사의 첫 번째 잘못은 마리아가 '싫증난다'고 한 말의 의미를 자신이 하는 말과 같이 일시적인 상태를 묘사하는 매우 가벼운 말이라고 생각했다는 점이다. 두 번째 잘못은 참조한 서적을 문자 그대로 받아들여서 그것이 상담을 계속하지 않겠다는 의미일 수 있음을 알지 못했다는 것이다. 그는 그 의미를 탐구하지 않았기 때문에 마리아의 상태의 심각성을 알아차리지 못했다.

묘사

우리의 가정이 밝혀지도록 도울 수 있는 또 다른 방법은 원인을 찾고 문제를 해결하거나 분석함으로써 설명하는 것이 아니라 묘사하려고 노력하는 것이다. 얼핏 보면 이것은 쉬워 보이지만 쉽지 않다.

치료사들과 상담사들은 다른 전문가들에게 자신의 작업을 설명해 왔다. 그 습관을 벗어나는 것은 어렵지만, 치료에서 설명은 불필요하고 두 사람 사이의 거리를 멀어지게 한다. 치료사가 말하는 모든 것은 가능한 한 내담자의 경험에 가까워야 한다. 우리는 그것을 '유사경험(experience-near)'이라고 부르는 데, 상담자는 내담자가 그들의 경험에 더 가깝게 참여할 수 있도록 노력해야 한다. 이론은 멀어지게 하는 경향이 있다. 그러므로 철학적 개념을 포함하여 이론적 개념은 상담실에 있을 자리가 없다.

일반적으로 치료사가 설명하고 싶은 유혹을 받는 것은 치료사의 불안과 비례하고 치료사가 내담자와 함께 있는 것을 얼마나 불편해하는가와 비례한다.

다시 말해, 설명은 언제나 내담자가 아닌 치료사의 혼란을 줄이기 위한 것이다. 결과적으로 설명은 보통 내담자의 혼란을 가중시킨다.

✎ Exercise

의자와 같은 일상의 사물을 들어, 그것을 상담실 한가운데로 옮겨 놓으라. 그리고 그것을 처음 보는 것처럼 5분 동안 바라보라. 당신이 본 것을 묘사하라. 그것을 '의자됨(chairness)'으로 묘사하거나 그것이 왜 의자로 있는지 혹은 거기에 어떤 부품들이 있는지를 설명하려 하지 말라. 그것이 어려우면 의자를 뒤집어서 다시 해 보라. 마지막으로 의자를 처음 보는 것처럼 보는 것이 어떠했는가를 성찰하라.

가장 유용한 질문은 '왜?'가 아닌, '무엇이?' '어떻게?'이다. '왜?'는 현재의 경험으로부터 멀어지게 하고 '왜냐하면……'으로 답을 할 수 있을 뿐이고, 또 다른 '왜'로 질문하게 한다. 그러나 '무엇이?' '어떻게?'라는 질문은 단순히 더 많은 묘사를 하게 한다.

구체적인 언어적 개입에 대하여 이 철학적 원리는 다음의 질문으로 번역될 수 있다.

- 어떤 의미가 있죠?
- 그것은 무엇 같은가요?

- 예를 들어 줄 수 있나요?
- 그것에 대하여 조금 더 말해 줄 수 있나요?

이 단순한 질문들은 설명이 아닌 묘사의 태도(spirit of description)라는 중요한 특성을 가진 그 사람만의 개인적 언어로 쉽게 번역될 수 있다.

닫힌 질문, 제안하는 질문은 다음과 같다. "다른 직장을 갖는 것에 대하여 생각해 보았나요?" "이혼할 예정인가요?" 이러한 질문은 대화가 더 이상 이어지지 않게 막을 뿐 아니라 내담자에 대한 탐구보다는 치료사의 검토되지 않은 가정에 대해 더 많이 말하게 한다.

상담을 시작할 때, 상담사들은 내담자가 말한 것만으로 상담을 제한할 필요가 있고, 다양한 정서, 개념, 행동에 집중해야 한다. 일반적으로 상담을 시작하면서 현재의 순간으로부터 멀어져서 과거나 미래로 가면 갈수록, 당신이 대화를 낚아챌 위험은 더 커질 것이다. 그리고 치료사는 자신이 말하고 싶은 것에 대하여 말하기 시작한다. 시간이 흐르면서 치료사와 내담자가 라포(rapport)를 형성하게 되면서 위험을 감수할 수 있고 관계성이 만들어질 수 있다. 따라서 치료 초기에는 치료사의 은유 사용이 권장되지 않는다. 상담자가 자신의 언어로 경험을 묘사하면 내담자는 자신의 의미와 은유를 발견할 수 있는 내담자의 능력이 발현되는 것을 억제할 가능성이 있기 때문이다.

내담자의 언어에 머물러서 듣는 것은 중요하지만, 우리는 다음과 같은 가정은 할 수 없다.

- 내담자가 말하는 것은 완전하고, 정확하거나 그들의 경험에 대한 문자 그대로의 묘사이다.
- 내담자가 '예'라고 말하면, 그것은 우리에게 동의하거나 우리와 같이 생각하는 것이다.
- 내담자는 자신이 어떤 단어를 사용하는지 알고 있다.
- 내담자는 말할 수 없을 때조차도 자신의 경험에 대하여 말하고 싶어 한다.

• 경험은 현재 또는 궁극적으로 말로 할 수 있는 것이다.

이런 가정에 집착하는 것은 우리의 개방성을 제한한다. 하지만 내담자가 말하는 것에만 집중하면 언어의 신뢰도를 너무 많이 강조하게 된다. 우리가 언어적 문화 속에서 살고 있고 심리치료는 이러한 문화의 상징이기 때문에 언어적 단서만이 우리에게 분명하다고 주장하는 것과 같다.

우리는 우리가 사용하는 단어 그 이상이다.

정서와 현상학

묘사는 지적 경험이나 인지적 경험보다는 먼저 정서적 경험에 초점을 맞출 필요가 있다. 이것은 경험의 직접성(immediacy)을 정확하게 포착하여, 우리가 우리 자신에게 부과하는 한계와 우리의 본성을 보다 충분하게 이해하도록 한다. 설명은 이러한 이해로부터 멀어지게 한다. 사람들은 자기 자신이 특별한 정서 방식으로 특별한 세계와 연결되어 있다고 경험한다. 기분과 분위기는 사람들이 사로잡혀 있는 것이고 세계와 조율하는 방식이다.

특별히 치료 초기에 우리는 치료가 어떻게 진행될 것인지에 대한 단서를 알 수 있도록 내담자가 묘사하는 것과 유사한 상황에 대하여 알고 있는 것을 활용할 수 있다. 그러한 상황에서 당신 자신과 내담자에게 현상학적으로 질문하는 것이 더 낫다. 예를 들어, "그것은 어땠나요?" "그것은 어떻게 느껴졌나요?" "그것은 당신에게 무슨 의미인가요?"라고 질문한다. 당신은 추측하여 "화가 났군요."와 같이 재빠르게 결론을 내리기보다는 그것을 검토하고 묘사하게 할 것이다.

"그것은 어땠나요?" 이 질문은 내담자가 자기 자신을 어떻게 경험하는지 그리고 우리가 내담자의 세계에 어떻게 하면 정확하게 들어갈 수 있는지에 대하여 더 좋은 생각을 할 수 있게 할 것이다. 만일 그들이 '분노'를 말할 것이라고 예측한다면 그들은 '두려움'을 말할 것이다. 즉, 우리는 그들의 세계

속에 들어가 있는 우리 자신을 상상할 수 있는 능력에 대하여 아주 많이 배우게 된다.

마지막 반응인 "당신은 화가 났군요."는 비록 맞을 수는 있지만, 정서 표현을 잘 못하거나 머뭇거리는 사람에게는 하나의 암시로 작용할 수 있다. 내담자가 어떤 단어를 써야 할지 분명하지 않으면, 실제로 그 의미가 무엇인지도 모르면서 당신의 암시를 지침으로 받아들일 것이다. 그리고 그것은 분명하지 않으면서 더 복잡하거나 모호한 다른 감정이 있을 가능성을 없앤다.

그들의 감정에 집중적으로 초점을 맞추기보다는 단순히 "그것은 당신에게 무엇 같았나요?"와 같이 질문하거나 그에 대한 경험이 무엇인가를 묻는 것이 더 낫다.

핵심은 내담자가 자신의 경험을 느끼고, 그것과 접촉하며, 그것을 묘사하고, 그것을 입증하며, 그것을 이해하는 방법을 발견하고, 그것을 다루도록 격려하는 것이다.

동등화

가정의 또 다른 근거는 내담자가 말하고 있는 것에서 우리가 중요하다고 생각하는 것에 관한 것이다. 치료에서 많은 경우에 내담자는 우리에게 말하고 있는 것 이상은 알지 못한다. 그리고 우리 중 누구도 그것이 무엇을 의미하는지 알지 못한다.

동등화(equalization)를 할 때, 우리는 각 부분의 내용, 과정, 내담자의 경험을 동등하게 중요하다고 생각할 수 있다. 우리의 경청하는 능력은 언제든 우리 자신의 삶의 경험에 의해 왜곡될 수 있다. 스스로를 특별한 방식으로 보도록 확신하는 우리의 능력은 엄청나다. 따라서 우리의 성공은 우리의 가정을 알아차리고 다룰 수 있는 능력에 달려 있다. 왜냐하면 우리는 종종 내담자와 너무 많이 동일시하고, 그들의 삶이 우리의 삶과 다르다는 것을 잊어버리기 때문이다. 우리는 내담자의 맥락을 벗어나서 내담자를 잘못 보게 된다. 달리 말해 우리가 특별한 방식으로 내담자에 대하여 생각한다면, 그것은 충분히 동등화하지 않고 있다는 단서가 된다.

📋 **사례**

동등화하지 않은 결과를 가까스로 피하기

치료사인 닉은 기술에 의존하지 않은 자신을 자랑스러워하였다. 그는 상담 회기 중에는 휴대전화를 꺼 달라고 내담자에게 요구하였다. 그의 내담자 산드라는 종종 이것을 잊었고, 산드라의 전화벨이 울리면서 상담은 방해를 받았다. 20회기 상담에서 그녀는 5분 늦게 왔고 전화에 매달리느라 몇 분을 소비했다. 닉은 일반적으로 그리고 특히 치료 관계에서 휴대전화의 악영향에 대해 충고를 했다. 그때 산드라가 "나는 휴대전화에 지난주의 상담과 이번 주에 가졌던 생각에 대해 메모해 두었어요. 또 이 시간을 최대한 잘 활용하기를 원하기 때문에 그 메모를 보며 기억하려고 했을 뿐이에요."라고 말했다. 닉은 충격을 받았다. 왜냐하면 그는 휴대전화가 그렇게 사용될 수 있다는 것을 몰랐기 때문이다.

🔊 **해설**

닉은 휴대전화가 삶에 유용하지 않은 것이라 가정했다. 그는 산드라의 휴대전화 사용이 그녀에게 도움이 되지 않는다고 결정했다. 이 가정은 너무 확고해서 그는 여기에 의문을 가진 적이 없었다. 대안은 고려되지 않았다. 산드라가 무엇을 했는지 설명하자, 닉은 자신이 틀렸고 그의 가정과 그의 부적절한 분노가 치료적 관계를 위협할 수 있는 방식으로 보이는 것을 가까스로 피했음을 깨달았다.

우리는 다음과 같은 것들을 우리 스스로 질문해 봐야 할 것이다.

• 내담자들이 성이나 시기심 혹은 죽음에 대하여 절대 말하지 않고 나 또

한 그에 대하여 말하지 않는 반면 내담자들이 언제나 창조성이나 완전함을 말하고 나도 그에 대해 말하기 좋아한다면, 나는 어떠한 방식으로 내담자에게 영향을 미치고 있는가?

그러나 우리가 오직 자기 자신에게만 이야기의 요소들을 묘사하는 한, 조만간 특정 요소들이 드러나기 시작할 것이다.

📑 사례

대화를 이어 가기 위한 기본적인 현상학적 개입의 사용

14회기

돈: 이번 주에는 그리 좋지 않았어요.

치료사: 음?

돈: 일이 힘들었어요.

치료사: 어떻게요?

돈: 또 매니저 때문이에요.

치료사: 무슨 뜻이에요?

돈: 보통 있는 일이에요.

치료사: 예를 들어 주실 수 있어요?

돈: 매니저가 똑같은 보고서를 쓰라고 나와 동료에게 말했어요.

치료사: 그것이 당신에게는 어떤가요?

돈: 정말 짜증나죠.

치료사: 좀 더 말해 줄 수 있어요?

돈: 그리고 굴욕적이에요. 나는 그 동료가 그 일에서는 나보다 더 낫다고 생각한단 말이에요.

치료사: 음?

돈: 이건 일종의 테스트 같아요. 나는 잘하고 싶지만 그가 나를 곤란하게

만들려고 한다는 느낌이 들어요.

치료사: 그것이 어떤가요?

🔊 **해설**

묘사하고 자세하게 말해 줄 것을 단순하게 요청함으로써 대화는 계속 이어지고 내담자는 그 문제에 더 깊이 참여하게 되었다. 자기 자신에 대한 내담자의 자연스러운 호기심은 주의, 묘사와 동등화로 격려받았다.

현상학과 정신분석

현상학과 정신분석 사이에 유사점이 있다는 것은 그 역사를 공유한다는 사실에 비추어 보면 놀랄 일도 아니다. 프로이트는 항상 철학에 관심이 있어서, 그 시대의 많은 사람처럼 니체의 영향을 받았다. 프란츠 브렌타노 (Franz Brentano, 1838~1917)는 비엔나 대학교에서 철학과 철학을 가르치는 심리학 교수였으며, 동시대는 아니었더라도 그때 그 학교의 학생이었던 프로이트와 후설을 가르쳤다. 브렌타노의 원리가 철학에 기여한 것은 후설이 의식에 대하여 현상학적 연구에 초점을 맞추도록 길을 닦아 준 지향성 개념을 재도입한 것이었다.

정신분석은 의식의 본성을 연구하는 방법이라고 볼 수 있다. 프로이트는 정신분석 실제에서 분석가가 '자유롭게 떠다니는 주의'를 가지고 경청하면 내담자는 '자유롭게 연상할' 것이라고 주장하였다. 프로이트는 다음과 같이 말했다.

치료는 언제나 환자가 자신의 의식 표면을 읽을 것을 요구하면서 시작된다. 한편으로는 가장 완벽한 정직을 지키면서, 다른 한편으로는 말하기 위한 어떤 생각도 억제하지 않도록 한다(1923: 238).

여기에서 언급하는 관계적 역동, 즉 내담자가 가능한 한 개인적 검열이나 치료사로부터의 부당한 지시 없이 말하고 내담자가 말하지 않은 이야기와 그에 대한 반응 모두 치료사가 정신분석에서 역전이라고 개념화한 것에 주의를 기울이는 관계적 역동은 현상학적 상담의 시작 단계를 설명한 것이다. 실존주의 상담이 정신분석 실제에서 시작되는 그곳은 해석되는 것과 해석 자체의 본성의 관점이 있는 곳이다. 정신분석은 그 이론을 진리로 받아들이면서 발달하였고 인간성 전체에 적용했기 때문에, 분석가는 그 이론에 기초하여 환자의 관심을 해석할 수 있다. 실존적 해석학적 치료사는 언제나 자동적으로 동의하지는 않을지라도, 현실에 대한 내담자의 해석을 추구하고, 작업하며, 거기에 참여한다는 것을 분명하게 한다.

수평화

첫 단계의 기술, 판단 중지는 주로 명료화하는 것이다. 그리고 다음 단계의 검증은 해석하는 것이다. 그리고 이 둘 사이를 이어 주는 것이 수평화이다. 이때 우리는 알게 된 것을 수평선에 놓고, 내담자의 세계관을 맥락과 관련지으려고 노력한다. 이것은 상담이 순수하게 내성적이 되는 것을 방지하는 데 결정적이다. 우리는 모든 의미가 맥락 안에 있음을 기억해야 한다. 그러나 종종 그 맥락은 무시되고, 회피되거나 부인된다. 단순히 경험을 맥락 속으로 넣는 것만으로도 내담자에게 자신의 삶에 대한 새로운 관점을 제공하는 효과를 낼 수 있다. 이것은 때때로 그 자체로 큰 위로로 느껴질 수 있다. 그것은 마치 내담자가 갑자기 자신을 객관적인 관점으로 보는 것과 같고, 내면으로부터 곤란에 빠진 느낌을 갖기보다는 그것을 이해할 수 있는 것과 같다. 내담자가 일차적으로 명료화에 대한 작업에서 검증을 포함할 수 있는 작업으로 이동할 준비가 되어 있는지는 내담자의 깨달음을 통해 알 수 있다. 내담자는 그들의 결

론, 생각과 감정이 인과론이나 사실에서 비롯된 된 것이 아닌 개인적 반응에 따른 맥락이라는 점을 깨닫는다. 이보다 앞서 검증하려는 시도는 시기상조이다. 아마도 이러한 시도는 지식화하는 대화나 치료사가 내담자를 이끌고 가는 상담으로 이어질 것이다.

검증과 해석

더 많은 묘사에 대한 주의와 요구는 매우 강력할 수 있고, 그것은 많은 경우에 순수하게 철학적인 당혹감와 개인적 의문점을 다시 불러일으킬 수 있지만, 때로는 이것만으로는 충분하지 않다. 이것은 말 그대로 어떤 일도 일어나지 않을 때, 병적으로 진전 없이 제자리걸음하게 할 수 있다. 당신은 이미 알고 있는 것을 발견하거나 또는 사태의 핵심에 닿지 못하고 그 일을 반복하느라 바쁘다. 내담자는 더 좋은 것을 누릴 자격이 있고, 우리는 우리에게 주어진 시간 동안 둘 다에게 더 좋은 일을 해야 한다. 내담자의 존재에 민감한 검증은 거의 효과적인 치료를 규정한다. 그것은 내담자와 함께하는 방식이고 그들의 존재의 깊이에 있는 존재감을 확장하는 방식이다. 그것은 사람들이 경험하고 있는 것을 중요하며 그것을 진지하게 받아들이면 이해할 수 있고 변화시키거나 극복할 수 있다는 느낌을 준다.

검증을 할 때, 우리는 판단 중지를 하는 동안 축적된 모든 인상과 질문을 가지고 어떤 것을 할 수 있다. 그때 우리는 동등화의 원리를 깨게 되고, 그것이 치료를 진행하는 데에 필수적이다. 그러나 우리는 검증을 할 때 분명하게 해야 한다. 그것은 내담자가 그들의 삶의 한 부분이 다른 부분보다 더 중요하다고 말했기 때문이지, 우리가 그렇게 생각했기 때문이 아니다. 또한 검증은 내담자가 일시성, 역설, 딜레마 그리고 책임 회피와 같은 실존의 소여성과 투쟁하고 있는 방식에 빛을 비출 수 있다.

치료에서 검증의 전반적인 목표는 내용과 과정 둘 다의 의미와 치료사와 내담자 사이의 관계를 탐색하는 것이고, 그들 사이를 연결시키는 것이다. 이 것은 모든 요소가 어떻게 연관되어 있는가를 궁금해하는 것이다. 우리는 어떤 유사점이 있는지, 그리고 퍼즐을 어떻게 맞추어야 하는지를 궁금해하고 있다. 우리는 문제에 대해 궁금해하고 그에 대한 결론을 이끌어 내기 위하여 그 내 용과 과정 속에서 공통적인 요소들을 구하고 있다.

거기에 세 가지 위험 요소가 있는데 그것은 다음과 같다.

- 공통 요소들은 그 자체에 의하여 종합되어야지, 치료사의 검토되지 않은 가정 또는 영리함이나 종결 욕구에 의하여 종합되어서는 안 된다.
- 동등화의 규칙이 깨진 것을 정당화하고 초점을 맞춘 특별한 항목을 선택하기 위해 충분한 증거를 어느 지점까지 모아야 하는가를 판단하는 것은 매우 어렵다. 이것은 시행착오를 통하여 학습되어야 하고, 지속적인 모니터링이 적용되어야 한다.
- 어떤 요소들이 다른 요소들보다 더 많은 증거가 있다는 것을 인정하지 않는 것은 당신 자신과 내담자에게 피해를 끼치고 있는 것이다. 당신 자신이 가진 경험의 권위를 신뢰하지 않음은 무지를 이상화하도록 이끌 수 있다. 이것은 때때로 알지 못함(unknowing)이라고 언급되지만, 알지 않기로 결심하는 것으로 쉽게 바뀔 수 있다. 무지 뒤에 숨는 것은 내담자에게 허무주의와 불안을 야기할 수 있고, 이론 뒤에 숨는 것만큼 해로울 수 있다.

지켜야 할 두 가지 규칙은 다음과 같다.

① 같은 주제가 몇 번씩 언급된다면 이는 보통 더 많은 탐색을 하기 위해 직접 다룰 가치가 있는 것이다. 당신이 다루지 않는다면 아마 다시는 그 주제를 듣지 못할 것이다. 내담자는 당신이 그 주제에 관심이 없다고 가정하고, 그에 대해 말하기를 포기할 것이기 때문이다.

② 어떤 주제가 그와 관련된 정서적 분위기를 분명하게 알 수 없는 것이라

면, 특별히 그것과 관련된 마음의 상태를 언급함으로써 더 검토하고 면밀히 살피기 위해 선택할 만한 가치가 있을 것이다.

검증에 대한 특징적인 진술이나 의도는 다음과 같다.

- "당신이 지금 묘사하고 있는 것에서 당신의 부분은 어떤 것인가요?" 이것은 현재의 책임을 대화 속으로 가져와서 내담자의 책임에 대한 부인과 자신의 삶과 타인의 삶으로부터 분리된 감각을 질문하는 것이다.
- "이런 일은 당신의 삶에서 전에도 일어난 적이 있나요? 이 느낌은 익숙한가요?" 이것은 과거와 이전의 경험을 대화 속으로 가져와서 개인적 속성 뒤에 있는 보편성을 찾아보는 것이다.
- "이것은 당신이 원하는 것을 어떻게 얻도록 하나요?" 이것은 미래, 희망, 변화에 대하여 대화하도록 한다. 이것은 내담자의 삶의 프로젝트와 내담자를 다시 연결한다.
- "한편으로 당신은 ~을 느끼지만, 다른 한편으로는 ~을 느낍니다." 내담자의 주의를 내담자가 보통 피하려는 양극 사이의 긴장, 딜레마, 모순으로 향하게 한다. 정서적 삶의 역동적인 특성을 강조하고 그렇게 할 수 있는 내담자의 능력으로부터 힘을 증가시킴으로써 내담자가 그들의 내적 현실과 외적 현실에 직면하도록 돕는다. 종종 이것은 역설의 발견으로 이어진다.

검증은 해석과 유사하다. 실존적으로 우리는 언제나 현실을 이해하고 있기 때문에 해석하고 있는 것이다. 모든 치료는 주제를 생각하고 의미와 가능성을 식별한다는 의미에서 해석적이다. 매 시간 새로운 연결이 만들어지고 새로운 의미가 발견된다. 이것은 우리의 모든 개입이 해석적이라는 의미이다. 어떤 것은 다른 것보다 더 복잡하다. 더 협소하고 더 공식적인 의미에서 해석은 말을 새로운 방식으로 파악하고 조직하고 이해하기 위하여 엄청난 양의 정보를 몇 개의 단어로 압축하는 방식이다. 여기에는 두 가지 기능이 있다. 하나는 내담자로 하여금 경험을 알아차리고 그것을 자신의 것으로 만들어서 이해할 수 있도록 경험을 개방하게 하는 것이다. 다른 하나는 진행되고 있는 일을 통합하도록 돕고, 새로운 통찰과 이전의 통찰 사이를 명확하고 분명하게 연결하는 것이다. 이를 통해 그들의 세계관은 현실과 보다 더 일관성 있고 논리정연해진다. 무엇보다도 그러한 해석은 세계관에 대하여 발전하는 내담자의 이해와 잘 맞아야 하고, 의미를 향상시켜 당면한 문제에 더 깊이 참여하게 해야 한다. 해석은 치료사의 세계관이나 이론적 독단을 절대로 강요해서는 안 된다. 내담자의 경험을 지나치게 단순화해서도 안 되며, 그 경험으로부터 내담자를 멀어지게 해서도 안 된다. 예를 들어, 치료사는 내담자를 어린애 취급(infantilization)하거나 주지화(intellectualization)하는 말을 해서는 안 된다.

대화의 상호작용 속에서 치료사는 창조적인 불확실성의 정신을 길러야 한다. 따라서 침묵은 그 자체로 강력한 해석적 가치가 있을 수 있다. 그것은 내담자에게 원인을 밝혀내야 할 의미에 대하여 생각해 보고 감각, 감정, 생각과 직관에 머무르도록 요청할 수 있기 때문이다. 해석은 가능한 한 짧고 단순해야 한다. 긴 해석은 혼란을 줄 수 있고 내담자의 자기성찰 능력의 발달을 방해할 수 있다.

효율적인 해석이 가지는 네 가지 특성은 다음과 같다.

① **단순성(simplicity)**: 해석은 잠정적이면서 내담자가 그것에 대해 생각해 볼 수 있을 만큼 아주 명백해야 한다. 내담자가 그것을 전부 의무적으로 받아들여서 동의해야 한다고 느끼거나 해석에 대해 생각해 보지도 않고 거절하게 해서는 안 된다. 그러나 위험도 있다. 너무 잠정적인 것은 혼란스러울 수 있고 내담자가 우리의 말에 대하여 분명해하지 않을 수 있다. 이상적인 것은 일들이 분명히 이해될 때까지 하나의 의미에서 다음의 의미로, 단계별로 나아가는 것이다. 그것은 내담자의 진실을 조사하는 것의 일부이다. 딱 맞을 때까지 내담자가 검증하고 수정하고 조금씩 개선하는 것을 격려함으로써, 치료사는 최근에 생겨난 의미들을 명확

하게 진술할 수 있다. 대표적으로 이것은 내담자가 자신의 경험에 대하여 최종적으로 정의 내리고 공식화하는 사람이라는 의미이다. 치료사는 "내가 말했던 것은 당신에게 잘 맞지 않았어요." 혹은 "그것은 아직 정확하지 않아요. 그렇죠?"라고 말함으로써 이것을 도출해 낼 것이다.

② **연결성(connectivity)**: 우리가 하는 해석에는 반드시 내담자가 현재 몰두하고 있는 사건과 내담자의 삶에서 내·외적으로 나타난 결과들 간에 직접적인 연결성이 있어야 한다. 이상적으로 우리는 이미 내담자에 대하여 알고 있는 어떤 것과 새롭게 이해한 것을 연결시킨다. 그리고 그에 대한 내담자의 적극적인 역할을 강조한다. 따라서 과거 그리고/혹은 미래와 현재의 경험을 연결시키는 데 초점을 맞추어야 한다. 목표는 내담자의 주인의식과 자율성을 강화하고 그들이 자신의 능력으로 인해 즐거움을 느낄 수 있도록 하는 데 있다. 이 능력으로 내담자는 삶의 진실을 따라갈 수 있고, 삶의 현실감을 향상시켜 자신의 삶에 변화를 줄 수 있다.

③ **일관성(coherence)**: 치료사의 의무는 해석이 치료사의 이론이나 수퍼바이저의 이론 안에서가 아니라 내담자의 틀 안에서 만들어짐을 확인하는 것이다. 이것은 분명 치료사가 자신들의 편견과 가정을 가능한 한 많이 걷어 내야 한다는 것을 의미한다. 그리고 언제든지 내담자가 자신의 삶에 대한 치료사의 말이나 인식에 동의하지 않는다면, 치료사는 논의와 논박의 과정을 기꺼이 밟아야 한다. 이와 같은 의견 충돌은 종종 진실의 과정에서 필수조건이기도 하다. 치료사가 내담자의 삶에 접근하는 각도는 편견일 수 있지만 그럼에도 불구하고 초점이 되는 관점은 내담자로 하여금 자신의 초점을 더 냉철하게 보도록 도울 수 있다. 동시에 치료사의 관점은 다른 곳에서 보았던 것과는 다르기 때문에 더 넓은 관점을 가질 수 있다. 치료사가 기꺼이 질문하고 대조하는 이 과정에 충분히 참여하는 한, 그 과정은 생기 있을 것이고 활기차며 새로운 이해가 더해질 것이다. 그러한 작업은 언제나 내담자만큼 치료사에게도 교육적이고, 도전적이며, 헌신적이다. 종종 힘들기도 하지만 일반적으로 기쁘

고 생산적이다.

④ **적절성(relevance):** 해석적 개입을 할 시기의 선택은 매우 중요하다. 치료 사는 해석을 하기 위해 내담자와 조율한 것과 내담자에 대한 지식을 잘 결합하여 사용할 것이다. 해석을 별개의 말로 생각하는 것은 핵심을 놓치 는 것이다. 너무 빠르거나 너무 늦은 시기에 해석을 하는 것은 부적절하 든지 혼란을 가중시킬 수 있다. 그리고 내담자의 통찰과 같은 시기에 하 는 해석은 불필요하다. 이것은 전반적으로 해석적(interpretive)이거나 보 다 (전문적인) 해석학적인(hermeneutic) 작업이다. 이때 치료는 의미를 함께 추구하는 것이다. 적절한 시기의 '올바르지 않은' 해석은 적절하지 않은 시기의 '올바른' 해석보다 더하진 않겠지만 역효과를 낼 것이다.

그러므로 우리는 궁극적으로 항상 내담자의 권위를 강조한다. 치료에서 동 의된 모든 의미는 세계에 대한 내담자의 이해와 일치해야 하고, 자신의 경험 을 이해하고 정확하게 말할 수 있는 능력에 대한 자신감을 확립함과 더불어 그들의 삶을 소유하는 수용력의 성장과 일치하여야 한다.

📑 사례

넓고 깊게 대화하기 위한 기초적인 검증 개입의 사용

(앞의 대화에 이어서)

돈: 나는 테스트받는 느낌이 들어요. 나는 잘하고 싶지만 그 사람이 나를 곤란하게 만들려는 게 느껴져요.

치료사: 그것이 어떤가요?

돈: 견딜 수가 없어요. 언제나 똑같아요.

치료사: '언제나 똑같다', 전에도 그런 일이 있었다는 말인가요?

돈: 아, 네. 그것이 나의 삶이에요. 모든 사람이 나에게 그렇게 행동해요.

치료사: '모든 사람'?

돈:　　나의 부모님, 나의 파트너, 모두 그렇게 해요.

치료사: 당신은요?

돈:　　내가 뭘요?

치료사: 당신이 당신 자신을 어느 정도로 곤란하게 하는지 궁금해요.

돈:　　무슨 말이죠?

치료사: 당신은 한편으로는 당신의 능력을 보여 주고 싶지만 다른 한편으로는 경쟁이 있으면 뒤로 물러선다고 말했어요.

돈:　　이해를 못하겠어요.

치료사: 무엇이 당신으로 하여금 차선책을 사용하게 하는지 궁금해요. 아마 그것이 어떤 면에서는 더 안전하겠죠?

돈:　　모르겠어요. 그것은 분명히 익숙해요.

치료사: '익숙하다'?

돈:　　나는 내가 어디에 있는지 알아요. 그것은 일종의 편안함이죠.

치료사: 그것이 편안하군요?

돈:　　아, 네. 이상하게도 성공보다는 그것이 편안해요.

치료사: 조금 더 얘기해 줄 수 있어요?

돈:　　성공이 좀 두려운 것 같아요.

치료사: 무슨 뜻이죠?

돈:　　나는 노출되고, 나 자신을 보여 줘야만 할 것 같아요. 바보 같아요. 내가 할 수 있다는 것은 알아요. 하지만…….

치료사: 하지만?

돈:　　잘 모르겠어요.

치료사: 그러나 당신은 성공하지 않는 것보다는 성공하는 자신에 대하여 생각하는 방식으로 변화되어야 할 거예요.

돈:　　네. 그런 것 같군요.

◀꾕 **해설**

괄호치기와 검증 개입을 결합함으로써 대화는 계속 이어졌고, 돈은 더 많이 개인적인 이야기를 하게 되면서 이전에는 자신에게 일어났던 일을 수동적으로만 생각했다면 이제는 환경 속에서 자신이 맡은 역할을 고려할 수 있게 되었다.

삶에 대하여 더 광범위한 관점 갖기

우리는 세계를 보는 습관적 방식에 더 잘 조율될 때 우리 자신을 많은 사람 중의 한 사람으로 보게 된다. '나'는 상호 연결되어 있는 '우리'의 한 부분이라는 점은 더 분명해진다. 우리는 모두 같은 실존의 소여성과 신비의 대상이다. 이것은 우리를 겸손하고 수용하게 한다. 그리고 나에 의해 만들어졌다고 보임과 동시에 나의 지향성이 만들어 낸 삶의 기본적인 역설을 밝힌다. 이런 의미에서 수평화는 한 사람의 경험의 맥락을 탐색하는 방법이 된다. 우리는 내담자의 관점을 확장시키고 광범위한 삶의 지평을 만남으로써 그들의 세계에 대한 이해를 확장시킨다.

🗨 사례

(앞으로부터 몇 개의 사례가 이후에 계속됨)

돈: 있죠, 나는 몇 년 동안, 직장에 있는 그 사람처럼 내가 할 수 없는 일 때문에 다른 사람들을 비난해 왔어요.

치료사: 네.

돈: 그것은 옳지 않아요, 그렇죠? 그것은 이치에 맞지 않아요. 그것은 모두 그의 잘못일 수 없고 나의 잘못일 수 있어요.

치료사: 무슨 뜻이죠?

돈: 나의 감정에 대한 책임을 그 사람에게 넘기면서 그의 잘못을 밝히려 했어요. 잘은 모르겠지만 그것은 나의 잘못이라는 것을 알아요.

치료사: 그것이 당신을 어디로 이끄나요?

돈: 글쎄요. 나는 이제 내가 하고 있는 것을 깨닫기 시작했어요. 당연히 사람들은 나에게 진저리를 내곤 했죠.

치료사: 그것이 어떻게 느껴지나요?

돈: 다양하게요. 바보 같고, 당황스럽고, 죄책감이 들고, 겸손해지네요. 하지만 당신도 알죠. 내가 그들을 더 많이 이해한다고 생각하기 때문에 지금 나 자신을 더 많이 이해한다고 생각하는 건 이상한 일이에요. 이전에도, 나는 이해했다고 생각했지만 전혀 이해한 게 아니었어요. 나는 그저 모든 것을 상상했어요. 나는 다른 사람 같았고, 이거 대단하네요. 나는 그것이 나쁘다고 생각하곤 했지만 사실은 나쁘지 않아요, 그렇죠?

치료사: 지금 이렇게 된 것이 어떤가요?

돈: 두렵지만 해방된 것 같아요.

치료사: 왜 그런가요?

돈: 글쎄요, 내가 하나의 관점을 가지고 있듯이 다른 사람들도 그들의 관점을 가지고 있다는 것을 알아요. 위협적이고 우울하곤 했었는데, 이젠 흥분되네요. 이건 다른 누구의 선택도 아니에요, 그렇죠? 나는 다른 사람들이 어떻게 생각할지를 정확하게 결정할 수 없어요. 그러나…….

치료사: 그러나 무엇이죠?

돈: 그러나 그것은 나에게 달려 있어요. 나는 나의 삶을 만들 수 있고 그것이 나에게 주어지기를 혹은 사라지기를 기다리지 않겠어요. 나는 오직 사람들과 함께 그것을 할 수 있어요. 그리고 그들은 나와 함께 여기에서부터 할 수 있죠.

◀)) **해설**

기본적인 현상학적 개입과 향상된 현상학적 개입을 결합함으로써 돈은 그가 하는 일들 중 어떤 것이 역효과를 내고 있다는 것을 단순히 알기만 하는 것이 아니라 그것에 대한 소유권을 가지고 자기 자신을 인간성의 보다 넓은 맥락 안에서 볼 수 있게 되었다.

Key Points

- 우리의 가정을 자각하고 그것을 괄호치기함으로써 우리는 적극적인 호기심의 태도(spirit)를 기를 수 있다.
- 의도는 가능성을 가로막는 것이 아니라 항상 더 커지게 한다.
- 경험의 복잡성과 풍부함을 이해하면서 생기는 명료함은 설명이 아닌 묘사를 통해 향상된다.
- 내담자의 자율성을 항상 존중한다.
- 내담자는 넓이와 깊이를 정확하게 알기 위하여 자신의 삶에 대한 주관적 관점과 객관적 관점을 결합시킬 수 있어야 한다.
- 우리는 내담자에 대한 우리의 정서적 반응을 지속적으로 검토하여 그 반응을 문자 그대로 어쩔 수 없어서가 아니라 진지하게 받아들일 필요가 있다. 그 반응은 발전하는 치료적 관계에 대한 가치 있는 통찰이며 개인치료 수퍼비전에서 깊이 있게 검토될 수 있다.
- 의미와 해석은 치료사의 이론적 가정보다는 내담자 자신의 준거 틀로부터 나온다.

온라인 내용

- 에미 반 두르젠이 현상학과 그것을 치료에 적용한 강의 비디오
- 에미 반 두르젠이 현상학적 치료에 대하여 언급한 비디오
- 명료화를 위한 기술을 묘사한 첫 단계를 보여 주는, 마틴 애덤스의 헬렌 헤이스(Helen Hayes)와의 인터뷰 비디오

실존적 태도 발달시키기

> 만일 내가 그를 왜 사랑했는지를 계속해서 묻는다면, 나는 그가 그 사람
> 으로 있었고, 내가 나로 있었기 때문이었다고밖에는 더 이상 할 말이 없다.
>
> – 미셸 드 몽테뉴

경험에 대한 개방성

우리가 보아 왔듯이, 실존적으로 자기감은 그 사람의 세계와 그것에 대한 성찰이 상호작용함으로써 계속해서 공동 창조된 것으로, 고정적이기보다 유동적이다. 이런 방식으로 우리의 세계관은 구성된다. 이것이 아주 개인적이기 때문에, 우리는 다른 사람들도 똑같은 방식으로 세계를 인식하리라 기대하지만, 계속해서 그들이 그렇지 않다는 것을 상기하게 된다. 그들의 관점은 언제나 새롭게 다가온다. 만일 우리가 그것에 개방되어 있다면, 그것은 우리의 관점에 변화를 주어 진실에 조금 더 가까이 갈 가능성을 제공한다. 이것이 일상생활 속의 현상학이다.

그러나 우리는 세계가 우리의 기준과 기대에 따르도록 선택적으로 세계와 상호작용한다. 우리는 자신도 모르게 과거의 잘못을 반복하면서, 종종 "내가 왜 그랬는지 모르겠어. 이게 바로 나의 방식일 뿐이야."와 같은 말로 잘못을 변명한다.

실존치료사들은 이것을 '침전(sedimentation)'이라고 말한다. 그것은 마치

삶의 강의 침전물이 강바닥에 쌓이고 점점 더 굳어져서 우리 삶의 둑을 막아 우리에게 환상에 지나지 않는 정체감을 주는 것과 같다. 우리는 많은 시간 미래의 가능성보다는 과거의 확실성을 선호해 왔다. 그러나 둑이 무너지면 강물은 다시 흐를 수 있고, 삶은 완전한 흐름과 필연적으로 예측할 수 없는 경로로 다시 돌아갈 수 있다. 이것은 쉽지 않다. 왜냐하면 굳어져 고정되고 싶은 소망과 우리가 그렇지 않다는 자각 사이에 항상 긴장이 존재하기 때문이다. 그렇기 때문에 때로는 이것을 '광물화(mineralization)'라고 말하기도 하며, 이 경우 사람들의 일상과 세계관과 자기 자신에 대한 관점이 고정되는데, 그것은 움직일 수 없고 변화될 수 없을 만큼 확고해진다. 광물화는 자기감이 얼어붙을 때 생긴다. 그 이유는 삶의 조건이 너무 냉정하고 부정적이어서 강한 요새를 만들었어야 했고 잠재적인 모든 창조성과 변화가 보류되었기 때문이다.

우리 모두는 일상의 삶에서 기회와 가능성에 개방하는 데 있어 한계를 가지고 있다. 어떤 사람은 이것을 환영할 것이고 어떤 사람은 그렇지 않을 것이다. 변화를 두려워하는 사람들은 종종 그에 대한 그럴듯한 이유를 가지고 있으면서 자신이 요새에서 살고 있음을 자각하지 못한다는 것을 기억해야 한다.

내담자들은 그들의 삶의 자연스러운 흐름을 타지 못한다고 느끼지만 왜 그런지 모를 때 실존상담사에게 온다. 일을 처리하는 이전의 방식은 더 이상 유용하지 않고 제한이나 위협으로 더 많이 경험되기 쉽다. 그러한 경험은 불안, 우울, 혼란이나 스트레스로 묘사될 것이다. 많은 치료가 내담자 자신, 세계, 타인, 삶 자체에 개방하는 태도를 다시 갖도록 돕는다.

우리가 조금이라도 불안을 느낀다면 그것은 개방해야 할 필요성과 개방하면 일어날 두려움 사이에 긴장이 있다는 증거이다. 그러나 우리는 종종 폐쇄가 아닌 개방을 통해 얻을 수 있는 장점을 알지 못한다. 때로는 너무 개방되어 있어서 압도당하는 느낌이 들기도 한다.

불안은 살아 있음에 대한 근원적이고 존재론적인 불안에 기초하고 있다. 이 존재론적 불안으로부터 우리 자신을 보호하려는 두 가지 원리가 있다. 하나는 우리가 사실의 세계에서 자유로운 척하는 것으로, "나는 내가 좋아하는 어떤 것이라도 할 수 있어."로 요약될 수 있다. 이것은 조증적 방어라 불리기도 한다. 어떤 사람들은 그것을 자기확신 혹은 '태도'라 말하기도 한다. 이러한 종류의 확신을 너무 많이 갖고 있는 사람들에게 취약성과 한계를 지닌 현실에 노출된다는 자체가 문제일 수 있다. 그러나 확신을 너무 적게 갖고 있는 사람들에게 그것은 자기 자신의 운에 맡기고 세계가 다르게 반응할 수 있음을 알게 하는 위험이 될 것이다.

📑 사례

사실의 세계 안에서 자유롭기

애덤은 '삶에 대한 약간의 관점을 갖고 계획을 세우는 것이 약간' 필요하다고 느껴서 상담에 왔다. 그는 최근에 실직했고 그의 여자 친구도 많은 빚을 진 그를 떠났다. 처음에 상담사는 그의 회복력과 일을 수행하는 능력 그리고 밝은 면을 보고 대안을 생각할 수 있는 능력에 감동을 받았지만, 시간이 흐르면서 기묘하게도 그가 사건들의 영향을 받지 않고 마치 현실과 거의 완전히 동떨어져 있는 것 같다는 점을 알아차렸다. 그는 삶에서 자신의 부분을 탐색하려 하지 않았다. "나는 요점이 뭔지 모르겠어요……. 미래에 대하여 생각하고 싶어요." 그가 예의 바르게 행동했음에도 상담사는 외면당한다고 느꼈다. 12회기를 계약했지만, 그는 4회기에 와서 이것이 마지막일 것이라고 말했다. 그는 무엇을 해야 할지를 결정해 왔는데, 자신이 1년 정도 여행을 가기 위해 은행에서 대출을 받을 것이고 단순하게 감사하다고 말하면서 작별했다.

🔊 해설

애덤은 자기 자신을 다른 사람들과 분리된 사람으로 보아야 했다. 그래야 다른 사람들의 영향을 받지 않을 것이기 때문이다. 이것은 치료 관계에서도 반영되었다. 그는 사실 치료사가 그와 관계를 맺는 것을 받아들일 수 없었다. 자기 자신을 안전하고 해칠 수 없는 불사신으로 보고자 하는 그의 욕구는 그의 삶에서 타인들을 단지 무시하는 데 그치지 않고 그 자신, 그의 행동에서 예상되는 결과까지도 무시하도록 이끌었다. 그는 지금의 현실을 무시함으로써 간단하게 모든 것을 다시 시작할 수 있을 것이라고 생각했다. 그리고 과거의 교훈을 배울 필요가 없다고 생각했다. 이 사례에서, 이 전략이 성공할 수 없는 것으로 확인된 것은 그리 놀랄 일도 아닐 것이다.

우리 자신을 보호하는 두 번째 방법은 자유의 세계에서 '나는 내가 좋아하는 어떤 것도 할 수 없어.'로 요약될 수 있는 것을 사실로 믿는 것이다. 때로 이것은 학습된 무기력 혹은 우울증이라고 불린다. 우리는 우리 자신을 엄격히 정의된 개체로 만들어서 반응할 방법을 선택할 자유를 거절함으로써 변화의 가능성을 기각한다.

🗨 사례

자유의 세계에서 하나의 사실 되기

베스는 '우울해서' 상담에 왔다. 그녀는 3년 전에 대학을 떠났는데, 그전에 대학에서 자신이 잘하긴 했지만 그리 큰 흥미가 없었던 과목을 전공했다. 그녀는 "모든 사람이 내가 그것을 해야 한다고 생각했고, 나도 그랬어요."라고 말했다. 그 이후에 그녀는 잇따라 임시 직장들을 거쳤다. 마지막 직장은 판매직이었는데, 그녀는 계속 직장에 있고 싶었지만 고용주들은 그녀가 더 외향적이 되어야 한다고 말했다. 그것이 그녀를 속상하게 만들었다. 그녀는 "내가 그렇게 되어야 한다는 건 알겠지만, 어떻게 해야 할지 모르겠어요. 항상 매우 명랑하고 쾌활한 사람들……. 그리고 고객들이 나는 두려워요. 나는 그것이 나를 다르게 만든다고 생각했어요. 나에게 자신감을 갖도록 해 준다고요. 하지만 그 반대였어요."라고 말했다. 한 친구가 그녀에게 새로운 방법을 알려 줄 것이라며 상담을 시도해 보라고 권했다. 그녀는 말했다. "나는 내가 뭘 해야 하는가를 알지만 그렇게 할 시간을 내지 못하겠어요……. 세계가 나를 두고 떠나가고 있는 것 같아요." 그녀는 "모든 사람이 ~라고 생각해요." 그리고 "다른 사람들은 ~를 할 수 있어요."라고 말하는 경향이 있었다. 그녀는 상담자에게 그녀가 하려는 것이 무엇인지 말하는 데 많은 관심을 보이면서도, 심지어 명료화나 구체적인 예에 대한 단순한 요청에도 당혹스러운 표정을 지었다. 그리고 종종 "나는 모르겠어요……. 생각할 수 없어요……. 나는 그 일을 잘 못해요."라고 말을 이었다.

◀)) 해설

베스는 그녀 스스로 선택하고 행동하는 것에 대해 충분한 경험이 없었고, 그녀가 겪었던 경험을 활용할 수도 없었다. 결과적으로 그녀는 자신을 자율적으로 행동할 수 없는 사람으로 보았다. 그것이 성공했든 실패했든, 그녀는 선택의 결과에 대한 불안을 견딜 수 없었다. 그녀는 회피가 그 자체로 선택이고 그녀의 삶을 방해한다는 것을 깨닫지 못하고 선택을 회피함으로써 불안을 피하려 하였다. 그녀는 지적으로 총명했지만, 다른 사람들의 의견에 따라 행동하고 그들의 의견을 자신의 의견보다 더 가치 있게 보는 것이 분명한 안전에 대한 선호를 나타냈다. 자신의 선택에 대해 책임지는 것을 불안해하기 때문에, 그녀는 자신에 대한 책임을 다른 사람들에게 넘겼다. 그녀가 어떻게 행동했는지를 깨달을 때에만 일들이 그녀에게 편안해지기 시작할 것이다.

"나는 내가 좋아하는 것은 무엇이든 할 수 있어요."라고 말하는 사람이나 "나는 내가 좋아하는 것은 어떤 것도 할 수 없어요."라고 말하는 사람 중 어느 쪽도 실존에 진실하지 않다. 실존의 현실은 우리가 할 수 있는 것에 준비되어 있어야 한다는 것이고, 때로는 성공할 수도 있고 때로는 성공하지 못할 수도 있다는 것이다. 그러나 우리의 능력을 탐색할 때 그 과정에서 더 능력 있고 더 유연하게 되면서 우리는 능력을 확장시키고 연습한다. 만일 너무 대담해지면 흔들리고 실패하다가 결국 포기할 수도 있다. 반대로 너무 소심해서 모든 위험과 도전을 회피한다면 두려움에 마비되어 유연성을 상실하고 연습 부족으로 약해지게 된다.

실존치료사는 처음부터 일어나는 일이 무엇이든 기꺼이 검토하고 그것의 결과에 직면하도록 기본적인 참여를 할 것을 내담자에게 분명하게 한다. 실존 치료사들은 또한 신뢰를 얻어야 함을 알고 있을 것이다.

이러한 부분에 대해 내담자들은 그들의 치료사 또한 개방적이고, 그러한 고백 속에 포함된 부정적 정서에도 민감하게 경청할 것이라는 기대를 가질 자격이 있다. 바로 그렇기 때문에 치료사는 말하고 해석하기보다는 경청하고 이해하는 데 더 많은 시간을 보낼 것이다.

실존치료사는 내담자가 타인과 함께 존재하는 방식 그리고 자기 자신과 함께 존재하는 방식, 즉 그들이 무슨 말을 하는지, 의자를 어떻게 놓는지, 의자에 어떻게 앉는지, 의자 사이의 공간에 다리를 어떻게 놓는지, 대화할 때 자리를 어떻게 잡는지 등에 주의를 기울일 것이다. 어떤 내담자들은 자리 잡기를 어려워하고, 어떤 내담자들은 치료사에게 도움을 요청하기를 어려워한다.

실존치료사의 주요한 관심은 버림받는다는 느낌이 들지 않게 개방으로 초대하는 태도와 침범당하는 느낌이 들지 않게 주의를 기울이는 태도 사이에 균형을 유지하는 것이다. 이것을 촉진하는 데에 사용되는 구체적인 특성과 개입은 그 순간 내담자 개인의 욕구와 치료사의 개인적 특성 그리고 그들이 확립한 상호작용에 달려 있다.

어느 순간에라도 내담자가 얼마나 많은 침묵을 필요로 하는지를 판단하는 것은 매우 중요하다. 충분한 침묵은 내담자가 생각하기 위하여 쉴 수 있고 그 순간에 존재할 수 있게 한다. 그러나 너무 긴 침묵은 지나치게 자기의식적이 되어 내담자를 마비시킬 것이다.

치료적 균형이 확립되면, 보다 깊이 탐색할 수 있게 될 것이다. 이것은 내담자 내부에, 때로는 내담자와 치료사 사이에 갈등을 야기한다.

사실 경험에 개방하는 것은 갈등을 포함하는 것이고, 삶에 성공하는 것은 그 갈등을 회피하는 것이 아니라 그것을 만나고 해결하는 것이다. 치료사는 침착하게 갈등과 문제에 직면하려는 이런 의지의 모델이 되어야 한다.

⏻ **Key Points**

- 현상학적이 됨으로써, 우리는 세계를 좁게, 종종 비현실적으로 해석하는 방식을 더 많이 자각할 수 있다.
- 올바른 개방성과 주의를 가지고 경청하는 것이 모든 좋은 상담의 기초이다.
- 실존치료의 과제는 개방할 때와 개방하지 않을 때를 자유롭게 선택하도록 내담자를 촉진하는 것이다.
- 경험에 개방한다는 것은 자율성을 가질 수 있다는 것인데, 이는 내담자만큼 치료사에게도 진실하다.

경계선과 일관성

연구와 개인적 경험은 우리에게 결론적으로 말해 준다. 존중받고 일관적인 태도로 대우받을 때 그리고 관계의 경계선이 분명하고 민감하게 애착될 때 사람들은 잘 성장한다. 치료 관계도 다르지 않다. 치료 관계는 단지 개인적으로 친밀한 관계의 특수한 유형이다. 실존치료로 상담하기 위해서는 내담자와 치료사 둘 다 그들이 어디에 서 있고 또 그들이 서로에게 합리적으로 기대할 수 있는 것이 무엇인지를 알 필요가 있다. 전반적으로 가장 좋은 상담은 어느 정도 유연한 경계를 가지고 있으면서도 견고함이 결합된 명료함이다. 내담자는 치료사가 민감성, 주의력, 개방성, 공정성을 가지고 관계를 맺는다는 느낌을 즐긴다. 어떻게 치료적 공간을 개방하면서도 안전한 경계를 만드는가를 정확하게 아는 것이 진짜 예술이다.

실존치료를 받는 내담자들은 일관성을 통하여 치료사와의 관계가 제한받거나 버려지기보다는 자유롭게 경험될 수 있다는 것을 알게 된다. 이 자유는 친밀함의 보상뿐 아니라 결정적으로 그 한계를 탐색하는 것을 배우도록 허용한다.

그들은 타인들로부터 얻을 수 없는 것이 무엇이고 자기 자신에게서 얻어야 하는 것이 무엇인지 그리고 대인관계 만남이 실존적 소외를 완화시킬지라도 그것을 결코 제거할 수 없다는 것을 배운다. 유연하고 민감하게 반응하는 경계는 예측 가능하게 지켜지면서 언제나 논의에 개방되어 있다.

돌봄은 치료와 일상의 삶에서 공통적인 단어이다. 그것은 관심이나 좋아하는 것을 암시한다. 분명하게 돕는 상황에서는 보호할 때처럼 '~를 돌보다'라는 의미를 내포하고 있다. 실존치료사는 '돌봄'이라는 단어를 특별한 의미로 이해한다. 돌봄을 받는 것은 내담자의 자율성이다. 그리고 이것은 내담자가 자신의 삶에 대하여 스스로 결정할 수 있는 능력이 있다고 치료사가 믿고 존중함으로써 이루어진다. 이것은 때로 냉혹하거나 무신경하다고 해석되기도 하지만, 실제로는 현실과 진실에 기반을 둔 것이다. 실존치료사들이 돌봄을 표현하는 한 가지 방식은 융통성 있고 일관성 있게 경계를 지키는 것이다. 이것은 문제, 갈등, 주제와 딜레마를 부인하거나 무시하는 것이 아니라 그것을 인정함으로써 가능해진다. 우리는 그것과 함께 살 수 있고 어려움에 직면하여 안정적으로 반응할 준비가 되어 있음을 보여 줄 필요가 있다.

존중과 일관성의 원리는 상담 회기의 관리에도 적용된다. 이것은 치료사들이 신뢰할 수 있는 사람이어야 한다는 의미이다. 우리는 바쁘게 산다. 우리의 가용한 근무시간의 대부분은 시간표대로 정해져 있다는 것은 서구의 일상적인 관습 요소이다. 만일 우리가 오후 2시에 50분 동안 내담자를 만난다고 말하면 그것은 바로 다음과 같은 의미이다. 우리는 오후 2시에서 2시 50분까지 거기에 있기 위하여 우리가 할 수 있는 모든 것을 할 것이다. 우리는 더하지도 않고 빼지도 않고 우리가 계약한 대로만 그들에게 줄 것이며, 제시간에 내담자가 오든 오지 않든 그 시간 동안 그들을 위해 있어 줄 것이다. 우리는 내담자가 늦거나 상담을 취소해도 억울해하지 않는다. 내담자가 그 시간에 대한 값을 지불할 것이기 때문에 그들이 원하는 대로 처리할 수 있다. 우리도 어떤 선택이 그들로 하여금 늦거나 취소하게 했는가를 더 자각하도록 도울 책임이 있다.

📑 사례

경계 만들기와 유지하기

대니는 처음에 치료사와 이메일로 만났다. 그는 치료사가 어떻게 상담하는가 그리고 주요 이론은 무엇을 사용하는가를 질문하였다. 치료사는 대신 그들의 기록을 확인해 보는 데 초점을 맞추었다. 치료사는 자신의 유용성이 내담자와 일치하는지 아닌지를 확인하는 것이 첫 번째 있을 경험으로부터 알게 되었다. 그러나 대니는 처음의 질문으로 되돌아왔다. 치료사는 첫 회기에 직접 만나서 대화가 계속되어야만 한다고 말하였다. 대니는 동의하였다. 그는 조금 늦게 상담소에 도착하여 즉시 파트너를 신뢰할 수 없다는 문제에 대하여 말하기 시작하였다. 회기의 끝 무렵에 상담비를 약간 낮추는 데 동의한 계약의 세부 사항을 마무리 지은 후, 그는 돈을 가지고 오지 않았다고 말하였다. 치료사는 다음 주에 돈을 받아도 된다고 말했다. 이틀 후 치료사는 내담자에게서 더 많은 질문이 있는 이메일을 받았다. 그녀는 약속된 시간에 계속 작업하기를 원하며 다음 회기 상담에서 얘기하자고 매우 간략하게 대답하였다. 대니가 상담 시간을 압박해 왔기 때문에, 그와 같은 맥락에서 내용과 상담비 경계에 관한 이야기는 지속되었다. 어느 날, 치료사는 대니가 상담비를 지불하지 않으면 상담이 보류될 것이라고 말하면서 굳건히 버텼다. 대니는 처음에는 좌절했지만, 그가 치료사와 함께 존재하는 장소를 항상 알았고, 치료 공간을 사용하는 법을 배웠다는 것을 점차적으로 인정했다.

🔊 해설

치료사는 비록 피상적으로 호소했지만, 대니의 질문에 응답하는 것으로는 성취될 수 있는 것이 거의 없다는 것을 알았다. 언제나 또 다른 질문이 있을 것이고, 결과적으로 대니가 자신의 문제를 살피지 못하도록 할 것이다. 이것은 회피일 것이다. 동시에 치료사는 그것을 완전히 무시할 수는 없다는 점을 알고 있었다. 파트너를 신뢰하지 않는 것이 치료사를 신뢰하지 않는 것에 반영되었다. 그녀는 그것을 다루어야 하며, 치료를 위하여 대니가 승인하지 않을 위험을 감당해야 한다는 것을 알았다. 실제로 대니의 불승인과 불신은 대니가 치료에서 처음으로 생산적인 검토의 주제가 되었다. 그리고 그는 공간에 대한 신뢰와 그에 대한 그의 책임을 인정할 수 있었다. 이 일은 치료사가 일관성 있고 믿을 수 있다고 증명된 후에야 가능할 수 있었다.

몇몇 실존치료사는 내담자가 상담실에 오는 것을 환영하면서, 어떤 치료사는 악수를 하고 어떤 치료사는 간단한 인사를 하며 회기를 시작할 것이다. 중요한 것은 일관성의 요소를 소개하면서 모든 상담 회기가 유사한 방식으로 시작된다는 것이다. 이것은 분명하고 명확한 틀을 허용할 것이고, 그 안에서 변화는 분명하고 의미 있게 될 것이다. 그러므로 일어나는 어떤 반대나 갈등도 다루어질 수 있고 이해될 수 있다. 앞서 언급한 것처럼, 융통성 있고 즉각적으로 반응하는 경계는 예측할 수 없게 움직이는 것이 아니라 언제나 논의의 대상이 된다.

특별한 기술이나 개입을 처방하진 못하더라도, 어떤 개입도 내담자의 근본적 자율성을 인정하는 현상학의 원리와 일관되어야 한다. 적절한 전문적 그리고 윤리적 요구와 결합된 각각의 치료 관계의 특수한 맥락은 실존치료사가 일관성 있게 지켜야 할 원리와 경계를 규정할 것이다.

우리가 하는 모든 것은 실존의 소여성 중 어떤 것을 언급하는 것이고 공명하는 것이다. 경계의 경우에, 삶의 물리적 경계는 탄생과 죽음이다. 그것은 우리의 삶을 정의하고, 그것이 만들어 내는 긴장은 파괴적이지 않고 창조적일 수 있다. 우리는 돌봄의 경계에 대하여도 이와 유사한 방식으로 알아야 한다. 때로는 내담자의 자율성이 활성화되지 않는 방식으로 내담자를 책임지기 쉽다. 전문 기관에서 행해지는 윤리의 위반 중 대다수는 내담자의 자율성을 약화시키는 경우에 대한 것이다.

상호성 그리고 대화

인간 실존에서 큰 퍼즐 조각 중 하나는 다른 사람들이 무엇을 위하여 거기에 있는지 그리고 그들과 어떻게 잘 지내는지를 이해하는 것이다. 우리 각자는 실존에 홀로 들어와서 홀로 실존을 떠나야 한다. 우리는 언제나 타인들로 둘러싸여 있다. 이것의 실존적 의미는 우리 각자가 다른 사람과 아무리 가깝게 있어도 최종적으로는 연결될 수 없는 간극이 있다는 것이다. 자율성에 대한 자각과 타인들과 함께하는 우리의 소속감 사이에는 언제나 긴장이 있다.

그러므로 인간 존재의 보편적인 갈등은 우리 자신이 타인과 분리된 개인이고자 노력하는 한편 타인과 관계를 맺음으로써 이 분리를 극복하지 않을 수 없다고 느끼는 것이다. 이것은 때때로 위협이 되는 융합으로 가게 할 수 있다. 소외에 대한 영구적 해결책은 없다. 우리는 대안을 가지지는 못하지만, 우리 스스로 그 방법을 찾아서 이해하려고 애쓴다.

관계 문제 때문에 치료에 오는 빈도가 상호성의 문제를 보여 줄 수는 없다. 사람들은 버림받음과 괴로움을 똑같이 두려워한다. 사람들은 다른 사람과 결합되고 융합되거나 분열되고 분리됨으로써 역설을 해결하려 한다. 이런 것은 궁극적으로 성공적일 수 없다.

만일 사람들이 관계에 내재되어 있는 역설을 견디도록 도움을 받을 수 있다면, 곧 친밀함이 주는 자유를 발견할 것이다. 이 역설을 받아들이는 해결책은 다음과 같이 요약될 수 있다. '나는 타인들의 세계에서 원하는 것을 행할 책임을 가지고 있지만 다른 사람도 그렇다. 우리가 서로를 생각해 준다면 이것은 가장 효과적일 것이다.'

실존치료의 핵심은 대화이다. 대화는 단순히 치료사와 내담자가 무엇에 대하여 말한다는 것이 아니다. 대화의 본성과 특성이 치료의 효율성을 결정한다. 우리는 독백, 피상적 대화, 진실한 대화를 구별할 필요가 있다.

- **독백**(monologue): 독백은 한 사람이 말하고 다른 사람은 듣는 것으로, 말하는 사람의 주요 관심은 말하는 것일 뿐 듣는 사람이 어떻게 받아들이는지에 대하여는 관심이 없다. 듣는 사람의 경험은 종종 말하는 사람이 누구에게 말하거나(talk to) 혹은 누구와 함께 말하는(talk with) 것보다는 무엇에게 말하는(talk at) 것이다. 그들은 대화에 포함되어 있다고 느끼지 못한다.
- **피상적 대화**(duologue): 피상적 대화는 두 사람이 서로에게 말을 하고는 있지만 서로 표면적으로만 듣는 것이다. 그들은 차례로 말하고 들으며 서로의 말에 반응하기도 하지만 타인의 말을 실제로 듣고 있는 것은 아니다. 그들은 타인이 말하는 것에서 자신이 원하는 것을 듣고 그것에 반응하기 쉽다. 다른 방식으로 생각해 보면 그것은 두 사람이 동시에 독백하고 있는 것이다.
- **대화**(dialogue): 대화는 타인에게서 듣고 싶은 것만 듣는 것이 아니라, 실제로 말하는 것을 듣고 때로는 힌트만 주어도 말을 알아듣는 등 두 사람이 서로에게 진심으로 주의를 기울여서 듣는 것이다. 여기에는 타인과 자기 자신 모두에 대한 쌍방적 개방이 포함되어 있다. 진실한 대화는 항상 어느 정도의 불안을 특징으로 갖는다. 이것을 흥분이라고 느낄 수도 있지만, 무슨 일이 일어날지 결코 모른다는 의미에서 이 감각은 불안이다. 진실한 대화는 역동적이다. 불안은 생생한 현재 관계의 특성이다. 치료 관계에서 치

료사와 내담자는 모두 무슨 일이 일어날지에 대한 염려를 느낄 것이다. 둘 중 누구도 그렇지 않다면 그것은 대화가 아닌 대화를 가장한 피상적 대화일 뿐이다. 여기에서 그들은 이미 알고 있는 것을 발견하게 될 것이다. 개방하고 세계에 대한 새로운 전망을 발견할 수 있는 가능성에 대해 준비한다면, 우리는 새로운 무엇인가를 발견할 수 있다.

대화란 보통 이야기 면에서 생각되지만, 사실 그것은 우선적으로 경청하고 의미를 찾는 것이다. 대화의 발달은 어떻게 가장 적절한 양의 도전과 지지를 제공하고 유지할지 평가하는 치료사에게 달려 있다. 적어도 치료 초기에는 치료사의 침묵이 이를 의미하는 경우가 가장 빈번하다. 그러나 항상 그런 것은 아니다. 만일 내담자가 단지 치료사가 들어주기를 바란다면 치료사는 말하지 않는 것이 좋고, 만일 내담자가 치료사가 말하는 것을 필요로 한다면 침묵하지 않는 것이 좋다. 독백이나 피상적 대화로부터 진실한 대화로 가는 길은 각각의 치료 관계마다 다를 것이다. 그러나 궁극적으로 성공적인 치료는 진실한 대화로 마무리된다.

📧 사례

독백에서 대화로의 발전

피터는 그의 양육, 부모, 형제와의 관계, 최근의 관계 단절, 불만족스러운 직업 선택 그리고 불안한 집안 사정에 대한 이야기를 많이 다루면서 치료를 시작했다. 그가 각 회기마다 할 말을 준비해 왔기 때문에 말할 거리가 부족한 적이 없었다. 치료사는 피터가 그녀에게 결코 어떠한 질문도 하지 않기 때문에 그녀가 말할 필요가 없다는 것을 알게 되었다. 그리고 치료사가 하는 어떤 말도 보통 몇 마디 후에 가로막혔다. 마치 그녀가 아무 말도 하지 않은 것처럼 피터가 계속 말을 이어 나갔기 때문이다. 그녀는 난타당하는 느낌이 들었고, 이 상담에 대해 기대하지 않게 되었다. 그녀는 자신의 짜증을 괄호치기해 보고 잠시 후 이 독백의 과정에 어떤 의미가 있음을 깨달았다. 그가 단순히 누군가가 들어주는 것을 필요로 하기 때문이라는 것을 말이다. 그래서 그녀는 그렇게 했다. 그의 욕구를 인내와 조율의 조합을 통해 돌보는 한편, 그녀는 피터에 대한 비판이 아니라 단순하게 그녀가 그에 대해 이해했던 역동을 언급할 수 있었다. 덕분에 피터는 치료사를 비롯한 다른 누군가의 이야기를 들을 수 있게 되었다. 그리고 궁극적으로는 그녀의 집단에서 침묵하고 무엇이 다가와도 개방함으로써 충분히 편안해질 수 있었다. 그는 천천히 매 회기에 할 말을 준비하지 않아도 된다고 느끼기 시작했다. 그리고 관계에서 자신이 그와 함께하는 사람들을 유지하거나 거리를 두는 방식으로 그러한 준비와 자기 입장을 고수하는 것을 사용해 왔다는 것을 이해하게 되었다. 자신이 타인들에 대한 두려움에서 벗어나기 위해 이러한 방식으로 통제해야만 한다고 느껴 왔음을 깨달았다.

◀» 해설

피터의 치료사는 약간의 시간이 흐른 후에 그가 필요로 했던 것은 말하는 것이었고 치료사가 들어주고 관심 가져 주는 것이었음을 이해했다. 피터의 이야기와 그가 존재하는 것에 대한 그녀의 조율은 그가 무엇을 이야기하는지(내용)와 어떻게 그에 대해 이야기하는지(과정)를 조합하여 이를 반영할 시기를 알도록 이끌었다. 그녀는 거리를 두면서도 그녀와의 관계를 유지하고자 하는 그의 바람이 필요하지만 임시적인 보호였음을 이해했다. 이것을 직면하여 현재의 역효과의 강도를 이해하도록 하는 유일한 방법은 민감하면서도 직접적으로 반응하는 것이었다. 이것은 그들에게 주어진 시간 동안에 더 역동적이고 활기찬 관계, 덜 통제하고 덜 준비하는 관계가 될 수 있도록 이끌었다.

자기노출

당연한 말이지만, 우리 모두는 사람이다. 우리는 같은 종류의 희망과 두려움, 욕망과 불안을 공유한다. 이것은 치료사와 내담자가 공통적으로 가지고 있는 것이다. 그러나 이 기본적인 유사성과 더불어 치료사와 내담자의 역할이 존재하기 때문에, 우리는 다르다. 치료사와 내담자는 공식적인 협의를 하고, 그에 따라 내담자는 치료사에게 와서 둘이 미처 알지 못했던 그들 자신과 그들의 실존에 대한 어떤 것을 발견한다. 이것은 치료에서 긴장을 만들어 내어 종종 자기노출(self-disclosure)의 문제를 제기한다.

실존적으로 단지 관계 안에 존재하는 것만으로도 우리는 자신을 노출한다. 상담실의 위치와 스타일, 우리가 입은 옷, 우리 주변에 있는(혹은 없는) 물건들, 이 모든 것은 우리의 취향과 생활양식을 드러낸다. 치료사로서 우리는 내담자에게 우리 자신을 보여 준다. 그리고 그 과정에서 우리는 행동하고 말하는 것 또는 행동하고 말하기를 피하는 모든 것에서 우리 자신을 드러낸다. 자주 우리는 이러한 방식으로 모든 것을 노출하지만, 이에 대한 자각은 매우 희미하다. 내담자는 종종 우리가 생각하는 것보다 훨씬 더 예민하게 치료사가 말하는 메시지를 받아들인다. 물론 우리는 충고하지 않으려고 노력하지만, 만일 우리가 충고를 한다면 내담자는 그러한 충고가 무엇을 말하는지에 대해 어떤 의심도 거의 하지 않는다.

우리의 인격과 세계관을 드러내지 않고 내담자에게 중립적 현존을 할 수 있다고 믿는 것은 순진한 생각이다. 관계에서 두 사람이 서로에게 호기심을 갖는 것은 당연하다. 내담자는 치료사가 치료 후반부에도 많이 개방하지 않는 경우, 특히 치료사에 대하여 호기심을 갖는다. 내담자는 종종 인터넷에서 치료사를 찾아보고 결론을 내릴 것이다. 그럼에도 불구하고 우리의 자기노출은 종종 우리가 예기치 못한 방식으로 잘못 전달된다. 그렇게 잘못 전달된 것은 내담자가 다른 사람이나 사건에 대하여 잘못 읽는 방식을 상징적으로 보여 주는 것이다. 우리는 이에 대해 자각하고 상담에서 다루어야 할 필요가 있다.

그러나 치료사에게 노출, 판단이나 의견을 요청하는 것은 다음의 원칙과 함께 신중하게 다루어져야 한다. 즉, 내담자가 그 주제에 대해 아는 것 또는 모르는 것은 차이가 있다는 것이다. 그럼에도 불구하고 "여름에 어디 갔었나요?"와 같은 단순한 질문에 답하지 않는 것이 "네, 갔어요. 감사합니다."라고 단순한 답을 하는 것보다 상담을 더 꼬이게 만드는 경우도 있다. 생각하고, 느끼고, 믿는 것에 대하여 이야기하기 위해 거기에 있는 사람이 내담자라는 것을 기억하면서, 종종 내담자가 왜 이 질문을 하는지 그리고 그 질문에 답을 하는 것이 어떤 차이를 만드는지를 묻기 전에 단순한 질문에 정중하게 답하는 것은 종종 더 효과적이다.

치료사의 행동, 생각, 감정과 신념에 대한 지나친 호기심은 종종 치료사의 의견을 과대평가하고 자신의 의견은 과소평가하면서 결과적으로 내담자 자신의 책임을 회피하여 치료사를 혼란스럽게 하는 내담자의 방식일 수 있다. 이것은 심사숙고하여 성찰되어야 한다.

다른 극단에는 치료사에 대하여 거의 호기심을 갖지 않는 내담자가 있다. 어떤 내담자들은 우리가 단지 기법만을 쓰는 상담사가 아니라는 것과 그들에게 마음을 쓰고 있다는 것을 믿기 어려울 것이다. 우리의 진실성이나 중요한 삶의 사건들에 대한 질문에 답하는 것은 그들이 필요로 하는 답이 아닐 수 있다. 오히려 그들에게 필요한 답은 우리와의 관계 경험에 대한 명상이 될 것이다.

전문 기관에서 말하는 비윤리적 행동에 대한 많은 사례는 치료사가 내담자에게 개인적 자료를 부적절하게 노출하는 것이다. 대부분의 사례에서 상당히 많은 치료사가 내담자의 필요를 만족시켰고 동등함의 모델을 보여 주었다고 생각했다. 그러나 그렇지 않았다. 그들은 내담자를 희생시켜 치료사 자신의 욕구를 충족하고 있었으며, 내담자가 자신의 삶을 이해하도록 돕기 위해 그 자리에 존재한다는 것을 잊고 있었던 것이다.

📋 **사례**

자기노출: 효과적이었던 경우

샘은 거의 6년 동안 여자 치료사를 만났는데, 결코 치료사를 실제로 신중하게 살펴보지 않았다. 그는 완전히 무너진 후 직장을 그만두고 잠시 동안 정신과 병원에 다니면서 새로운 자기감을 확립하려고 열심히 상담을 받았다. 그는 처음에는 치료에 매우 회의적이어서 거의 말을 하지 않았으나, 점차 마음이 열려서 치료 과정에 참여하게 되었다. 그는 그의 어머니, 여동생, 아버지와 전 아내를 포함한 많은 복잡한 관계 주제를 다루었다. 어느 날, 그는 갑자기 치료사를 바라보면서 평소답지 않게 다음과 같이 말하였다. "나는 당신이 여자라는 것을 깨달았어요. 이상하게 들리겠지만 당신이 실제적인 사람이라는 생각이 들었어요. 몇 살이죠?" 그는 얼굴을 붉히더니 사과했다. 치료사는 그에게 자신의 나이를 말하고 그의 질문에 주목하면서 차분하게 반응했다. 그의 질문이 분명 그 자신에게는 당황스러웠겠지만 중요한 순간의 전조였다. 그가 그녀를 그의 관심에 대해 단순하게 반응하는 사람이 아니라 다른 사람, 진짜 한 개인으로 보기 시작했기 때문이다. 샘은 이것이 실제로 의미 있고 새로운 방식일 뿐 아니라 새로운 방향으로 첫발을 내딛으면서 다른 방식으로 관계를 시작하고자 하는 그의 욕구에 대한 치료사의 인정에 따른 방식임을 깨달았다. 그런 다음 그는 타인을 판단이나 돌봄의 대상으로 경험했기 때문에 다른 사람들이 그에게 실제적으로 보이지 않았음을 깨닫게 되었다.

◀》 해설

이렇게 특별한 상황에서 샘이 직접적으로 반응하고 타인과 함께 존재하는 새로운 방식을 경험할 필요가 있었기 때문에 즉각적인 노출은 효과적이었다. 치료사는 그가 더 중요한 주제를 회피하기 위하여 이러한 질문을 결코 하지 않고 사회적 게임을 하지 않았다는 것을 분명히 알았다. 그는 실제로 치료사를 실제적인 사람으로 인식하는 것이 옳은 것인가를 검토하였다. 그것이 옳다는 것으로 밝혀질 때, 그는 다른 관계에서도 새로운 방향으로 나아갈 수 있다. 더 나아가 그는 두려움과 수치심에서 벗어나려고 그러한 관계 방식을 회피했음을 발견했다. 이 두 가지 깨달음은 그 후의 상담에 매우 효과적일 것으로 판명되었다.

🗨 사례

자기노출: 효과적이지 않았던 경우

베스는 매우 안전하게 느껴졌던 남자 치료사를 찾았고, 치료사는 다른 사람들을 기쁘게 하고 그들에게 아첨하려는 그녀의 욕망에 대하여 이해하도록 그녀를 도왔다. 그녀는 두 번 이혼했고 30대 초반으로 아이가 없었다. 상담을 받은 지 약 6개월 후에 그녀는 치료사에게 아이가 있는지, 결혼은 했는지 등을 물었다. 치료사는 답을 회피하면서 그녀가 경계를 시험하고 있고, 그녀가 그와 더 가까워지려는 욕망에 대해 책임을 질 필요가 있다고 대답했다. 이것은 베스를 화나게 했고 그녀는 그의 결혼 상태에 대하여 단순하게 질문했을 뿐 그가 잠자리를 하고 싶은가를 묻는 것이 아니었다고 말하였다. 여기에 치료사는 방어적이

되어, 그녀가 성관계를 맺는 주제를 꺼냄으로써 그를 유혹하고 있다고 해석했다. 베스는 그가 자신을 한 여자로서 거절하였고, 그녀를 비난한다고 느꼈다. 그녀는 치료사가 자신을 헤프고 자극적인 여자로 보았다고 느끼고는 매우 당황했다. 다음 회기에 그녀는 그 주제를 다시 꺼냈지만, 치료사는 "왜 알고 싶죠, 베스?"라고 딱 잘라서 말했다. 그녀는 치료사에게 무엇을 말하든 그녀의 의심스러운 행동을 증명하는 것으로 해석된다고 생각했다. 그녀는 자신이 함정에 빠져서 비난받고 있는 느낌이 들었다. 결국 그녀는 치료를 그만두었다. 치료사가 치료를 끝낸 것은 유혹하려는 시도가 성공하지 못한 것을 받아들이지 않으려는 증거였다는 글을 써서 그녀에게 보냈을 때 그녀는 화가 났다.

◀)) 해설

베스의 치료사는 마음속 깊은 곳에서 매력적인 젊은 내담자가 자신에게 개인적 질문을 했다고 느꼈다. 그는 그의 (분석적) 훈련에서 내담자의 질문에 해석을 할 수 있을 때까지 답하지 말고 받아넘기라고 배웠다. 그는 그렇게 하려고 노력했다. 왜 치료사가 그의 의뢰인에게 그 또한 이혼했고 그의 전 부인과 함께 살았던 두 아이가 있었다는 것을 알리는 것에 대해 그렇게 걱정했느냐는 질문을 받았을 때, 그는 이것이 치료를 개인화시키는 것을 두려워했기 때문이라는 것을 깨달았다. 그것은 그가 내담자에게 매력을 느꼈고, 그녀와 관계를 맺는 환상을 가지고 있었기 때문이었다. 순수하게 내담자가 자신의 세계를 이해하도록 돕기 위해 자신이 거기에 있어 주는 것임을 안다고 자신할 수 없었기 때문에, 그는 노출의 요구에 대하여 과잉 반응을 하였다. 그가 그녀에게 실제적인 신분을 말하느냐 하지 않느냐는 실제로 중요하지 않았다. 중요한 것은 공격당하고 조작당하거나 위험하다고 느끼지 않을 수 있는가, 치료사가 개인적 이득을 위하여 질문을 이용하고자 하는 마음을 가지지 않을 수 있는가이다. 모든 상호작용의 초점은 내담자의 행복(well-being)이다. 답을 주거나 주지 않는 것 그리고 질문의 의미를 탐색하는 것은 항상 방어적인 반응이나 공식적인 답이나 거절보다 낫다.

> **⏻ Key Points**
>
> - 우리는 말하고 행동하는 것 그리고 타인에 대한 우리의 태도를 통해 우리 자신을 노출한다.
> - 내담자가 우리에게 자기노출을 요구하는 것은 치료 작업을 약화시키는 방법일 수 있다.
> - 노출을 거절하거나 동의하는 것은 그것이 불안감에 기초해 있다면 효과적이지 않을 수 있다.
> - 우리는 항상 내담자의 행복을 염두에 두어야 한다.

지시성, 직접성, 방향

이 모든 것은 우리가 내담자에게 지시적인지 혹은 비지시적인지에 대한 질문을 제기한다. 심리치료에서는 이 단어들의 의미에 대하여 많은 혼란이 있다. 그러나 실존적 접근법은 그에 대하여 매우 분명하게 이해한다.

실존치료사가 직접적일 필요가 있다고 우리가 말할 때, 이것은 눈치 보지 않고 솔직하며, 모호하고 장황하게 늘어놓기보다는 목적의식이 있을 필요가 있다는 의미이다. 예를 들어, 이것은 아마도 그들이 엄격하게 필요한 것 이상으로 말하지 않고 직접적으로 질문에 답하는 것, 개입할 때 한 가지 이상 지적하지 않는 것, 그리고 너무 망설이거나 이론적 용어를 사용하지 않는 것을 의미한다.

실존치료사는 지시적이냐 혹은 비지시적이냐에 대하여 생각하지 않는다. 대신에 내담자의 자율성을 존중하는 실존적 원리를 지킴으로써 내담자 자신의 방향을 발견하도록 돕는 것을 목표로 한다. 우리는 내담자에게 지시하지 않고 그들의 생각과 정서를 따라가면서 자기표출(self-revelation), 자기성찰

(self-reflection), 자기인식(self-knowledge)을 함으로써, 그리고 자신의 삶의 방향을 발견함으로써, 그들이 자신의 길을 어떻게 찾아가는가를 보여 준다. 우리는 충고하는 것이 아니라 경험을 성찰함으로써 자신의 경험으로부터 가장 잘 배운다고 믿는다. 동시에 완전히 비지시적인 상담도 있을 수 없다는 것을 기억하는 것이 중요하다. 왜냐하면 우리의 현존과 개입은 사람들에게 새로운 방향을 제공하기 때문이다. 우리는 내담자의 이야기에서 다른 것이 아닌 바로 그것을 선택할 때, 방향을 제시하는 것이다. 우리가 내담자에게 힌트가 되는 어떤 생각에 참여하지 않을 때마다 어떤 길을 막고 있는 것이다. 우리는 언제나 지시적이지만, 그것은 내담자가 방향을 잃었거나 방향키를 잃었을 때 내담자로 하여금 방향을 다시 찾을 수 있도록 하는 예술이다. 우리는 사람들이 자신의 목적을 찾을 수 있도록 상담한다.

하이데거는 치료사가 내담자에게 가질 수 있는 두 가지 기본적인 태도를 기술한다. 그것은 '안으로 뛰어 들어가기(leaping-in)'와 '앞으로 도약하기(leaping-ahead)'인데, 약간 이상한 영어로 번역되어 알려졌다. 그것은 이미 2장에서 '안으로 뛰어 들어가기(jumping-in)'와 '앞으로 도약하기(jumping ahead)'로 언급되었다. 안으로 뛰어 들어갈 때, 우리는 내담자를 하나의 대상으로 대체하고 다루면서 내담자가 자신의 삶의 방향을 찾아갈 수 있는 자율성을 인정하지 않게 된다.

앞으로 도약할 때, 우리는 내담자의 자율성을 존중하게 된다. 내담자의 환경에서 내포되어 왔지만, 그럼에도 우리는 내담자들이 상상할 수 없었던 미래를 그들에게 단지 드러내 보인다. 우리는 그들이 역동적 자기규정 잠재성(self-defining potentiality)에 깨어 있도록 돕는다. 많은 경우에 이것은 내담자들에게는 일반적이지 않기 때문에 불안을 유발할 수 있다. 사람들은 스스로 생각하고 선택해 오지 않았다. 그들은 타인에게 반응해 왔다. 이런 입장에 있는 내담자는 치료사의 충고나 제안 혹은 의견을 요청하기 쉬울 것이다. 이것이 방향 찾기의 시작으로 번역될 수 있는 많은 방식이 있고, 이는 쉽게 선택을 탐색하는 연습이나 현실 검증으로 이어지는, 이상적 세계의 가능성에 대한 장난기 있는 꿈이 될 수 있다. 방향을 제시하는 것은 내담자가 전개하는 이야기이지, 치료사가 좋아하는 이론, 편견이나 삶에 대한 검증되지 않은 가정이 아니다.

자유와 비개입의 원리가 너무 문자적으로 받아들여지면 비지시적인 것에서 헤매기 쉽고 치료사로서 방향 감각을 잃기 쉽다. 그렇게 할 때, 우리는 우리의 자율성을 약화시킨다.

이같은 자유방임주의 접근법은 독재적 혹은 처방적 접근법만큼 해로울 수 있다. 실존치료사는 지시성과 비지시성 사이에 균형을 잡으려고 노력한다. 그것은 내담자로 하여금 안전하게 발을 땅에 단단히 딛고 충분히 모험의 흥분을 제공하는 도전적인 방식으로 자신의 방향을 찾을 수 있게 한다.

그러나 어떤 경우에 내담자의 자율성은 침묵하고 분명히 개입하지 않음으로써 더 인정될 수 있고, 또 어떤 경우에는 치료사가 적극적이고 분명히 지시적이 됨으로써 인정될 수 있다.

내담자는 왜 다시 올까? 자신의 경험의 결과로 자기 자신을 조금 더 이해하게 됐다고 느낀다면 내담자는 다시 올 것이다. 우선, 치료사가 그들을 이해한다고 느낄 때 그리고 두 사람이 함께 작업하고 있다고 느낄 때 이러한 일이 발생한다. 그러나 이것만으로는 충분하지 않다. 치료사가 삶에 대하여 새로운 것을 이해하도록 도울 수 있고, 그래서 그들 스스로 행동하는 것을 잘하도록 도울 수 있다고 내담자가 느껴야만 한다. 명료화하고 의사소통하는 이 학습 과정은 치료사에 의하여 시작되고 설명될 수 있어야 한다. 이는 제공될 수 있는 것에 대해 직접적이고 현실적으로 됨으로써 그리고 곧 이러한 책임을 질 수 있는 내담자의 능력을 존중함으로써 가장 효율적으로 이루어질 수 있다. 따라서 모든 경우에 치료사는 직접적이고 목적적이 될 것이다. 그리고 모든 행동과 개입은 현상학의 원리와 함께 일관성이 있을 것이다.

이는 그것이 체계적이지만 경직되지 않고, 반응적이지만 느슨하거나 거칠지 않고, 분명하지만 처방적이지 않다는 것을 의미한다. 그것은 내담자가 스스로를 더 잘 이해할 수 있도록 돕기 위하여, 충분히 유용하고 자각하며, 이해할 수 있는 능력을 내담자를 도와주는 데 사용하는 것이다.

Key Points

- 실존치료사는 지시적이기보다는 목적의식이 있고 방향성이 있다.
- 비지시성은 자율성을 부인하고 쉽게 정체되도록 이끌 수 있다.
- 효율적인 치료 관계는 내담자와 치료사 모두에게 도전적일 것이다.
- 내담자는 기꺼이 자신과 함께 가면서도 삶에 대하여 새로운 것을 가르칠 수 있는 치료사를 소중하게 여길 것이다.

온라인 내용

- 방향성을 다루고 목적과 방향을 찾는 것을 보여 주는, 에미 반 두르젠의 실존치료 학생 앤드류 비스(Andrew Biss)와의 인터뷰 비디오

이론에서 실제로

사랑은 죽지 않는다. 사랑은 생명이고 내가 아는 모든 것이다. 나는 단지
사랑하기 때문에 이해한다.

– 레오 톨스토이

표현과 자기표현: 자기의 역설

우리는 이미 실존적 접근법이 고정된 자기개념에 대한 대안을 제공한다고
말하였다. 우리가 자기(self)라고 알고 있는 것은 지금까지 선택하고 연결시켰
던 것 그리고 앞으로 그렇게 할 것의 산물이다. 자기감(sense of self)은 아무
때라도 연결된 세계를 성찰하는 방식에서 비롯된다. 빠르게 흐르는 강물 속에
양동이를 넣는다고 강이 가졌던 것과 움직임의 질이 똑같은 물을 길을 수 있
다고 기대할 수 없는 것처럼, 자기도 그 사람의 삶과 분리될 수 없다. 그것은
계속해서 움직인다. 우리가 자기라고 알고 있는 것은 지금까지 선택하고 연결
시켰던 것의 산물이다.

'마음'에 대한 앞의 예와 함께 명사형 '자기'를 동사화하여, 동사 '자기 되
다(to selve)' 혹은 분사 '자기 되기(selving)'로 사용하는 것이 더 옳을 것이다.

실존적으로 자기감은 물리적 · 사회적 · 개인적 · 영적 세계 관계에서 개인
적 관계망(network)의 역동적인 무게 중심이다. 이 관계망은 계속해서 재정리
되고 재균형을 잡아 간다. 이 과정에서 우리는 능동적이 되거나 수동적이 된

다. 수동성은 쉬고 자신을 재충전하기 위한 중요한 방법이다. 반면, 능동성은 생존에 중요하다. 우리가 세계에 대하여 행동하는 대로 우리는 확장되고 세계에 대한 참여가 증가한다. 능동성과 수동성은 보통 서로 조화를 이루어 간다.

수동적으로 혹은 반응적으로 사는 것은 쉽지만, 보다 능동적이거나 심지어는 주도적으로 살면서 삶을 재조직하고 다시 생각해 보며 재적응하는 것으로 보충되지 않으면, 수동성은 어쩔 수 없이 교착 상태(impasses)로 이끌 것이고, 반응성은 혼돈과 혼란을 만나게 할 것이다.

신중하게 사는 삶은 에너지, 결단력, 엄청난 자기안정을 가지고 있어서, 결과적으로 우리는 환경과 타인의 영향을 덜 받으면서 생동감 있게 산다고 느낀다. 즉, 우리는 자신의 삶에 대한 주인이 되는 주인의식을 갖게 된다. 시간과 공간을 통하여 일관성을 지닌 자기감은 우리의 행동을 성찰하고 우리 자신을 조각하여 만들고 싶은 사람에 대하여 결정함으로써 확립된다.

생리학적으로 우리 몸의 모든 세포는 계속해서 새로워진다. 혈액세포는 약 3개월 지속되고 우리의 뼈는 5년마다 교체된다. 이것은 교체됨으로써 치유가 일어나는 방식이다. 우리의 자기감도 이와 똑같다. 그것은 매일 조금씩 바뀌고 변화하여 새로운 상황에 적응한다. 생리학적으로 우리는 시간과 공간을 통하여 지속성의 느낌을 갖는 데 어려움을 겪지 않지만, 심리학적으로는 더 문제가 되는 것 같다. 우리는 종종 변화를 바라는데도 변화할 수 없다고 잘못 믿고 있다. 이것은 아마도 우리가 항상 일어나는 변화를 자각하지 못하게 불안으로 동기화되는 우리의 채무불이행 설정(default setting)일 것이다. 실존치료는 사람들이 채무불이행 방식이 아닌 신중하게 사는 방식을 배울 수 있게 한다. 우리는 우리 스스로 시간과 환경으로 인해 변화되도록 허용하는 데 더 유연하고 자유롭도록 배울 수 있다.

역설은 다른 환경에 다르게 존재할 수 있는 우리의 능력에도 불구하고가 아니고 그것 때문에 탄력 있고 일관성 있는 자기감을 얻게 된다는 것이다.

이 지점에서 생길 수 있는 질문은 다음과 같다.

- 나는 내가 원하는 대로 존재하고 그것을 행하고 있는가?
- 나는 무엇을 원하는가?
- 나는 다르게 행동하기 위하여 무엇을 필요로 하는가?

📧 사례

자기의 역설 발견하기

에바는 보통 사람이다. 오랫동안 그녀는 가족을 성실하게 잘 돌보았다. 그녀의 남편 피터는 20년 동안 에바의 장점을 인정해 주는 첫 번째 사람이었다. 그는 멋진 아내와 결혼했다는 것, 그녀가 아이들의 엄마가 되어 준 것에 대하여 매일 축복하였다. 에바와 그녀의 남편은 에바에게 신경쇠약이 왔을 때 놀랐다. 그때 아이들은 중등교육의 막바지에 있었고 엄마의 도움을 필요로 했다. 에바와 피터는 에바가 우울증으로 정신과 의사와 상담을 한 후, 부부치료를 권유받았다. 항우울증 약을 먹는데도 그녀는 계속해서 피터가 자신을 지지해 줘야 하고 자신을 위해서 문제를 해결해 줘야 한다고 말했다. 그녀는 자기 자신 그리고 자신의 능력과 접촉하지 못하는 것 같았다. 그녀는 능력이 없다고 느끼고 절망했다. 부부상담은 개인상담으로 바뀌어서 에바가 자신의 삶과 자기에 대하여 질문하는 것을 배울 수 있게 하였다.

그녀는 자신이 정당한 권리를 가지고 있다고 생각하지 않았으며, 아이들의 교육과 '집에서 믿을 수 있는 일상'을 위한 남편의 필요 이상으로 그 세계에 기여할 수 있다고 생각하지 않았다. 처음에 그녀는 자신의 개인적인 이야기를 말하고 그녀 자신을 성찰하는 것이 유용할 것이라는 생각을 바로 거부했다. 그러나 아이들이 가족과 함께 있기보다는 다른 데 우선권을 두고 남편도 성공적인 직업에 점점 더 몰두하게 되자, 점차 그녀는 삶에서 공허함을 느끼게 되었다. 에바는 삶이 제공하는 경험의 자유와 생각들로 노는 법을 배움으로써 즐거움으로 치료적 공간을 채우기 시작했다.

해설

　에바의 치료는 그녀의 잘못이 무엇인가에 초점을 맞추기보다는 생각하고, 느끼고, 놀이하고, 관계 맺는 능력에 초점을 맞추었다. 그렇게 하자 그녀는 이전에 생각했던 것보다 훨씬 더 많은 것이 그녀에게 있음을 빠르게 알아 갔다. 그녀는 단기간에 '매우 다른 사람이' 되었다고 말하였다. 그녀는 자신이 단지 피터의 아내이며 아이들의 엄마로서 존재한다는 믿음으로 마음을 달래던 삶의 꿈으로부터 깨어났다. 그리고 새로운 자기자각을 하면서 자유와 생기를 발견하였다. 그녀는 대학 교육을 다시 받았으며, 삶이 그 자체로 활기차고 전도유망한데 자신이 왜 항우울제를 복용할 생각을 했는지 의아해졌다. 치료가 에바의 상당한 능력과 활기를 발견하도록 돕기보다는 병리적이고 약해진 모습에 빠지도록 하는 것이 훨씬 더 쉬울 것이다.

⏻ Key Points

- 자기는 우리에게 주어진 어떤 것이 아니라 우리가 선택한 것의 산물이다.
- 우리가 행하는 모든 것, 우리의 모든 선택은 자기표현과 자기정의의 행동이다.
- 무엇인가를 하기로 선택하지 않거나 하지 않기로 선택함으로써 우리는 우리 자신을 약화시킨다.
- 우리의 삶을 성찰할 때 우리는 개인적 책임과 능력에 대한 감각을 얻게 될 가능성이 있다.
- 인간 존재로서 우리는 계속 변화하고 이 변화는 자기성찰에 따라 수정될 수 있다.

주제와 문제를 확인하고 다루기

내담자들은 언제나 그들에게 중요한 것에 대하여 이야기한다. 그들은 삶에 대한 그들의 관심과 의견을 우리에게 보여 주지 않을 수 없다. 왜냐하면 그들이 처음에는 분명하게 드러나지 않는 방식으로 행동할지라도, 그들이 살아 있고 그들의 실존이 그들에게 중요하기 때문이다. 내담자의 관심과 집중의 주제를 경청하는 것을 배우고 상담에서 작업할 수 있는 구체적인 주제로 바꾸는 것은 치료사에게 달려 있다.

하지만 실존적 주제로부터 우리가 의미하는 것은 단순하게 이야기되고 있는 것이 아니다. 우리가 의미하는 것은 한 사람이 실존의 소여성(the givens of existence)에 참여하고 있는 방식이다.

예를 들어, 내담자가 파트너에게 위협받는 느낌에 대하여 말하면서 주제가 '나의 파트너와 어떻게 잘 지낼까?'라고 한다면, 이것에서 비롯되는 실존적 주제는 네 가지 관계 차원([그림 5-1] 참조)에서 살펴봐야 할 것이다.

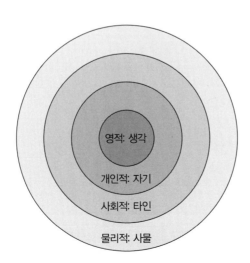

[그림 5-1] 네 가지 관계 차원

- 물리적 차원에서는 제대로 된 관계를 맺으며 사는 데 남겨진 시간이 제한되어 있다는 느낌을 받을 수 있을 것이다.
- 사회적 차원에서는 상호성의 관계를 맺을 자격이 없다는 느낌이 있을 것이다.
- 개인적 차원에서는 어떤 종류의 관계를 맺을지 선택하는 데 자율적인 결정을 할 수 없다는 느낌이 있을 것이다.
- 영적 차원에서는 옳고 그른 것을 어떻게 결정할지에 대한 의심이 계속 들면서, 이 관계가 유용한지 아니면 해로운지에 대하여 어떻게 평가할지 모를 것이다.

실존적 관심은 자주 그 관심의 부재로부터 신호를 받는다. 그래서 어떤 주제를 표현할 수 있는 방법들 중 하나는 그에 대하여 이야기하지 않는 것이다. 어떤 것은 그것을 깨닫는 사람이 없어도 사람들에게 영향을 미칠 것이다. 예를 들어, 효율성과 학문적 수행이 지배하는 가정에서 자란 청년은 다른 사람에게 헌신하고 애정을 갖는 것이 큰 가치를 더해 줄 정서적 요구라는 것을 깨닫지 못할 것이다. 파트너와 갖게 된 친밀함의 문제가 실존의 핵심에서 맹점으로 드러난다. 그리고 감정에 대한 내담자의 당혹스러움과 혼란은 관계와 친밀함에 대한 실존적 주제를 새롭게 발견할 필요를 느끼게 할 것이다.

실존이 이 모든 차원을 동시에 포함하고 있음을 기억한다면, 치료사는 얼마나 많은 대화가 하나의 차원에 초점을 맞추고 있는지, 어떤 차원은 거의 언급되지 않는지를 알 수 있다. 다음의 질문을 보자.

- 현재의 화제 안에 하나의 주제가 어떻게 나타나는가?
- 주어진 것들은 어떻게 회피되거나 부인되는가?
- 내담자는 어떻게 활기차고 충만하려고 노력하는가?
- 위험한 것은 무엇이며 그것을 어떻게 회피하고 있는가?
- 그 주제는 얼마나 탄력적인가 그리고 그것은 어떤 상황에서 일어나고 어

떤 상황에서 일어나지 않는가?

• 그 주제는 내담자의 세계관과 삶의 경험에 대하여 무엇을 말하는가?

실존치료사는 모든 개입이 현재의 경험에 닻을 내리면서 너무 지성적으로 처리하거나 추상화하지 않는다는 것을 기억할 것이다. 그 개입은 현상학적으로 내담자의 주의를 그 주제의 현존이나 부재로 끌어당길 것이다.

문제를 단순하게 확인하는 것은 그 자체로 거의 가치가 없을 것이다. 그리고 내담자는 치료사가 이야기에서 필요한 요소들을 뽑아낼 뿐 왜 그런가를 이해하지 않는 것 같다고 느낄 것이다. 만일 치료사가 이야기되고 있는 문제에서 "한편으로는 당신은 혼자인 것을 좋아하지만 다른 한편으로는 관계에서 벗어나는 일이 거의 없어요. 그것에 대하여 좀 더 말해 줄 수 있나요? 당신의 삶에는 어떤 긴장이나 모순이 있는 것 같아요."와 같이 말함으로써 그 안에 포함되어 있는 역설과 딜레마를 언급할 수 있다면 그것은 훨씬 더 가치가 있을 것이다.

> **⬛ 사례**
>
> ### 주제와 문제를 명료화하고 작업하기
>
> 마이크는 42세의 남성으로 자신의 오픈카(convertible)를 제한 속도 이상으로 몰기를 좋아했던 성공적인 직장인이었다. 그에게는 꽤 잘 지내는 수많은 남성 친구와 동료가 있었다. 그는 자신이 인기가 있다고 생각해서 드라이브를 하러 가거나 술 마시러 가기 위하여 (그가 돈을 내면서) 사람들을 데리고 다녔다. 그러나 그는 '자신과 함께 밖으로 나갈' 여자에게 다가가는 것은 매우 어렵다는 것을 발견했다. 그는 꽤 말을 잘했고 직장에서 일하는 동안 경험했던 많은 사건에 대해 사색적이었다. 그러나 세 번째 회기에 드러났던 일에 대하여는 거리를 두고 있었다. 그것은 그가 여전히 자신의 부모와 살고 있으면서 결코 독립하지 않는다는 것이었다. 처음에는 그 주제를 논의하는 것이 금기시되었고 그는

회피하고 있었던 자율성 주제를 다루기를 원하지 않았다. 그가 마음으로는 독립을 간절히 바라지만 그와 같은 문제를 다루고 해결하도록 결정을 내리는 데에는 요지부동함을 치료사가 지혜롭게 지적하자, 그제서야 마이크는 갑자기 마음이 풀어져서 자신의 생활양식이 이 자율성을 방해했던 방식을 성찰하기 시작했다. 그가 자신의 의존성을 매우 부끄러워했고, 그것 때문에 그가 여성들을 초대하지 못했다는 것이 분명해졌다. 그들을 '자신의 집으로' 데려올 수 없다는 것을 인정해야만 하는 두려움 때문이었다. 대신 그는 여성을 자신의 부모에게 직접 소개해야만 할 것 같았다. 그가 누구였는지에 대한 생각이 바뀌었던 이유는 처음으로 이 주제에 직면하고 그것을 큰 소리로 말했다는 사실 때문이었다. 그는 그 문제를 회피하여 얼굴을 감추거나 수치심 안에 있기를 원하지 않았음을 즉시 알게 되었다. 그는 대신 얼굴을 높이 들고 자신의 자리에 있기를 원했다. 그는 자신이 원했던 것을 특히 여성들과 하고 싶었던 것을 선택할 수 있었다. 그의 자동차는 장난감이었을 뿐 실제로는 자신에게 결코 성장할 기회를 주지 않고 장난감을 갖고 놀기를 좋아했음을 알게 되었다. 그는 자동차를 팔고 그 돈으로 자신의 아파트를 샀다. 그의 삶은 독립과 성숙을 향한 첫발을 내디딘 후 빠르게 변화되었다.

◀)) 해설

여성들을 초대하기를 꺼린다는 것을 이해한 치료사는 여러 가지 해석을 하는 함정에 빠질 수도 있을 것이다. 예를 들어, 치료사는 마이크가 여성과 어울리기보다는 남성과 어울리기를 더 좋아한다거나, 성적 정체성과 투쟁하고 있는 것 같다는 제안을 할 수도 있다. 혹은 마이크의 어머니가 거세할 것 같아서 여성의 관심을 두려워하는 것이라고 가정할 수도 있다. 그러나 마이크는 '집에 남아서 마음대로 하는 겁쟁이'인 자신을 잘 자각하고 있었다. 그는 여성으로 하여금 가까이 오지 못하게 하면서 자존감을 떨어뜨렸던 이 게으른 습관을 알고 당황스러워하였다.

> ⏻ **Key Points**
>
> - 실존적 주제는 모든 인간 주제에 존재한다.
> - 치료사는 내담자의 이야기에서 다른 국면들을 이해하기 위하여 그 주제들에 대한 자각을 활용할 수 있다.
> - 내담자들은 지금까지 감추어져 있었거나 드러나지 않았던 실존 주제들을 다루기 시작할 때 언제나 커다란 안도감을 느낀다.
> - 주도권은 치료사가 아닌 내담자가 가질 필요가 있다. 그러나 명료화하기 위한 치료사의 연구는 종종 이러한 발달을 촉진시키고 그것을 이해하는 것에 초점을 맞출 것이다.

가치와 신념 확인하기

가치와 신념은 매우 단순하게 우리가 소중하게 여기는 것과 도덕적으로 옳다고 믿는 것을 말한다. 개인적 가치 체계에 대하여 지칭하는 모든 것 그리고 우리의 모든 행동은 우리의 신념과 가치에 기초해 있다. 더 단순하게 말하자면, 우리의 가치는 우리가 아침에 왜 일어나는지, 밤에 어떻게 잠을 잘 자는지에 대한 근거가 된다.

우리는 가치가 고정되어 있어서 논의할 여지가 없다고 생각하기 쉽다. 그리고 우리가 그렇게 할 수 있다면 더 안전하게 느낄 것이다. 그러나 실제로 그것은 특별한 개인적 경험과 사회적 경험을 이해하는 것에서 발생했고, 분명하게 고정된 법칙으로 발달한다.

가치와 신념은 다음과 같은 것에 대한 개인적 윤리 강령의 기초가 된다.

- 나는 나의 삶을 어떻게 살고 싶은가?

- 나는 다른 사람들을 어떻게 대하고 싶은가 그리고 다른 사람들에게 어떤 대우를 받고 싶은가?
- 나는 나의 행동과 다른 사람들의 행동을 어떻게 평가하고 싶은가?
- 나는 결과적으로 인간 실존에 대하여 어떻게 느끼는가?
- 나는 전반적인 목적과 의미 감각을 어떻게 발달시키는가?

이것들은 우리에게 온전함과 연결됨의 느낌을 주는 연결 고리이며, 우리의 삶을 가치 있게 만드는 의미의 틀을 구성한다. 인간 존재로서 우리의 과제는 일관성과 탄력성이 있으면서도 새로운 환경에 적응하고 그것에 따라 살기에 충분히 유연한 가치 체계를 찾아내는 것이다. 많은 내담자는 자신에게 삶에서 방향이 맞는지 또 확실한지에 대한 감각이 없는 것에 대하여 이야기한다.

실존치료의 가치들 중 하나는 사람들이 자신의 가치 체계에 따라 살고 그 것을 발견하도록 격려하여 그것이 왜 중요한지, 어떻게 그것을 선택하게 되었 는지, 그것이 어떻게 사람들과 함께 살도록 하는지, 어떻게 사랑하는 사람들 과 깊이 있게 연결되게 하는지를 이해하도록 하는 것이다.

주제와 문제는 일반적으로 분명해지는 반면, 가치와 신념은 보다 암묵적이 다. 왜냐하면 그것은 실존의 영적 차원(Überwelt)과 관련이 있기 때문이다. 치 료에서는 언제나 내담자의 구체적인 경험에 초점을 맞추지만, 암묵적인 신념 과 가치는 그들의 삶의 방식을 결정하는 방식이다.

실존적으로 우리에게 절대적인 가치가 없다는 불안과 함께 살아갈 수 있다 면, 우리는 자신의 가치를 선택할 수 있다. 따라서 실존치료사는 기꺼이 가치 를 질문하고 그것에 도전할 필요가 있을 것이다. 우리는 우선 우리 자신의 가 치의 의미를 알게 되어야만 그렇게 할 수 있다. 우리의 가치는 본질적으로 채 무불이행이나 대중을 따름으로써가 아니라 궁극적으로 개인적 선택과 성찰의 결과로 얻게 된다.

내담자의 가치 체계 작업하기

우리 모두는 자신이 선택하지 않은 가치체계에 의한 삶을 살지만, 많은 경우에 우리에게 익숙한 것을 선택한다. 어느 누구도 자신의 가치에 대해 질문하고 싶어 하지 않지만 때로는 삶에서 질문할 수밖에 없는 일이 가끔 일어난다. 내담자들은 종종 자신의 가치에 의문이 생길 때 상담에 온다. 이것은 엄청난 불안을 야기하는데, 아마도 그들이 접촉하지 않은 채 성장했던 세계를 이해하는 것이 그들에게 달려 있다는 것을 처음으로 깨닫기 때문일 것이다. 가치 체계를 재평가하는 과정에서는 다른 것들에 관하여 그것은 얼마나 많은 가치가 있는지, 그것의 가치가 무엇인지를 결정할 필요가 있을 것이다. 실제로 가치는 그것을 위하여 얼마나 기꺼이 희생하는가에 따라 결정된다.

우리는 다음과 같이 성찰할 필요가 있다.

- 지금 어떤 가치가 유용한가?
- 삶의 초기에 속한 것은 무엇인가?
- 가치로부터 발생하는 감정은 무엇인가?
- 내담자의 여러 가치와 그에 따라 행동하는 것 사이에는 어떤 모순이 있는가?
- 성찰하거나 선택하지 않고 받아들인 가치는 무엇이며 받아들이지 않은 가치는 무엇인가?
- 자신의 행동을 믿고 가치 있게 여기는 사람으로서 자기 자신을 정의한다는 것은 무엇을 의미하는가?

가치는 암묵적이기 때문에 우리는 내담자에 대하여 직접 묻기보다는 내담자의 관계, 생각, 두려움 그리고 행동의 결과로부터 나온 가치 체계에 대하여 더 많이 알게 되는 것 같다. 또 다른 실마리는 그들이 말하는 방식이다. 사람들은 "~할 때 그것은 옳지 않아." 혹은 "그것은 불공평해."와 같은 말을 한다. '～해야 한다(should)'라는 단어를 사용하는 것 또한 가치를 나타낸다. 이것은 그 사람이 가지고 있는 신념과 가정을 알아차리면서 철학적으로 살펴볼 수 있게 한다. 우리는 처음에 "글쎄요, 바로 그것이에요. 그것이 분명해요, 그렇지 않은가요?"라는 반응을 들으면 놀라지 말아야 한다. 어떤 사람에게는 어떤 일이 사실은 그렇지 않다는 것이 분명해 보일 때가 있다. 왜냐하면 그들은 단순하게 그것을 성찰하지 않고 당연하게 받아들였기 때문이다. 실존치료사는 가치를 금지하거나 처방하지 않는다. 그들은 가치가 어느 부분에서 분명해지는지 그리고 그러한 가치가 현실에서 다르게 주어진 것들 또는 욕망과 목적과 함께 모순이나 긴장으로 인도하는지를 내담자에게 알려 준다.

✐ Exercise

중요한 주제에 대하여 당신의 가치를 다시 생각해 보지 않을 수 없었던 때를 생각해 보라. 당신은 사건이 일어나기 이전에, 일어나는 동안, 그 후에 무엇을 느꼈고 생각했으며 어떻게 행동했고 배웠는가?

내담자가 가져오는 많은 주제는 자신의 가치들 사이에 혹은 자신의 가치와 다른 사람들의 가치 체계 사이에 생긴 갈등에 대한 것이다. 예를 들어, 어떤 사람은 자신을 위해서 무엇인가를 사고 싶어도 가족에게 쓸 돈을 저축해야 한다고 느낄 것이다. 자신에게 돈을 쓰는 것과 다른 사람을 위해 돈을 쓰는 것 사이에 가치의 갈등이 있다. 이 갈등은 검토될 필요가 있다. 이 특별한 갈등 아래에서 우리는 다른 사람이 원하는 우리의 욕망과 우리가 좋아하는 것에 대한 우리의 욕망 사이에 더 깊은 갈등이 있음을 발견할 것이다. 그러한 갈등 아래 있는 모든 가정은 검토될 수 있고, 만일 내담자가 자신의 가치와 신념을 편안해하지 않는다면 주의를 기울일 필요가 있을 것이다.

위기 상황에 있거나 변화 과정 중에 있는 내담자는 종종 가치를 변화시키는 것을 이해할 시간이 필요할 것이고, 삶에 대하여 다르게 생각하고 옛 가치를 새로운 가치로 대체할 수 있는 시간을 필요로 한다.

✏️ Exercise

- 당신과 같은 가치 체계를 가진 내담자를 만나면 그것은 무엇 같은가?
- 당신이 강하게 반대하는 가치 체계를 가진 내담자를 만나면 그것은 무엇 같은가?
- 당신의 가치 체계가 최선이라고 생각하게 하는 것은 무엇인가? 그리고 어떻게 그것이 당신의 내담자에게 경청할 수 있는 당신의 능력을 가능하게 하거나 방해하는가?

모든 관계는 하나의 가치 체계가 다른 가치 체계를 만날 때 일어나는 일의 한 예이다. 내담자가 가치와 갈등하고 있을 때 그것은 때때로 치료사 자신의 투쟁으로 이어진다. 그러한 충돌이 있다면 수퍼비전이나 개인치료를 받을 필요가 있다. 훈련은 가치기반의 모순을 재조직하는 것이고, 그 모순을 다루는 법을 배우며 그것들이 결코 없어질 수 없음을 기억하는 것이다.

때때로 내담자가 '그것이 옳다.' 또는 '그것이 나쁘다.' 등의 말에 반응하지 않는 것은 쉽지 않다. 그런 말은 승인되고 당신의 가치들 중에서 어떤 것이 소유되며 괄호로 묶여야만 하는지를 알게 하는 실마리를 제공한다. 그러면 그것은 당신의 경청을 오염시키지 않을 것이다. 경험이 더해지면, 이것은 더 쉬워지게 된다.

치료에서 내담자는 당신이 말한 가치 중 몇 가지에, 예를 들어 빠진 회기에 상담비를 내야 한다는 조항에 반대할 수도 있다. 그 주제는 그들이 동의하는지 혹은 동의하지 않는지에 대한 것이 아니라 차이를 다루는 것에 대한 딜레마이다. 대안은 반대를 부인하면서 양쪽에 대해 강하게 방어적이고 자기보호적인 느낌에 의해 굳어진다. 이것은 궁극적으로 치료 관계의 단절을 가져올 것이다. 치료는 결과로 이어지는 감정, 생각, 행동을 성찰하는 곳이다. 내담자와 치료사는 언제나 의견의 차이가 있을 것이고, 이것을 인정하는 것은 치료 관계가 실제적으로 되도록 돕는다. 때때로 내담자는 그것을 너무 위협적으로 느껴서 치료사가 자신과 같은 견해를 가지고 있다고 위장하기도 한다. 때로는 치료사도 그것을 너무 위협적으로 느껴서 자신의 가치를 공개적으로 논의하지 못하고 내담자를 수용하기 위하여 자신의 견해를 무시한다. 갈등과 차이에 편안해지면서 투쟁이 아닌 공정함과 명료함으로 차이를 직면할 수 있기 위해서는 많은 힘이 든다. 이것은 치료 훈련에서 본질적인 부분이다.

　만일 치료사와 내담자가 충분히 열려 있고 유연하다면 그들은 삶에 대하여 훨씬 더 적절한 새로운 가치를 발견할 것이다. 치료사가 자신의 가치에 의문을 갖기 시작하는 한편 치료사와 내담자 모두에게 불안을 유발하는 삶의 위기에 직면하는 것은 드문 일이 아니다. 그리고 이것은 옳고 그름, 실제와 상상에 대한 검토가 필요하다.

📑 사례

가치와 신념으로 직면하기

　심리치료사인 마크는 어딜 가든 자전거를 타고 가면서 안전모를 쓰지 않았다. 안전모를 쓰나 안 쓰나 별 차이가 없고 안전모를 썼을 때의 느낌을 좋아하지 않는다고 많은 질문자에게 이유를 대면서 말이다. 그는 자전거를 탈 때의 자유를 좋아했고 그의 습관에 대한 사람들의 질문과 도전에 매우 분개했다. 그는 자신의 독립적인 생각과 행동을 가치 있게 여겼다. 집에서 겨우 200야드 떨어진 직장에서 집으로 돌아오던 어느 날 저녁, 그는 자전거에서 떨어져서 머리를 다쳤다. 그리고 그는 의사들이 서로에게 그의 상처에 대해 이야기하는 소리에 정신이 들었다. 그는 약 45분 동안 의식이 없었다. 그 상황을 고려해 보면 그의 상처는 비교적 가벼웠다. 그는 상처가 회복되자 안전모를 쓰고 자전거를 계속 탔다.

◀️)) **해설**

　나중에 그는 죽을 수도 있었던 뜻밖의 사건을 성찰함으로써 그의 가치 체계를 재평가하게 되었다. 그는 삶의 상황이 단순히 한 개인으로서가 아니라 가족의 한 구성원으로서 이루어져 있음을 인정하였다. 그리고 (다른 사람들 중에서도) 아내와 아이들이 자신에게 일어나는 어떤 일에도 영향을 받을 것이고, 더 나아가 그의 내담자를 포함하여 그가 이전에 인정했던 것보다 더 많은 책임이 있음을 인정하였다. 그가 만일 죽는다면 자기 자신이나 그들에게 아무 소용이 없다는 것을 깨달았다. 그 사고 후에 그들과의 상호 연관성은 더 분명해졌다. 생각과 행동의 독립을 유지하기 위하여 그가 처음에 선택했던 때의 상황 그리고 그 후에 안전모를 쓰지 않기로 결정하게 했던 상황은 지금과는 다른 환경이었던 어린 시절에 만들어졌던 것이고, 아직도 고수하고 있는 그것을 이전에는 결코 질문해 본 적이 없었던 것이다. 처음에 결정했던 것을 다시 생각해 보자, 그는 강요당하지 않고도 새로운 맥락에 일치하는 선택을 할 수 있음을 깨달았다. 이 새로운 선택은 희생도 포함되어 있지만 그럴 만한 가치가 있었다. 일반적으로 도로에 다니는 차량들이나 보행자들을 미리 예측할 수 없기 때문에 그는 만일의 사태를 알 수 없었다. 그의 상황, 실존의 소여성 그리고 그의 책임은 죽음에 가까운 경험을 하게 했고, 그 결과로 그가 변화할 수 있었다는 것이다. 이러한 만남은 그가 만일의 사태와 가능성에 직면한 내담자들이 더 개방적이 되도록 해서, 그들이 자신의 가치 체계를 다시 생각하게 하였다.

⏻ **Key Points**

- 한 사람의 가치는 그 사람에게 가치 있다고 생각하는 것에 대한 것이다.
- 우리의 삶의 가치에 대한 성찰은 언제나 유용하고 종종 변화를 준다.
- 한 사람의 가치들 중 많은 것은 오래전에 결정된 것들이지만, 지금 유용한가를 성찰하고 때로는 재평가하는 것이 중요하다.

> - 사람들은 종종 그들의 가치와 행동 사이에 모순이 있을 때 불안과 혼란을 경험한다.
> - 가치의 어떤 변화도 희생을 포함한다.
> - 가치와 신념은 세계에서 우리 역할의 기초가 되며, 우리의 모든 말과 행동에 나타난다.

나침반으로서의 정서

정서는 실존치료에서 중심적인 위치에 있다. 왜냐하면 정서적 경험은 우리의 의도적 본성과 가장 직접적인 연관성을 가지고 있기 때문이다. 감정은 오로지 세계에 의해 야기된 것도 아니고 세계와 독립적인 것도 아니다. 정서는 단순히 생리학적인 것 이상이다. 그것은 우리에게 중요한 것과 우리가 소중하게 여기는 것을 계속해서 생각나게 하는 것이다. 그것은 세계, 타인 그리고 삶의 원리에 대하여 우리가 공명한 것의 증거이다. 그러나 정서가 단순하다거나 그 의미가 언제나 분명한 것은 아니다. 정서는 인간 경험의 밀물과 썰물 같아서 겉의 흐름과 속으로의 흐름과 교차되는 흐름이 있다. 그것은 날씨와 같지만, 날씨는 결코 보이지 않는다. 우리는 언제나 어떤 기분에 있다. 우리의 정서는 지금 세계에 대하여 어떤 마음을 갖고 있는지, 그곳으로 어떻게 나아가거나 그곳에서 어떻게 벗어나는지를 말해 준다.

실존 상담은 다른 접근법들과는 달리 정서가 본질적으로 긍정적이지도 부정적이지도 않다는 것을 실존적으로 생각한다. 우리가 긍정이나 부정이라는 라벨을 붙이는 것은 단순히 정서가 얼마나 편안한지 아니면 낯선지에 대한 척도이고, 그 정서가 우리를 소중한 방향으로 인도하느냐 아니면 두려운 방향으로 인도하느냐에 대한 것이다. 정서는 우리를 실존 안에 두면서 행동과 책임, 선택의 가능성과 필요성을 제공한다. 그것들이 의미를 부여한다.

그러나 거기에도 역설이 있다. 정서는 우리에게 중요한 것을 가리키기도 하지만 대안을 보지 못하게 할 수도 있다. 예를 들어, 내가 삶의 한 국면에 대해 두려움을 느끼고 있다면 그러한 국면을 두려운 것으로 보는 경향이 있을 것이고, 세계를 해석하는 다른 방법은 줄어들 것이다.

정서는 우리의 기본적인 딜레마와 연관시키기 때문에, 우리는 결코 하나의 사건에 대하여 하나의 감정만 갖지 않는다. 우리는 보통 혼합된 정서를 갖는다. 우리는 희망을 느끼면서 두려워하고, 흥분을 느끼면서 압도당한다. 죄책감을 느끼면서 분노하고 슬퍼한다. 이것은 많은 사람에게 매우 혼란스러울 수 있다. 자신의 정서적 삶을 신뢰하는 사람은 예측할 수 없는 삶을 통해 그들 자신을 지도하는 방법을 알 수 있고, 거기에서 나오는 감정을 음미할 수 있게 된다.

자신의 정서를 신뢰하지 못하는 사람은 결국 정서를 부인하고, 그렇게 함으로써 자기 자신, 자신의 의미와 실존을 부인하게 된다.

그와는 반대로 너무 많은 정서에 빠진 사람들이 있다. 그들의 정서는 너무 과장되어 세계, 특히 다른 사람들뿐만 아니라 자기 자신하고도 건강한 접촉을 하지 못하게 한다. 그들은 정서의 파도에 휩쓸린다.

치료는 우리의 정서가 분명하게 명료화되도록 돕는다. 정서가 더 분명해지고 더 자세하게 설명될수록 그것은 우리가 삶에서 새로운 방향을 찾도록 돕는다.

실존치료의 목표는 우리가 세계 안의 사건들과 어떻게 공명하는가를 배우는 것이고 그에 따르는 기분과 정서의 의미를 배우는 것이다.

정서 작업하기

치료에서 적극적으로 정서를 가지고 작업하는 것을 더 쉽게 하기 위해 우리는 정서 나침반([그림 5-2] 참조)을 사용할 수 있다.

이는 정서의 특성과 의미 그리고 정서가 가리키는 가치와 우리의 정서적

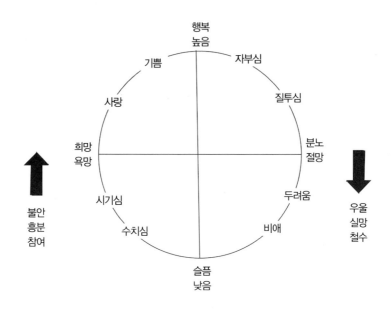

[그림 5-2] 정서 나침반

활동의 방향 감각과 우리의 위치를 발견하도록 도울 수 있다. 이 나침반의 북극은 우리의 열망과 목표를 나타낸다. 이를 성취할 때 우리는 그것을 행복이라 부른다. 나침반의 남극은 우리가 생각한 것만큼 우리의 목적을 성취하지 못했을 때 경험의 최종 결과(bottom line)를 나타낸다. 이 최종 결과는 종종 우울증으로 경험된다. 북극에서 남극으로 내려갈 때 동쪽 지역은 우리가 변화에 저항하고 소중하게 여기는 것을 빼앗긴 것에 대하여 투쟁하는 위치이다. 이 경험은 전형적으로 분노의 경험이다. 우리가 열망하는 것으로 올라가는 서쪽 지역은 희망의 경험이고, 그곳에서 우리는 실제로 행복이 있는 곳으로 올라가는 느낌이 든다. 그 사이에 있는 다양한 정서는 다음에서 설명될 것이다. 물론 정서를 느끼게 하는 것에는 많은 복잡한 다양성이 있고, 정서의 미묘함은 정서를 찾고 정서에 친숙해지기 위해 중요하다. 나침반은 단지 일반적인 방향 감각을 제공하고, 일반적인 정서 스펙트럼 위에서 어떤 구체적인 감정의

행방에 대한 우리의 이해를 증가시킨다. 정서의 흐름을 이해하도록 그리고 정서가 임의적이고 의미 없으며 정적인 것이 아님을 받아들이도록 우리를 돕는다. 내담자는 자신의 정서를 고정되어 있고 힘든 것이며 자신의 삶을 방해하는 것으로 보기 때문에 치료에 오기 쉽지만, 정서가 단지 골칫거리만은 아니다. 우리는 내담자들이 정서를 다시 움직이기 시작하고 그들의 감정이 그들에게 주는 메시지를 이해하도록 도울 필요가 있다.

모든 정서는 가치를 향하고 있으며, 그것에 대한 우리의 불안이나 절망의 본성을 나타낸다. 맨 위로부터 시작하여 우리는 성취하고 유지하려는 가치와 각각의 정서가 관련 있는 것으로 이해할 수 있다.

- **자부심(pride)**: 우리가 가치 있게 여기고 즐기는 것을 당연하게 생각하는 것을 나타낸다. 이른바 그것은 거의 분명하게 추락하기 전에 오는 느낌이다. 확신처럼 느껴지지만 다른 사람들에겐 교만하게 보일 수 있다.
- **질투심(jealousy)**: 우리가 가치 있게 여기고 즐기는 것이 위협을 받고 있어서 그것을 잃지 않으려고 필사적으로 지키려 하는 것을 나타낸다. 신중함처럼 느껴지지만 집착으로 보일 수 있다.
- **분노(anger)**: 우리가 가치 있게 여기는 것이 위태롭게 위협받고 있으며 맹렬한 노력의 마지막 분투로 그것을 되찾기 위해 노력할 자격이 있다고 느끼는 것이다. 그것은 정당한 자기주장처럼 느껴지지만 공격으로 보일 수 있으며, 우리가 자격에 대한 느낌을 포기할 때 절망으로 바뀐다.
- **두려움(fear)**: 우리가 상실의 위험을 느끼고 가치 있게 여기는 것을 구할 수 있다는 믿음이 없어서, 소중하게 여기는 가치에 대한 위협으로부터 해방되고 싶은 것을 나타낸다. 상실의 경험은 소유의 경험을 대체한다. 자기보호처럼 느낄 수 있지만 비겁하게 보일 수도 있다.
- **비애(sorrow)**: 상실을 표현하는 것으로 가치 있게 여기던 것을 내려놓고 우리 자신을 비우는 것이다. 이는 우리를 우울의 밑바닥으로 돌아가게 하고, 거기에서 우리는 틀림없이 잠시 동안 있고 싶어질 것이다. 이것이

역설적인 안전과 무감각으로 이끄는 포기 상태를 제공하기 때문이다. 고통처럼 느껴지지만 포기한다는 인상을 줄 수 있다.

- **수치심(shame):** 우리가 여전히 상실의 공허함을 경험하지만 다시 위로 올라가기 시작한다는 것을 나타낸다. 우리는 우리 자신을 일어날지도 모르는 것과 비교하고 우리가 소중하게 여기는 것을 다시 획득하거나 새로운 가치를 획득하기를 이미 열망한다. 하지만 당장은 그것을 성취하는 데 실패한다. 그것이 우리가 행동하도록 충격을 줄 수 있음에도, 우리는 스스로의 부족함을 부끄러워한다. 이것은 열등감처럼 느껴지지만 죄책감으로 보일 수 있다.

- **시기심(envy):** 그렇게 하는 것이 구체적으로 실현 가능할 것인지에 대한 확고한 느낌 없이 새로운 가치를 이루려는 열망을 나타낸다. 이것은 아직 우리가 성취될 수 있다는 믿음이 없는데 타인에게서 우리가 열망하는 가치를 인식하는 경험이다. 우리 자신의 욕망을 회복할 수 있는 우리 능력의 전조이다. 욕망처럼 느껴지지만 경쟁하는 것으로 보인다.

- **욕망(desire):** 우리가 열망하는 것이 무엇인지를 자각하는 것으로, 우리가 가치 있게 여기는 것을 실제로 얻을 수 있는 가능성을 보여 주지만, 여전히 그 목적으로부터 너무 멀리 있는 감정이다. 우리는 지금 그것을 이룰 수 있을 것이라는 신념과 확고한 목적을 가지고 있다. 그것은 용기처럼 느껴지지만 희망 사항으로 보일 것이다. 우리가 그것에 적극적으로 참여하기로 결심할 때 그것은 희망으로 바뀐다.

- **사랑(love):** 우리 자신으로부터 나와서 위대한 헌신과 돌봄으로 나아가는 경험이다. 우리의 지향성(intentionality)은 의도적이고 분명하게 가치 있는 대상에 고정되어 있고, 그 대상에 진실하게 머무를 준비가 되어 있기 때문에 그것은 성장하고 번성할 수 있다. 그것은 열정처럼 느껴지지만 집착으로 보일 수도 있다.

- **기쁨(joy):** 통합의 움직임 속에서 우리가 가치 있게 여기는 것과 고마운 연합을 수반하는 정서이다. 그것은 쾌락처럼 느껴지지만 경솔함으로 보

일 수도 있다. 그것은 이제 우리의 가치를 성취했기 때문에 행복으로 인도한다. 이 행복은 만족과 자부심으로 돌아가기 때문에 정서의 주기는 처음부터 다시 시작될 수 있다.

내담자들은 종종 자신의 감정에 대하여 다음과 같이 말한다.

- 자유에 대한 제약이 있을 때: "나는 어머니를 보러 가고 싶지만 너무 화가 나요."
- 너무 많을 때: "나는 지난 몇 주 동안 매우 정서적인 감정을 느꼈어요."
- 너무 적을 때: "나는 어떤 것에 대하여도 흥분할 수 없어요."
- 합리적이지 않을 때: "그것은 이치에 맞지 않아요. 나는 왜 그렇게 느끼고 있는지 모르겠어요."
- 나의 것이 아닐 때: "나의 배우자는 나를 너무 화나게 해요."
- 통제받을 필요가 있을 때: "나는 단순히 어떻게 느끼는지 그것을 어떻게 해야 할지 파악할 필요가 있어요."
- 잘못된 감정을 느낄 때: "나는 너무 분개하기 보다는 더 행복하다고 느껴야 해요."
- 긍정적이거나 부정적일 때: "나는 더 나은 감정을 느끼고 싶어요. 나는 그와 같이 느껴서는 안 돼요."

이 모든 것은 그 감정의 의의가 충분히 이해되지 않았다는 것을 의미한다. 왜냐하면 우리의 정서는 각자 모두 타당하고 우리를 말해 주는 이야기를 가지고 있기 때문이다.

Exercise

당신의 삶에 대하여 생각하면서 당신의 감정 목록 세 가지를 만들어 보라.

1. 자주 느끼는 감정
2. 가끔 느끼는 감정
3. 거의 느끼지 않는 감정

이제 생각해 보라.

- 이 감정들을 생각할 때 당신에게 일어나는 것은 무엇인가?
- 당신의 감정에 대한 단어를 어떻게 배웠는가?
- 거의 느끼지 않는 감정에 대한 당신의 태도는 어떠한가?
- 그 감정들은 감각, 정서, 생각이었는가, 아니면 직관이었는가?

감각, 감정, 생각 그리고 직관

정서는 더 복잡해서 여러 종류의 감정, 실제로는 감각, 생각과 직관 사이에 혼란을 줄 수 있다.

- **감각(sensation):** 신체적 수준인 청각, 시각, 후각, 촉각과 미각의 오감에서 나오는 것이다. 이 경험은 뇌가 메시지를 받자마자 감정으로 바뀌어서 유쾌하거나 불쾌한, 기쁘거나 고통스러운 것으로 경험된다. 많은 감정은 우리의 감각을 통해서 오고 우리가 그것을 좋아하는지 혹은 싫어하는지를 말해 준다.
- **감정(feeling):** 종종 우리의 정서적 삶의 경험을 표현하거나 억제하는 경험

과 동일하게 사용된다. 우리는 감정이 어떻게 우리의 가치를 나타내는지에 대하여 인식하는 것을 배울 수 있다.

- **생각(thought)**: 우리의 감각과 감정에 대하여 설명하거나 판단하기 위하여 개입할 수 있다. 생각은 우리가 느끼는 것을 정확하게 설명하도록 우리를 도울 수 있는데도 우리의 지배를 받을 수 있기 때문에, 우리는 실제로 경험하는 것과 접촉하지 못한다.
- **직관(intuition)**: 우리가 오감, 복잡한 정서적 반응, 말로 설명되지 않은 순간적인 생각으로 들어오는 모든 것을 직접 평가하여 그것의 가치를 직접 이해하는 방식이다.

감각과 감정은 신체적이고 정서적인 경험과 관련이 있는 반면, 생각은 지적으로 어떤 것을 설명하려고 시도하는 것이고, 직관은 우리의 경험에 대한 도덕적 평가이다. 세계 내 존재의 이 모든 여러 차원에 채널을 맞추는 법을 배우는 것이 가장 유용하다. 감각은 우리의 경험에 대한 물리적 차원, 감정은 사회적 차원, 생각은 개인적 차원, 직관은 영적 차원과 관련된다. 감각이 예민하게 될 때 감정은 더 정확해진다. 그리고 차례로 이것은 더 깊이 있는 생각과 가치를 자각하도록 이끈다.

치료사들은 이 모든 경험을 이끌어 낼 필요가 있다. 치료사들이 감정을 '흥미 있게' 보기보다는 '중요하게' '의미 있게' 본다면 그것은 일반적으로 더 효과적이다. '중요하다' '의미 있다'는 것은 열정이 있음을 나타내는 반면, '흥미 있다'는 것은 알아차릴 가치는 있지만 큰 의미는 없다는 것을 나타낸다.

 사례

감정과 생각

다음 두 가지 반응을 비교해 보라.

1. 감정

치료사: 그가 당신에게 그것을 말했을 때 어떻게 느꼈나요?

내담자: 당황했어요.

치료사: 무슨 의미이죠?

내담자: 글쎄요, 화가 나요. 정말로 그에게도 화가 나고 나 자신에게도 화가 나요.

치료사: 그것은 어떤가요?

내담자: 정말로 절망스러운…… 나는 소리치고 싶어요.

치료사: 그 감정에 대하여 좀 더 말해 주겠어요?

내담자: 이상하게도 강력해요. 그러나 너무 두려워요.

치료사: 두 가지 매우 중요한 감정이네요.

내담자: 맞아요. 너무 익숙해요.

2. 생각

치료사: 그가 당신에게 그것을 말했을 때 무슨 생각을 했나요?

내담자: 나는 그것을 좋아하지 않았어요.

치료사: 왜 그런지 알아요?

내담자: 잘 모르겠어요. 그렇지만 나는 무시당할 때 보통 당황해요.

치료사: 왜 그렇죠?

내담자: 과거에도 종종 무시당했기 때문이죠.

치료사: 그것이 이유라고 생각해요?

내담자: 네. 아마 그것이 몇 가지를 설명할 수 있어요.

치료사: 어떻게 그렇게 되었는가에 대해서요?

내담자: 네. 아마도. 흥미롭네요. 맞아요.

◀)) 해설

짧은 시간에 감정 차원의 경험에 집중함으로써 내담자는 더 깊은 수준의 경험에 참여할 수 있었다. 이와는 대조적으로 생각 반응은 이론적 수준에 머무른다. '중요한'과 '흥미 있는'이라는 단어를 사용하는 것에 주목하라.

치료적 관점에서 본 언어의 문제

다양한 치료적 관점은 제각각 일들을 다른 방식으로 표현한다. 언어는 양날을 가진 칼과 같아서 그것이 우리의 생각을 도울 수도 있지만 우리의 생각을 제한하여 왜곡시킬 수도 있다. 우리는 그것을 기억할 필요가 있다.

정신분석 등의 관점은 생물학과 깊은 관련이 있어서 '본능' '성숙' '발달'과 같은 단어를 사용한다. 만일 우리가 그 단어들을 문자 그대로 받아들이면 인간존재의 본질은 생물학적이 된다. 이는 하나의 방향만을 가리키기 때문에 사람들이 더 광범위하고 다양한 방식으로 생각할 수 없게 만든다.

어떤 관점은 '울분을 터뜨리다' '억압된 감정을 분출하다'와 같은 비유를 사용하여 심리학적 변화의 과정을 묘사한다. 이것은 카타르시스만이 변화 요인이라고 주장하는 19세기의 수리학적 유압 모델과 연관성이 있다. 20세기 기술은 우리가 만들고 구성하고 건축할 수 있는 어떤 것이 자기(self)라고 생각하게 했다. 그것은 뇌가 하드 드라이브와 같아서 기억을 뇌라는 컴퓨터에서 검색한다고 보는 것이다. 한 사람의 경험에 대한 이야기를 그런 방식으로 다룬다면 그들의 생각은 '재-' 또는 '탈-' 프로그램될 수 있을 것이다.

21세기의 언어 구속력은 매력적이긴 하지만 신체 안에 정신의 허구를 암시하고 유지하는 신경과학을 말한다. 그것은 과거에 그랬던 것처럼 원인에 매어 있는 것이다(Tallis, 2011).

내담자의 정서적 어휘 자각하기

우리는 언제나 한 사람의 정서적 어휘, 즉 그들이 자신의 정서적 삶을 나타내기 위하여 사용하는 단어들이 개인적 그리고 문화적 경험의 제약을 받을 것이고 그들의 어휘가 경험의 폭을 적절하게 표현하지 못할 것이라는 것을 기억해야 한다. 감정을 말하기 위하여 사용되는 단어는 매우 많다. 어떤 감정은 다른 감정보다 더 쉽게 이름 붙여지고 다른 것보다 쉽게 소유될 것이다. 치료사나 내담자가 모국어로 말을 하는지 아닌지는 그들의 감정을 어떻게 경험하고 이해하는가의 차이를 만든다. 제2언어로 말하는 것은 감정을 얼마나 강하게 표현할 수 있는지 혹은 경험될 수 있는지에 대하여 제한을 둘 수 있다. 문화마다 다른 정서 표현을 선호한다. 종종 경험될 수 없는 감정은 행동으로 대신 나타날 것이다. 치료사에게 화가 난 내담자는 다음 회기를 잊어버릴 가능성이 많다. 우리는 이를 자각하고 그것이 일어나는 것을 준비해야 할 필요가 있다.

📑 사례

제2언어로 말하기

내담자: 그것이 내가 이 나라에 왔던 이유예요. 나는 벗어날 필요가 있었어요.

치료사: 무슨 뜻이죠?

내담자: 나는 이탈리아 방식 모두를 증오해요. 나는 언제나 영국을 사랑했고, 그래서 영어로 말해요.

치료사: 영어로 말한다는 것이 무슨 뜻인가요?

내담자: 나는 잊을 수 있어요.

치료사: 무엇을요?

내담자: 내가 자라면서 어떻게 느꼈는지, 혼란스러웠던 감정, 상실감 등이요. 당신도 알잖아요. 나는 결코 'Ti amo'라는 말을 하지 않았음을 깨달았어요. 지금도 못해요. 부모님이 그렇게 말할 때 그것을 증오하곤 했어요. 그런데 지금 'I love you'라고 영어로는 할 수 있어요. 왜 이럴까요?

치료사: 모르겠네요. 당신에게 무슨 일이 일어나고 있나요?

내담자: 그것은 그 감정으로부터 내가 멀어지도록 도와요.

치료사: 그럴 수 있죠. 그렇게 말하는 것이 어떻게 느껴져요?

내담자: 훨씬 어렵게 느껴져요. 듣는 것도요. 훨씬 더 취약해져요.

치료사는 다음과 같은 질문을 할 필요가 있다.

- 나는 혹은 내담자는 정서의 전 영역에 어느 정도 다가가는가?
- 가장 편안하게 또는 불편하게 느끼는 것은 무엇인가?
- 내담자의 정서적 어휘는 얼마나 광범위한가?
- 내담자가 어떤 단어를 많이 사용하는가?
- 내담자가 거의 사용하지 않는 단어는 무엇인가?

정서를 추적해 딜레마로 거슬러 올라가기

모든 개입은 정서적 경험의 복잡성에 참여하도록 촉진할 것이다. 치료사는 언제나 '그것은 어땠나요?'와 같이 과거 시제로 묻지 않고 '그것은 어떤가요?'와 같이 현재 시제로 질문할 것이다.

이는 딜레마의 본질적인 국면들에 초점을 맞추도록 도울 것이다. 그리고 다음과 같은 질문으로 개입할 수 있게 한다. "그것에 대하여 중요한 것은 무엇인가요?" "지금 그것이 당신과 어떻게 관련이 되나요?" "그것은 당신에게 어떤 의미가 있나요?" 이 질문들은 치료사와 내담자 모두에게 모험적이고 도전적이어서, 보통 "한편으로는 당신은 [분노]를 느끼지만, 다른 한편으로는 [두려워하고] 있군요. 그것이 어떻게 느껴지죠?"와 같이 표현될 수 있는 딜레마를 드러낼 것이다.

이러한 양면성의 가치는 직면될 필요가 있다. 이때 발생하는 긴장은 보다 효율적으로 사용될 수 있다.

정서를 통한 추적하기의 목적은 이전보다 더 큰 자유와 지식의 상황에서 결과적인 선택이 이루어지도록 보장하는 것이다.

우리는 원래의 의도를 추적함으로써 다음과 같이 생각할 수 있을 것이다.

- 그렇게 하도록 나를 이끌었던 것은 무엇인가?

- 나는 지금 무엇을 위하여 이것을 하고 있고 어떻게 삶의 새로운 상황에 다가가고 싶은가? 그래서 그것은 내가 스스로 원하는 미래의 구성 요소가 될까?
- 이런 방식으로 행동하는 결과 또는 이러한 정서와 관련된 것은 어떻게 될까? 그리고 그것이 가리키는 가치는 무엇일까?

이것은 종종 카타르시스, 즉 정서를 표현하도록 이끌지라도, 감정을 회기에서 다루어 감정이 익숙해지고 이해될 때에만 통찰이 일어날 것이다. 언제나 그렇듯이, 감정은 현재의 가치와 신념을 더 심오하게 인지하게 할 것이다. 사람들이 자신의 감정과 친해지도록 하는 것이 중요하다.

> **💬 사례**
>
> ### 정서 작업하기의 효과
>
> 케이트는 친구의 제안으로 치료에 왔다. 그녀는 '공황장애'를 앓고 있었고, 친구는 그녀가 공황장애를 다루는 기법을 배울 것을 권유하였다. 그녀는 단지 상담을 몇 회기 받는 것으로 기법을 배울 수 있다는 말을 들었다. 치료사는 공황장애를 겪는 상황을 이야기하도록 요청했다. 그녀는 매우 태연하게 그것을 묘사하였다. "직장으로 걸어가고 있는데 갑자기 숨을 쉴 수가 없어서 정신을 잃을 것 같다고 생각했어요." 그녀는 무슨 일이 일어났는지 몰랐고 그녀의 친구는 그것이 공황장애라고 말해 주었다. 그것을 어떻게 느꼈냐는 질문에 대하여, 그녀는 "모르겠어요, 당신이 무슨 말을 하는지……. 나는 그냥 숨을 쉴 수가 없었어요."라고 답하였다. 그 다음 회기에서는 그녀가 매우 적게 사용하는 정서적 어휘에 초점을 맞추었다. 그녀는 과거와 현재의 다른 상황을 묘사하면서 그녀가 어떻게 느꼈는가에 대하여는 자각하지 않고 그냥 넘어갔다. 그러나 그녀가 무엇을 생각했는지 혹은 무엇을 생각해야 한다고 믿었는지 알아차리는 데에는 찬성했다. 상담 초기에 그녀는 일주일의 사건을 광범위하게 적은 일기를 읽느라 대

화할 여유가 거의 없었다. 그녀의 그런 행동이 점차 줄어들면서 어느 날 자신을 드러내는 말을 하였다. "있죠. 깨달은 것이 있어요. 왜 이것을 알지 못했는지 모르겠어요. 나의 감정은 내가 가지고 있는 물건이 아니에요. 그것은 나의 존재이죠. 나의 존재는 감정들을 OK로 만들어요, 그렇지 않나요?" 그녀는 이것을 질문이 아닌 하나의 진술처럼 말하였다.

◀» 해설

케이트는 어린 시절 가정생활에서 감정 표현을 많이 했지만 그것을 성찰하지는 않았다. 결과적으로 그녀는 정서적 삶이나 어휘에 대한 자각을 발달시키지 못했다. 그녀는 감정을 관리하거나 억압하는 방법을 발달시켰고, 그것은 감정이 쏟아져 나와서 '공황장애'를 일으킬 때까지 거의 성공했다. 그녀는 감정을 관리하는 다른 방법을 원했다. 그러나 다행스럽게도 감정의 의미를 터놓고 탐색할 것을 요구하는 치료사를 따라오면서 자신의 정신적 삶에 대하여 많은 궁금증을 갖게 되었다. 그리고 몇 달이 걸리긴 했지만 그녀는 감정의 역동적 복잡성 속에서 감정을 소유할 수 있는 특별하고도 일반적인 정서의 메시지를 이해할 수 있게 되었다.

⏻ Key Points

- 우리의 정서는 나침반과 같아서 우리를 연결시키고 우리의 실존 안에 존재하게 한다. 그것은 우리에게 무엇이 문제인지를 알려 준다.
- 정서는 우리가 가지고 있는 것이 아닌 우리 존재 방식의 국면들이다.
- 정서는 우리의 어휘가 우리로 하여금 믿게 하는 것보다 더 복잡하다.
- 감정에 초점을 맞추는 것은 중요한 것은 무엇이고 삶을 의미 있게 하는 것은 무엇인지를 우리가 정확하게 찾아내도록 도울 수 있다.
- 우리의 감정을 이해할 때 감정은 행동을 결정하도록 돕는다.

마음집중과 포커싱

최근에 마음집중 명상은 치료 실제에, 특별히 인지행동치료(cognitive behavioural therapy: CBT)에 통합되고 있다. 다양한 마음집중과 그것의 명상의 결합을 자세하게 설명할 수는 없지만, 마음집중, 포커싱, 실존상담 사이의 유사점과 차이점을 명료화하는 것은 가치 있을 것이다.

마음집중은 불교의 위파사나 명상에 그 뿌리를 두고 있다. 위파사나 명상은 사물을 있는 그대로 보려는 것이고, 그것의 핵심적인 원리는 평정심과 일시성이다. 평정심은 우리가 현재의 경험에 비판단적으로 주의를 기울이면 거리를 두고 불안을 볼 수 있기 때문에 불안과의 거리감과 자기통제감을 갖게 한다. 이것은 자기, 자신의 정서 상태, 궁극적으로 영원한 변화를 인정하는 것의 일시성과 덧없음을 알게 한다(Nanda, 2009).

포커싱의 기원은 서양의 연구 전통에 있다. 그것은 철학자이면서 심리학자인 유진 젠들린(Eugene Gendlin)의 연구에서 나왔다. 그는 하이데거에게 영감을 받고 심리치료를 효율적으로 만들고자 하였다. 그는 내담자가 자신의 신체적 자각의 미묘한 특성을 직관적으로 자각했을 때 심리치료가 성공한다는 것을 발견했다(1996). 그는 그러한 신체적 자각을 '느낌 감각'이라고 했으며 이러한 신체적·비인지적 자각이 일차적으로 그리고 본질적으로 비언어적 또는 전언어적이라고 보았다. 그리고 하이데거가 '기분(mood)'이라고 말했던 것과 유사한 것에 연구의 초점을 맞추었다.

따라서 마음집중과 포커싱은 우리의 현재 경험의 깊이에 주의를 기울이기 위하여 자연스러운 태도를 유보하거나 괄호치기하는 현상학적 원리를 공유한다.

그러나 두 가지 주요 차이가 있다. 우선 마음집중의 기법은 배워서 치료 작업으로 통합될 수는 있지만, 자각을 다른 사람과 나누거나 의사소통할 필요는 없다. 그것은 자조 기법으로 여겨질 수 있고, 심리치료를 이용하기 쉽게 개선하는 프로그램(IAPT; 9장 참조) 등에서 사용될 수 있다. 한편, 포커싱은 신체의 자각에 집중한다. 실존적으로 신체의 일차적인 자각은 다른 신체와 연결되어 있음에 대한 것이다. 신체는 중립적이지도 않고, 비활성화되어 있지도, 폐쇄되어 있지도 않다. 신체를 다른 자기장에 영속적으로 영향을 미치는 하나의 자기장이라고 상상해 보라. 포커싱은 인간 존재가 상호 주관적으로 복잡한 역동적 상호작용을 한다고 본다. 경청하는 사람이 주의를 기울이는 것의 가치는 존재론적이어서 과소평가될 수 없다. 본질적으로 경청하는 사람은 포커싱하는 사람과 함께하면서, 두 사람 모두 느낌 감각을 이해하려고 노력하여 그것을 말로 표현한다.

두 번째 차이는 두 접근법 모두 괄호치기하는 것과 관련이 있다는 것이다. 마음집중은 문제의 정서를 확인하여 그것과 거리를 두려 한다. 그러면 일상의 삶에 매여 있던 것이 느슨해질 수 있다. 포커싱은 이런 거리두기를 좋아하지 않는다. 그것은 느낌 감각의 여러 국면이 너무 심오하고, 형언할 수 없고, 너무 역동적이어서 결코 언어로 고정될 수 없으며 우리가 접촉하지 못한 이 경험들이 우리의 삶에서 균형을 잡기 위하여 조율하는 법을 배울 필요가 있는 것들이라고 말한다. 치료사는 질서를 부과하지 않도록 주의하여 질서가 드러나도록 해야 한다. 그런 의미에서 포커싱의 목표는 거리두기가 아니라 문제가 되는 실존 국면들에 대하여 열정적으로 호기심을 갖는 것이다.

두 접근법은 모두 현상학적 원리를 가지고 있지만, 마음집중은 존재적 차원을 강조하고 포커싱은 보다 더 실존적 존재론적 차원을 강조한다.

선택과 책임 작업하기

선택이라는 단어는 일상의 삶에서 많이 사용된다. 하지만 선택한다는 것(choose)이 무엇을 의미하고 선별한다는 것(selection)이 무엇을 의미하는지는 종종 혼란스럽다. 선별은 대안들 사이에서 결정하는 것이다. 거기에는 상대방, 휴일 목적지, 메뉴 등이 있을 것이다. 일상의 삶에서 우리 앞에 많은 대안이 있는 것은 아니다. 왜냐하면 우리는 일반적으로 실존의 소여성과 특별히 개인적 실존 조건의 제약을 받고 있기 때문이다. 이런 것은 우리의 선택을 지도하고 제한하는 경계와 한계이지만 우리는 행동방침을 세울지 말지를 실존적으로 선택한다. 우리는 우리의 경험으로부터 배울지 아니면 경험을 분개할지 선택한다. 이것은 우리가 가지고 있는 자유이며, 결정론으로부터 해방되어 책임을 지도록 도울 수 있는 잠재력을 가지고 있다.

실존적 질문 하나가 있다. 그것은 삶과 우리 행동의 결과를 받아들이느냐 혹은 그것을 피하고 부인하느냐에 대한 질문이다. 셰익스피어의 『햄릿(Hamlet)』에서 나오듯이, "사느냐 죽느냐, 그것이 문제이다"(Hamlet, 3.1). 이 말은 우리가 행하는 모든 것은 어쨌든 선택된 것이라는 의미이다. 수동적으로 선택하지 않는 것은 적극적으로 선택하는 것만큼 중요한 결과를 가져온다. 이 도전을 회피할 수는 없다.

적극적으로 선택하는 것은 더 위대하고 열정적으로 삶에 참여하게 할 것이고, 소극적으로 선택하는 것은 삶에 대한 책임을 덜 지고 삶에 덜 참여하게 할 것이다. 삶은 우리가 전적으로 선택하게 할 것이다. 우리는 결코 우리의 행동과 그 결과에 대하여 어느 누구도 탓할 수 없다. 우리는 우리 자신의 삶을 산다. 이것은 또한 긍정성에도 적용되어, 만일 긍정성을 소유할 수 있다면 우리는 그것을 단순히 우연한 것으로 무시할 수 없고, 긍정적으로 된 것에 대한 인정을 받을 수 있을 것이다.

우디 알렌의 영화 〈범죄와 비행(Crimes and Misdemeanors)〉의 마지막 장

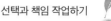

면에서 철학자는 다음과 같이 말한다.

우리 모두는 평생 동안 고뇌가 되는 결정과 선택에 직면한다. 어떤 것은 매우 중요한 것이고, 어떤 것은 덜 중요한 것이지만, 우리는 우리의 선택에 의하여 우리 자신을 정의한다. 우리는 이 선택들의 총합이다.

모든 실존상담의 기본적인 원리는 내담자가 이제 자기 자신을 발견하는 상황에 기여하게 했을 뿐 아니라 상황이 변하는 것에도 책임을 질 수 있는 현실과 접촉하게 하거나 다시 접촉하게 하는 것이다.

 사례

선택과 헌신 작업하기

제임스는 '직업상담'을 위하여 스스로 상담에 왔다. 제임스가 말했듯이 그 주제는 그의 현재 직장에 있을 것인지, 아니면 새로운 직장으로 옮길 것인지에 대한 것이었다. 그는 결정할 수가 없어서 자신의 생각을 검토해 보고 싶었다. 그에게 필요했던 것은 각 직장의 이해득실을 더 분명하게 해서 답을 얻는 것이었다. 각 회기의 마지막에 그는 결론을 내렸지만 그다음 회기에는 그것을 뒤집었다. 그는 자신이 무엇을 잘못했는가를 이해하지 못했다. 그는 '오직 나를 위하여 결정할 수만 있다면'이라고 아주 가볍게 말했다. 그는 과거에 직업을 선택했던 것이 언제나 자신을 위한 것이었음을 깨달았다.

그는 다른 어떤 것이 있을 것이라는 생각이 들었다. 그것은 반드시 두 직장의 상대적인 장점과 상관 있는 것이 아니라 선택하지 않는 것의 결과와 더 상관이 있는 것이었다. 그는 마지못해 동의하면서 어떤 것도 포기하고 싶지 않았다고 말했다. "내가 틀리면 어떻게 하나요?" "그러면 그것은 나의 잘못이잖아요." 상담사는 "만일 당신이 결정하지 않으면 그렇게 될 거예요."라고 말했다. 그는 선택하지 않는 것도 결정과 같으며, 그것에 대하여 자부심을 느끼지 못했음을 깨달았다. 그것은 서서히 변화의 전환점이 되었다. "무엇을 선택하든, 가든, 머물든, 미루든, 그것을 받아들이는 사람은 나이고, 각각의 선택은 다른 것을 거절하는 것이에요."

 해설

제임스는 처음에는 결정하기가 확실성과 예측 가능성을 내포하고 있으면서 객관적인 이해득실을 기술적으로 검토하는 것이라고 보았으나 나중에는 모르는 것의 위험을 무릅쓰고 결과를 받아들이는 것이라고 보는 쪽으로 변화해 갔다. 결국, '성공적인' 것이든 '성공적이지 못한' 것이든 그 결과는 같을 것이다. 그는 자율성에 대한 느낌과 삶의 주인이라는 느낌을 더 많이 가질 것이다. 그것을 살펴보기 위하여 그가 어떻게 선택하느냐에 따라 그것은 두려울 수도 있고 흥분될 수도 있다.

⏻ Key Points

- 선택은 우리 행동의 결과를 회피하는 것이 아닌 소유하는 것이다.
- 우리는 현실적으로 책임질 수 있는 것과 책임질 수 없는 것을 배울 필요가 있다.
- 삶 속에 포함되어 있는 위험을 자각하게 될 때, 두려움으로부터 해방되어 불안을 받아들이는 삶을 살 수 있다.
- 행동에 대하여 책임질 수 있을 때 우리는 운이 아닌 인내가 성공으로 이끈다는 것을 깨닫게 될 것이다.

불안 다루기: 진솔성과 진솔하지 않음

우리가 언제나 실존의 소여성에 대하여 적극적으로 생각할 수는 없음에도 불구하고 일상의 삶은 계속해서 그것을 생각나게 한다. 질병은 약함과 죽음을 생각나게 하고, 관계의 상실은 소외와 타인을 필요로 함을 생각나게 하며, 계획대로 되지 않는 사건은 자유와 기회를 생각나게 한다. 그리고 우리가 실존에 대한 우리의 신념이 사실이 아니라는 것을 발견한다면, 그것은 도덕과 윤리의 상대성을 상기시킬 것이다. 삶의 딜레마는 적어도 어느 정도는 우리를 괴롭힌다. 왜냐하면 그것이 해결될 수 없는데도 우리는 과업들을 완수할 수 있기를 원하기 때문이다. 그것은 배경에서 무시할 수 없는 일종의 윙윙거리는 잡음을 일으킨다. 우리는 이를 실존적 불안이라고 한다.

상담사로서 우리는 스트레스, 공포, 우울, 불면이나 중독, 근원적 실존적 불안과 같은 일상의 반응들 사이의 관계를 이해할 필요가 있다. 불안이나 존재론적 불안을 특별한 사건에 대한 일상의 개인적 반응과 구별할 필요가 있다. 고통의 1/3은 존재론적인 것이고 나머지 2/3는 그 1/3을 받아들일 수 없어서 일어난다. 매일의 불안은 실존적 불안을 말해 주는 것이다.

실존을 성찰하면 어쩔 수 없이 불안을 느낀다. 우리는 그 불안을 받아들이거나 회피하고 부인할 수 있다. 각각의 선택은 그것의 결과를 가져온다.

- 불안을 받아들인 결과는 살아 있음과 흥분의 감정이고, 이것은 창조성의 원천이다. 그것이 야망이다. 이전에는 하지 않았던 것을 하고 싶은 것이고 삶의 위험을 감수하기를 두려워하지 않고 결과에 직면하는 것이다. 우리는 한계와 가능성 모두에 직면할 준비가 되어 있다. 이것이 진솔성(authenticity)이다. 이 진솔성의 의미는 진실한 것 또는 참자기와 관련이 없다. 실존적으로 그 사람이 진실하다는 것의 본질(essence)이 없기 때문에 우리는 사람이 진솔하다는 것에 대하여 말할 수 없다. 단지 그 사람이 실존을 소유하고 있다는 것에 대하여만 말할 수 있을 뿐이다. 진솔성은 하이데거가 사용한 용어(Eigentlichkeit, 소유 혹은 실재라는 의미)를 영어로 번역한 것이다. 진솔성의 실존적 의미에 대한 가장 큰 단서는 authorship(저자)이라는 글자의 처음 네 글자 'auth'이다. 그것은 인간

이 실존에 얼마나 많이 개방할 수 있는가, 그 진실을 예상하는가, 어려움에 직면하는가, 선택의 결과를 책임지는가를 말한다. 진솔성은 표준화되거나 정규화될 수 없다.

- 회피와 부인의 결과는 삶을 회피하고 부인하는 것과 같다. 저항이 없으면 실존도 없다. 이것은 진솔하지 않은(inauthenticity) 삶이고 삶의 저자라는 것과 개인적 책임을 부인하는 것이다. 진솔하지 않은 삶의 특징은 자기자신을 원인으로 보고, 삶을 해결될 수 있는 기계적 문제로 보는 것이다.

오랜 시간 동안 두 가지의 선택을 모두 유지하기는 어렵다. 그런 이유로 우리는 진솔성과 진솔하지 않음 중 하나의 생각만 말하기를 더 좋아한다. 우리의 태도에는 언제나 각각의 선택이 약간씩 있다. 때때로 우리는 위험을 피하느라 진솔하지 않을 때가 있지만, 때로는 삶을 진심으로 포용하고 진짜가 될 수 있다. 어떤 것이 어떤 것인지 아는 것이 필수적이다.

우리가 다음과 같은 것을 기억하는 한 진솔성은 심리치료의 목표가 될 수 있다.

- 진솔성은 특별한 결과에 대한 기대가 아니라 의도와 방향을 일반적으로 진술한 것이다.
- 진솔성은 규범이 아니다.
- 우리는 결코 우리 자신에게서 진솔하지 않음을 없앨 수 없다. 그렇게 하려는 어떤 주장도 그 자체로 진솔하지 않다.

진솔하지 않음으로 인하여 불편하게 느끼는 것을 실존적 죄책감이라 한다. 이것은 일반적으로 우리가 하지 말아야 할 것을 할 때 느끼는 죄책감과는 다르다. 그리고 우리가 단순히 자유를 두려워하도록 배웠기 때문에 잘못했다는 생각을 할 때 생기는 신경증적 죄책감과도 다르다. 실존적 죄책감은 우리의 잠재력을 발휘하여 더 잘할 수 있었던 것을 하지 못했음을 깨달을 때 생긴다.

사르트르는 그것이 우리의 자유와 책임을 부인하는 나쁜 신념이라고 한다. 그것은 어떤 것이 진실한데 진실을 부인할 때 혹은 진실하지 않은데 진실하다고 가장할 때 생긴다. 그것은 종종 우리가 해야 한다는 것을 아는데 하지 않는 것 혹은 우리가 할 수 있는 것이 있는데 할 수 있는 것이 아무것도 없다고 가장하는 것을 의미한다. 실존치료사는 이런 것을 기억할 필요가 있다.

[그림 5-3]은 사람들이 어떻게 진솔하지 않음과 진솔한 자각의 주기를 계속해서 통과해 가는가를 잘 보여 준다.

치료에서 진솔성의 상대적인 존재나 부재는 내담자가 자신의 삶에 대한 책

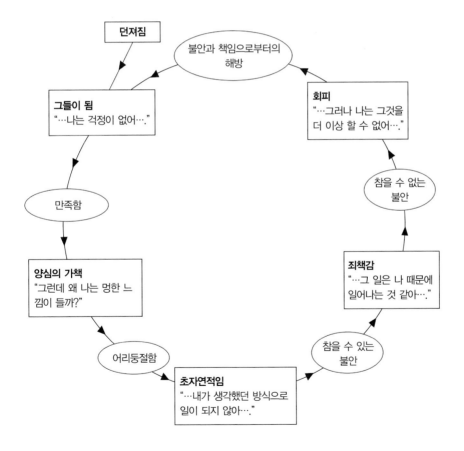

[그림 5-3] 진솔성의 실존적 주기

임과 자유를 부인하거나 혹은 다른 사람에 대한 책임을 지려는 방식에서 볼 수 있다. 실존치료사는 이러한 것들을 경계하고 때가 되면 내담자로 하여금 그것에 주의를 기울이도록 할 것이다.

다음은 주의해야 할 단서들이다.

- **대명사 바꾸기**: 이것은 인칭 대명사 '나(I)'가 다른 대명사나 다른 사람으로 대체되는 것이다. 그 의도는 감정의 즉시성을 밀어냄으로써 주제를 개인적으로 덜 의미 있게 만드는 것이다. 종종 개인적 '나'는 주제가 보다 예민하게 될 때, 보다 비개인적인 '당신' '그' '그녀' '그들' '사람들'로 바뀔 것이다.

- **과거에 대한 과도한 언급**: 치료사에게 과거에 내담자에게 일어났던 일을 말하기를 원하는 것으로 지금 일어나고 있는 일이나 미래에 성취하고 싶은 것은 제외된다. 이것은 "나는 과거에 이런 일이 있었기 때문에 이와 같아요."라고 말하는 것처럼 과거를 말함으로써 현재를 정당화할 수 있다.

- **미래에 대한 과도한 언급**: 보통 즉각적인 미래의 시간이 아니라 앞으로 일어날 일에 비현실적으로 집중하는 것이다. 행동으로 옮기거나 평가할 수 없는 계획을 세울 수 있다. 이것은 희망 사고의 한 형태이다.

- **활동적이기보다 반응적인 것**: 타인들에 의하여 결정된 자기 자신을 보았을 때, 자신이 원하는 것을 결정하기 전에 자신의 삶에서 다른 누군가가 할 것이 무엇인지 보기 위해 기다린다.

- **치료사를 권위자로 보는 것**: 이것은 두 가지 차원을 가지고 있다. 하나는 권위자에게 의존하는 것으로, 내담자가 해야 할 일에 대한 충고를 치료사에게 구하거나 치료사의 이론적 지식에 맞추려 함으로써 혹은 치료사가 말하는 모든 것에 동의함으로써 일어날 수 있다. 특히 마지막에, 우리 모두는 우리의 개입이 정확하게 맞는다고 생각하고 싶기 때문에 이것에 완전히 저항하기는 어렵다. 두 번째 차원은 내담자가 치료사의 권위에 압도당해서 판단에 대한 두려움 때문에 어떤 것을 드러내는 것에 대해 지

나치게 경계하는 것이다. 이것은 치료사가 말하는 모든 것에 대해 논쟁하는 것으로 보여 줄 수 있다. 우리는 언제나 옳거나 언제나 그르지는 않다는 것을 기억해야 한다. 우리의 목표는 그 주제에 대하여 논의하여 내담자가 자신의 권위를 발견할 수 있게 하는 것이다.

물론 이 모든 것은 치료사의 기여에도 적용된다. 치료사는 진술성/진솔하지 않음을 수용해야 할 뿐 아니라 그것을 자각하기도 해야 한다. 대명사 바꾸기, 과거나 미래를 부적절하게 말하기, 반응적 감정은 모두 치료사가 자신의 효율성을 감소시킬 수 있는 방식들이다. 게다가 치료사는 자신의 지식과 힘을 내세우기 위해 권위를 이용할 위험이 있다. 이와 마찬가지로 치료사의 지식과 경험에서 오는 권위를 부인하는 것도 효율적이지 않은 치료 관계를 갖게 할 것이다. 치료사가 이러한 함정에 빠지려는 경향성에 대한 자기검토를 잘할 때, 내담자가 이러한 일과 투쟁하는 것을 이해하도록 더 잘 도울 것이다.

📧 사례

대명사 바꾸기

내담자: ……그러고 나서 그녀는 나에게 소리쳤어요.

치료사: 네?

내담자: 그건 옳지 않아요, 그렇죠?

치료사: '그건'이 무슨 의미이죠?

내담자: 사람들은 사람들에게 그렇게 말하지 말아야 해요, 그렇죠?

치료사: 그러면 당신은요? 당신이 그것을 좋아하지 않는군요, 그렇죠?

내담자: 물론 나도 좋아하지 않아요. 아무도 좋아하지 않을 거예요, 그렇죠?

치료사: 그렇다면 그것은 당신에게 어떤가요?

내담자: 당신은 어떻게 생각해요?

치료사: 모르겠어요. 다른 사람에게 나를 인정하고 '나 상처받았어.'라고 말하

는 것이 어렵다고 생각해요.

내담자: 나도 그렇게 생각해요. 내가 느끼는 것을 자각하고 그것을 말하는 것
은 어려워요. 나는 그것이 매우 혼란스럽게 느껴져요.

◀» 해설

내담자는 자신이 상처받은 감정을 표현하는 것이 어렵다는 것을 알게 되고
자신의 경험을 정상화하려 함으로써 그것을 타당화한다. 그는 개인적이기보다
는 치료사로 대표되는 일반적인 사람들에게 호소함으로써 자신의 경험의 권위
를 외현화한다. 치료사는 근본적 주제에 초점을 맞추고는 내담자가 자신의 상황
을 성찰하여 자신의 경험을 입증하고, 그것을 이해하며, 그것이 일반적 규범에
대한 자신의 생각에 어떤 영향을 미치는가를 성찰하기 위하여 자신의 경험을
자각하도록 초대한다.

📨 사례

진솔성과 진솔하지 않음 작업하기

잭은 잠을 잘 수 없고 직장에서 분노가 폭발하는 문제로 상담에 왔다. 그의
직속 상사가 그에게 올 것을 제안했다. 그는 "이건 내가 아닌 것 같아요…….. 나
는 과거의 나의 방식으로, 진짜 나로 돌아가고 싶어요. 당신이 나에게 전문가로
서 몇 가지 팁을 줄 수 있고 중요한 것을 말해 줄 수 있다고 들었어요. 나는 이
런 일을 검토하려면 몇 회기만 하면 된다는 글을 읽었어요."라고 말했다. 상담
사는 "내가 어떤 팁을 줄 수 있을 것이라고는 생각하지 않아요. 그러나 팁을 발
견하기 위하여 함께 작업할 수는 있어요."라고 답했다. 잭은 "아, 알겠어요, 당신
은 전문가죠."라고 말했다. 상담사는 잭에게 현재의 삶에 대하여 말해 줄 것을
요청했다. 그는 다른 사람들을 돕는 사람이 자기 자신이라고 생각했다. "다른
사람들을 생각하는 것은 좋아요, 그렇지 않나요?"라고 그는 말했다. "매우 정상
적인 삶을 살았어요. 특별한 것은 아무것도 없었죠. 단지 직장에서 의도적으로

나를 괴롭히는 어리석은 일들을 계속 하는 사람들이 있을 뿐이에요. 마치……."
그는 다른 사람들이 일하는 방식에 대하여 계속해서 말했다. 상담사는 평상시에
는 그렇게 하지 않았지만, 잭의 말에 개입하면서 잭이 특별한 사건에 대하여 어
떻게 느꼈는가를 물었다. 잭은 "화가 났던 것 같아요. 그렇지만 누구라도 그럴
거예요, 그렇지 않나요?"라고 말했다. 상담사는 "아마도 그럴 거예요. 모르겠어
요. 그렇지만 나는 다른 사람이 어떻게 느꼈을까가 아니라 당신이 어떻게 느꼈
는지를 물었어요."라고 말했다. 잭은 그 차이를 알 수 없었다.

그는 최근에 직장을 옮겼다. 그것은 그가 이제는 더 자기지향적이 되었음을
의미했다. 그는 이직이 도전이었지만, 그도 할 수 있다는 것을 관리자에게 보여
주고 싶었다는 데에 동의했다. "그들은 정말로 좋은 사람들이에요. 그들은 그들
의 일을 잘 알아요." 그는 항상 상담이라는 것에 당황스러워했지만, 가장 최근
의 문제는 그의 상사가 그에게 상담에 가 보기를 격려했으나 이를 그의 동료들
이 알아내고 그를 비판했던 것이라고 말했다. 그는 "당신은 어떻게 생각하나요?
내가 가야 한다고 생각해요?"라고 질문했다. 상담사는 "내가 원하는가는 당신이
가기를 원하는지 아닌지를 결정할 수 있는지보다 훨씬 덜 중요해요."라고 대답
했다. 이것은 그가 원했던 것이 무엇인지 알 때 잭의 어려움을 탐색하도록 이끌
었고, 마침내 그는 보통 자신이 그 자신의 권위는 포기하고 다른 사람들의 권위
를 따랐음을 알기 시작했다.

◀)) 해설

오랫동안 잭은 자신이 원하고, 느끼고, 필요로 했던 것을 알기를 회피하는 수
많은 방식(대명사 바꾸기와 다른 사람들을 따르기와 같은)을 발달시켜 왔다. 그는
다른 사람들이 원하는 것을 알아차리는 데 전문가가 되었고, 그것을 정확하게
하곤 했다. 그는 새로운 직장에서 자기지향적이 되면서 더 이상 남의 권위를 따
르지 않게 되었다. 자신의 권위로 돌아오자, 그는 자신이 자신의 권위를 사용하
거나 그것을 신뢰하는 경험을 거의 하지 않았음을 알게 되었다. 그가 그에게 일
어났던 일이 무엇인지, 어떻게 그가 자신의 역량을 발휘할 수 있을지 이해하도
록 돕는 치료사와 만난 것은 매우 결정적인 일이었다.

> **⏻ Key Points**
>
> - 해결할 수 없는 실존의 딜레마를 자각하는 것은 언제나 불안을 야기한다. 불안은 결코 없앨 수 없기 때문에 그것과 함께 사는 방법을 발견하고 심지어는 그것을 즐기는 방법을 발견하는 것이 우리의 과제이다.
> - 진솔성은 당신 자신이 되거나 실제적으로 되는 것뿐 아니라 당신 자신이 삶의 저자라는 것을 주장하고 우리의 행동과 삶을 책임지는 것이다. 이것은 우리에게 삶을 알도록 요구한다.
> - 진솔하지 않음 또는 자기기만은 진솔성만큼 삶의 한 부분이 되는데, 그 이유는 실존의 모든 요소를 계속해서 자각하는 것은 불가능하기 때문이다. 때때로 우리는 그것과 잘 지내야 할 필요가 있다.

꿈과 상상 작업하기

실존적으로 꿈은 상상의 산물이다. 그것은 잠잘 때 꾸는 전통적인 꿈, 백일몽, 환상, 우리가 만들어 내는 이야기, 우리가 그리는 그림, 우리가 쓰거나 미래에 바라는 시 등을 포함할 수 있다. 또한 우리에게 의미 있는 영화나 책에서 본 이야기도 포함할 수 있다.

꿈은 우리의 일상적인 삶에서 필수적인 부분이다. 꿈은 우리가 잠잘 때 생각하고 느끼는 방식이고, 우리가 깨어 있을 때 생각하고 느끼는 것만큼 중요하다. 우리가 일상의 삶으로 사는 분위기와 기분에는 꿈 같은 특징이 언제나 있다. 이 꿈 같은 세계에 어떻게 존재하는가를 이해하려면, 공간과 시간의 정서적 세계는 매우 중요하다. 이 꿈 같은 이야기와 구조를 즉시 이해할 수 없다고 해서 그것이 무시될 수 있다는 의미는 아니다.

꿈은 우리가 세계에 구체화되는 방식을 표현한 것이고, 우리가 누구인지,

어떻게 그렇게 되었는지, 그리고 우리가 되고 싶은 것이 무엇인지에 대하여 개인적 신화를 쓰는 표현 방식이다. 우리가 사용하는 꿈 이미지는 문자 그대로의 이미지보다는 그것이 불러일으키는 정서적 힘 때문에 선택될 것이다. 이것이 바로 언어가 종종 일상의 말과 다른 주요 이유이다.

우리는 꿈 이야기를 할 때 무심코 꿈을 편집할 것이다. 그리고 꿈을 신중하게 검토하기 전에 꿈이 '실제로 의미하는' 것을 결정하고 해석하는 함정에 너무 쉽게 빠진다. 치료사들은 의미가 아무리 분명한 것 같아도 이 유혹을 뿌리쳐야 한다. 시처럼, 꿈도 이것이냐/저것이냐(either/or)보다는 둘 다/그리고(both/and)가 되는 것으로부터, 다양한 공명을 가짐으로써 힘을 얻는다. 이런 방식으로 꿈은 다의적으로 해석된다. 그 의미는 꿈을 올바르게 해석하거나 꿈에서 올바른 의미를 발견할 때 하나의(또는 둘이나 세 가지의) 의미나 해석만 있지 않다는 것이다. 꿈은 다양하게 해석되고 그 의미도 다양하다. 이것은 어떤 의미라도 다른 의미와 마찬가지라는 의미가 아니다. 꿈의 진실은 꿈꾸는 사람의 공명에 의하여 결정되고 이것은 언제나 꿈꾸는 사람에 의하여 결정될 것이다. 꿈 해석은 해석학적 과제이다. 꿈꾼 사람이 자신의 이야기에서 정확한 의미를 발견하고자 한다면 알아낼 수 있을 것이다. 해석이 올바른지를 판단하는 사람은 꿈꾼 사람이다.

실존적 주제는 꿈과 그 줄거리에 보다 분명하게 포함되어 있을 것이다. 왜냐하면 그것은 우리 자신에게 우리의 실존을 다시 표현하는 방식들이기 때문이다. 그렇기 때문에 그것은 일상의 삶에서 부인, 회피, 역설과 딜레마의 특징을 모두 포함하고 있을 것이다. 또한 네 개의 차원, 즉 물리적(구현), 사회적(연대감), 개인적(자기감) 그리고 영적(전반적인 세계관) 차원 각각에 대한 언급을 담고 있을 것이다. 이러한 것의 현존이나 부재의 의미는 그 차원에서 이해될 수 있다.

꿈 탐색은 내담자가 가져오는 다른 어떤 것이라도 현상학적으로 탐색하는 것과 같은 방식으로 이루어진다. 치료사는 내담자에게서 꿈의 의미를 드러내기 위하여, 일상적인 생각의 논리와 반응에 상관없이 경험으로서의 꿈을 말하도록 격려할 것이다. 그러나 그 의미는 종종 즉각적으로 내담자의 이해에 접근할 수 없기 때문에, 우리는 지나치게 단순화한 의미나 분명한 의미를 부과하지 않도록 각별히 주의해서 내담자 자신의 의미를 발견하기 위한 방법을 내담자에게 보여 줄 필요가 있다.

우리는 실존적 꿈 작업 지침을 따름으로써 꿈을 체계적으로 탐색할 수 있다.

해석을 해 줌으로써 주도하지 말고 꿈의 구조적 현실을 이해하는 과제에 충실하고, 내담자가 꿈 작업에 더 적극적으로 참여하도록 격려하는 과제에 충실하라. 기억하라, 꿈은 꿈꾸는 사람의 것이지 당신의 것이 아니다. 꿈꾸는 사람이 꿈을 푸는 과정에 참여해야 한다.

치료사가 대신 하면 그것은 내담자의 자율성을 침해하는 것이다. 또한 모든 결론은 잠정적인 것이고 그 의미는 꿈꾸는 사람에 의하여 발견될 것임을 자각하라. 꿈꾸는 사람은 자신이 원하는 대로 꿈의 의미를 바꿀 수 있다. 어떤 것도 특별한 꿈을 탐색한 결과는 아닌 것 같다. 꿈 탐색은 강요될 수 없고 아마도 그 의미는 밝혀질 준비가 되지 않았지만, 어느 시기가 되면 밝혀질 것이다.

꿈에 대한 첫 번째 이야기에 대하여 내담자가 꿈 전체를 모두 다 말할 때까지 명료화하지 않도록 하라.

> 내담자: 나는 자동차 안에 있었어요……. 먼 여행을 가고 있었어요……. 어디인지는 모르겠어요……. 다른 사람들과 함께했는데 그들이 누구인지는 모르겠어요. 자동차 안은 매우 뜨거워지고 있었지만 창문이 열리지 않았어요.

그러고 나서 내담자가 그 의미를 어떻게 생각하느냐고 묻기보다는 그 꿈을 말하는 것이 어떠한가를 질문하라.

> 내담자: 모르겠어요……. 좀 불편했어요……. 편하지 않았어요.

이것이 밝혀짐에 따라, 이번에는 현재 시제로 꿈을 다시 말하도록 요청하

라. 배경이 되는 장면과 분위기 그리고 사람들에 대한 묘사를 포함하여, 가능한 한 자세하게 완벽하고도 신중한 묘사를 하도록 요청하라. 다시 말할 때, 때로는 내담자의 눈을 감게 하는 것이 도움이 된다.

> 내담자: 나는 자동차 안에 있어요……. 뒷좌석에 있어요……. 내 생각에 이것은 아버지의 첫 번째 자동차인 것 같아요……. 우리는 어디론가 멀리 가고 있어요. 내 생각에 휴일인 것 같아요……. 오래 걸릴 것 같아요……. 다른 세 사람이 있는데, 나의 아버지가 운전하고 있어요. 다른 두 사람은 누구인지 모르겠어요. 나는 가운데 있고 그들은 서로 이야기를 하고 있지만 나는 그들을 볼 수가 없어요……. 더워요……. 창문이 열리지 않아요……. 나는 뜨거운 가죽과 휘발유 냄새를 맡을 수 있어요……. 문의 손잡이를 잡고 있지만 기분이 그리 좋지 않아요.

다시 이야기하는 것이 어땠는지 질문하라. 그리고 그것이 말하려는 것을 이끌어 내라.

> 내담자: 그것은 언제나 내가 어렸을 때…… 휴일에…… 어디로 가고 누구와 가는지 몰랐지만 어디론가 갔을 때와 같았어요. 나는 친구들과 엄마와 함께 집에 있고 싶었어요……. 지금도 나는 좁은 장소를 좋아하지 않지만 집에 있기를 좋아해요. 아마도 그 때문에 내가 운전을 배우지 않았던 것 같아요.

현재 시제에 대한 대안은 그 꿈을 사건보다는 일련의 정서로 말하는 것일 수 있다. 그러나 여전히 현재 시제로 이야기하게 하라.

> 내담자: 나는 불안해요. 약간 두렵지만 또 약간 흥분되고, 외로워요. 엄마가 보고 싶고 즐기고 있는 다른 사람들에게 짜증이 나요. 골이 나고

소외되어 있어요. 안 그런 척해야 해요. 좌절되고 절망스러워요. 내가 할 수 있는 건 아무것도 없어요.

이 작업을 다 마치면, 꿈을 내담자와 함께 체계적으로 탐색하라. 해석하지 말고 꿈속에 있던 것들이 무엇을 생각나게 하는지, 네 차원의 세계와 관련하여 무엇을 상기시키는지를 질문하라. 신중하게 해야 한다. 다음의 것들은 단순하게 철두철미한 탐색을 위하여 마음속 깊이 간직한 조언과 같은 질문지로 사용하려는 것이 아니다.

물리적 차원을 탐색하라.

- 꿈꾸는 사람이 있는 물질적 세계는 무엇인가? 그것은 자연 세계인가, 인공 세계인가, 아니면 환상 세계인가?
- 관찰되는 법칙, 나타난 물질적 현실은 무엇인가?
- 대상, 동물, 피조물은 무엇인가?
- 경험되는 감각은 무엇인가?
- 이 물리적 세계에서 꿈꾸는 사람은 편안한가? 안전한가?
- 꿈꾸는 사람이 움직임과 행동을 통제하는가? 적극적인가, 수동적인가?
- 꿈꾸는 사람의 신체에 대한 경험은 무엇인가?
- 다른 사람의 신체와 상호작용은 있는가?

내담자: 그런 일들은 익숙하지만 평범하지는 않아요……. 나를 휴일에 아빠와 아빠의 새로운 가족과 함께 있는 여덟 살로 돌아가게 했어요. 나는 그들을 좋아하지 않았어요. 나를 거기로 데려갔다 다시 돌아왔어요. 거기가 어디인지, 얼마나 오래 있었는지 모르겠어요. 함정에 빠진 것 같아요. 내가 몰랐던 사람들과 너무 가까이 있었어요. 나는 그들의 냄새를 맡을 수 있었어요……. 그것은 나를 구석에 숨고 싶게 만들어요.

치료사: 꿈속의 물리적 환경은 작고 비좁으며 당신에게 부과된 것이죠. 그
것은 당신을 제한하고 움직이고 있어요. 당신은 나갈 수 없어요. 그
것은 뜨겁고, 당신은 불편하지만 창문을 열어서 더 많은 공기를 얻
을 수가 없어요.

내담자: 네. 질식할 것 같아요. 숨 쉴 공간이 없었어요. 나는 환경을 통제할
수 없을 것 같았어요. 그것은 낯설고 불쾌했어요.

사회적 차원을 탐색하라.

- 문화적 맥락, 사회적 맥락, 정치적 맥락은 무엇인가?
- 꿈꾸는 사람은 혼자인가, 아니면 누구와 연결되어 있는가? 그 사람은 중
  요한가 혹은 유명한가?
- 익명의 사람인가, 아니면 그냥 관찰자인가?
- 얼마나 많은 타인이 거기에 있는가? 그들은 가깝고 친숙한가, 아니면 멀
  고 낯선가? 그들은 다정한가 혹은 위협적인가, 도움이 되는가, 아니면 위
  험한가?
- 그들은 남자인가, 여자인가, 나이가 더 많은가, 더 어린가, 꿈꾸는 사람과
  비슷한가, 아니면 다른가?
- 협력, 공감, 공동체가 있는가, 아니면 적대감과 위협이 있는가? 거기에는
  사랑이나 그에 대한 열망이 있는가?

치료사: 당신 꿈에 나온 다른 사람들은 어떤가요?

내담자: 이 사람들은 누구죠? 모르겠어요. 나와 상관이 있냐고요? 그들은 있
는 것 같지만 나는 그들이 누구인지 모르겠어요. 그 사람들은 나를
무시해요. 내가 마치 거기에 없는 사람처럼 굴어요. 나는 많은 일을
해야 했어요. 왜 그 일을 해야 했는지 모르겠어요. 갇혀 있고, 억압
적이지만 비판할 수도 없고, 어떠한 감동도 일어나지 않아요…….

끔찍해요. 나는 그것을 증오해요. 심지어 군중이나 파티도 싫어요.

치료사: 그러니까 당신의 경험은 다른 사람들이 놀리는 것을 당연하게 받아들이고 그것을 반대하거나 바꿀 만한 권위가 없군요. 당신을 둘러싼 다른 사람들이 당신을 짓누르고 있지만, 그들이 누구인지 모르겠고 이름도 모르는군요. 그들이 당신에게 주의를 기울이지 않기 때문에, 그 모든 것은 끔찍한 느낌이 들게 하는군요.

개인적 차원을 탐색하라.

- 꿈속에 내포되어 있는 개인적 세계는 무엇인가?
- 꿈꾸는 사람은 강한가, 아니면 약한가? 확신에 차 있는가, 아니면 머뭇거리는가?
- 꿈꾸는 사람은 정체감과 그에 대한 인식을 하고 있는가?
- 그들은 자신이 원하는 것을 알고 있는가?
- 꿈의 행동을 통하여 펼쳐지고 있는 특성은 무엇인가? 용기인가 또는 비겁함인가, 총명함인가 또는 어리석음인가, 자립적인 태도를 보이는가 또는 타인을 필요로 하는가?
- 꿈속에서 이 사람은 어떤 사람인가? 그 사람의 행동과 동기는 무엇인가?
- 그 사람의 의도와 목적은 무엇인가?

치료사: 꿈에서 당신이 행동하고 원하는 것은 무엇인가요?

내담자: 내가 원하는 게 뭐냐고요? 아무것도 없어요. 아니, 그것은 정확하지 않아요. 나는 시간이 흘러서 엄마에게로 돌아갈 수 있기만을 기다리고 있어요……. 있죠, 나는 아빠와 함께했던 그 시간의 휴일 사진을 봤어요. 미소 짓고 있었어요. 나는 즐겨야 한다고 생각했지만, 그렇게 느껴지지 않았어요……. 나는 아빠가 나를 생각해 주기를 원했어요. 정말로 그랬어요……. 그러나 그것을 드러낼 수는

없었어요……. 아빠는 항상 나를 보는 것을 즐거워하는 것 같았지만…… 기분이 너무 안 좋아요. 아빠는 돌아가셔서 이제는 내가 아빠를 얼마나 사랑했는지를 말해 줄 수 없어요.

치료사: 당신은 잘 지내려고 노력했고, 은밀하게 엄마와 함께 돌아오고 싶었군요. 꿈에서 당신은 오래 고통을 당하면서 수동적이죠. 그러나 골칫거리가 되지 않으려고 최선을 다하죠. 이제 당신은 더 잘했을 수도 있었고, 아빠에게 사랑을 보여 줄 만큼 더 많이 연결되고 싶었죠. 그러나 꿈에서 당신은 사랑받기는커녕 안전하다고 느끼지 못하고, 사랑을 보여 줄 수 없어요.

영적 세계를 탐색하라.

- 이 꿈에서 표현된 세계관은 무엇인가?
- 꿈꾸는 사람은 어떤 종류의 세계를 믿고 있는가?
- 표현된 가치는 무엇인가?
- 어떤 종류의 도덕성이 보이는가?
- 꿈을 의미 있게 만드는 것은 무엇인가?
- 표현된 소망과 욕망은 무엇인가?
- 그날의 끝에 정말로 중요했던 것은 무엇인가? 그것을 이루는 데 방해가 되는 것은 무엇인가?

치료사: 그러니까 꿈은 당신이 추구했던 목적에 대하여 뭐라 말하나요? 당신은 이 이야기에서 어떤 가치를 갖고 사나요?

내담자: 사람들은 괜찮다고 생각해요. 내가 그들을 힘들게 하지 않으면 나를 괴롭히지 않아요. 나는 내가 어떻게 해야 하는지 알아요. 나는 많은 걸 요구할 수 없고 움직일 여유가 없어요. 그들은 나에게 상처를 주려는 게 아니라 단지 나를 무시하는 거예요. 분명해요. 그들

은 결정했고, 선택의 여지가 없어요.

치료사: 그 꿈은 무엇이 옳은지 또는 그른지에 대한 다른 사람들의 생각에 동조하는 것이 중요하다는 당신의 생각을 보여 주는군요. 당신은 그 문제에서 선택의 여지가 없다는 것을 받아들이면서 그것을 견디어야만 해요. 그러나 더 많은 공간과 더 많은 공기에 대한 당신의 욕망에 대하여도 말하고 있어요. 그것은 최소한 당신이 자기 자신을 더 편안하게 만들기 위하여 그리고 당신 자신을 위한 더 많은 공간을 만들기 위하여 창문을 열 수 있기를 원하고 있음을 보여 주죠. 그것 또한 당신에게 중요한 가치인가요? 보다 자유롭게, 타인들로부터 더 많은 존경을 받으면서 사는 방법을 찾기 위하여 당신에게 중요한 것은 무엇인가요?

다음의 질문에 대하여 생각해 보라.

- 꿈꾸는 사람과 꿈 사이의 관계는 무엇인가?
- 꿈꾸는 사람은 꿈속에 있는가? 아니면 꿈속에서 자신을 바라보고 있는가?
- 꿈꾸는 사람의 꿈에 대한 태도는 무엇인가?
- 꿈꾸는 사람의 꿈을 꾸는 것에 대한 태도는 무엇인가?
- 꿈은 어떤 방식으로 치료사-내담자 관계와 관련이 있는가?
- 꿈을 하나의 연속적인 것으로 생각할 수 있는가?

이 모든 차원을 신중하게 탐색할 때, 그것이 일상의 경험에 어떻게 적용되는가를 꿈꾸는 사람에게 질문하라. 이 지점에서 당신은 놓친 요소들에 대하여 궁금할 수 있을 것이다.

- 꿈꾸는 사람은 세계 내 존재 양식, 자신의 스타일에 대하여 무엇을 배웠는가?

- 꿈꾸는 사람은 자신의 태도와 행동 그리고 가능한 결과에 대하여 무엇을 배웠는가?
- 미래를 위해 여기에서 얻을 수 있는 교훈은 무엇인가?
- 꿈에서의 역설과 딜레마는 무엇인가?
- 꿈의 가르침을 받아들이기 위하여 일상의 삶에서 요구되는 변화는 무엇인가?
- 실존적 메시지는 무엇인가?

내담자: 그것은 전부인 것 같아요. 그렇지 않나요? 나는 누군가의 계획 속에 있는 연기자예요. 당신은 문 손잡이에 대하여 물었어요. 내가 나갈 수 있지만 나가지 않은 문이요. 나는 가고 싶지만 머물러 있고 싶기도 해요. 남자 친구 짐과 함께 있는 것처럼. 사람들은 정말 좋지만, 나는 그들이 먼저 움직이기를 원해요. 바보같이, 그렇지 않나요? 내가 밖으로 나갔다면 혹은 그들에게 말했다면 어떻게 달라졌을까요? 위험하죠. 그들은 나에게 이야기하길 원하지 않을지도 모르지만, 어쨌든 그들은 하지 않았어요. 그리고 그런 일이 일어나게 한 사람은 바로 나예요. 그것보다 두려움이 더 나빠요. 두려움은 내가 원하는 것을 얻지 못하게 했죠. 지난주에 우리가 이야기했던 것처럼요, 그렇지 않나요? 나는 당신이 나에게 질문할 거라고 예상했어요. 그리고 나는 대답하지 않을 거예요.

치료사: 네. 꿈은 당신이 일들을 어떻게 견디는지 그리고 다른 사람들이 당신을 제한하고 짓누를 때 그들을 어떻게 경험하는지를 아주 잘 보여 주죠. 그러나 문제의 가능한 해결책에 대하여 당신에게 무엇인가를 가르치고 있어요.

내담자: 당신의 말은 내가 얼마나 수동적인지 그리고 그것에 대하여 무엇인가를 하도록 어떻게 배울 수 있는지를 보여 준다는 것이죠.

치료사: 맞아요. 예를 들어, 당신이 다시 꿈을 꾼다면 그 꿈을 어떻게 개선

하고 싶은가요?

내담자: 음, 아빠에게 창문을 열어 줄 수 있는지 당당하게 요청할 수 있을 것 같아요. 잠깐 동안 조용히 생각할 거예요. 아니면 내가 정말로 용감하다면 앞자리에 앉게 해 달라고 아빠에게 요청할 수 있을 것 같아요. (웃음)

상담 회기는 여기에서 시작하여 계속해서 내담자가 잘 어울리고 세계에서 스스로 더 많은 공간을 만들 수 있는 방법을 탐색하는데, 그것은 매우 효과적인 탐색이다.

 Key Points

- 꿈은 어떤 것이라도 상상의 산물이다.
- 꿈은 다양한 의미를 가지고 있다.
- 내담자가 궁극적으로 꿈의 의미를 판단한다.
- 꿈은 현상학적으로 탐색되어야 한다.
- 꿈의 의미는 신중한 묘사를 통하여 밝혀질 것이다.
- 꿈의 다양한 층을 체계적으로 탐색하면 그것이 이해를 증가시킬 것이다.
- 꿈으로부터 얻은 교훈이나 메시지를 일상의 현실에 다시 적용하면 그것이 새로운 가능성을 열어 준다.

온라인 내용

- 꿈을 다루는 방법을 보여 주는 비디오
- 정서를 다루는 방법을 보여 주는 비디오

내담자에게 정말로 중요한 것

우리는 갑자기 완벽한 지식을 가질 수 없다. 우리는 믿음으로 시작하여
우리 스스로 증거를 수집한 후 지식을 얻게 될 것이다.

— 토마스 아퀴나스

첫 번째 원리

대부분의 내담자는 어떻게 심리치료가 작동하는지에는 관심이 거의 없다.
그들은 단지 더 나은 삶을 살아가도록 도와주기를 바란다. 그들은 자신의 삶
에서 있는 그대로 어떤 일을 계속하기를 원하지 않는 지점에 다다랐지만, 그
것을 변화시키는 방법에 대하여는 알지 못한다. 그들은 단순히 자신의 삶과
잘 지내고 싶어 하지, 흔한 함정과 죽음의 결말로 가고 싶어 하지 않는다. 어
떤 내담자들은 고통 없는 해결책인 즉각적인 증상 완화를 바란다. 이것은 실
존치료사를 뭔가의 딜레마에 빠뜨린다. 왜냐하면 실존치료사는 증상, 예를 들
어 우울증, 공포증, 중독, 불안을 마법의 언어나 의학으로 제거될 수 있는 비
교적 의미 없는 사건들로 보지 않기 때문이다. 대신 증상을 자신의 삶을 살고
있는 방식이 그들에게 불만스럽다는 것을 표현하는 지표로 본다. 그 증상은
실존적인 일상과 존재론적으로 관련 있는 불안의 상호 연관성에 대한 것이다.
이러한 경험을 하는 데는 이유가 있다. 그것은 문제를 극복하려는 의미 있는
시도이며, 점차 존중받고, 다루어지고, 이해받고, 극복될 만한 것이다.

현실을 회피하고 부인하는 방식은 종종 증상의 기반을 형성한다. 모든 증상 아래에는 직면되지 않은 딜레마가 있다. 본질적으로 내담자는 평소 그들의 일상적 회피와 부인이 작동하지 않을 때 상담에 온다. 더욱이 그것은 그들이 사용하곤 했던 것이다. 내담자들은 그 문제를 다룰 새로운 방법이 필요하지만 그것을 발견하면 어쩔 줄 몰라 한다.

　따라서 우리는 내담자의 관심과 욕망이 해방될 방법을 진지하게 찾고, 동시에 실존의 도전에 대한 궁금증에 개방할 것을 촉진할 필요가 있다. 이것은 항상 쉽지 않다. 많은 내담자가 얼마 동안은 자신의 질문과 투쟁할 것이고 아마도 일시적인 위안만을 얻었을 것이다. 이것이 그들이 상담에 의지하는 이유이다. 약물치료를 하는 내담자들조차도 언젠가는 자신이 약물 없이 문제를 다루어야 할 것을 안다. 약물은 증상을 완화시킬 수 있고 때로는 그것이 좋은 일이고 필요한 일일 수는 있지만, 궁극적으로 일을 더 어렵게 만든다. 수십 년 이상을 많은 상황에서 일했지만, 우리 중 누구도 약물치료를 받으면서 지속적으로 행복했던 내담자를 만난 적이 없다. 그럼에도 불구하고 어떤 사람들은 자신이 약물 처방을 받았아야 했다고 생각했다. 그들은 자신을 치료받게 했던 주제를 탐색하고, 거기에 참여하여 그것을 변화시키려 노력하지 않는 한 그것이 바뀌지 않는다는 것을 알고 있다.

　내담자들은 즉각적인 위안을 원하지만 또한 그것을 얻지 못할 것이라는 점을 자각하고 있다. 그리고 더 잘 살기 위하여 정말로 열심히 일하면서 자신의 문제와 어려움에 직면해야 할 필요가 있다는 것도 알고 있다.

　증상 완화만을 원하는 내담자는 처음부터 실존치료가 가장 안전하고 확실한 방책이 되지 않을 것이라는 충고를 듣는다. 일반적으로는 인간 조건에 대하여, 특별히 자신의 삶의 방식에 대하여 질문할 준비가 되어 있지 않은 내담자와 실존상담을 하는 것은 불가능하진 않더라도 매우 어렵다.

　일반적으로 내담자들은 다음과 같이 되기를 원한다.

- 이해받고 계속 상담을 받으면 궁극적으로 자신을 좀 더 잘 이해하게 될 것

- 미지의 세계 속으로 머뭇거리며 들어가는 단계에서 지지받기
- 그들이 그렇게 느끼는 유일한 사람이 아니라고 느끼고 직면하지 않았던 것과 그들이 그래야만 했다고 느끼는 것에 대한 수치심으로부터 해방되기

그들이 그렇다고 단순하게 들음으로써 혹은 안심하게 됨으로써 그러한 것들을 알게 되지는 않을 것 같다. 그들은 이 이상하고 놀라운 모든 일을 우리의 도움을 받으면서 스스로 발견할 필요가 있을 것이다. 그러면 그들은 그것을 경험하고 이해할 수 있을 것이다. 실존치료는 밝히고 발견하는 과정이다.

딜레마, 갈등과 긴장

실존적으로 내담자의 질문은 탐색될 필요가 있는 인간의 딜레마를 예민하게 느끼고 있다는 증거이다. 많은 주제가 사실은 복잡하고 많은 국면을 가지고 있지만, 단순하게 양극화된 반대의 것으로 경험되고 보고된다. 양극화는 단순화하기 위한 것이지만 실제로는 주제를 더 다루기 힘들게 만든다. 왜냐하면 양극화는 이해할 수 있도록 포함되어야 할 딜레마의 어떤 국면들을 배제하기 때문이다. 이러한 경우에, 우리는 그 사람이 한발 물러서서 그 주제를 여러 각도에서 다시 생각해 보게 해야 한다. 우리는 다음과 같은 것들을 말할 것이다.

- 성급히 결론 내리지 않도록 잠깐만 거기에 머물러 보세요.
- 아마 조금 뒤를 돌아보고 더 신중하게 성찰할 필요가 있는 것 같아요.
- 여기에서 좀 빨리 가정을 하고 있는데, 멈춰서 이것을 다시 한 번 검토하세요.

때때로 사람들은 결정하기를 어려워한다. 그들이 매우 중요하다고 생각했

던 것을 놓아 버리도록 허용한 것에 대해 책임지기를 주저하기 때문이다. 그들은 어떤 것도 포기하지 않아도 된다는 환상을 붙잡고 싶어 한다. 그리고 선택하지 않음으로써 혹은 그들을 위하여 다른 누군가나 환경이 결정하게 함으로써 불안을 회피할 수 있다고 잘못 가정한다. 치료사들은 그러한 망설임을 인식하여 내담자에게 더 탐색할 것을 부드럽게 격려할 수 있어야 한다.

처음에 내담자의 모든 아픔을 치유할 빠르고 분명한 답을 찾으면서, 내담자들은 치료사에게 직접적으로 다음과 같이 질문할 것이다. "내가 어떻게 해야 하죠?" "당신은 전문가죠. 그래서 나의 문제에 대한 답이 뭐죠?" 우리는 그러한 질문과 자기노출에 대하여 4장에서 살펴보았지만, 치료사의 입장에서 정형화된 회피는, 특히 치료 초기에는 내담자를 의기소침하게 하고 힘 빠지게 한다. 치료사는 내담자의 성찰 능력을 과소평가할 수 있다. 그러한 개입이 언제나 잘못된 것은 아니지만, 내담자가 방향을 찾아야 할 필요가 있을 때 고의적으로 도움을 주지 않는 것 같기 때문에 그것은 자신을 박해하거나 버리는 것이라고 느껴질 수 있다. 때로는 단순한 답이, 특히 답의 가치를 성찰하게 하면 유용할 수 있다. 우리가 반응할 수 있는 또 다른 방식은 내담자에게 "무엇을 해야 할지 그리고 답이 무엇인지 모르는 것은 어떤가요?"라고 질문함으로써, 내담자가 새로운 방식으로 그들의 고통을 성찰해 보도록 격려하는 것이다. 그러면 내담자는 다음과 같이 답할 것이다. "아주 끔찍해요. 정말로, 당신이 나에게 답을 말해 주면 좋겠어요." 이때 내담자에게 그들이 실제로 원하는 것이 이것인지 또는 그들의 문제 해결에 대한 자신만의 방법을 스스로 배울지를 생각해 보도록 요청할 수 있다.

사람들은 길을 잃었을 때 아무것도 모른 채로 있다가 수동적으로 누군가의 인도를 받아 안전한 곳으로 가기보다는(혹은 난감해하기보다는) 지도를 가지고 자신의 길을 찾는 것이 더 낫다는 것을 알고 있다. 치료사는 내담자가 자신의 방향 감각을 잘 표현하도록 돕기 위하여 민감하고 창의적일 필요가 있고, 내담자는 점차 눈을 뜨도록 격려받을 필요가 있다.

이때 우리는 내담자의 잠재력을 믿을 필요가 있다. 이러한 신뢰는 천천히,

한 단계씩 나아감으로써 가장 효율적으로 형성될 수 있다.

종종 문제가 정확히 무엇인지에 대하여 내담자의 동의를 얻고는 그것을 딜레마로 재공식화하는 것으로 시작하는 것이 유용하다. 그러면 모순되는 다양한 요소를 탐색할 수 있다. 그 과정에서 우리는 정당화하거나, 설명하거나, 질서정연하게 표현하려고 노력하지 않고 그들의 감각, 감정, 생각과 직관을 있는 그대로 묘사하도록 요청한다. 이것은 말처럼 쉽지 않은데 반대의 감정을 동시에 경험하는 것이 어렵기 때문이다. 그러나 그것은 결국 딜레마의 모든 국면을 밝힐 것이다.

가장 효율적인 실존적 개입들 중 하나는 딜레마에 대한 경험을 다른 말로 바꾸어 표현해 보는 것이다. 예를 들어, "그러니까, 한편으로 당신은 화가 나지만/실망하지만/의기양양하지만 다른 한편으로는 슬픔/안심/죄책감을 느끼는군요." 이것은 종종 "그 긴장은 어떻게 느껴지나요?"라는 질문으로 이어진다.

이것은 이전에 양극화되고 다루기 힘든 문제를 드러내어 모든 국면을 새롭게 그리고 변증법적으로 검토하려는 시도이다. 최종 해결책은 딜레마를 드러냈던 두 개의 대안 중 어느 하나를 선택하는 것이 아니다. 처음의 양극화는 종종 장애물에 대한 잘못된 가정 때문이었다는 것이 밝혀질 것이다.

딜레마를 해결한다는 것은 자신의 욕망, 강점과 약점을 바르게 알고 선택을 받아들이는 것이다. 이것을 검토하는 과정에서 삶은 이전보다 훨씬 더 유연하고 훨씬 더 유망하게 된다. 내담자는 치료사가 갈등을 회피하거나 해결해 버리기보다는 확신을 가지고 직면해야 하고 직면할 수 있음을 보는 것에서 자신도 확신을 얻게 된다.

> ## ⏻ Key Points
>
> - 증상은 딜레마의 회피와 부인 그리고 분리(disengagement)에 의해 만들어진다.
> - 내담자들은 우선 지금 다루고 있는 모순을 자각하도록 도움을 받을 필요가 있다. 이것은 거의 언제나 긴장에 대한 자각을 증가시킨다.
> - 내담자들은 처음에 이 긴장을 회피하면서 종종 여러 해를 소비한다. 그리고 마치 긴장이 없는 것처럼 가장하는 자신만의 개인적 방식을 발달시킨다.
> - 긴장에 대한 자각은 먼저 모순되는 정서에 직면함으로써 일어난다.

방어에 대한 실존적 관점과 정신분석학적 관점

프로이트의 정신분석 관점은 방어 기제가 좌절된 본능적 욕구에 대한 자아의 반응으로 생긴다는 것이다. 고전적 정신분석은 본능을 순수하게 생물학적인 것으로 생각했지만, 현대 정신분석은 본능을 보다 관계적인 것으로 생각한다. 실존적으로 우리가 방어라고 말하는 것은 실존의 소여성에 함축되어 있는 역설과 딜레마를 자각한 것에 대한 반응이다. 실존적으로 그것은 기제가 아니라 세계 내 존재의 자각에 대한 중립적이고 인간적이며 살아 있는 보호 반응이라는 것을 알아야 한다. 정신분석은 방어 기제를 분류하는 방식을 잘 발달시켰다. 가장 중요한 기제는 억압과 분리이다. 실존적으로 실존의 소여성의 즉시성으로부터 우리 자신을 보호하는 일차적인 방식은 회피와 부인이다. 실존의 네 차원은 각각 이것을 위한 다른 방식들을 고취시킨다. 예를 들어, 우리는 죽음의 현실을 특별함이라는 망상으로, 타인과 분리되는 현실을 타인들로부터 독립하는 것으로 주장함으로써, 현실의 개인적 책임이 과거에 원인이 있다고 봄으로써, 그리고 인간 실존의 상대성의 현실에서 현실을 외면하거나 우리를 구원할 마술적 신을 찾음으로써 회피하고 부인할 수 있다. 우리는 모든 딜레마에 이것이냐/저것이냐로 단순화시켜 반응할 수 있다.

그러나 방어에 대한 실존적 관점의 핵심에는 역설이 있다. 우리는 보통 "내일 만나."와 같이 말하는 것에 대하여 의심할 필요가 없는 절대주의로 다룬다. 그러나 우리는 두 사람이 만나기 위해서는 실제로 내일 살아 있을 것이라는 확실성을 가정하기 때문에 그 말이 환상이라는 것도 안다. 역설은 우리가 일상의 삶을 사는 데는 이러한 망상, 방어, 나쁜 신념이 필요하다는 것이다.

물리적 세계

삶과 죽음에 대한 직면:
물리적 세계에서의 변화와 상실의 현실

우리가 다루어야 하는 모든 딜레마와 긴장들 중에서 가장 근원적인 것은 삶과 죽음 사이의 긴장이다. 우리 중 누구도 죽기 위하여 태어났다는 놀라운 역설을 피할 수 없다. 궁극적으로 모든 것은 일시적이다. 중요한 삶의 사건들을 알고 싶은 우리의 욕망이 이에 대한 증거이다. 우리는 생일이나 처음 시작한 날, 새해 첫날, 입학 첫날 등을 기념한다. 그것이 새로운 시작을 상징하기 때문이다. 우리는 다른 중요한 사건도 소중하게 여긴다. 부모로부터 처음 독립한 일, 첫 번째 비밀, 첫 번째 성경험, 부모가 된 일, 중년, 가까운 누군가의 죽음 등 모든 것은 변화와 상실의 현실을 생각나게 한다.

사실 지나가는 모든 순간은 우리의 시간이 점점 짧아지고 있음을 상기시킨다. 그러나 우리는 종종 즐길 날이 얼마 남지 않은 순간까지도 이것을 발견하지 못하기도 한다.

위에서 아래로 좁아지는 모래시계를 모래가 통과하는 것이 우리의 삶이라고 상상해 보라. 당신은 좁아진 부분에 있는 모래는 볼 수 있지만 윗부분은 가려져 있어서 볼 수가 없다. 얼마나 많은 모래가 윗부분에 있다고 생각하는가? 이제 윗부분의 뚜껑을 열어 보라. 무엇이 보이는가? 어떤 느낌이 드는가?

물리적 세계에서의 역설과 딜레마

물리적 세계의 역설은 신체적 죽음이 내게 닥쳐 오는데도 죽음을 부인하는 것은 내게 남은 시간을 파괴할 것이라는 것이다. 한편, 죽음에 대한 생각은 나의 삶을 보다 풍요롭고 보다 충분하게 살도록 촉진할 것이라는 의미에서 나를 구할 것이다.

해결할 수 없는 딜레마는 죽음이 우리의 삶에서 변함없는 사실이고 우리는 그것을 받아들이거나 부인할 수 있다는 것이다. 우리는 무엇인가가 끝이 날 때마다 그것을 상기하게 된다. 현재와 미래의 상실이라는 현실은 우리가 죽음을 연기하거나 회피하고 싶은 만큼 마음속에 새겨진다. 우리는 실존에 신체적 제약이 있음을 발견할 때 사회적 세계를 발견한다.

따라서 이 차원에서 우리가 다루는 기본적인 질문은 다음과 같다. '나는 언젠가는 죽을 것을 알지만 나의 삶을 어떻게 충분히 살 수 있을까?'

내담자는 '나의 삶은 나의 것이고 다른 누구의 것도 아니다. 그것은 곧 끝날 것이다.'라는 사실을 처음으로 직면할 때 역설적으로 자신이 다른 사람들과 다르기도 하면서 유사하기도 하다는 것을 깨닫는다. 우리는 모두 홀로 죽지만, 이러한 현실을 공유한다. 우리는 이 딜레마를 쉽게, 좀처럼 자진해서 받아들이지 않는다. 우리는 주로 일이 잘못되어 가서 어쩔 수 없을 때 그것을 받아들일 것이다.

우리는 종종 다음과 같이 함으로써 이것을 부인한다.

- 그것에 대하여 '논리적'이 되거나 그것이 중요하지 않은 척한다.
- 죽음을 존재의 부재로 보기보다는 평화롭고 편안한 잠으로 상상한다.
- 사후세계를 믿거나 어떤 기념비를 남긴다.
- '궁극적 구원자', 즉 하나님, 부모, 의사, 심지어는 치료사를 믿는다.
- 타인에게 의존하는 경향이 있다.
- 우울하고, 무기력해지며, 철수한다.
- 젊음을 추구한다.
- 자살 시도나 자살을 함으로써 죽음이 우리를 선택하기 전에 스스로 죽음을 선택한다.

이 모든 전략은 일시적인 위안을 가져다줄 수 있지만 궁극적으로는 이득이 아닌 해가 된다. 경직되고 보호적인 전략은 현실의 실상 속에서 지속적으로 버틸 것을 요구한다. 그 결과, 개인의 실존적 불안은 점점 더 극단적이고 역기능적인 형태를 취하게 된다.

 사례

물리적 세계 작업하기

에드리언은 수년 동안 마라톤을 했다. 그는 마라톤 경기에 100번 참가한 사람들의 모임인 100클럽의 회원이 되어 가고 있음을 자랑스러워하였다. 그는 다음의 한 걸음을 준비하고 훈련하는 데 가장 많은 시간을 보냈다. 그의 가정생활은 이제는 전무했다. 그의 아내가 그의 강박적인 행동에 매우 반대했고, 집에서 시간을 보내지 않는 그에게 분개했기 때문이다. 결국 가장 중요한 경기들 중 하나가 있기 전날 저녁에 그녀는 그를 큰 딜레마에 빠지게 했고, "마라톤인지, 나인지 선택해."라며 그에게 도전하였다. 그는 이 딜레마를 해결할 수 없었고, 무거운 마음으로 마라톤 경기에 갔다. 그는 경기 도중 정신을 잃고 쓰러져서 심장병으로 병원에 실려 갔다. 그는 이런 일이 어떻게 생겼는지 알 수 없었다. 그의 아내가 그에게 마술을 걸었다고 생각했다. 그리고 이것이 어떻게 가능한지 곤혹스러워서 상담에 왔다.

🔊 해설

에드리언이 그에게 일어났던 일의 깊은 의미를 이해하기 위하여 자기 자신에게 질문할 수 있고 기꺼이 질문하기까지는 꽤 많은 시간이 걸렸다. 그의 집착과 걱정에 대하여 말하기 시작한 지 얼마 후, 그는 그의 고통 밑에 역설이 있었음을 깨닫기 시작했다. 그는 아이러니하게도 그의 삶에서 돌볼 만한 가치가 있었던 자신의 건강과 관계를 포함하여 삶의 모든 것을 놓치면서까지 그의 신체 단련과 불멸을 입증하기에 바빴다. 이 시점에서 그는 죽음의 가능성을 보면서 죽음을 다르게 생각할 수 있었다. 그는 지나치게 신체 단련을 하지 않기로 결심하고 100클럽에 대한 생각을 포기하였다. 결과적으로, 그는 아내를 그의 스포츠에 끌어들이는 방법을 발견하였고, 함께 운동을 하기 시작했다. 다양한 선택을 테스트해 보면서 마침내 항해를 하기로 했다. 그러나 에드리언이 정말로 달라졌던 것은 다른 사람들을 이기고 삶을 이기려는 강박을 포기할 수 있었던 것이다. 그는 마침내 자기 자신으로 돌아왔다는 느낌이 들었다. 죽음에 대한 에드리언의 두려움은 그를 마라톤에 헌신하게 했고 거의 죽일 뻔했다. 그것은 실제로 살지 않은 삶에 대한 그의 두려움에 기초해 있었다. 죽음에 대한 두려움에 직면하자 그는 자신의 삶을 살 수 있게 되었다.

> ### ⏻ Key Points
>
> - 치료사는 내담자의 방어를 인정하고 존중하지만, 내담자가 그것에 기꺼이 도전하고 도전할 수 있음도 인정하고 존중할 필요가 있다.
> - 죽음을 받아들이는 것은 너무 어렵기 때문에 극단적으로 강한 회피 반응이 있을 수 있다.
> - 죽음에 대하여 기꺼이 말하지 않으려는 사람은 내담자만이 아니며, 치료사들 중에도 있을 수 있다.
> - 실존은 삶과 죽음 모두에 대한 것이기 때문에 다른 하나를 배제한 것에 초점을 맞추어서는 안 된다.
> - 상실에 대하여 말하는 것이 더 쉬울 수 있기 때문에 그것은 죽음을 대신하여 말하는 것일 수 있다.
> - 우리는 내담자가 자신의 죽음과 남은 시간에 대하여 말하는 것에 주의를 기울일 필요가 있다.

사회적 세계

소외와 연결성: 사회적 세계에서의 관계

내담자가 처음에 치료에 가져오는 것이 무엇이든, 관계에 대한 어려움은 언제나 드러날 것이다. 예를 들어, 에드리언의 문제는 적어도 그의 아내와의 관계에 대한 것만큼 건강과 운동에 대하여 엄청나게 강렬한 그의 욕망과 새롭게 드러난 물리적 한계를 극복하는 데 있었다.

관계 패턴은 종종 가장 민감했던 어린 시절과 십 대에 관계에 대하여 우리가 만들었던 앙금이 된 가정에 기초해 있다. 결과적으로 우리는 관계에서 어떤 특성을 기대하게 되고 어떤 대안도 보기 어렵다는 것을 발견한다. 대부분 그것은 충분히 잘 작동하지만 내담자는 자기 자신이나 주변의 누군가가 그들의 관계에서 우선순위를 바꿔야 할 때 심리치료에 올 것이다.

사회적 관계의 여러 층

어떤 관계는 보다 더 공적이고 익명성을 가진다. 그 범위는 낯선 사람과의 우연한 만남부터 관료와 가졌던 공식적인 관계까지 다양하다. 어떤 관계는 보다 개인적이다. 이것은 사회적 네트워크와 직장 네트워크에서 알게 된 사람들과의 관계이다. 그리고 우리가 실제적으로 개방하는 사람들과의 관계가 있다. 이런 관계는 우리가 사랑하는 사람들을 위하여 준비된 것으로, 나중에 개인적 세계에서 논의될 것이다. 이 모든 것을 구별하는 요소는 우리가 타인과 친밀함과 비밀을 나눌 준비가 되어 있는 정도로 정해진다.

치료의 특징은 그것이 이 모든 영역에서 동시에 일어난다는 것이다. 그렇기 때문에 적절한 경계를 유지하는 것이 정말 어렵고도 매우 필요한 것이다.

기술기반 문화와 마찬가지로, 우리의 사회는 개인적 독립을 이상화할 뿐 아니라 관계를 기술화하는 경향이 있다. 그리고 사람들로 하여금 단순한 속임수와 술책이 있어서 그것을 더 잘 배울 수 있다고 믿게 한다. 성적 관계를 대인 관계적 친밀감으로 보기보다는 성적 기술과 기량으로 보는 것이 이에 대한 좋은 예이다. 좋은 관계를 공동으로 창조하는 것은 순수하게 개인적 과업이 아니기 때문에, 완성하기 위해 평생을 가져가야 할 예술이다.

사회적 세계에서의 역설과 딜레마

사회적 세계의 역설은 우리가 가까워질 수 있는 타인들과 분리되어 있다는 것을 자각해야 한다는 것이다. 그것만이 그들과 우리 자신을 이해할 수 있도록 허용하기 때문이다. 우리가 타인을 우리와 똑같다고 혹은 똑같아야 한다고 생각하는 한 우리는 실망할 것이다.

해결할 수 없는 딜레마는 우리가 타인과 우리 자신 사이에 다리를 놓아 융합되고 싶어 하는 동시에, 분리되어 우리의 개별성을 확립할 필요가 있다는 것이다.

이 차원에서 내담자들이 말하는 기본적인 질문은 '다른 사람들은 무엇 때문에 거기에 있는가?'이다.

모든 관계의 근본은 소속되고, 인정받고, 감사받으며, 가치 있게 여겨지려는 욕구이다. 하지만 이것은 또한 답례로 사랑하고, 인정하며, 감사하고, 소중히 여길 수 있음을 필요로 한다.

실존적으로 올바른 관계는 타인들에게 의존하거나 타인들로부터 독립하는 것이 아니라 타인들과 성숙하게 상호 의존한다는 특징을 가지고 있다.

우리는 우리를 인정해 줄 타인을 필요로 하지만 또한 개별성을 가지고 차이를 인정받을 필요가 있다. 우리는 완전한 낯섦과 사랑의 신비에, 즉 사랑받는 것 혹은 사랑받지 못하는 것, 누군가 나를 원하는 것 혹은 홀로 남는 것의 의미에 직면하는 것이 어렵다는 것을 발견한다.

우리는 종종 다음과 같이 함으로써 이것을 부인한다.

- 관계를 아는 사람 정도로 유지하면서 친밀한 관계를 회피한다.
- 타인과 함께 있거나 이야기하면서 홀로 시간을 보내지 않으려고 많은 변명을 찾는다.
- 관계를 승자와 패자와 같이 경쟁적으로 본다.
- 다른 사람들을 지배하거나 우리 자신이 따돌림을 당하게 한다.
- 도전을 투쟁하는 것으로 오해한다. 성욕을 친밀함으로, 사랑의 열병을 사랑으로 오해한다.
- 사회적 세계를 생존에 필요한 최소한으로 제한한다.

내담자들은 다음과 같은 것을 원한다.

- 자신의 관계를 잘 다루기
- 타인을 인정하고 타인의 인정을 받기
- 관계가 어떤 작용을 하는지 그리고 자신의 역할은 무엇인지 이해하기
- 특별한 관계를 왜 유지해야 하는지 그리고 왜 관계를 계속해서 망치는지 를 이해하기

✎ Exercise

당신의 삶 속에 있는 다섯 사람을 생각해 보라. 종이에 원을 그리고 그들의 이름을 원 밖에 동일한 간격으로 적으라. 당신의 이름을 원 중앙에 적으라. 당 신 자신과 원 밖에 있는 사람들 사이에 바퀴살처럼 선을 그으라. 지지, 공유와 개방의 관점에서 그들과 가지는 관계에 대하여 생각해 보라.

각각의 관계를 차례대로 생각해 보라. 당신이 타인들의 지지를 얼마나 많 이 받고 있는지 혹은 타인을 얼마나 많이 지지하고 있는지. 당신이 타인을 많 이 지지하고 있다고 느끼면 그 사람에게로 화살표 세 줄을 그리고, 그것이 중 간 정도면 두 줄, 적으면 한 줄을 그으라. 이와 마찬가지로 당신이 그들의 지 지를 받고 있다고 느끼는 정도에 따라 화살표를 당신 쪽으로 그리라. 당신이 얼마나 많은 지지를 받고 있고 얼마나 많은 지지를 하고 있는지를 그림으로 보여 줄 것이다.

- 그 양은 동등한가?
- 이것이 당신의 관계의 종류에 대하여 말해 주는 것은 무엇인가?
- 당신의 삶에서 나타나는 지지의 종류는 무엇인가? 그것은 충분한가?
- 각 관계의 강점과 한계점은 무엇인가?
- 당신은 어떻게 바꾸고 싶은가?

- 변화시키는 데 장애물은 무엇인가?
- 그것은 무엇처럼 느껴지는가?

당신이 관찰한 것을 질문받은 사람들과 논의할 기회가 있다면, 그들의 생각이 당신과 같은가를 알아보라. 종종 우리는 지지한 것을 강조하면서 억울해하기도 하지만, 우리가 받고 있는 지지를 자각하지 못하고 그것을 당연하게 받아들이기도 한다. 이 연습에서 드러나는 한 가지 주제는 타인들과 함께 있는 세계에서 자기 자신을 발견하는 방식이 순간순간 그리고 사람마다 다르다는 것이다. 우리는 내담자들에 대하여 다음과 같은 것을 알 필요가 있다.

- 그들의 삶에 많은 사람이 있는가, 아니면 몇 사람만 있는가?
- 그들은 이 타인들에 대하여 지배적인가 아니면 복종적인가?
- 그들은 경쟁적인가 아니면 협력적인가, 활동적인가 아니면 수동적인가, 참여하는가 아니면 철수하는가, 신뢰하는가 아니면 의심하는가?

신뢰와 통제

실존치료는 이해의 가치와 신뢰를 토대로 한 관계이지만, 이해받기 위하여 우리는 알려져야 하고 우리의 약점과 단점이 드러날 위험을 감수해야 한다. 치료의 전반적인 목표는 친밀함이 위협과 제한보다는 자유를 경험하게 할 수 있다는 것을 발견하는 것이다. 그러나 친밀함을 얻을 수 있으려면 상실의 위험도 감수해야 한다. 진실한 친밀함은 통제되거나 강요될 수 없기 때문이다. 두 사람 모두 서로에게 자유로운 선택을 할 수 있어야 한다.

자주 신뢰를 반영하는 것은 내용보다는 치료 과정이다. 내담자들은 치료사가 내담자들만큼 치료사 자신의 권위를 존중할 때 치료사를 더 신뢰하는 것 같다. 만약 그들이 우리를 어떻게 대하는가에 대해 우리가 그들에게 도전하는 것을 의미한다면, 이는 협력과 존중의 자연스러운 부분이 된다. 과정은 내담자가 치료 밖에서의 행동을 말하는 것으로 측정되는 것처럼 상담에서는 최소한 치료사와 내담자 사이의 협력과 신뢰를 증가시키는 것으로 측정될 것이다.

경쟁적인 것과 객관화

마르틴 부버와 장 폴 사르트르는 우리가 사람들을 대상화하여, '그것(it)'으로 만듦으로써 사람들의 예측 불가능을 줄인다고 말하였다. 그러나 그렇게 할 때 우리는 우리 자신조차 대상으로 만든다. 우리는 그것이 일을 더 단순하게 만들 것이라고 생각하고 실제로 그렇게 하지만, 그에는 대가가 따른다. 그것은 인간의 특성을 대상으로, 물질적 특성을 인간에게, 그리고 인과관계를 대인관계로 귀속시키게 한다. 그리하여 우리는 결국 기계적이고 도구적인 세계에서 살게 된다.

사르트르의 3부작 『자유에 이르는 길(The Roads to Freedom)』(2002)은 다양한 등장인물이 자기 자신을 어떻게 보는가를 생생하게 묘사한다. 그들은 자신이 세계 내에서 역동적으로 상호 구성된 사람이 아니라 세계에 의하여 만들어진 대상이기 때문에 자신의 길을 볼 수 없다고 본다.

대부분의 관계 문제는 우리의 개별성과 타인의 사랑 모두를 상실하는 것에 대한 두려움에 달려 있음을 기억하는 것이 도움이 된다. 이것은 관계에서 희생자, 박해자나 구원자 역할을 함으로써 생겨난다. 세 개의 역할 중에서, 희생자역할은 종종 혼자서 거의 다 '했다'고 느끼기 위한 특혜를 받는 위치로 보인다.

- 희생자 역할을 하는 사람은 자기 자신이 타인에 의해 '하게 되었다'고 그리고 그들에게 맞설 힘이 없다고 느낀다. 그것에 굴복할 때 긴장을 극복할 수 있거나, 타인이 자신의 영향을 자각하게 할 가능성도 있지만, 보통 그것은 패배주의와 절망으로 인도한다.
- 박해자 역할을 하는 사람은 타인을 회유하거나 통제하여 '적절하게' 행동하기를 원한다. 일을 추진할 수 있는 우리의 능력에 대한 좋은 느낌을

갖게 할 수도 있지만, 우리 자신의 이익을 위하여 그런 일을 하기 때문에 타인은 실제적으로 약해지고 따돌림 당하는 느낌이 든다.

• 구원자 역할을 하는 사람은 타인을 도우려 하고, 타인을 돕는 것을 자신의 프로젝트로 삼는다. 돌봄에 대한 우리의 능력에 좋은 느낌을 가질 수 있지만, 우리 자신의 이익을 위하여 구원 행동을 하는 것이기 때문에 타인이 자신의 존엄과 독립을 느낄 수 없게 한다. 오히려 그들의 존엄과 독립을 감소시키며 그들의 자율성을 빼앗는다.

이 역할들은 상호 의존 관계에 사로잡혀 있어서 한 사람이 타인을 어떻게 해서든 변화시키고 싶어도(이것이 그들이 그렇게 행동하는 이유이다) 사실 두 사람 중 한 사람이 변화한다면 그것은 그 관계를 불안정하게 만들 것이고 새로운 일이 일어날 위험을 감수하게 한다. 중독은 종종 상호 의존 관계에서 강한 구성 요소이다.

'역할'이란 단어는 우리의 취약성을 보호하기 위하여 우리가 맡는 위치를 나타내는 데 사용된다. 겉으로는 다를지라도, 앞의 세 역할 모두 공통적으로 개인적 책임을 부인하고 자신과 타인을 신뢰하는 것이 어렵다고 인정하기보다는 그들을 대상화한다.

🖊 Exercise

희생자, 박해자, 구원자 역할 중에서 당신이 가장 자주 하는 역할은 무엇인가?

• 일상의 삶에서, 치료사로서 그리고 내담자로서?
• 두 번째로 자주 하는 역할은 무엇인가?
• 그렇게 할 때 얻는 것은 무엇이고 잃는 것은 무엇인가?
• 그로부터 벗어나기 위하여 무엇을 하는가?

치료 상황에서는 치료사를 구원자로 보고, 내담자를 구원받을 희생자로 보고, 내담자의 세계에 있는 사람들을 박해자로 보는 구원자-희생자 관계가 쉽게 만들어질 수 있다. 그러한 패턴을 인지하고 이를 잘 활용하려면 많은 훈련과 경험이 필요하다.

📑 사례

사회적 세계 작업하기

　클리프는 27세로 마리와의 2년간의 관계가 깨진 후 치료에 왔다. 그는 서로를 불행하게 만들기만 해 놓고 왜 관계를 끝내기로 했는지 말하기 어렵다는 것을 발견하였다. 그들이 서로 지지하면서도 서로에게 매우 비판적으로 되었던 것 외에 무엇이 잘못되었는지 그는 이해하지 못했다. 그들은 서로를 원하는 것을 그만뒀다. 그는 자신이 얼마나 외로운가에 대하여 말했다. 이 단계에서 치료사는 좀 더 많은 사람을 만나는 몇 가지 방법을 제안했으나, 그는 다음 회기에 오지 않았다. 다행히도, 치료사는 내담자가 오지 않은 것이 치료사 자신의 충고와 관련이 있음을 깨달았다. 이것으로 치료사는 내담자의 보호적인 자부심(self-sufficiency)을 이해하였다. 그녀는 사람들이 클리프에게 무엇을 해야 할지 말하는 것으로 그를 통제하려 할 때 그가 어떻게 느꼈는지, 그리고 그가 이 사실을 말했다면 치료사가 그를 공격할 것을 얼마나 두려워했는지를 이해하였다. 그가 치료사에게 원했던 것은 치료사가 그의 말을 경청하는 것이었다. 이것은 매우 도전적인 일이었다. 왜냐하면 그는 그의 생각과 감정을 다른 사람과 나누는 데 익숙하지 않기 때문이었다. 그는 자신과 파트너가 떨어져 있어도 서로에게 관심을 가졌지만, 지금은 그들이 함께 있어도 관심이 없는 이유를 이해하지 못했다. 그는 그녀와 다시 그전 상태로 돌아가고 싶었지만 그녀는 원하지 않았다. 그는 이렇게 된 것을 이해하면 그녀를 돌아오게 할 수 있을 것이라고 생각했다.

　누군가와 가까워진다는 것이 그렇게 혼란스러운 감정을 일으킬 수 있는 이유를 이해하려고 노력하자, 클리프는 다른 사람을 만나서 '사랑에 빠졌다.' 그는 이

번에는 잘될 것이라고 확신했다. 치료사는 확신할 수 없다고 말했지만, 그는 무시하고 직업과 치료를 그만두었다. 그리고 그녀와 함께 스페인으로 갔다. 6개월 후 그가 그녀의 친한 친구와 잠을 잤기 때문에 관계가 최소한 부분적으로는 힘들게 되자 다시 돌아왔다. 사실 이것이 그의 패턴이었다. 치료가 재개되었다. 그는 자주 매 회기에 몇 분 정도 늦게 왔다. 이에 대해 상담에서 이야기했지만, 교통체증, 알람시계 혹은 직장 문제 때문이라는 변명만이 돌아왔다. 치료사는 클리프가 상담실에 오면 치료 작업을 열심히 하는 것 같지만, 치료사 자신이나 자신이 말했던 것에 주의를 기울이지 않는다고 느꼈다. 실제로 그는 그랬고, 이것은 그가 신뢰와 통제 사이에 있었음을 드러냈다. "……나는 나 자신으로 혼자 있든지, 다른 사람과 있을 때 나를 잃어버리든지 둘 중 하나예요……. 나는 어떻게 해야 하는 거죠?" 그는 상담에 늦는 것으로 시간을 단축시키고 이로써 치료에 대한 통제를 할 수 있었음을 깨달았다. 자기 자신에게 부당한 대우를 하는 (short-changing) 것이 통제를 유지하기 위하여 치러야 할 약간의 대가인 것 같았다. 그러나 그는 더 이상 대가를 치르고 싶지 않았다. 이것은 치료의 다음 단계로 나아가기 시작하는 표시였다. 그 시점에 그는 제시간에 왔다. 치료사와의 관계가 중요해지기 시작했다. 그는 휴식과 휴일에 대한 그의 불안을 말할 수 있게 되었다. 그는 진정한 대화를 할 수 있게 되었다. 그러는 동안 성적 관계가 문제가 되었기 때문에, 그는 자신이 타인들로부터 무엇을 원했는지를 알 때까지 성적 관계를 포기하기로 결심했다. 그는 나중에 한 여자를 만났고, 이번에는 전과 달랐다. "나는 다른 사람과 친밀하려면 내가 어떤 것을 포기해야 한다고 생각했고, 우리가 서로 똑같은 생각을 해야 한다고 믿었어요. 그러나 이제는 똑같이 생각하지 않고 그것이 중요하지 않다는 걸 알아요. 더 중요한 것은 내가 아직도 그녀에게 끌리고 있고 가깝게 느끼면서 이전보다 더 자유롭게 느껴진다는 것이죠. 나는 이전에는 언제나 옳은 것을 기대했지만 이제는 관계란 전혀 그런 것이 아님을 알아요. 관계란 선택에 전념하는 나의 능력에 대한 것이에요.'

🔊 **해설**

치료 이전에 클리프의 관계는 오래가지 않았고, 정서적 나눔이 거의 없었거나 강하지만 의존적인 특성을 가지고 있었다. 그런 관계에서 그와 여자는 서로의 지지를 필요로 했다. 그들의 관계가 너무 멀어지거나 너무 가까워져서 보통 관계가 악화되면 그들은 서로를 비난했다. 치료에서 그는 누군가가 자신의 이야기를 경청하는 것의 의미를 경험할 수 있었고, 신뢰가 자신을 제한하고 조건 짓는 것이 아니라 자유롭게 할 수 있음을 발견하였다. 그가 타인과 관계 맺는 방식은 치료에서 관계 맺는 방식과 매우 유사했다. 친밀함의 주제에 대해 이야기하는 것의 조합은 버림받지 않고 침입당하지 않는 다른 방식으로 그의 치료사를 경험하는 것과 관련되어 있다. 처음으로 그는 선택할 수 있었고 선택에 전념할 수 있었다.

⏻ Key Points

- 관계는 피할 수 없지만, 위험하면서도 만족을 줄 수 있다.
- 타인과 함께 있는 새로운 방식을 탐색할 때, 내담자는 자신의 자기파괴적인 행동을 정당화하는 초기의 방식으로 퇴행한다.
- 친밀한 관계는 우리가 죽음의 공포를 견뎌 낼 수 있게 한다.
- 내담자의 친밀한 관계의 특성을 측정하는 것은 중요하다.
- 어떤 사람들은 결국 실업, 교대근무를 통해 또는 전일제 직업에 전념하느라 사회적 소외의 위치에 있게 된다.
- 때때로 치료사와의 만남은 내담자가 가지는 유일하게 의미 있는 사회적 만남일 것이다.
- 현재 나타나는 주제와 치료사와 내담자 사이의 관계에 노력을 들이지 않고 관계 문제에 대해 이야기하는 것은 거의 불가능하다.

개인적 세계

자유와 통합의 개인적 의미:
개인적 세계에서 삶의 패턴과 본래의 프로젝트

클리프와의 상담에서 두드러지게 나타났던 일들 중 하나는 그가 계속해서 자신의 욕구를 부인하고, 타인의 결점을 찾으며, 타인들로부터 멀어지고, 다른 사람을 찾지만 결국 그들도 옳지 않다는 것을 발견할 뿐이라는 것을 알게 되었다는 것이다. 그는 자신의 모든 관계의 공통적인 요소가 자기 자신이었고, 그의 패턴이 익숙한 것을 반복함으로써 관계적 본성을 회피하는 방법이었음을 깨닫게 되었다. 이것은 자신의 삶에 대하여 생각하고 삶을 책임지며, 삶이 자신을 그렇게 만든 것이 아니라 자신이 그렇게 만들었음을 깨닫기 시작했다는 신호였다. 이 깨달음은 이전에는 자동적이라고 생각했던 상황에 대하여 그가 선택할 수 있게 하였다. 그는 소극적이기보다는 적극적으로, 반응적이기보다는 성찰적으로 되었다. 그는 자신의 약점과 혼란이 개인적 관계를 부인했기 때문이었음을 인정했다.

개인적 세계는 책임, 선택, 자유와 개인적 통합(intergrity)의 주제와 연관되어 있다. 그것은 다른 사람이 아닌 나의 개인적 생각의 세계를 인정하는 것이다. '나의 것(mineness)'이라는 이 느낌을 자각하는 것은 불안을 야기한다. 그것이 우리 자신의 경험은 우리에게 책임이 있고 타인의 경험은 타인에게 책임이 있지만 우리가 서로 연결되어 있음을 보여 주기 때문이다. 내가 누구인가에 대한 느낌은 타인들과의 관계에 대한 나의 반응으로부터 생긴다. 우리가 우리 자신의 삶을 책임지지 않고 타인들이 우리를 규정하게 하는 한, 우리는 무기력하고 반응적이며 수동적이 된다. 우리가 정신을 차려서 우리에게 일어나고 있는 일에 대한 반응을 권위로 대체할 때, 마침내 우리의 역량을 발휘하게 된다. 이런 일이 일어날 때 처음으로 우리의 삶은 우리가 선택한 것일 뿐만 아니라 우리에게 영향을 미치고 설명되어야 할 많은 요소의 영향을 받고 그에 따라 결정된다는 것을 알 수 있게 된다. 이것은 우리에게 불안을 야기할지도 모른다.

우리가 진실로 깨어 있고 삶의 주인공으로 살기 원한다면 우리 자신의 마음을 정하는 것에 대한 개인적 책임만이 유일하게 성장하는 방법임을 발견할 때까지 쉬운 삶을 사는 것과 같은 여러 가지 방식으로 불안을 진압하려 할 것이다.

본래의 프로젝트

우리는 우리 자신과 세계를 최우선적으로 이해해야 할 필요가 있고, 이러한 필요는 우리의 나이와 지식에 따라 다르다. 사르트르는 이것이 우리가 어떻게 존재할 것인가에 대한 '본래의 프로젝트(original project)'를 선택하게 한다고 말한다. 언제나 반응적이고 정서에 기반을 둔 그리고 나이에 맞는 말로 형용할 수 없는 선택을 한다는 것은, 어린아이처럼 우리에게 주어진 카드로 최선을 다하려는 것이고 우리의 자율성을 확보하는 방법을 찾으려는 것이다. 그것은 항상 선택이다. 선택에 따라 사건에 의미를 부여하는 사람은 우리 자신이다. 우리는 이러한 선택을 소유할 수 있고 그것을 불이행하지 않고 신중하게 이행한다. 우리의 선택에 대한 관점을 바꿀 수 있는 가능성은 언제나 있다.

예를 들어, 어렸을 때 학대를 받았던 사람은 자기 자신을 희생자로 보고 성장할 것이다. 혹은 자기 자신을 생존자로 생각할 것이다. 둘 다 결정된 것이 아니라 스스로 선택한 것이다. 거기에는 분명히 맥락적 제약이 있지만, 중요한 것은 그 사건이나 특성이 그 사람에 의하여 자기정의의 제한적 행동으로 사용되는 정도에 따라 그것이 자기충족적 예언이 된다는 것이다. 이것은 우리의 본래의 프로젝트가 우리의 삶을 형성하는 방법이 되어 우리의 자기감으로 침전된다. 그 침전이 굳어지고 광물화되면, 그것은 마치 바위에 새겨진 것처럼 느껴지기 시작할 것이다. 거기에 포함되어 있는 정서적 이해관계 때문에 본래의 프로젝트는 거의 받아들일 수 없고, 그 사건이 유통기한이 지나 문제를 일으키기 시작할 때 그것이 자신의 삶의 흐름에 장애물로 존재하고 있음을 깨달을 것이다. 이때 사람들은 치료에 오기로 결심한다.

실존적으로 과거, 현재와 미래는 동등하게 중요하다. 현재만이 과거의 결정을 자유롭게 깰 수 있고, 미래에 용기 있게 직면할 수 있는 가능성을 가지고 있다. 그러나 그것은 과거에 만들어진 선택을 이해하고 그것을 소유할 때만 가능하다. 그때 선택은 유동적이 되어 바뀔 수 있다.

내담자가 현재의 의미를 이해하지 못한다면 과거를 계속 반복할 것이다. 내담자는 이것을 발견하고, 자신이 부인했던 것을 관찰함으로써 그리고 그 결과를 알아차림으로써 과거에 자신이 책임을 어떻게 회피했는가를 알 수 있다. 그들이 과거의 새로운 의미를 골똘히 생각하고 그들의 선택이 그들의 세계에 어떤 영향을 미쳤는가를 알게 될 때, 그들이 현재 자신의 삶을 어떻게 제한시켰는지 눈치채고 미래를 위하여 변화할지 말지를 생각하기 시작할 것이다. 과거의 선택을 자유롭게 깨고 신중하게 새로운 선택과 헌신을 하는 것은 종종 실존적 탄생과 같이 느껴진다. 그것은 실존적 결과의 법칙(Adams, 2013a)과 그 안에 있는 그 사람의 자리를 이해하는 것이다. 그것은 '나는 그것을 행하였고 선택했다. 그리고 나의 선택과 행동의 결과에 대하여 책임을 질 수 있다.'와 같이 이야기될 수 있다.

이전에는 수동적 동의 혹은 자동적 거절로 실존의 규칙에 반응하였다면, 이제는 개인적 책임을 지고 그것을 수용하기 위한 행동 과정을 성찰할 수 있다. 아마 타인이 선택했다는 것은 나의 수동적 선택과 같을 것이다. 타인의 선택은 중요하지 않다. 핵심은 나의 선택을 소유하는 것이다.

다음의 질문은 개인적 세계와 본래의 프로젝트에 대하여 생각할 때 유용할 것이다.

• 그때 일어났던 일과 지금 일어나고 있는 일에 익숙한 것이 있는가?

- 똑같은 실수를 하는 자신을 볼 때 그것은 무엇 같은가?
- 연속적으로 일어나는 사건들 속에서 당신의 역할은 무엇이었는가?
- 당신이 진실을 당신 자신으로부터 가렸다는 것을 알게 된다면 그것은 무엇 같은가?
- 당신의 행동은 어떻게 예기치 않은 결론으로 나아가게 했는가?

개인적 세계에서의 역설과 딜레마

개인적 세계의 역설은 우리가 연약하고 취약하다는 것을 깨달을 때 그리고 외부에 규범서가 없기 때문에 계속해서 잘못한다는 것을 깨달을 때, 이 자유가 우리에게 책임감, 개인적 힘, 선택의 가능성을 준다는 것이다. 내가 취약하지 않은 것처럼 행동하는 한, 인간의 취약성을 이해할 수 없다.

우리가 강하다고 해서 결코 취약하지 않을 수 없고, 언제나 한계와 약함에 직면한다는 것은 해결할 수 없는 딜레마이다. 우리는 경험으로부터 옳고 그름을 배울 때까지 우리가 강하고 어디로 가고 있는지 알고 있는 것처럼 행동하는 수밖에 없다.

개인적 세계에서 내담자들이 말하는 기본적인 질문은 '어떻게 내가 나일 수 있는가?'이다.

현재 우리가 누구인지에 대한 질문은 어쩔 수 없이 과거가 어떻게 지금의 우리를 만들었는지에 대한 질문을 하게 할 것이다. '어떻게 지금의 내가 되었는가?', 이것은 결국 미래에 대한 질문도 하게 할 것이다. '나는 어떻게 똑같은 실수를 하지 않고 미래에 더 풍요롭게 살 수 있을까?'

개인적 세계 작업은 치료사에게 부담을 준다. 종종 다음과 같이 함으로써 딜레마가 부정될 것이기 때문이다.

- 개별성 그리고 생각과 행동의 고유성에 대한 지나친 주장
- 무기력함이나 의지할 곳 없음에 대한 주장
- 우리 자신의 세계와 선택과 책임에 대하여 생각할 때 생기는 불안에 직면하지 않도록 홀로 있기를 회피하는 것
- 혼자가 되는 것, 혼자서 세계로부터 철수하는 것, 두려움에 사로잡히지 않기를 거절하는 것
- 치료사를 포함하여 타인에게 의견이나 판단을 지나치게 미루는 것
- 치료사의 관점을 포함하여 타인의 관점을 체계적으로 거부하는 것
- 편안함을 추구하는 행동, 예를 들어 자기 자신을 진정시키기 위한 '중독', 그 때문에 치료를 전복시키는 것
- 삶에서 모든 것을 성취하거나 어떤 것도 성취할 수 없다는 이분법적 태도를 유지하는 것

📃 사례

개인적 세계 작업하기

소피는 처음에 이메일로 치료사를 만났다. 그녀는 메일에서 "나는 지금 혼란스럽고 파괴적인 곳에 있어요. 나 자신에 대하여 더 많이 배울 수 있는 환경을 발견하고 싶어요."라고 말했다. 그녀는 23세로 유명한 음악 회사에서 일했고 열 살 위인 앨런과 사귀고 헤어지기를 반복하는 관계를 맺고 있었다. 앨런은 그녀에게 관심이 많았고, 그녀가 어떻게 삶을 수행해야만 하는지도 말해 주었다. 그녀는 그 관계가 안전하지 않다고 생각해서 그에게 마음을 열기를 주저했지만 그에게 매력을 느꼈다. 그녀는 두 사람의 관계가 동등하리라는 기대를 포기했다. 그녀는 계속해서 과식을 하고 술을 많이 마시면서 자해 충동과 씨름하고 있었다. 그녀는 이것이 올바르지 않다는 것을 알았지만, 이 압도적인 느낌을 어떻게 다루어야 할지 몰랐다. 그녀는 치료에서도 자기 자신에 대하여 말하는 것이 어려워서, 이 문제에 대하여 어느 누구에게도 털어놓지 않았다. 그녀는 말하기

보다는 듣는 편이었다. 그녀는 첫 회기에 거의 내내 사과하면서 울었다. 치료사는 듣기만 했다. 치료사는 이것이 관계에 대하여 특별한 것이었음을 즉시 알게 되었다. 앨런은 그녀가 생각하고 느꼈던 것에 관심을 가져 준 첫 번째 사람이었다. 그녀는 성장 과정에 대하여 말하였다. 두 살 위 오빠들이 함께 놀고 있을 때 그녀는 제외되었고, 그동안 부모는 논쟁하고 있었다. 그녀는 어릴 때부터 자신의 집 근처에 있는 숲 속을 오랫동안 걸으면서 위로를 받았고 그곳에서 그녀가 숨을 수 있는 어두운 동굴 같은 곳 하나를 발견했다. 아직도 그녀는 누구도 만나지 않은 채 며칠 동안 계속 있곤 했다. 그녀는 직장 일에 관심이 없었고 그녀가 영합해야만 했던, 많은 '자신에게만 몰두하고, 자기애적인 사람들'과 관계 맺는 것을 좋아하지 않았다는 것을 깨닫기 시작했기 때문에 직장을 그만두고 싶었다. 그들은 그녀의 가족과 같았다. '신경을 많이 써야 하는 사람들'이었다. 그녀는 자신이 그런 사람이 아니라는 사실에 자부심을 느꼈다. 치료에서 그녀는 다른 사람들을 혼자서 위협적으로 경험하고 있음을 천천히 깨닫게 되었다. 그녀는 용과 다른 괴물들에게 괴롭힘을 당하는 꿈을 꾸었다. 처음에 그녀의 반응은 도망가서 숨고 스스로 약하게 느끼는 것이었는데, 치료를 통하여 그녀는 자신의 강점과 용기를 보기 시작했다. 그리고 다른 사람들의 요구와 갈등에 파괴당하는 대신 그들과 분리되어 있으면서 타인들을 돌볼 수 있는 사람으로 자신을 정의하였다. 그러나 그녀는 이것을 결코 표현하지 못했다. 그녀의 좌절은 신체 내부에 계속 있었는데, 그녀는 타인이 자신을 대했던 것처럼 자신을 나쁘게 대했다.

◀)) 해설

소피는 자신을 가치 있고 강점을 가지고 있으면서도, 타인과 관계를 맺을 수 있는 사람으로 단정하기 시작했다. 그녀는 앨런과의 이상한 관계에서 죄책감을 느끼는 대신, 그녀에 대한 그의 관심이 그녀가 타인과 정말로 관계 맺을 수 있는 사람임을 알게 하는 기회였음을 알기 시작했다. 그러나 그것은 익숙한 방식으로 제한되어 있었다. 그녀는 자신의 욕구와 욕망을 구조화하여 자신의 생각을 다른 사람들에게 표현하기 시작했고 자신이 말하고 싶지 않을 때는 말하지 않을 수 있게 되었다. 그녀는 자신의 강점을 발견하고 타인에 대한 자신의 욕구와 욕망을 수용하려고 노력했다. 자신을 확인할 수 있는 이 능력이 향상되자 그녀의 증상은 천천히 해결되었다.

⏻ Key Points

- 자기 자신을 알려는 내담자의 의지는 과거에 그것을 발견하는 것이 얼마나 어려웠는가에 대한 척도이다.
- 우리는 자유로운 선택을 위하여 본래의 프로젝트를 결정할 때 우리가 가졌던 느낌으로 돌아가서 그 선택을 재검토할 필요가 있다.
- 우리는 개인적 차원에 더 익숙해지면 우리 자신에 대해 가치 있는 것의 진가를 알아보고, 우리에게 문제가 되거나 어렵다고 여겨지는 것을 이해하고 용서하는 것을 배우게 된다.
- 개인적 차원의 전형적인 역기능은 책임지지 않아도 될 일에 대하여 책임을 지고, 자신이 책임져야 할 일들에 대해서는 책임을 부인하는 것이다.
- 내담자들이 강점과 약점을 공식화하고 두 가지 모두를 최대한으로 활용하도록 도울 필요가 있다.
- 우리 자신뿐 아니라 우리 주변 사람들의 선을 위하여 긍정적일 수 있는 방향 감각을 발견하는 것은 치료의 목표로서 나쁘지 않다.
- 성숙은 오류를 범하기 쉬움과 한계에 대한 경험에 유연할 수 있는 능력이다.
- 실존적으로 인간의 성장은 대부분 불확실성의 맥락 속에서 기회에 참여한 결과이다.

영적 세계

가치의 일관성, 신념 그리고 영적 세계의 원리

영적 세계는 초월 세계를 말한다. 달리 말하자면, 세계를 위에서 내려다볼 수 있는 능력을 말한다. 이것은 일을 이해하고 삶의 의미를 발견하는 방법이다. 우리가 신체적 · 대인관계적 · 개인내적 현실에만 독점적으로 참여하게 되면 이러한 관점을 갖기 어렵다.

소피의 문제는 다른 사람들과의 관계에서 자신을 경험하는 방법에 초점이 맞추어진 것이었다. 이것은 그녀가 세계에 더 많이 참여하게 될 때만 변화될 수 있다는 것을 의미했다. 그녀는 그것을 깨닫지 못하고 다른 사람들의 욕망, 욕구, 기대에 맞춰 사는 삶을 살도록 배워 왔다. 그녀는 이것에 매우 정통했지만 진짜 사람이기보다는 그림자처럼 느끼는 대가를 치러야 했다. 음식을 지나치게 먹고 자해를 하는 것은 자신의 욕구와 자신의 현존으로 타인을 힘들게 하지 않으면서 자기확장과 자기강화를 경험하는 방법이었다.

그녀의 말없음과 처음에는 알려지지 않았던 가정 아래에는 그녀를 차단하고 그녀의 변화 능력을 억압하는 무수히 많은 가치와 신념이 있었다. 그중 하나는 사람들이 서로를 배려해야 한다는 것이었지만, 그녀의 마음 깊은 곳에서는 배려하지 않고 요구가 많았던 그녀의 가족과 직장 동료들과 같은 사람들이 나쁘기 때문에 자신을 내세우지 않는 것이 좋을 것이라고 믿었다. 이것은 그녀의 핵심 가치들 중 하나였다. 그러나 그녀는 자신에게 관심을 가져 줄 누군가를 원했고, 변화를 위하여 자신을 우선으로 생각해야 한다는 것을 인정할 수 없었다. 앨런과의 관계가 처음에는 그렇게 해 주는 것 같았지만, 그녀가 ―욕구 없는 사람으로― 자신을 보는 관점과 그녀를 보는 앨런의 관점이 일치했기 때문에 그런 일은 일어나지 않았다. 이것은 그녀를 매우 혼란스럽게 했다. 왜냐하면 그녀는 앨런이 그녀에게 관심을 보여 주는 좋은 사람이라고 생

각했다가, 그가 종종 그녀를 실망시킬 때는 나쁜 사람이라고 생각했기 때문이다. 그러나 그녀는 앨런보다는 자신이 뭔가를 잘못하고 있는 것임이 틀림없다는 결론을 내렸다.

그녀는 인간관계에서 자기 자신에 대하여 자기성찰을 더 하게 되자, 과거에 자신이라고 여겼던 사람이 실제로는 그녀가 아닐 수 있다는 생각을 하기 시작했다. 그녀의 자기이미지는 나쁘고 부분적인 관점에 기초해 있었다.

만일 치료사가 내담자 자신에 대한 관점을 가질 여유를 갖게 해서 삶의 의미에 대하여 그리고 인간 존재가 서로 관계를 맺는 방식에 대하여 새로운 질문을 하지 않았다면 그중 어떤 것도 발견할 가능성이 없었을 것이다.

신앙, 위기와 트라우마

세계와 세계의 미래에 대하여 가장 이성적인 사람의 가정조차도 사실보다는 신앙에, 확실함보다는 가능성과 희망에 기초하고 있다. 학계에서 신앙은 예측 가능성과 우주의 선형성에 대한 것이지만, 종교적으로 신앙은 신의 존재와 삶을 위한 특별한 규범에 대한 것이다. 실존적으로 신앙은 우주가 그 뜻을 이룬다는 생각을 믿는 것이다. 우리의 실존이 무엇을 위한 것이며 무엇이 최선의 방법인지 결코 충분히 이해하지 못할지라도, 우리의 실존을 이해하는 데 전념하는 것은 중요하다. 우리는 야망을 성취할 수 있다는 존재론적 필수 망상을 가질 때, 예측 가능성과 일관성을 믿는 것에 의지할 수밖에 없다. 자살조차도 우리는 행동에 대한 벌을 받지 않을 것이며 살아 있기보다는 죽는 것이 낫다는 신앙을 포함하고 있다. 우리는 그것이 진실인지 확실히 알 수 없기 때문에, 그것은 과장해서 하는 말이 아니라 그야말로 도박이다. 그럼에도 불구하고 삶은 대부분 예측 가능하다. 그러나 그렇게 되지 않을 때마다 우리의 가치 판단적인 우주는 흐트러지기 시작하고, 우리는 목적의식을 가질 수 있는 능력을 잃게 된다. 실존적으로 우리는 무작위로, 우연히 그리고 예기치 않은 악의에 의해 정신적 외상을 입는다. 이러한 것들은 우주 속에서 우리의 위치가 불확실하고 덧없음을 생각나게 하는 것이다.

　　그러한 트라우마는 갑작스러운 것이든 누적된 것이든 쉽게 통합될 수 없어서, 우리는 대신 폐쇄적이 되거나 자기비난에 의지하고 무기력함 속에서 허우적거린다.

　　그러나 그렇게 풀려 나오는 것은 그 안에 실존에 대한 광범위한 관점을 받아들이고 지금은 흠이 있거나 불완전하게 보이지만 이전에는 강하게 붙잡고 있었던 신념을 재고할 수 있는 가능성을 포함하고 있다. 위기, 트라우마 그리고 재앙의 순간은 우리의 삶을 검토하고 재건할 수 있게 하는 보충할 만한 특징을 가지고 있다. 이것은 절망이 주는 선물이다. 그것은 우리에게 관점과 겸손과 실존의 더 강한 뿌리를 제공하면서 우리로 하여금 더 깊이 캐 들어가게 한다. 따라서 과거의 일과 결함 있는 세계관을 상기하거나 포기하기보다는 그러한 기회를 수용하는 것이 매우 중요하다.

Exercise

1. 당신이 어떤 방식으로 세계에서 효과적인가를 자신에게 질문하라. 당신은 어떤 신체적 기술을 가지고 있는가? (걷기와 말하기와 같은 기본적인 것들 그리고 타이핑, 스케이트 타기나 수영하기와 같이 좀 더 복잡한 것들을 생각해 보라.) 당신의 신체를 물리적 우주와 조화를 이루도록 사용할 때, 무엇이 당신에게 기쁨을 주는가?

2. 당신이 다른 사람들과 어떻게 가치 창조를 하는가에 대하여 당신 자신에게 지금 묘사해 보라. 타인들과의 관계에서 당신의 역할은 무엇인가? 당신은 세계에 부가 가치를 어떻게 제공하는가?

3. 자기가치의 이유는 무엇인가? 당신이 분리된 존재이고 가치 있는 존재라는 것을 당신 자신에게 어떻게 보여 주는가? 어떻게 하면 당신의 삶이 존중받을 자격이 있는 사람의 삶으로 여겨질 수 있는가?

4. 마지막으로, 당신의 삶의 목적이 무엇인지 당신 자신에게 질문하라. 당

신의 삶의 마지막 날에 성취하려는 목표는 무엇인가? 어떻게 당신의 삶이 세계를 조금이라도 다르게 할 것인가?

영적 세계에서의 역설과 딜레마

영적 세계의 역설은 세계에는 위대한 설계 같은 것이 없다는 것을 깨닫는 것이다. 그것은 우리의 삶에 굴하지 않고 참여하게 하여 우리의 삶을 의미 있게 만들기 위한 윤리체계를 만들도록 촉진한다.

해결할 수 없는 딜레마는 우리 자신과 삶에 대한 관점을 가지고 있고 실존의 상대성을 수용하게 되었을 때조차도 우리는 계속해서 궁극적인 의미와 목적을 원한다는 것이다.

이 차원에서 내담자가 말하는 기본적인 질문은 '나는 어떻게 살아야 할까요?'이다.

가치의 상대성은 종종 다음과 같이 함으로써 회피되고 부인된다.

- 우리의 모든 고통에 대한 다수의 답을 제공하는 신념 체계를 채택한다.
- 모든 사람이 선하다거나 어떤 사람은 좋고 어떤 사람은 나쁘다는 식으로 가장함으로써 희망을 갖는다. 이것은 단순하고 쉽지만 우리를 혼란스럽게 한다.
- 무기력해지고 절망한다.
- 이것이냐/저것이냐(either/or) 사고를 한다. 이는 우주의 한쪽은 모두 선하고 다른 쪽은 모두 나쁘다는 것으로 돌린다(즉, 어떤 사람들은 매우 좋고 어떤 사람들은 악하다고 봄으로써).

영적 세계의 딜레마를 부인하는 것은 언제나 혼란을 야기하여, 급성 위기 혹은 지속적인 통증, 불편함으로 느껴질 것이다. 그것이 중대한 것일수록 그 것에 대하여 생각하는 것이 어렵다. 우리의 의식 능력, 특히 실존의 역설에 대 하여 의식할 수 있는 능력은 중력의 중심을 만들어 낸다. 삶의 의미와 목적은 신이 주지 않을 것이다. 그러나 우리가 삶에 의미와 목적을 줄 수 있을 때 더 잘 살 수 있다.

사람들이 혼란스러울 때 자기 자신에게 그리고 치료사에게 하는 질문은 다 음과 같다.

- 왜 나인가?
- 내가 잘못했던 것 때문에 벌 받고 있는 것인가?
- 나에게 계속해서 나쁜 일이 생긴다면 나는 나쁜 사람인가?
- 내가 통제할 수 없다고 느끼고 운명이 너무 변덕스럽고 믿을 수 없는 것 같을 때 삶의 의미나 목적이 있는가?
- 내가 운명이나 우주와 조율해서 이 공포를 초월할 수 있게 하는 어떤 방 법이라도 있는 건가?

이는 모두 빠른 답보다는 신중한 성찰을 요구하는 철학적 질문들이다.

 사례

영적 세계 작업하기

아만다는 삶에서 왜 계속해서 그렇게도 많은 어려움을 겪는지 이해할 수 없 었다. 그녀는 모범적인 삶을 살았다고 생각했지만, 돌아오는 것은 단지 엄청난 재앙뿐이었다. 그녀가 집에 오면 전쟁 같은 부모의 다툼으로부터 독립해야겠다 는 생각이 그녀의 기쁨을 망쳤고, 부모는 그녀가 대학에 갈 때쯤 이혼했다. 그녀 는 외동아이로서 부모를 계속 함께하게 하려는 목적하에, 언제나 부모의 갈등을 중재했다. 그녀는 부모의 행동이 매우 유치하다고 생각했지만, 두 사람에게 공정하려고 노력했다. 그녀의 어머니는 그저 놀기만 했던 부자 아저씨에게 홀딱 반했지만, 아버지가 어머니를 떠나자 부자 아저씨도 즉시 어머니를 떠났고 어머니는 골칫거리가 되었다. 아버지는 어머니에 대한 복수로, 아만다보다 젊은 여자와 바람을 피웠다. 아버지는 결국 그 여자와 결혼했는데, 아마도 그 관계를 끝낼 다른 방법을 생각할 수 없었기 때문일 것이다. 그는 재혼했는데도 극도로 불행해져서 아만다에게 위로받으러 왔다. 어머니는 아버지에게 말하지 않았고 아만다는 그들의 '바보 같은 짓'에 정말로 진저리가 났다. 그녀는 그렇게 무책임한 부모를 가진 것이 매우 큰 불행이라고 생각했다. 그녀의 남자 친구가 그녀를 떠났을 때, 그는 아만다가 그녀의 아버지와 너무 가깝게 연루되어 있다고 생각했다. 그녀는 이것이 그의 입장에서 보면 매우 유치한 행동일 것이라고 생각했다. 왜냐하면 그녀가 부모의 불화를 개선해서 다시 결혼시키려 했기 때문이다. 그녀는 자신이 왜 그런 바보 같은 부모와 남자 친구에게 계속 시달리는지 이해하고 싶었기 때문에 대학에서 학생 상담사의 상담을 받으러 왔다.

두 회기 후에 그녀는 부모 모르게 두 사람을 만나게 해야겠다고 결심했다. 그녀는 사실상 서로에게 데이트가 되는 소개팅으로 두 사람을 만나게 하였다. 그녀는 부모가 만나기로 한 레스토랑 근처에서 기다리다가 오토바이에 치였다. 그녀는 그곳에서 부모가 서로에게 이야기하는 것을 보려 했다. 그녀의 부모는 구급차가 그녀를 병원으로 데려가는 것을 보았지만 그것이 방금 레스토랑에서 길을 건너다가 사고를 당한 그들의 딸인 줄은 몰랐다. 아만다는 몇 주 동안 병원에 입원해서 몇 달 후에 상담에 다시 왔다. 그녀는 갈비뼈와 다리가 부러지는 등 심한 상처를 입었다. 그녀는 자신의 삶에서 일어난 불행에 대하여 생각하면서, 신이 이 모든 것을 만든 것인지 의문스러워했다. 그녀는 언제나 모범적이었던 삶을 더 이상 확신하지 못했다. 아마 그 반대가 진실이고 자신이 부모의 삶에 간섭해서 벌을 받고 있는 것이라고 생각하기 시작했다. 상담사는 이에 대하여 그녀를 안심시키지 않았고, 사실상 그녀가 모범적인 삶을 살았다고 안심시키지도 않았다. 그녀의 운명을 당연하게 여기지도 않았다. 대신 상담사는 그녀가 이 모든 사건이 연결될 수도 있고 아닐 수도 있는 방식에 대하여 생각하도록 도왔다. 그리고 그녀의 행동과 개입이 어떻게 그 상황에 영향을 미쳤을까를 설명하도록 도왔다. 레스토랑에서 나와 길을 건너려고 했던 것이 직접적으로 사고를 당하게 했다는 것이 분명했다. 그녀가 계속해서 부모가 있었던 레스토랑 안을 보려고 도로 안으로 들어왔기 때문이다. 그녀는 자신의 위험한 행동이 사고의 원인이었음을 인정하였다. 오토바이 운전사는 경찰의 책임 추궁을 당했고, 실제로 그는 속도 위반을 했다. 그녀는 성찰을 하면서, 그 사고에 이중의 원인이 있었다는 것과 몇 가지 일이 동시에 잘못될 때 사고가 일어난다는 것을 알 수 있었다. 그녀는 오토바이 운전사의 운명이 걱정되었다. 그의 운전면허증이 취소되자 그녀는 그에게 해를 입힌 것 같아서 죄책감을 느꼈다. 이 모든 도덕적 주제에 대한 그녀의 집착은 그녀가 윤리학에 관심을 갖고 그에 대한 책을 읽게끔 했다. 그녀는 부모의 결혼에 간섭한 것과 그들의 나쁜 행동을 판단하는 것에 대하여 질문하기 시작했다. 그렇지만 그녀는 또한 자신의 실수를 이해하게 될 새로운 기회가 계속해서 주어졌다는 점에서 삶이 작용했던 방식이 실제로 매우 운이 좋았던 것은 아닌지 의문을 갖기 시작했다.

◀)) 해설

아만다는 이렇게 힘든 몇 개월 동안, 상담으로부터 엄청난 이득을 얻었다. 그녀는 삶의 의미와 목적, 죽음에 대하여 훨씬 더 분명한 관점을 형성하는 데 상담을 활용했다. 그녀는 부모 및 남자 친구와 함께 있었던 방식에서 잘못된 것을 이해하도록 기회가 주어진 것처럼 느꼈다. 그녀는 생각하고 행동하는 여러 방식을 실험하기 시작하면서 그녀와 유사한 관심을 가졌던 새로운 많은 친구를 얻는 것 같았고, 그것이 기쁜 일이라는 것을 알게 되었다. 그녀는 부모와 점점 더 잘 분리하게 되어 곧 그것을 해방으로 경험했다. 그녀는 그것이 마치 그들의 삶이 아닌 자신의 삶을 살기 시작한 것일 뿐인 것 같다고 말했다.

Key Points

- 실존치료의 가치는 내담자들이 어떻게 살기를 원하는지를 스스로 발견할 수 있게 하는 것이다.
- 영적 차원은 내담자가 자신에게 정말로 중요한 것이 무엇인지를 재평가함으로써 치료에서 간접적으로 다루어질 것이다.
- 한 사람이 자신의 삶에 있는 위치는 (그의 나이가 얼마든) 삶의 다른 국면들을 가치 있게 여기고 지혜를 다르게 이해하게 할 것이다.
- 치료의 목표는 언제나 궁극적으로 더 분명한 삶의 비전을 갖도록 돕는 것이다. 그러나 때로는 잠시 동안 보호를 받고 있는 것이 더 나을 때도 있다. 그들에게는 휴식이 허락되어야 한다. 그것이 언제인지를 아는 것이 우리의 기술의 척도이다.
- 우리는 무엇이 의미와 목적을 주는지에 대하여는 결코 확신할 수 없지만, 증상 완화나 행복 추구보다는 의미 추구가 치료의 유용한 목표일 수 있다.
- 영적 세계에는 가장 큰 역설, 즉 자유와 제약, 삶과 죽음, 홀로 있음과 함께 있음, 부조리한 세계에 던져짐과 의미를 발견할 수 있음 등이 있다.

〈표 6-1〉에는 이 장에서 논의된 네 개의 차원이 요약되어 있다.

〈표 6-1〉 네 개의 차원에 나타난 갈등, 도전, 역설에 대한 개관

세계	물리적(Umwelt)	사회적(Mitwelt)	개인적(Eigenwelt)	영적(Überwelt)
물리적	자연: 삶/죽음	사물: 쾌락/고통	신체: 건강/질병	우주: 조화/혼돈
사회적	사회: 사랑/증오	타인: 지배/복종	자아: 수용/거절	문화: 소속/소외
개인적	개인: 정체성/자유	나: 완전/불완전	자기: 온전함/분열	의식: 확신/혼란
영적	무한: 선/악	개념: 진리/거짓	영혼: 의미/무가치	양심: 옳음/그름

온라인 내용

- 경험, 도전, 그리고 실존치료의 내담자로서 배운 것에 대한 수 마샬(Sue Marshall)과의 인터뷰

- 현실의 네 차원을 사용하여 꿈 작업을 하는 방법을 보여 주는 에미 반 두르젠의 비디오

- 이 장에서 에드리언의 문제를 예시한 것으로 현상학적 탐구, 단순명쾌함, 목적과 방향 추구를 보여 준 4장의 인터뷰를 다시 볼 수 있다.

실존치료의 과정

> 말하자면, 우리는 두 번 태어난다. 생활 안에서 태어나고, 삶 안에서 태
> 어난다. 인간 존재로 태어나고, 사람으로 태어난다.
>
> — 장자크 루소

치료 장면에는 다양한 내담자만큼이나 다양한 주제가 존재하고, 다양한 치
료 장면만큼이나 다양한 치료사가 존재한다. 이와 동시에 치료 과정에 대한
내담자들의 반응이라는 측면에서 볼 때, 내담사들 간 유사점 또한 상당 부분
존재한다. 이는 우리가 이 장에서 살펴보고자 하는 내용으로, 우리는 치료 과
정에 영향을 미치는 요인은 무엇이며, 치료적 상호작용에 대한 깊이 있는 지
식이 효과적인 치료에 얼마나 긍정적으로 작용하는지 고찰해 보고자 한다. 또
한 이러한 요인들이 치료사와 내담자에게 어떠한 영향을 미치는지에 대해서
도 살펴볼 것이다.

스토리텔링으로서의 실존치료

단순한 시각에서 볼 때, 상담사와 내담자는 같은 공간에 함께 앉아 서로의
이야기를 나누는 두 사람이다. 내담자는 그 자신에게 있어 현재 중요한 것이
무엇이고, 현재 자신의 모습이 어떻게 형성되었는지에 초점을 두고 그들 삶에

대해 이야기한다. 때로 삶의 어떤 부분들은 잊히기도 하고, 어떤 부분들은 중요한 의미로 기억되기도 하며, 부모의 죽음과 같이 삶의 중요한 사건들을 기억에서 놓치는 경우도 있기 때문에 실제 삶의 경험과 그들의 진술 사이에는 차이가 있을 수 있다. 한편, 치료사들은 내담자의 세계관에 대하여 이해한 후 이를 기초로 이야기하되, 이러한 활동은 반드시 내담자가 갖고 있는 삶의 경험과 실존적 관심에 토대를 두고 이루어져야 한다. 이때 치료사는 내담자의 삶을 지속적으로 관찰함으로써 내담자의 경험과 기억의 차이를 메워 나가야 한다.

우리는 대부분 이야기를 하거나 듣는 것을 좋아하며, 이러한 과정을 통해 다른 사람과 관계를 형성해 나간다. 우리는 때로 이야기를 하며 즐거움을 느끼기도 하고, 통찰을 얻기도 하며, 기억을 회상해 내기도 하는데, 이러한 활동들은 궁극적으로 내담자가 경험한 주요 사건들에 대해 함께 나누고, 이를 내담자의 삶과 연관 지어 이해하기 위하여 이루어진다. 치료사는 자신과 다른 문화적 배경을 지닌 내담자들의 이야기 기술 방식(narrative style)과 전개 방식이 자신과 다를 수 있음을 이해해야 한다. 이와 같은 다양성을 비롯하여 말할 때마다 이야기가 달라질 수 있으며, 다양한 관점에서 사건이 검토되고, 이야기의 내용이 점진적으로 발전할 수 있다는 사실을 기억하는 것은 치료사로서 우리의 책임이다. 치료사는 내담자가 이야기하는 방식에 있어 적절한 방법을 규정하지 않는다.

치료사의 과업은 내담자로 하여금 자신의 현재 이야기를 보다 적극적으로 전개할 수 있도록 강화하거나 변화시키는 것도, 문제 해결에 적합한 또 다른 이야기를 찾는 것도 아니다. 앞서 실존주의 치료와 관련된 개념을 보다 명확히 이해하기 위해 '자기(self)'라는 단어를 '자기들(selve)'로 바꾼 것과 마찬가지로 치료사의 과업은 '이야기(story)'라는 명사를 '이야기하기(to story)'라는 동사로 바꿈으로써 보다 잘 이해할 수 있다. 치료사와 내담자는 문제 해결의 새로운 가능성을 찾고, 내담자가 자신의 경험에 대해 지금까지와는 다른 의미를 발견할 수 있도록 이야기를 재구성하여 전개(re-story)해 나가도록 할 수 있다. 이는 내담자가 이야기를 자유롭게 구성하고 또한 중단할 수 있음을 의미한다. 내담자가 들려주는 하나의 이야기는 내담자의 현 상황을 이해하는 데 있어 좋은 자원임이 분명하다. 하지만 1년이라는 시간이 지난 후에는 그 의미가 퇴색되어 버릴 수 있는데, 이런 점에서 우리의 삶 자체가 역동적이고 유동적이라는 사실을 발견할 수 있다. 1년이 지나, 아니 당장 내일 수집한 새로운 정보는 우리가 현재 중요하다고 알고 있는 핵심적인 사실들을 포함하기 위해 이야기를 수정할 것이 요구될 수 도 있다. 후설은 이를 '형상적인 환원'이라 정의하였다. 이는 우리가 의식하는 대상(object)의 전형을 체계적으로 고려함으로써 보다 선명한 그림을 얻고자 그 표면을 꿰뚫어 보는 것이라 할 수 있다. 그는 우리가 알아차리는 것은 매우 다른 양상 또는 표상이라는 것을 지적하였다. 무엇인가를 다른 방향에서 보는 것은 또 다른 관점을 만들어 낸다. 세 개의 관점처럼 보이는 것이 무엇인지를 찾기 위해 집 주변을 돌아야 하며, 각 방의 내부를 보기 위해 방 안으로 들어가야 한다. 비슷한 것들은 시간이 지나면서 변한다. 그들은 고정적이지 않다. 오늘 이 집은 어제에 비해 달라져 있을 것이다. 자연은 2분 동안 계속해서 같은 상태에 머물러 있지 않는다. 자연은 항상 움직이며, 따라서 사람들과 그들의 이야기도 변화한다. 그들은 항상 흐름 속에 있다. 변화는 자연스러운 것이며, 따라서 변화를 막는 것은 매우 어려운 일이다.

이야기의 핵심을 찾고, 시간이 지남에 따라 그 변화의 특성을 추적하기 위해 다른 사람과 함께하는 작업은 매혹적이고 중요한 과정이다. 치료사가 그들 자신의 이야기를 내담자에게 강요하거나 내담자 고유의 자율성을 제한하지 않고 문제 해결에 필요한 대안들을 효과적으로 탐색하기 위해서는 치료사에 대한 내담자의 신뢰가 반드시 형성되어 있어야 한다.

이는 인간의 지식이 불완전할 수밖에 없다는 사실에 대한 충분한 이해를 바탕으로 앞으로의 행동 방향을 선택하고 참여 수준을 결정한다는 역설과 관련되어 있다. 이것은 또한 우리가 가능하다고 생각했던 것보다 더 나은 우리 자신과 우리의 삶에 대해 배우고, 끊임없이 변화하고 움직이는 수많은 방법에 대해 이해하는 능력이 있음을 발견하는 것과 관련되어 있다.

현상학: 현상학적 · 직관적 환원

이전 장들에서 우리는 현상학적 환원이 치료사들로 하여금 그들 자신과 내담자 간 상호작용 과정을 관찰하는 것의 중요성에 대해 인식하도록 해 준다는 사실을 살펴본 바 있다. 현상학적 환원에서 강조하고 있는 내용을 요약하면 다음과 같다.

1. 인식(The Noesis): 알아차림의 과정에 초점을 두기
2. 판단 중지(Epoché): 추정을 유예하기
3. 해석하기보다는 서술하기
4. 균등화(equalization): 열린 마음과 균형 잡힌 관심 갖기
5. 수평화(horizontalization): 맥락과 관점에 대한 의식
6. 검증(verification): 우리가 발견한 결과들을 반복해서 확인하기 위해 실제적인 경험들을 되풀이하기

치료가 계속됨에 따라 우리는 현상학적 방법으로 정보를 수집하기 시작하고, 우리가 수집한 정보의 형상 또는 형체에 주의를 기울이게 된다. 이는 직관적 환원을 적용함으로써 가능하다. 직관적 환원에서 강조하고 있는 내용을 요약하면 다음과 같다.

1. 의식의 대상(The Noema): 의식의 대상에 집중하기
2. 다른 양상들로 우리에게 벌어지는 상황: 윤곽, 표상 또는 그림자
3. 본질 직관에 따라 사물에 대한 직관적 이해를 하게 됨: 본질 이해하기
4. 우리는 어떠한 대상이 유전학적으로 구성되어 있다는 것을 기억한다. 이는 고정되어 있지 않으며, 역동적이고 시간에 따라 변화한다.
5. 우리는 무엇인가의 분명한 특성과 성질 이상의 보편적인 것들을 기대한다.

Key Points

- 사람들마다 이야기를 전개하는 방식은 각기 다르다.
- 치료사는 내담자의 이야기에 주의를 기울이고, 그 내용을 명료화하고, 확인함으로써 내담자로 하여금 그 자신의 삶을 다른 방식으로 이해할 수 있도록 해 준다.
- 삶의 중요한 사건들을 이해하는 방식에는 여러 가지가 있다.
- 다양한 측면에서 사건을 분석하고 시간에 따라 일어나는 변화를 인지하는 것은 중요하다.
- 우리는 끊임없이 우리의 삶을 변화시킬 수 있으며, 이러한 삶의 모습을 이야기로 풀어낼 수 있음을 깨닫게 된다.

틀의 영향과 치료의 맥락

넓은 의미에서 틀이나 경계는 어느 하나가 끝나고 또 다른 하나가 시작되는 시점을 나타내는 구분선이라 할 수 있다. 그림을 둘러싸고 있는 틀은 관람자로 하여금 어디에서 그림이 끝나고 벽이 어디에서 시작되는지를 나타낸다는 점에서 그 자체로 독특한 성격을 띠고 있다. 이와 같이 사물들 간의 경계는 분명한 데 반해 사람들 간의 경계는 불분명하고 가변적인 측면이 있다. 그럼에도 불구하고 치료는 치료사와 내담자의 역할이 명확할 때 비로소 치료가 효과적으로 이루어질 수 있다. 치료사의 과업은 치료사로서의 역할을 유지하고, 내담자로 하여금 그 자신의 삶을 깊이 있게 이해하도록 돕는 것이다. 치료사는 부적절하고 불안정한 경계 내에서 내담자가 결코 성장할 수 없으며, 치료가 이루어지는 각각의 상황들이 치료의 질에 있어 차이를 만들어 내는 일련의 경계로 작용한다는 사실을 알아야 한다.

실존주의에 기초한 치료적 관계의 특수성에 영향을 미치는 세 가지 요소는 다음과 같다.

① 내담자에게 무슨 일이 일어났는가: 내담자 관련 요소에는 개인의 역사, 소망, 미래에 대한 두려움을 비롯하여 치료 및 치료사에 대한 기대가 포함되어 있다. 또한 내담자의 편견은 치료사의 특별한 반응을 유발하기도 한다.

② **치료사에게 무슨 일이 일어났는가**: 치료사 관련 요소에는 치료사가 추구하는 이론적 배경은 물론 치료사 개인의 역사와 포부가 포함되어 있다. 치료사의 편견은 특별한 방식으로 내담자에게 영향을 미친다.

③ **치료의 맥락적 특징**: 다음을 포함한다.

 - 직무 환경: 상담자와 치료사가 동일하다 하더라도 의사의 처방에 기초하여 이루어지는 치료는 알코올 치료 기관 또는 개인적인 관행에 따른 치료와 다른 특성을 갖는다.
 - 치료 서비스에 대한 비용 지불의 효과
 - 치료실의 위치, 치료실의 인테리어와 구조: 개인적인 주거 목적으로 설계된 공간 또는 특정 기관 내에 설치된 다목적 공간
 - 하루 중 회기 진행이 적절한 시간: 같은 장소에서 같은 내담자를 대상으로 이루어진다 해도 아침 8시에 진행되는 회기와 저녁 8시에 진행되는 회기는 차이가 있다. 어떤 내담자들은 하루를 시작하는 시간에 치료를 받는 것이 어렵게 느껴질 수도 있으나, 또 어떤 내담자들은 이 시간대를 선호할 수도 있다. 이와 같은 개인의 성향 차이는 치료사에게도 동일하게 나타난다.

이와 같은 이유로 특정한 시공간을 중심으로 형성된 관계 내에서 한 개인이 그 자신의 경험으로부터 받은 인상만을 가지고 치료에 대하여 평가하는 데는 무리가 있다. 치료에 대하여 치료사 나름의 지레짐작으로 결론을 내리는 경우가 있는데, 이를 방지하기 위해 치료사 고유의 치료적 틀(therapeutic frame)과 경계(boundary)를 설정하는 것은 매우 중요하다. 무엇보다 주어진 기회들이 다양한 시각으로 보이고 시간이 지나면서 발전해 나갈 때, 충분한 증거로 작용하는 것들에 대한 현상학적 이해에 대해 고려하는 것은 매우 중요하다고 할 수 있다.

**Exercise**

치료에 있어 환경이 갖는 효과

〈표 7-1〉을 채우고, 표의 빈칸에 들어갈 답이 각 치료 장면에서 이루어지는 작업의 본질에 어떠한 영향을 미치는지 생각해 보라. '의뢰(referral)'는 내담자를 다른 기관에 보내는 방법에 관한 것이다. '비용 지불(payment)'은 치료에 요구되는 비용이 있는지, 그 액수는 얼마나 되며, 그 비용은 누가 지불하고, 이 모든 사항은 누가 결정하는지와 관련이 있다. '비밀보장(confidentiality)'은 회기에서 언급된 내용의 비밀을 지켜야 하는 법적 대상은 누구인지에 관한 것이다. '내담자의 문제(issue)'는 내담자가 치료 장면에서 이야기한 내용을 의미한다. '계약 기간(contract length)'은 필요하다고 생각되는 회기의 횟수이다. 왼편 세로줄의 내용과 도표 상단에 제시한 주제들은 예시일 뿐이며, 이 외에도 고려해 볼 수 있는 많은 문제가 있다. 이 도표에서는 첫 줄에 한하여 그 답을 제시하였다.

〈표 7-1〉 치료에 있어 환경이 갖는 효과

	의뢰	비용 지불	비밀보장	내담자의 문제	계약 기간
일반적인 관행/IAPT	의사의 진료	없음	최초로 서비스를 제공한 기관	일반적, 그러나 보통 만성적인 불안은 다루지 않음	6~12회기
알코올 중독 치료 기관					

수감				
사별 유경험자에 대한 서비스 지원 기관 (bereavement agency)				
개인치료				

(⏻) **Key Points**

- 치료의 맥락은 치료사와 내담자는 물론 치료 자체에도 영향을 미친다.
- 만약 치료사가 내담자에게 어떠한 영향을 미치는지에 대해 정확히 알고 싶다면, 치료 환경 형성과 관련된 준거 틀(frame)과 경계(boundaries)에 대하여 지속적으로 파악해 나가는 것이 중요하다.
- 우리는 우리가 모든 관점을 통해 고려할 수 있는 충분한 시간을 확보할 수 있을 때까지 세계 내 내담자의 존재 방법에 대한 판단을 유보해야 한다는 사실을 기억해야 한다.

만남, 평가 그리고 진단

　실존주의 치료에서는 치료사와 내담자가 만나기 전, 즉 내담자가 그 자신의 삶에 대해 스스로 의문을 갖기 시작하는 시점부터 치료가 시작된다고 본다. 다시 말해, 내담자가 치료사를 찾아오기 전이라 할지라도 내담자 자신이 원하는 것은 무엇이며 또 어떻게 이를 성취할 수 있는지에 대해 고민하는 순간 이미 치료가 시작된다는 것이다. 치료를 받으러 가기로 결심하고 치료사를 찾는 행위는 치료의 일부분이며, 이는 분명 내담자의 마음에 중요한 변화를 일으킨다.

또한 치료사의 경우, 치료사로서 성취할 수 있는 것이 무엇인가에 대한 자문으로 치료를 시작하게 되는데, 이와 같이 치료사 자신의 고민이 수반된 치료는 대부분 내담자에게 유익한 영향을 미치게 된다. 후설은 이를 '선험론적 환원(transcendental reduction)'이라 부르기 시작하였는데, 선험론적 환원에 대해서는 추후에 더 논의하고자 한다.

첫 회기에서 대부분의 내담자는 치료사가 내담자 자신을 어떻게 인식하고 받아들이는지에 대해 판단하게 되며, 이러한 생각은 시간이 지날수록 점점 발전해 나간다. 모든 내담자는 지금까지 그 자신만 알고 있던 이야기들을 개방함으로써 닥칠 수 있는 위험을 감수할 것인지에 대해 고민할 것이다. 물론 내담자의 이러한 모험은 절망적인 결말을 맞을 수도 있으나, 이와 반대로 치료가 효과적으로 진행되는 데 있어 긍정적인 영향을 미칠 수 있다는 희망 또한 존재한다. 중요한 의미에서 이러한 절망은 선물이다. 그것은 개인으로 하여금 문제를 해결하기 위해 아무것도 하지 않던 습관에서 벗어나 무엇인가를 하도록 만든다. 또한 개인을 자극함으로써 질문에 대한 답을 찾게 하고 그들의 삶을 개선하기 위해 무엇인가를 하게 한다. 특히 내담자는 치료 장면에서 그들 자신이 언급하기 어려운 주제에 대해서는 이야기하지 않지만, 자신에게 완전하고 전폭적인 관심을 보이는 치료사에게는 자신의 이야기를 꺼내 놓을 것이라는 사실을 알고 있다. 치료사와의 경험은 일상적인 대인 관계에서 겪을 수 있는 것이 아니기 때문에 내담자들에게 이는 두려우면서도 매력적으로 다가올 수 있다. 치료사는 자신의 역할을 수행하는 데 있어 내담자의 이 두 가지 감정을 어떻게 다루어 나갈 것인지에 대해 고민하게 될 것이다. 새롭게 만나는 모든 내담자와 새로운 관계를 형성할 수는 있으나 관계 내에서 내담자의 감정에 대한 치료사의 탐색이 자연스럽게 작용하는 것은 아니다. 각각의 치료적 역동은 차이를 보인다. 모든 치료사는 새로운 내담자와의 작업 그리고 새로운 회기에서 새로운 능력들과 새로운 약점들을 발견한다. 이에 대해 의식하는 것이 선험론적 환원의 일부이다.

역설적으로 들릴 수도 있으나, 치료 경험이 쌓일수록 치료사는 내담자가 첫 회기에서 무엇을 원하는지에 대해 기억을 잘 못할 수 있다. 이번 회기가 내담자에게는 치료사를 만난 첫 회기일 수 있지만, 치료사에게는 첫 회기를 맞는 200번째 내담자와의 만남일 수 있기 때문이다. 그러나 숙련된 치료사는 새로운 내담자를 만나기 위한 준비를 매 순간 해야 한다. 이는 해당 회기가 내담자에게 첫 회기인가의 여부와 상관없이 모든 내담자에게 동일하게 적용되어야 한다.

Exercise

당신이 치료사를 찾아간 첫 순간을 기억해 보라(또는 상상해 보라).

- 치료실에 도착하기 전, 당신은 무엇을 생각하고 느꼈는가?
- 그 이후에 어떤 일들이 있었는가?
- 당신은 치료에 대해 무엇을 기대했는가?
- 당신은 어떠한 경험을 하였는가?
- 당신은 어떠한 이유로 치료를 중단하고 돌아갔는가?
- 당신은 치료에 대해 어떠한 의구심을 가졌는가?

콘(Cohn, 1997)은 실존주의 심리치료의 경우 내담자에 대한 사정 작업 과정이 없기 때문에 내담자가 호소하는 문제에 대한 사정은 불가능하다는 점을 강조하였다. 그는 "당신이 만나는 내담자는 당신을 만나는 내담자"라는 점을 지적하며(p. 33), 각 회기의 질은 시공간적인 의미에서 그 자체로 독특성을 지니고 있기 때문에 내담자에 대한 섣부른 일반화는 치료 관계의 창출을 방해할 수 있다고 주장하였다. 치료를 위한 모든 평가 작업은 불가피하게 평가자가 지니고 있는 역량의 질에 영향을 받게 되는데, 이는 대부분 내담자가 인식하지 못하는 방식으로 이루어진다. 미래의 내담자에 대하여 공식적인 사정 작업을 실시해야 하는 직무 현장에서의 실존치료사들은 동일한 내담자의 문제를 두고 치료사의 인식과 내담자 스스로의 평가 간 차이를 보인다는 점을 발견하게 되었다. 그러나 공식적인 사정 작업이 이루어지지 않는 경우에도 여전히 비공식적인 사정 작업은 존재하는데, 두 사람의 만남, 특히 치료를 목적으로 만난 두 사람의 관계에서 그들은 서로 상대방을 판단하고, 관계가 얼마나 발전할 것인지에 대해 가늠하고자 하게 된다. 이는 두 사람 상호 간에 이루어지는 것으로, 관계는 몇 주 내지 몇 달에 걸쳐 점진적으로 발전해 나갈 것이다. 상호 평가 및 이해 수준의 변화 양상은 관계에 있어 초점이 되는 것은 무엇이며 무엇이 변화를 가능케 하는가와 관련되어 있다고 할 수 있다.

　대부분의 실존치료사는 공식적인 평가가 가능하지 않다는 관점을 취하고는 있지만, 여러 전문 기관에서 근무하는 실존치료사들과 실존주의 상담심리학자들은 동료들에게 그들의 작업에 대해 전문적으로 설명할 방법을 찾아야 할 것이다. 이러한 경우 그들은 현상학적 원칙에 근거하여 내담자 치료를 위한 지침을 작성할 것이다. 그 내용은 다음과 같다.

- 가능한 기술적(descriptive)으로 판단하라.
- 내담자 인생의 중요한 순간에 자유와 책임이라는 실존적 문제가 작용하는 방법에 주목하라.
- '왜 지금인가?'에 대하여 명확하게 이해할 수 있도록 하라.
- 해결하고자 노력하는 문제 및 제공되는 치료와 계약에 있어 내담자의 책무에 대한 합의를 이루라.
- 위험 요소를 평가하라.
- 치료사와 내담자 간의 관계에 대한 견해를 밝히라.

구조적 실존분석(structural existential analysis: SEA)에서는 보다 형식적이

고 체계적인 접근을 사용할 것이다(Deurzen, 2014).

- 구조주의적 접근은 네 가지 세계에서 내담자들이 어떠한 위치에 자리하고 있으며, 각 단계에서 그들이 경험하는 긴장과 딜레마 또는 퇴적과 과물화(mineralization)이 무엇인지에 대해 체계적으로 탐구할 것이다.
- 또한 SEA는 과거, 현재, 미래의 관계 그리고 일상의 시간 속에서 내담자가 어떠한 상황에 놓여 있는지를 설명해 준다.
- 뿐만 아니라 내담자가 추구하는 가치와 그들에게 문제가 되는 상실의 두려움이라는 측면에서 내담자가 자신의 세계에 어떻게 살고 있는지 탐구하기 위해 정서적 나침반을 사용한다.

실존주의적 공식화

애니는 분노, 우울 그리고 절망과 같은 부정적인 감정이 악화되어 갔고, 이에 그녀는 지역 보건의(general practitioner: GP, 병원이 아닌 지역 담당 의료 기관에서 일반적인 진료를 하는 의사 – 역자 주)의 조언으로 서비스에 자가 의뢰를 하였다. 그녀는 13세의 딸을 둔 39세의 미혼모였다.

애니가 네 살 때, 그녀의 친모는 암으로 세상을 떠났고, 어린 시절의 이런 경험으로 인해 그녀는 누군가에게 필요한 사람이 되고자 간절히 원하게 되었다. 그녀는 유치원에서 가장 늦게 하원하였고, 혼자 논 적이 많았으며, 그녀의 생일은 거의 잊혔다고 하였다.

이러한 어려움에도 불구하고 혹은 이러한 어려움 덕분인지 모르겠지만, 애니는 그녀 자신을 쓸모 있는 존재로 만들고, 기꺼이 어려운 일을 받아들이며 책임지고자 하였다. 그녀는 새어머니를 돕고, 의붓형제자매를 돌보았다. 학교에서는 우수한 학생이었으며, 또래 친구들에게 희생적이었다. 그녀에게 있어 쓸모 있는 존재가 된다는 것은 다른 사람이 필요로 하는 것을 대신 채워 줌으로써 다른 사람에게 필요한 존재가 되는 것이었다. 이십 대 후

반, 그녀는 아버지, 남편, 가족 부양자로서의 역할을 마지못해 감당하는 한 남자와 결혼하였다. 가정 내 주된 소득원으로서, 유능한 사무 관리자로서 직장생활을 유지해 나갔지만 그녀는 자신이 지나치게 많은 것을 취한 것은 아닌지에 대한 의구심을 가시고 있었다. 가족에 대한 책임이 가중되면서 그녀와 남편의 관계는 한층 더 양극화되어 갔고, 남편에게 비밀이 많아지고, 집을 비우는 시간이 늘어나면서 그녀의 분노는 커져만 갔다. 가족의 생계가 위태로울 정도로 남편의 도박 빚은 쌓여 갔고, 결국 남편은 3개월 먼저 결혼생활을 정리하였다.

애니는 그녀 자신을 질책하는 불안한 감정에 압도되었으며, 이제껏 그녀의 모든 노력이 물거품이 되었다며 현재 자신이 처한 위기의 의미를 특징지었다. 그녀는 자신의 결혼이 실수라 느끼고 있었으며, 자신의 남편이 도박을 한다는 사실에 대해 알고 있었어야 한다고 생각하였다. 그녀는 또한 이혼이 청소년기에 있는 딸과의 관계에 영향을 미칠 수 있다는 사실에 속상해하며 점점 더 불편해져 가는 딸과의 관계를 바로잡는 데 있어 무기력한 자신에 대해 두려워하고 있었다.

물리적으로, 그녀는 그녀의 직장생활이 썩 좋지 않다는 것을 느끼게 되었고, 사회적으로는, 시간을 함께 보낸 적 없는 친구들을 잃었다고 느꼈다. 또한 개인적으로, 그녀는 다른 사람에게 필요한 존재가 되고, 그녀 자신이 가치 있다는 사실을 증명하기 위하여 너무 많은 책임감을 짊어진 채 살아가고 있으며, 윤리적으로 다른 사람에게 쓸모 있는 사람이 되고자 하는 그녀의 가치 체계가 실제로는 기능적이지 않다는 사실을 깨닫게 되었다.

이러한 실존적 위기로 인해 그녀는 두 달간 병가로 일을 쉬었고, 넉 달 동안 병가급여를 모두 써 버렸다. 일련의 여러 가지 일을 처리하는 과정에서 그녀는 많은 압박과 위기를 느낄 수밖에 없었다. 애니는 집을 떠나는 것은 어려우며, 그녀가 현재 자신이 처한 어려움에 대한 강박적인 사고로 인해 깊은 잠을 이루지 못한다는 사실을 발견했다. 그녀는 모든 것이 잘못되어 가고 있는 상황을 도무지 이해할 수 없었고 무기력감, 외로움, 상실감을 느꼈다. 그녀는 딸과의 관계에서 오는 긴장을 해소하기 위해 그녀 자신을 한층 엄격하게 다루었으며, 강한 죄책감으로 고통받았다. 그녀는 새로운 삶을 시작하기에 자신의 나이가 너무 많다고 생각했지만, 자살을 고려해 본 적은 없다며 "나는 굴복하지 않아요."라고 하였다.

지금은 돌아가신 그녀의 아버지를 비롯하여 의붓형제자매와의 접촉이 매우 적었고, 애니는 전남편이 그녀와 그녀의 딸을 더 잘 돌보지 못했다는 생각에 분노와 억울함에 사로잡히곤 하였다. 자신을 무의미한 존재로 보는 애니의 생각은 한편으로는 그녀 자신의 취약성과 다른 한편으로는 다른 사람을 통제하고자 하는 그녀의 욕구로 인한 딜레마와 씨름하는 실패를 낳았다. 그녀는 자신이 얼마나 다른 사람들을 그녀에게 의존하도록 만들었는지 알지 못했다. 왜냐하면 그녀는 이것이 사랑받을 수 있는 유일한 방법이라는 잘못된 생각을 갖고 있었기 때문이다. 역설적이게도, 그녀의 투지와 용기는 그녀의 삶을 구해 온 동시에 그녀를 몰락하게 하였다.

어떻게 상담을 의뢰하게 되었는지에 대해 물었을 때, 그녀는 남자에게 마음을 터놓는 것에 대해 매우 불편해했으나 첫 회기에서 아무도 그녀를 몰아붙이지 않아 용기를 얻게 되었으며, 기쁘다고 하였다. 만약 치료가 너무 어려워지면 어떻게 할 것인지에 대해 물었을 때, 그녀는 조금도 지체하지 않고 "아시겠지만 저는 절대 그만두지 않을 거예요."라고 대답하였다.

공식적인 회기에서 애니와 치료사는 앞으로의 상담 방식에 대해 논의하였으며, 처음 12주간의 실존주의 치료 방법에 동의하였다. 이는 자신의 취약점에 대하여 부인하는 그녀의 문제가 반복적으로 언급될 것이며, 그녀의 요구가 상담 작업의 주안점이 될 것이라는 것에 동의한 것이라 할 수 있다.

비록 실존치료사들이 진단에 있어 의학적 원리를 수용하고 있는 것은 아니지만 그들은 예외 없이 진단을 필요로 하고 또한 진단의 과정이 요구되는 작업을 수행하게 된다. 또한 그것이 자가진단(self-diagnose)에 불과하다 할지라도 진단 자체에 익숙해져 있는 내담자들을 만나는 일은 다반사이다. 진단을 둘러싼 쟁점들에 대하여 충분히 이해하기 위해 실존치료사들은 훈련 과정에서 기존의 정신병리학적 범주(DSM, ICD)에 비판적으로 참여할 기회를 가지기는 하지만 그들이 진단적 활동을 무조건적으로 따르는 것은 아니다. 실존주의 치료의 목적은 내담자가 어떠한 형태로 진단되었든 간에 내담자의 삶에 있어 중요한 사건과 그가 경험한 어려움을 이해하고 그에 적극적으로 관여하는 것이다. 내담자에게 진단의 의미를 알려 주는 것은 정확한 진단에 있어 부차적인 문제이다. 정확한 진단을 한다는 것은 내담자에게 진단명을 부여하는 것이 아니라 내담자가 실제로 이 세계를 어떻게 경험했으며, 그들 자신의 어려움을 어떻게 극복했는가에 대해 이해하는 것이라 할 수 있다. 이는 진단을 넘어서서 내담자가 자발적으로 치료에 참여하려는 태도를 요한다.

Key Points

- 한 개인이 실시한 평가 작업의 결과는 다른 사람의 평가 작업 결과와 다를 수 있다.
- 실존주의 치료에서의 평가는 치료사와 내담자가 서로를 평가한다는 점에서 상호 의존적이다.
- 평가는 지속적인 과정으로, 내담자에 대한 진단 자체보다는 삶에 대한 내담자의 의미 구성과 그에 대한 치료사의 이해에 초점을 둔다.
- 내담자가 현실 세계를 어떻게 경험하고 있는지에 대해 파악하는 것은 중요하다.

첫 회기와 계약

앞서 언급한 바와 같이 첫 회기는 치료사와 내담자 상호 간에 이루어지는 확인 작업으로 특징지을 수 있다. 이는 치료사가 처리해야 할 과업의 양이 많다는 것을 의미한다.

① 라포(내담자와의 관계)를 형성하라.

② 내담자가 그 자신과 자신의 문제에 대해 어떻게 생각하고 있는지, 즉 자신과 문제에 대해 무엇을 알고 있으며, 알고자 하는 것이 무엇인지 탐색하라.

③ 내담자에게 "(많은 시간 중에) 지금 현재 치료에 참여하고 있는 이유는 무엇인가요?"라고 질문하라. 내담자가 현재 호소하고 있는 문제가 내담자의 삶에 오랜 시간 머문 주제인 경우, 치료사는 무엇이 내담자를 현재의 치료 장면으로 이끌었는지에 대해 반드시 알아야 한다. 이에 대해 깊이 이해할수록 치료의 방향을 효과적으로 결정할 수 있다.

④ 내담자 스스로 현재 경험하고 있는 어려움에 대한 인식을 변화시킬 수 있도록 그에 필요한 내담자의 능력을 찾으라.

⑤ 내담자가 호소하는 문제에 대해 실존적으로 사고하라. 4개의 세계(물리적 · 사회적 · 개인적 · 영적 세계) 가운데 지나치게 두드러지거나 지나치게 미약한 세계가 있는가? 내담자는 그 자신의 삶에 대해 어느 정도의 책임감을 느끼고 있는가?

⑥ 내담자는 물론 내담자 자신의 이야기에 대한 그 스스로의 반응을 주시하라.

⑦ 합의하에 이루어진 이전의 회기 내용을 감안하여 치료가 어떻게 진행될지에 대하여 잠정적 결론을 내리라.

⑧ 내담자를 위탁 기관에 의뢰하는 것이 보다 현명한 선택인가에 대해 판단하라.

⑨ 치료와 치료가 이루어지는 기관과의 원활한 진행을 위하여 필요한 모든 행정적 업무를 철저히 하라.

⑩ 회기가 끝난 직후, 내담자가 회기에 대하여 어떻게 느꼈는지에 대해 알아내라. 첫 회기가 끝난 후, "45분간 저와 나눈 이야기는 어땠나요?"와 같이 질문하는 것은 매우 유용하다. 예컨대, 만약 내담자의 문제가 연장자와의 관계에 대한 것이고 치료사가 내담자보다 연장자인 경우, 이 질

문은 "45분 동안 당신보다 연장자인 저와 나눈 이야기는 어땠나요?"와
같이 바꿀 수 있다. 내담자는 이 질문에 확실한 답을 제시할 수 있을 것
이다. 물어보지 않았다면 들을 수 없었던 내담자의 다양한 대답 간 차이
에 대하여 생각하라.

- "좋았어요, 저는 선생님 같은 사람에게 이렇게 빨리 마음을 열 수 있
  을 거라 생각지 못했거든요."
- "좋았어요, 제가 평소 생각했던 것들을 거의 다 얘기한 것 같아요."
- "그게 뭐 어떻다는 거죠? 저는 선생님이 제 문제를 해결하는 데 도움
  을 주셨으면 해요."
- "재밌었어요. 저는 선생님이 친구같이 느껴져 선생님과의 작업을 선택
  하긴 했지만, 처음 선생님에게 기대했던 것과는 좀 달랐던 것 같아요."

 Exercise

첫 번째 회기의 종결

내담자의 의자에 앉아 첫 회기에서 내담자가 했던 이야기를 떠올려 보라.

1. 어떠한 기분이 드는가?
2. 내담자의 문제를 해결하는 데 있어 당신에게는 현재 무엇이 필요한가?
3. 당신이 내린 결론은 무엇인가?

치료가 어떻게 진행될 것인가에 대한 질문에 답하는 데 있어 치료의 전제
가 되는 이론이나 실존철학을 운운하는 것은 내담자의 주의를 분산시킬 수
있다는 점에서 좋은 방법이 아니다. 내담자에게는 치료 과정이 자신이 기대하
는 바를 얼마나 충족시켜 줄 것인가에 대하여 알 권리가 있다. 다음에 제시하

는 내용은 이러한 내담자의 알 권리를 충족시키는 데 있어 유용하게 활용될 것이다.

이번이 첫 회기이고, 첫 회기는 다른 회기들과 다소 차이를 갖는 것이 사실입니다. 당신이 당면한 문제에 대해 함께 나누고 생각해 본다는 점, 현재 당신의 상황 그리고 인생에서 당신이 하고 싶은 일이 무엇인가에 대해 함께 나눈다는 점에서 첫 회기 이외의 다른 회기들은 비슷한 방식으로 진행됩니다. 저는 당신이 당면한 문제에 대해 당신의 이야기를 들어주고, 함께 생각하는 과정을 통해 당신이 문제를 명확하게 인식할 수 있도록 돕기 위해 여기 이 자리에 있습니다. 치료는 당신이 그동안 생각하지 못했던 것 또는 생각하지 않는 편이 낫다고 생각했던 것, 그동안 스스로 다루기 어려웠던 생각과 감정을 저와 함께 논의하는 과정으로 이루어집니다.

치료의 과정은 큰 조각 그림을 맞추는 것과 같습니다. 각각의 그림 조각들이 당신의 것이기는 하지만 각 조각들을 조합하여 만들어지는 그림이 어떠할지에 대해서는 당신 또한 정확하게 알지 못합니다. 하지만 저는 당신이 현재 그리고 있는 그림이 무엇이며, 당신이 원하는 그림이 무엇인지에 대해 알고 있을 것이라 믿어 의심치 않습니다. 당신은 분명 이 사실에 대해 저보다 더 잘 알고 있겠지요. 다만, 제가 확실히 알고 있는 것은 각각의 그림 조각이 서로 어떻게 맞춰지고, 어디서 퍼즐 조각들이 연결되는가 하는 것입니다. 그러므로 여기서 우리는 당신이 무엇을 원하고 두려워하며 또한 갈망하는지 당신의 생각과 감정이라는 퍼즐 조각들을 잘 살펴보고, 이 조각들이 어떻게 서로 조합을 이루어 나가는가를 지켜봐야 합니다. 이것이 바로 우리가 여기에서 함께 협력해 나가야 하는 이유입니다. 당신의 마음속에 떠오르는 모든 것에 대해 제지하지 않고 이야기를 나눔으로써 함께 문제를 해결해 나가는 것이 중요할 것입니다.

개인치료를 하고 있는 대부분의 실존치료사는 내담자들과 보다 확실하고

명확한 계약을 수립하기 위해 그 방안을 강구해야 하는데, 이는 계약이 주로 자원봉사 기관이나 법정 기관에서 사용되기 때문이다. 따라서 치료사는 치료에 대하여 정확한 정보가 담겨 있는 리플릿을 내담자에게 제공하고, 치료에 대하여 내담자와 치료사의 요구 사항이 명시되어 있는 계약서를 명문화하며, 내담자에게 계약서에 제시되어 있는 치료 조건을 읽고 그것을 수용한다는 의미로 동의서에 서명하도록 요구하는 것은 좋은 방법이다.

내담자에게 제공되는 리플릿에는 다음과 같은 내용이 포함되어야 한다.

- 치료사가 갖고 있는 자격증, 치료사가 받은 훈련 내용, 활동하고 있는 전문가 단체와 가입되어 있는 보험
- 치료가 이루어지는 장소와 시기
- 예상되는 비용과 지불 조건
- 회기 일시를 정하고 취소하는 방식
- 비밀보장에 대한 원칙, 정보 공개와 위탁의 허용 조건
- 회기가 내담자에게 최선의 방식으로 도움이 되도록 하기 위한 지침
- 치료 내에서 극복할 수 없는 문제가 있을 경우 내담자가 사용할 수 있는 불만 사항 절차

계약의 목적은 작업을 시작하면서 치료사와 내담자가 작업량, 시간, 비용, 비용 지불 기일, 불참자에 대한 처리 방침, 치료의 목적과 관련된 모든 사항의 경계를 확실히 하기 위한 것으로, 치료사와 내담자 모두 이 내용에 대해 인지하고 상호 합의를 한 후 치료를 시작해야 한다. 당신은 내담자들에게 이러한 합의와 규칙을 상기시켜 주어야 한다는 것을 알게 될 것이다.

> ## ⏻ Key Points
>
> - 첫 회기는 나머지 다른 회기들과 다르다.
> - 문서화된 계약은 중요한 행정적·윤리적 쟁점들을 명료화하는 데 유용한 방법이다.

계약 기간

현상학에 기반을 두고 있는 실존치료는 상황에 따라 그 시간을 유동적으로 활용할 수 있다.

12회기 혹은 보다 적은 회기를 운영해야 한다면, 내담자가 치료 자체에 집중하고 시간을 효과적으로 활용할 수 있도록 회기와 회기 사이에 읽기 자료 제공, 저널 쓰기, 영화 감상 프로젝트 등의 형태로 과제를 부과하는 방법도 생각해 볼 수 있다. 여기서 중요한 것은 내담자에게 부과하는 과제는 현재 치료 과정에서 도출된 것이어야 하며, 미리 결정되어서는 안 된다는 것이다. 내담자들은 이러한 과제들에 대해 자유롭게 반응하도록 독려될 것이고, 이를 완성하지 못하였다고 해서 벌을 받지는 않을 것이다. 다만, 과제는 내담자들의 의지를 확인하는 방법으로, 내담자들의 욕구를 살피는 데 중요한 주제가 될 것이다. 일반적으로 장기치료에서는 완전하고 광범위한 실존분석이 가능한 반면, 계약 기간이 짧을수록 하나 혹은 두 개가량의 주제에 집중해야 하는 필요성이 커지며, 이와 같은 점에서 치료는 흡사 코칭 관계와 비슷한 성격을 띤다고 할 수 있다. 이러한 현상은 회기가 격주 이상의 간격으로 이루어질 때에도 나타날 수 있다.

내담자는 그들의 삶에서 중요한 시간을 기록하고 치료와 관련된 내용을 문서화할 수 있는데, 이것이 치료 과정의 일부분으로서 가치 있는 작업이라는 사실을 내담자 스스로 인식하는 것은 단기상담에서만큼이나 장기상담에서도 중요하다. 회기에서 이러한 기록에 대해 논의하는 것은 좋은 방법이다. 다른 모든 치료와 마찬가지로 실존주의 치료에는 시간의 제약과 한계가 따르기 때문이다. 따라서 치료 내용을 문서화하는 것은 죽음, 포기, 외로움, 자율성과 낙심을 둘러싼 실존적 문제를 다룰 수 있도록 해 주고, 새로운 탐색을 위한 비옥한 토대가 되어 줄 수 있다.

⏻ Key Points

- 현상학의 가변적 특성은 그것이 모든 다양한 형태의 계약에 적용될 수 있음을 의미한다.
- 실존주의적 치료는 장·단기 치료 모두에 적합하다.
- 명료성은 계약에 있어 필수적인 요소이다.
- 치료의 한계는 논의의 대상이 되는 자연스러운 실존적 경계이다.

실존치료와 인지행동치료

치료자는 실존주의에서 유래된 치료 이론과 실무가 내담자에게 도움이 되기 위해 항상 변화해야 한다. 만약 그렇지 않다면 원리주의를 신봉하는 존재가 되어 그야말로 쓸모없어질 것이다. 자연과학에서 발생한 기법중심 치료는 지난 10년간 인지행동치료(cognitive behavioural therapy: CBT) 이론과 실무에서 많이 변화를 보여 왔다. 이에 대해 논의한 연구에서는 치료에서 기술의 치유력이 갖는 가치가 15%에 그쳤으며, 나머지는 내담자 및 그와 관련된 요인들의 조합이라는 사실을 지속적으로 밝히고 있다. CBT는 실존치료에서 파생된 기술들을 포함하여 수많은 치료 방법에서 차용되는 기술에 관계의 질을 강조하는 치료 모델을 통합시킴으로써 이러한 경향에 발맞추고자 하였다. 이와 같은 이유로, 과거에는 실존치료와 CBT 간의 차이가 명확하였으나, 현재는 그다지 분명해 보이지 않는다.

　실존치료와 CBT 간의 차이를 이해하기 위해 우리는 이들의 기원과 창시원리, 서로 다른 맥락에 근거하고 있는 정체성에 대해 기억해야 한다. CBT는 영국과 미국의 실증주의 심리학에 기초하고 있는 반면, 실존치료는 유럽철학에서 발생하였다. 실존치료는 경험의 관계적 특성 및 유한하고 불확실한 삶에 대하여 개인이 부여하는 의미가 갖는 책임에 기초하고 있다. 실존적 변화는 존재론적 또는 존재의 기초를 이루기 때문에 증상 제거 차원에서의 변화가 주요한 목적이 될 수 없는 반면 불확실성의 맥락에서 삶의 선택들에 대한 이해와 소유는 실존적 변화의 근본적인 목적이 될 수 있다. 따라서 실존치료사들은 증상 완화가 충분히 좋은 목적이라는 주장을 거부할 것이다.

　CBT는 우리가 처한 사회적 환경에서 우리 자신의 일관된 의식을 달성하기 위해 세계에 대하여 우리가 어떻게 정보를 처리하는지에 주목한다. 또한 아동기 경험이 성인기까지 지속되는 과정에서 지식을 창출해 내는 방법에 관심을 갖는다. CBT는 인지적 왜곡을 일으킬 수 있는 이러한 지식들의 역기능적 측면에 초점을 두고 있다. 따라서 이와 같은 인지적 왜곡 및 그에 따른 결과로 나타나는 행동의 수정 및 제거가 CBT의 가장 중요한 목표이다.

　이는 실존치료와 CBT가 다른 전통에서 비롯되었다(즉, 실존치료는 '존재'로부터, CBT는 '행동'으로부터 비롯됨)는 증거를 이룬다. 이 두 가지 치료 방법은 미리 설정되어 있거나 원천적으로 주어진 것이 아니라 현실에 대한 개개인의 관점이라는 의미에서 인간 존재의 역동적 · 구성주의적 이론을 지지한다. 실존치료와 CBT는 모두 개인을 둘러싼 환경과의 상호작용에서 개인 특성에 대한 고려의 중요성을 강조하고, 개인이 만들어 내는 의미에 주목한다. 또한 두 치료 방법 모두 미래에 대해 학습하기 위해서는 과거의 경험을 돌아보아야 한다는 견해를 취하고 있는데, 여기에서 두 입장 간 중요한 차이가 나타난다. 실존치료가 대인 관계를 중시하기는 하지만 개인이 그 자신의 목표에 대한 이해를 통해 지극히 특별하고 개인적인 것에 가치를 두는 삶에서 찾을 수 있는 의미에 초점을 두는 반면 CBT는 개인의 인지 왜곡을 정확히 찾아내고 이를 바로잡는 데 일차적인 목표를 두고 있다.

CBT와 그로부터 파생된 수많은 변종은 항상 기법중심적이다. 기법 사용을 반대하는 기존 실존주의의 견해는 기법이 치료 과정에서 인간 치료의 상호 관계를 기계화시키고 비인간화시킨다는 것이다. 이는 실존치료와 CBT 간의 또 다른 차이를 만들어 낸다. 서두에서 언급한 바와 같이 기술(skill)과 기법(technique)의 차이는 그것이 개인의 소유인가의 여부이다. 각각의 치료 행위가 얼마나 많이 또는 얼마나 적게 나타나는가라는 측면에서 CBT와 실존치료의 실무 간 차이를 상세하게 기술하고자 하는 것은 그 핵심을 놓치는 것이다. 물론 고전적인 CBT에서는 기법을 강조하지만, 최근에는 인지의 정서적 차원뿐 아니라 치료의 관계적 측면을 강조하는 프로토콜을 활용하기 위하여 '행위(action)'의 기능이 약화되고 감소되었다. 이는 인간 존재의 협력적·철학적 탐구를 중시하는 실존치료에서 비롯된 방식이라 할 수 있다. 실존치료에 가까운 CBT의 예에는 변증법적 행동치료(dialectical behavioral therapy: DBT), 수용·전념치료(acceptance and commitment therapy: ACT), 마음챙김 기반 스트레스 감소(mindfulness-based stress reduction: MBSR) 등이 있다.

치료법을 개념화하는 이런 방식들은 CBT에 실존치료의 경향을 나타내지만, 그 치료 방식의 기원이 서로 다른 인식론에서 비롯되었다는 점, CBT가 존재의 실체적 차원에 대한 설명에 집중되어 있는 반면 실존치료는 인간 존재에 대하여 보다 넓은 의미에서 존재론적이고 가치 중심의 차원에 대한 이해와 해석에 초점을 두고 있다는 점에서 여전히 차이를 보인다.

치료 비용

대부분의 치료사는 내담자와 비용에 대하여 논의하는 것을 꺼려하는 것이 사실이다. 내담자를 비하하거나 착취하지 않고, 보살피고 관심을 보인 치료사의 마음을 돈의 가치로 환산하는 데는 무리가 있기 때문이다. 그러나 무료로 제공되는 치료는 없기 때문에 직접적이든 간접적이든 비용을 지불하는 것은 그 자체로서 강력한 상징적 의미를 갖는다. 이는 치료 관계가 개인 간의 거래라는 사실을 시사하는 것으로, 치료 작업의 연속성을 강화시키는 데에도 영향을 미친다. 미국 문화에서는 모든 대상에 대해 금전적 가치를 매기는데, 이는 가치 있는 것이 무엇인지를 표현하는 하나의 방법이라 할 수 있다. 심리치료가 전문적인 영역이며 치료사가 전문적인 활동을 통해 생계를 유지할 수 있어야 한다는 점에서 비용 지불에 대한 논의는 불가피하다. 그러므로 치료사가 금전적 가치로 환산된 그 자신의 위치를 명확하게 인식하는 것은 중요하다고 할 수 있다. 치료사는 그들 삶에서 추구하는 준거 및 그들이 일할 수 있고 또 일하기를 원하는 시간 등을 고려하여 신중하게 그 자신이 수행하는 작업에 대한 비용을 책정해야 한다. 또한 치료사는 내담자가 치료사의 재정적 생존에 대한 책임감을 느끼지 않을 수 있도록 그 자신의 재정을 잘 관리해야 한다. 이를 분명히 해 두지 않을 경우, 치료사는 치료에 대한 자신감을 잃게 되고, 이는 치료 과정 전반에 부정적인 영향을 미치게 되어 결국 치료가 원치 않는 방향으로 흘러갈 위험에 처하게 되기 때문이다. 만약 내담자가 치료사 자신이 책정한 수준에 턱없이 부족하게 비용을 제시하는 경우, 치료사는 분개하고 치료에 태만하게 될 뿐 아니라 내담자에게 비용 외에 다른 감사 표시를 요구할 것이다. 반면, 내담자가 감당할 수 있는 수준 이상의 비용을 치료사가 청구한 경우, 내담자는 화를 내고 떠날 수 있다. 설령 치료 관계를 유지한다 하더라도 치료사는 내담자에게 돈이 갖는 가치 이상의 무언가를 주어야 한다고 느낄 것이며, 건강한 수준의 치료 이외에 그 무엇인가를 해야 한다는 과도한 책임을 갖게 된다. 내담자와 치료사 사이에 이루어지는 거래(관계)에서 내담자가 치료사를 공정하고 공평하게 느끼는 것은 매우 중요하다. 적절하게 책정된 비용의 지불은 내담자가 치료사 및 치료사와의 관계에 대해 긍정적으로 인식할 수 있도록 해 주기 때문이다. 또한 내담자가 분노를 느끼지 않고 치료사에게 빚졌다는 느낌을 갖지 않도록 해 주어야 한다.

비용에 대한 논의는 첫 회기에만 국한되지 않고, 이후의 회기에서도 가볍게 언급되곤 하므로 치료사는 이와 같은 상황에 잘 대처할 수 있어야 한다. 금전적 측면에서 실존적 자율성이란 개인이 경제적으로 독립된 존재로서 스스로 판단하고 행동하며 이에 대한 책임을 지는 능력을 말하는 동시에 일을 하여 생계 유지에 필요한 돈을 벌어 자신은 물론 다른 사람을 지원할 수 있는 능력을 말한다. 이러한 실존적 자율성을 유지하는 데 있어 돈은 매우 중요한 개념이라 할 수 있다. 저자 가운데 한 명인 마틴 애덤스는 치료 비용을 지불하지 않는 내담자의 경우, 비용을 지불하고 개인치료를 받는 다른 내담자에 비해 결석이 잦고 상담 종결 후에 선물을 건네는 경향이 있다는 사실을 발견하였는데, 이들은 대체적으로 상담에 지불하는 비용이 적어 치료사에게 빚을 졌다는 생각을 하는 것으로 나타났다.

> ## ⏻ Key Points
>
> - 치료사를 포함하여 대부분의 사람은 금전적인 문제를 언급하는 데 어려움을 느낀다.
> - 여러 가지 면에서 비용 지불에 대한 합의가 확실하게 이루어지는 것은 중요하다.
> - 치료는 공정하고 공평한 계약을 토대로 이루어져야 한다.

회기의 시작과 종결

만약 내담자가 매주 같은 시간에 온다면, 치료사는 지난 회기로부터 167시간이 지났다는 사실을 기억해야 한다. 이는 회기와 회기 사이에 많은 일이 있어날 수 있음을 의미하므로, 치료사는 내담자가 지난주에 호소했던 문제에 사로잡혀 있을 것이라 임의로 판단해서는 안 된다. 또한 치료사는 내담자의 호소 문제 중 자신이 관심을 두고 있는 내용에 대해 질문하면서 회기를 시작하고 싶은 마음을 내려놓고, 내담자로 하여금 치료가 시작되는 그 순간, 떠오르는 주제에 대해 자유롭게 이야기할 수 있도록 격려해야 한다. 이와 같은 방식으로 치료가 이루어질 때 내담자의 자율성은 강화될 수 있다. 치료가 진행됨에 따라 내담자는 회기에서 일어나는 모든 상황과 활동에 대해 책임을 지는 데 익숙해지게 된다. 또한 회기와 회기 사이에 보다 많은 생각을 하게 되면서 회기 간의 긴밀한 상호 연관성을 발견하게 된다. 내담자에 따라 이러한 현상이 빠른 시일 내에 나타날 수도 있고 다소 늦게 나타날 수도 있다. 이때 치료사는 각 회기에서 다루고자 하는 주제 간 연결 고리를 형성함으로써 내담자들이 이 과정을 잘 수행해 낼 수 있도록 적극적으로 격려해야 한다. 이는 각 회기를 상호 긴밀하게 연결하고 보다 생산적으로 이끌어 가도록 돕기 위한 과업의 목적이기도 하다. 현상학적인 관점에서 볼 때 치료사의 속도에 따라 회기가 진행되는 것이 일반적이지만, 치료 환경과 계약 조건에 따른 제약이 존재한다는 사실을 고려하여 치료사는 치료 과정에서 활용하는 기법을 조정해 나갈 수 있다. 또한 회기의 시작 시간을 내담자에게 통보하기보다는 제안하는 형태로 제시하는 것이 바람직하다.

회기 종결 시점에서 이루어지는 치료사의 역할은 회기 시작 시점에서의 그것과 비슷하다. 치료는 내담자의 연속적인 삶의 과정 속에서 작은 부분에 불과하지만 중요한 역할을 하기도 한다. 치료사는 치료 과정에서 해결하지 못한 문제로 인한 애매함을 줄이고, 치료의 종결 시점을 경계 삼아 삶의 나머지 부분과 구분되는 무엇인가로 다루고자 할 수 있으며, 이를 위해 회기의 마지막 몇 분을 치료 과정의 요약에 사용하고 싶은 욕구에 사로잡힐 수 있다. 그러나 이는 회기에 대한 내담자의 분석 능력을 감소시키고, 내담자에게 회기 내용을 요약할 준비가 되어 있지 않을 가능성도 있기 때문에 치료사는 이에 대한 욕심을 내려놓아야 한다.

많은 실존치료사는 내담자가 원할 경우 회기 중에 시계를 볼 수 있도록 허용해야 하는데, 이는 치료 시간이 끝나감을 알려 주어야 하는 치료사의 책임

차원에서 단순하게 이해하면 될 것이다.

📋 **사례**

회기의 시작

3회기

내담자: 저는 오늘 무엇에 대해 이야기해야 할지 모르겠어요. 지난주에 우리가 무엇에 대해 이야기했죠?

치료사: 당신은 무엇을 기억하나요?

내담자: 모르겠어요. 무엇이었죠? 선생님은 기억하세요?

치료사: 만약 제가 기억하고 있는 것들에 대해 말하면, 당신 마음속에서 중요하게 생각되거나 느껴지는 말로 표현되지 않을 가능성이 높다는 사실을 유념하셔야 해요.

내담자: 음…….

치료사: 이곳에 와서 중요한 얘기를 함께 나누고, 그걸 잊어버린 지금의 기분이 어떤가요? 잊어버린 내용을 기억해 내는 것은 당신에게 중요한가요?

내담자: 음, 네. 분산된 느낌…… 맞아요, 해체된 느낌에 대해 이야기했어요.

🔊 **해설**

내담자의 현재 경험에 머무르면서 지난 회기의 내용에 대해 상기시켜 주기를 원하는 내담자의 요구를 거부한 것은 그 기억이 내담자로부터 비롯된 것이 아니기 때문이다. 결국 내담자는 자신의 호소 문제를 기억해 낼 수 있었는데, 이것은 바로 그녀가 지난 회기의 대화를 망각한 이유였다.

문고리 발언

회기를 공식적으로 종결하는 시점과 치료사가 "오늘은 여기서 끝내요."라 말하고 치료실을 떠날 때까지 발생하는 시간적 공백의 짧은 순간에 내담자는 "아! 앞으로 2주간 올 수 없다고 말씀드린다는 걸 깜빡 했어요." "당신이 하는 일은 참 쉬워 보여요, 선생님은 어떻게 치료사가 될 수 있었나요?" "저는 선생님이 매번 저 같은 사람을 보면서 어떻게 버텨 내는지 모르겠어요. 저는 아마미쳐 버릴 거예요."와 같은 말들을 할 수 있다.

내담자들은 보통 한 손으로 문고리를 잡고 이와 같은 발언을 하기 때문에 우리는 이러한 상황에서 이루어지는 대화를 '문고리 발언(door-handle comments)'이라 일컫는다. 문고리 발언에서는 내담자가 자신과 치료사의 관계를 어떻게 보고 있는가에 대해 나타나기도 하고, 회기에서 다루지 못한 주제가 언급되기도 한다. 이러한 점들을 고려할 때, 내담자의 의도를 최대한 파악하여 이를 충족시켜 주고자 하는 치료사의 입장에서는 문고리 발언이 매우 중요한 의미를 갖는다고 할 수 있다. 이에 대한 반응이 굉장히 섬세하게 이루어져야 한다는 점에서 어려움이 따를 수 있으나, 그 중요성을 고려하여 치료사들은 내담자의 문고리 발언에 주의를 기울여야 하며, 다음 회기에 그 내용을 엮어 넣을 수 있는 방법에 대하여 강구해야 한다. 한편, 자신의 그러한 발언을 회기 내에 편승시키는 방법에 대해 모르는 내담자들에게 문고리 발언은 회기 밖에 존재하는 여담일 뿐이다.

⏻ Key Points

- 치료사는 회기에서 논의할 주제를 내담자가 직접 설정하도록 독려해야 한다.
- 공식적인 회기가 시작되기 전과 공식적인 회기가 끝난 후에 내담자가 치료사에게 하는 이야기들은 매우 중요한 의미를 갖는다.
- 휴식 시간 및 휴가에 대한 논의는 회기 시작에 앞서 시의적절하게 이루어져야 한다.

탐색 과정, 망설임 그리고 저항

'탐색 과정(working though)' '망설임(reluctance)' '저항(resistance)' 등은 정신분석학에서는 친근한 용어로, 인간 실존에 있어 탐색 과정이란 우리 각자의 길에 놓여 있는 장애물에 대해 고심하는 능동적 과정을 의미한다. 또한 니체가 언급한 바와 같이 그 자체로서의 현실을 받아들이는 것이라고도 할 수 있다. 실존적으로 우리의 삶은 유동적·역동적이기 때문에 실존치료에서 우리는 변화에 대한 작업을 하지 않거나 단순한 개입을 통해 사람들을 돕기보다는 안심하고 내담자의 변화를 위한 작업을 할 수 있다.

기능 장애와 불운은 변화 그 자체보다는 변화에 대한 저항으로 야기될 가능성이 크다.

변화에 대한 망설임을 극복하는 것은 예상치 못한 상황, 위기, 재앙 등으로 야기된 불안을 수용하는 능력에 전적으로 달려 있다. 두려움, 위험, 불확실성에 직면하는 것은 우리는 누구인가, 다른 사람들은 우리를 어떻게 생각하는가, 운명과 변화는 우리를 어떻게 변화시킬 것인가 등의 문제들을 받아들이는 법에 대해 배우는 과정의 첫 단계라 할 수 있다. 우리의 존재 자체 그리고 삶 가운데서 발생하는 모든 일을 직시할 때 모든 것은 분명해지고, 우리는 아무런 방해 없이 삶의 모든 시간을 온전히 사용할 수 있다.

이것은 우리가 자신의 취약성을 받아들이고 나면 저항이 즉각적으로 약화된다는 것을 의미하는 것은 아니다. 치료에 있어 극복하기가 불가피한 장애물이 존재한다 해도 최대한 인내심을 가지고 치료에 임하는 것이다. 극복하는 과정에서 개인은 지금까지 갖지 못했던 경험을 하게 될 뿐 아니라 현실 세계를 바라보는 시각의 변화 또한 경험하게 된다.

망설이는 내담자는 그들이 무엇을 피하고, 의도적으로 언급하지 않고자 하는 것이 무엇인지에 대해 스스로 인식하고 있다. 한편, 저항하는 내담자는 그들이 보이는 회피가 얼마나 중요한 의미를 갖는지에 대해 자각하지 못한 채

이를 우선적으로 고려해야 하는 사항에서 배제해 버리는 경향을 보이는데, 이러한 점에서 망설임과 저항의 차이를 찾아볼 수 있다. 실존적인 시각에서 볼 때, 우리는 치료 과정에서 도출된 문제 해결의 대안들에 대해 내담자가 얼마나 개방적인 태도를 보이는가를 판단해야 한다. 또한 치료사의 말에 내담자가 동의하지 않는 모든 사례를 저항이라 치부해 버리지 않도록 주의해야 한다. 이는 우리가 잘못 판단했을 가능성을 시사하는 것으로, 이러한 과정을 통해 계속해서 배워 나가고자 하는 열린 자세를 유지해야 한다.

🗨 사례

망설임과 저항

지난 회기, 내담자는 평소와 달리 치료에 집중하지 못했고, 그 이유에 대해 치료사에게 알려 주지 않았다.

내담자: 지난주에 못 와서 죄송해요. 일에 매달려 있었거든요.
치료사: 많은 업무로 힘드셨을 것 같네요.
내담자: 네, 그랬어요.
치료사: 여기에 오지 못했을 때 기분이 어땠나요?
내담자: 무슨 말씀이시죠?
치료사: 물론 저는 당신이 너무 바빠 지난 회기에 오지 못했다고 생각해요. 그런데 혹시 당신이 지난 회기에 오지 않은 이유가 그 전 회기에서 제가 했던 이야기에 화가 났기 때문은 아닐까 궁금했거든요.

만약 치료사의 추측이 틀렸다면, 내담자는 다음과 같이 말할 것이다.

내담자: 사실 처음에는 선생님의 이야기에 상처받았어요. 하지만 가만히 생각해 보니 선생님이 하고자 했던 말이 무엇인지 알겠더라고요. 그리고

진짜 많이 바빴어요. 미리 알리지 못해 죄송해요.

망설이는 내담자는 다음과 같이 말할 것이다.

내담자: 아, 네……. 선생님이 아시다시피, 저는 정말……, 선생님이 그 이야기를 했을 때……, 느껴지는 감정 앞에서 무엇을 어떻게 해야 할지 모르겠더라고요. 저는 그냥 그 감정을 무시하고 그것이 자연스럽게 사라지길 바랐어요.

치료사: 정말인가요?

내담자: 그랬으면 좋겠어요……. 아니, 그렇지 않아요. 사실 저는 그 일에 대해 계속 생각하고 있었어요. 이 얘기를 이렇게 할 수 있을지도 몰랐고요. 그래요, 함께 이야기해요……. 사실 그때 선생님이 그런 말을 했을 때 정말 화가 났어요.

그러나 저항하는 내담자는 다음과 같이 말할 것이다.

내담자: 아니요, 그렇지 않아요. 그리고 지금 우리가 이야기하고 있는 과거의 일은 기억조차 없어요. 당신에게 얘기했던 새 프로젝트 건으로 업무량이 너무 많아 바빴을 뿐이에요. 그게 다예요.

(ᵘ) **Key Points**

- 실존적으로 탐색 과정은 불안을 이겨 내고, 이러한 불안을 삶의 일부분으로 받아들이며, 우리 자신과의 공존을 인정하는 것이다.
- 치료사는 내담자가 삶의 어려운 측면에 직면하는 데 있어 망설이는 상황을 기꺼이 받아들이고 함께 해결해야 한다.
- 저항은 내담자들이 그들의 회피와 부인을 인식하지 못할 때 일어난다.

단기 실존치료와 해결중심 치료

치료 접근들 간의 그 유사점들을 살펴볼 때 가장 중요한 고려 사항은 두 접근이 양립 가능한 인식론에 기초하고 있는지 확인하는 것이다. 비록 그 이론적 토대가 강조되는 것은 아니지만, 해결중심 치료(solution-focused therapy: SFT; O'Connell, 1998)는 사회 구성론적 접근이 해설적 접근에 맞게 조정된 것이라 할 수 있다.

이는 치료에 상정된 문제와 그에 대한 해결책을 강구하는 데 있어 SFT의 경우 언어를 통해 이루어진다는 것을 의미한다. 즉, SFT에서 언어는 현실을 반영하는 것이 아니라 현실을 창조해 낸다고 볼 수 있다. 따라서 SFT는 경험에 대한 이해를 넘어서 선결된 일련의 심리학적 성향을 지지하지 않는다. 본질주의자의 이론이 아니기 때문에 SFT는 내담자의 이야기를 '다시 쓰는' 작업의 근거를 제공하는 것은 물론 내담자의 세계관을 잘 보여 준다고 할 수 있다.

이것은 여러 가지 성향으로 구성된 내담자의 본성과 현상학이 일치함을 강조한다(Langdridge, 2006).

실존주의적 접근은 죽음, 인간의 한계에 직면하고, 우리에게 주어진 시간을 최대한 활용해야 할 필요성에 대한 의식을 중시하는 실존주의에서 비롯된 치료 방법이기 때문에 그 자체로 단기상담에 적합하다.

단기 실존치료(brief existential therapy)와 SFT가 공유하는 철학적 이슈는 시간의 문제 그리고 불확실한 미래에서는 내담자가 회피하거나 부인하지 않고 자기 자신의 것으로 소유할 수 있는 경험이 부재한다는 문제가 그 중심을 이룬다고 할 수 있다.

SFT에서 중심을 이루는 주제는 고용지원 프로그램(Employment Assistance Programmes: EAPs), 영국 국제건강 서비스(National Health Service)의 IAPT 프로토콜과 같이 활용할 수 있는 자원이 제한된 정신건강 현장에서 효과적이고 윤리적으로 이루어질 수 있는 단기치료 방안을 강구하는 것이라 할 수 있다.

이러한 경제적 압박에 직면하였을 때, 내담자로 하여금 과거와 현재가 어떻게 연결되는가를 이해할 수 있도록 돕고자 하는 치료자의 열망을 이해해야 함에도 불구하고 내담자가 미래에 대해 상상하는 데 있어 어려움을 보이는 경우, 우리는 계약 기간을 줄이는 방법을 찾아내도록 강요당하곤 한다. 이는 작업이 증상 완화에 초점을 두고, 미래 지향적이어야 함을 의미한다. SFT는 탄력성, 역량, 내담자가 그 자신의 실수를 통해 학습하는 능력에 초점을 두고 문제를 해결한다. 이러한 측면들은 실존치료의 모든 부분에 해당하지만, 이것만으로 치료를 실존적으로 실시하는 데는 충분치 않다.

이 외에 실존치료와 SFT가 공유하고 있는 것은 내담자로 하여금 자신의 문제에 대한 해결책을 스스로 찾을 수 있도록 내담자의 자율성을 강조하는 것이다. 대부분의 본질주의적 접근은 문제 해결을 중심으로 작업이 이루어지지만, SFT는 미리 결정된 문제 해결의 틀을 사용하지 않고, 내담자 삶의 현재와 과거에 대한 이해에 기초하여 그 자신만의 해결책을 스스로 찾을 수 있는 능력을 신뢰함으로써 이를 토대로 문제를 해결하고자 한다.

SFT에서 사용하는 기술은 깊고 자유로운 탐구가 요구되는 실존치료에 비해 단기 계약 작업에 적합하다. SFT는 이 책에서 언급한 바 있는 실존치료의 원칙과 양립할 수 있는 방법으로, 자신의 역량에 대하여 자부심을 가지고 있는 내담자와 함께 작업하는 방법을 제공할 수 있다. 그러나 SFT는 실존주의적·현상학적 치료의 모든 조건을 갖추고 있지 않으며, 내담자가 자신의 상황을 받아들이고, 신중한 변화를 꾀할 수 있는 철학적 탐구의 여지 또한 갖고 있지 않다.

마무리와 종결

실존치료를 주제로 다룬 저서에서 치료 관계의 시작과 그 과정에 대하여 기술된 양에 비해 치료의 마무리 단계에 대하여 기술된 양은 매우 적은 편이다. 치료의 마무리 단계에서는 죽음(death)과 마지막(ending)이라는 주제에 대하여 인간이 보편적으로 보이는 회피 성향에 대해 반드시 다루어 주어야한다.

스트래서와 스트래서(Strasser & Strasser, 1997)는 인생의 마지막은 시작이 보이는 곳에 존재하며 내담자가 그들의 삶을 책임지도록 하는 데 충분하다는 점에서 단기 실존적 작업은 인간의 상태를 면밀하게 비춰 준다고 하였다. 죽음에 대한 우리의 알아차림은 우리가 우리의 삶을 결정해 나갈 수 있도록 해준다는 사실에 기초하여, 작업이 시작될 때 언젠가 이러한 작업이 끝날 것이라는 사실을 기억해야 한다. 치료의 종결은 단순한 활동의 중단이 아니라 작업이 계속해서 진행되는 과정이라 할 수 있다. 이는 그 자체로 사람들이 깨어있게 해 줄 뿐 아니라 그 자신의 삶에 책임감을 갖도록 돕는 데 효과적이다. 이를 통해 치료사는 그 자신의 마음에 온전히 집중할 수 있게 된다. 치료를 시작하면서 그 마지막에 대해 생각한다는 것은 치료 관계를 어떻게 끝낼 것인가를 염두에 두고 치료를 시작해야 함을 의미한다. 내담자에 따라서는 이러한 과정에 대해 매우 염려하며, 치료 중단에 대해 끊임없이 위협을 느낀다. 이는 내담자가 그들에게 주어진 한계를 받아들이고자 노력하는 방식이라 할수 있다.

내담자들 중에는 만족스럽지 못하게 종결되었던 치료 경험과 그로 인한 상실감을 가지고 치료사를 찾는 경우가 많기 때문에 그 어떤 이유로든 내담자가 더 이상 불만족스럽게 치료를 종결하는 경험을 갖지 않도록 하는 것이 중요하다.

치료가 끝나가는 과정에서 내담자들이 치료 목표에 도달할 수 있도록 치료의 내용과 방법을 조정해 나가는 데 있어 내담자에게 건설적으로 고안된 새로운 모델을 제공하는 방법에 대해 숙지하는 것이 치료사의 책임이다. 상실이나 사별과 마찬가지로 치료의 종결은 단순히 치료와 관련된 지금까지의 활동을 중단하는 것이 아니라 개인이 극복해야 할 또 하나의 과제일 수 있다. 내담자가 감당하고 이해해야 할 과업 및 관계와 관련된 문제(또 다른 사람으로서의 치료사와 함께 중요한 문제를 공유한다는 사실)는 반드시 다루어져야 한다.

계약서에 무엇이 명시되어 있는가와 상관없이 치료가 이루어지는 전체 시간의 1/6 이상은 마지막을 준비하는 데 할애해야 한다. 정해진 계약 기간 내에서 언제 치료가 중단될지에 대한 판단은 차치하고서라도, 어떻게 치료를 평가하고 종결할 것인가에 대한 판단은 중요한 과제로 남아 있다. 특히 상실이나 끝이라는 관념에 민감한 내담자는 치료의 종결에 보다 많은 시간을 필요로 하기 때문에 치료가 끝나 간다는 사실을 암시해 주는 것과 같은 배려를 해 주어야 한다. 이와 같은 경우, 회기의 모든 과정은 마지막을 준비하는 데 활용될 수 있다. 잔여 회기 수 및 내담자에게 마지막이 갖는 의미를 주의 깊게 탐색함으로써 성급한 종결의 가능성을 줄일 수 있을 것이다.

치료 과정을 종결하는 데에는 일반적으로 많은 어려움이 수반되기 때문에 종결 시기가 명확하게 규정되지 않은 계약 관계에서 치료사와 내담자의 관심은 그들 모두에게 적절한 종료 시점이라 할 수 있다. 이는 기본적으로 치료 작업에 참여하는 치료사와 내담자가 함께 결정해야 하는 문제로, 두 사람 모두 이에 대해 숙지하고 있어야 한다. 다만, 치료의 마지막을 평가할 때에는 종결 과정에서 충분히 다루지 못한 위험 요소와 징후들이 있을 수 있다는 사실을 명심해야 한다. 치료사가 주의 깊게 살펴야 할 상황들은 다음과 같다.

- 내담자가 갑자기 떠나는 경우
- 치료 결과 및 치료 관계에 대한 평가 없이 내담자가 떠나는 경우
- 내담자가 치료의 종결로 인한 상실감을 부인하고 떠나는 경우
- 특정 목표의 일부만을 달성한 채 치료가 종결된 경우
- 내담자가 치료 그 자체의 의미를 확립하지 못한 채 떠나는 경우

치료사는 개방성을 가지고 치료의 마지막을 받아들일 수 있어야 하며, 치료사 자신으로 인해 치료의 종결이 연장되거나 단축될 수 있다는 사실을 인

지하고 있어야 한다. 위와 같은 상황이 발생할 경우, 치료사에게 있어 수퍼비전은 어둠 속에 비친 한줄기 빛과 같은 역할을 하게 된다. 이와 같은 점에서 수퍼비전은 치료에서 매우 중요하다고 할 수 있다.

치료는 하나의 과업인 동시에 관계이기도 하다. 내담자는 치료사가 미래에도 자신을 기억해 주고, 자신이 다시 돌아왔을 때 내담자 자신이 행복해하는 모습을 보기 원하는 치료사의 마음을 바라고 있음을 치료사가 알아주기를 원할 것이다. 내담자에게 그들 스스로 가치 있는 존재라는 생각을 갖도록 하기 위해서는 단순히 이를 말로 표현하는 데 그쳐서는 안 된다. 이는 치료의 모든 과정에서 치료사가 내담자에게 보인 양질의 관심을 통해 강화되는데, 특히 치료의 종결 과정이 많은 영향을 미치게 된다. 치료의 종결 단계에서 내담자들은 그들의 삶에서 발생하는 모든 문제에 대해 책임을 지는 존재로서의 자신을 인식하고 치료를 통해 그들이 성취한 것이 무엇인지에 대해 탐색하기 때문에, 내담자는 주로 종결 과정을 중심으로 치료 경험을 기억하게 된다. 따라서 치료의 마지막이 좋을수록 내담자는 이번 치료를 가치 있는 작업으로 기억할 것이고, 앞으로도 꾸준하게 치료를 받고자 할 것이다. 그러나 바람직한 종결은 문제 해결에 있어 미진한 부분들이 말끔히 해결되는 것, 작업이 '완결되었다'거나 내담자를 '완전히 분석하였다'는 것을 의미하는 것은 아니다. 이는 치료사와 내담자 모두 내담자가 자기성찰 및 삶 가운데에서 불가피하게 직면하게 될 모든 도전 과제에 대하여 철학적으로 충분히 배우고 이해했다는 확신을 갖는 것을 의미한다.

머무르는 것 또는 떠나는 것에 대하여 내담자에게 조언을 제공하는 것이 실존치료사들의 임무는 아니지만 머무르는 또는 떠나는 이유에 대해서는 충분한 검토를 통해 확실하게 밝혀 주어야 한다. 다만, 이것이 적절한 생각인지 아닌지에 대한 판단은 문제에 대한 충분한 논의가 이루어진 후에야 가능할 것이다.

치료의 종결 단계에서 만약 내담자가 갑작스러운 이별에 대한 논의를 꺼린다면, 치료의 마지막이 제대로 마무리되지 않을 가능성이 있다. 그러나 이별

에 대한 논의가 충분히 이루어지게 되면 치료는 성공적으로 종결될 수 있다.

다만, 인간의 삶은 계속되고 시간은 변함없이 존재하기 때문에 치료가 종결되었다고 말하는 것은 어패가 있다는 것 또한 반드시 기억해야 한다.

치료사들이 치료 과정에서 시도하지 않고 간과한 채 지나친 문제가 있거나 치료 작업을 포기하는 갑작스러운 결정을 내리느라 치료 작업에 대한 최종 분석 과정에서 감당해야 할 의무를 제대로 수행하지 못하는 상황이 발생할 수 있으나 내담자 자신만큼은 무엇이 옳고 그른가에 대해 알 수 있다.

 Exercise

1. 치료가 '잘' 끝난 사례에 대해 생각해 보라.
2. 치료가 '잘못' 끝난 사례에 대해 생각해 보라.
3. 각각의 사례에서 치료 전과 후, 치료 중에 당신은 무엇을 느끼고 생각하였는가?
4. 당신은 치료를 성공적으로 끝내기 위해 어떠한 준비를 하였는가?(만약 준비했다면)
5. 내담자에 대한 당신의 개입은 능동적인가, 수동적인가?
6. 당신은 치료를 종결하는 과정에서 무엇을 배웠는가?

 Key Points

- 치료의 종결은 치료에 착수하는 시점부터 시작되어 치료 과정 전체를 통해 이루어진다.
- 치료사를 포함하여 대부분의 사람은 작업의 끝맺음을 어려워하여 이를 정면으로 돌파하지 않고 회피하고자 한다.

> • 치료의 종결 과정은 치료에 대한 내담자의 기억을 토대로 특징지어진다.
> • 치료 관계 및 치료 관계의 종결에 대해 충분히 고려함으로써, 내담자에게 바람직한 종결 모델을 제시하는 것은 중요하다.
> • 개인이 자신의 경험으로부터 배울 준비를 갖추고, 인생의 도전 과제들에 직면할 자신감을 갖는 것은 치료가 바람직하게 종결되었다는 것을 의미한다.

학습 과정으로서의 치료

심리치료에서 내담자가 된다는 것은 보다 효과적으로 삶을 영위하는 방법에 대해 배우고, 자신의 약점은 물론 강점을 발견하는 것이다. 이는 또한 개인이 원하는 것을 얻고자 하는 과정에 어떠한 장애물이 있는지를 발견하는 것으로, 기법적 · 지적 성격보다는 정서적 · 실존적 성격이 강하다고 할 수 있다.

우리는 스스로 보다 많은 역량을 지닌 개인으로 존재하고자 하지만, 때로 우리 자신에 대해 지금까지 생각했던 것보다 덜 유능하다고 느끼게 하는 사건들이 발생하곤 하는데, 이러한 사건들은 보통 우리의 통제를 벗어나 있다. 우리는 전문가로서의 업무를 수행하는 과정에서 인생 가운데 경험하는 수많은 고난과 역경에 대한 회복탄력성을 계속해서 시험받게 되는데, 이는 치료사와 내담자에게 동일한 형태로 적용된다.

치료 과정에서 내담자는 삶의 기술은 물론 치료를 통해 배운 내용을 활용하는 기술에 대해서도 충분히 학습해야 하는데, 치료사는 이 사실을 자주 망각하곤 한다. 궁극적으로 이는 삶에서 만나는 어려움에 대해 개방적인 태도를 가져야 하며, 끊임없는 학습을 통해 자기성찰을 할 수 있어야 함을 배우는 것이라 할 수 있다.

기술을 습득하는 과정은 생각, 감정, 행위를 일련의 특징적 순서, 즉 질적으로 다른 네 개의 단계로 나타낼 수 있으며, 순방향, 경우에 따라 역방향으로의 진행도 가능하다. 각 단계에는 다른 내용들이 담겨져 있으며, 이를 통합하고 소유하는 방법을 학습하기 위해서는 모든 단계가 중요하다는 사실을 인정해야 한다. 또한 효과적으로 살아 나가는 방법에 대한 학습 모델은 치료는 물론 일상생활에도 적용 가능하다.

첫 번째 단계

많은 내담자에게 있어 치료의 시작점은 그 자신을 위해 스스로는 아무것도 할 수 없음을 인식할 때이다. 이때 그들은 보통 자신에게 어떠한 변화도 일어날 수 없을 것이라 느낀다.

이 단계는 '나는 모르고 있는 것들이 많다. 문제는 내가 모르는 것이 무엇인지조차 모른다는 것이다.'라는 문장으로 요약할 수 있다.

이 단계에서는 다음과 같이 느낄 수 있다.

- 흥분: 마침내 무언가를 하고자 결심함.
- 불안, 두려움, 우려: 자신이 인식하지 못했던 문제들을 발견함.
- 호기심: 새로운 것을 발견함.

내담자는 인간의 삶, 특히 자신의 삶에 대해 절망하거나 낙담할 수 있다. 이러한 경우 내담자들은 자신의 미래에 대해 그 어떤 희망도 갖지 못하는데, 이는 첫 회기에 내담자들에게 일반적으로 나타나는 현상이다. 어떤 내담자들은 이를 계기로 숙고의 시간을 갖기도 한다.

첫 회기에 치료사가 해야 할 일은 내담자의 이야기를 잘 듣고 그것을 명료화하는 것이다. 명료화 작업을 통해 내담자가 치료를 의뢰한 이유가 드러나기 시작하는데, 이때 치료사는 내담자의 내면에 감추어진 것이 무엇인지 명확하게 밝혀낼 수 있어야 한다. 또한 치료사는 내담자의 물리적 · 사회적 · 개인적 · 영적 영역들이 어떻게 존재하며, 또 그것이 어떻게 조직되어 가는지에 대한 아이디어를 얻기 시작한다. 무엇보다 치료사는 내담자가 현실 세계에 존재하는 자기 자신을 어떻게 바라보고 있으며, 자신의 대인 관계를 어떻게 인식하고 있는지, 적극적인 자기 삶의 주체로서 스스로를 어떻게 바라보고 있으며, 그들이 어떠한 가치를 추구하는지에 대해 이해하게 된다.

두 번째 단계

치료가 진행되어 감에 따라 내담자는 스스로의 목소리에 귀 기울이고, 그 자신의 존재를 보다 깊이 경험하게 된다. 이를 통해 내담자는 자신의 경험을 이야기로 풀어내는 것이 얼마나 의미 있는 행위인가에 대해 생각하게 되고, 그 자신이 삶에서 어떠한 위치를 점하고 있는가에 대해 자각할 수 있게 된다.

이 단계는 '내가 지금까지 모르고 있던 것이 무엇인지에 대해 이제는 많은 부분 알게 되었다.'라는 문장으로 요약할 수 있다.

이 단계는 치료에서 가장 어려운 단계가 될 수 있는데, 이 단계에서 많은 내담자가 치료를 그만두고 싶다는 유혹을 경험하면서 다음과 같은 말을 하곤 한다.

- 저는 제 기분이 나아지기를 바라며 이곳에 왔는데 더 나빠지고 있어요.
- 선생님은 진심으로 저를 도우려 하시지만, 저는 제가 그럴 수 없다는 걸 깨달았어요. 선생님이 하는 말씀은 너무 어렵고, 지금 이 상황은 크게 호전되지 않을 것 같아요.

또는 다음과 같이 말할 수도 있다.

- 선생님이 하시는 말씀은 뭔가 이상해요. 저는 제가 알지 못하는 게 많다는 것도 알지만 결국 이 모든 문제를 혼자서 처리할 수 있다는 것도 알고 있었거든요.

- 이것이 정말 힘들다는 것은 알지만 저는 결국 이 문제에 대해 완전히 이해할 수 있을 것 같아요.

이 단계에서 내담자가 느끼는 감정은 다음과 같다.

- 불안: 그들 자신이 모르는 것과 책임감을 갖는 것에 대해 공허감을 느낌.
- 그들 자신의 존재 방식에 대한 그러나 그들이 발견해 내기를 원하지 않았던 것이었음을 알게 됨에 따른 혐오감이나 수치심을 느낌.
- 좌절: 문제를 해결하기 위해 그 어떤 것도 할 수 없을 것 같다고 느낌.
- 냉소주의: 자신의 상황이 왜 지금보다 나아져야 하는지에 대해 냉소적 태도를 가짐.
- 죄책감과 비난: 지금까지 살아온 삶의 방식에 대해 죄책감을 느끼고 스스로를 탓함.
- '신포도' 심리: 그들 자신이 어떻게 되든 상관없다고 하며, 그 무엇이 없어도 잘 살아갈 수 있다고 함.
- 부러움과 거부감: 다른 사람에게는 괜찮다고 이야기하지만 그들은 운이 없을 뿐 아니라 계속해서 상황이 나빠져 다른 사람들이 다다를 수 있는 곳에 절대 다다를 수 없다고 함.

내담자는 또한 치료가 '지루'하다고 말할 것이다. 여기서 내담자가 말하는 '지루함'은 결코 무관심이나 따분함을 의미하지 않는다. 이것은 내담자에게 많은 변화가 일어나고 있으며 지금까지 인식하지 못했던 새로운 것들을 접하는 과정에서 나타나는 하나의 현상으로 이해할 수 있다. 또한 내담자가 호소하는 '지루함'은 안개와 같이 그 정체를 알 수 없는 복잡한 감정에 내담자 자신이 압도당했음을 의미한다. 그들은 형태나 형체 없이 세상 한가운데서 쓸모없는 존재가 되어 버린 것 같은 감정을 느끼게 된다. 인간이 자신의 무지에 직면한다는 것은 지금까지 해 왔던 사고의 근간에 대한 회의를 갖게 하여 극도의 불안감을 유발할 수 있다. 치료가 지겹다고 하는 것은 급격한 변화에 직면함으로써 발생하는 불안을 방어하는 하나의 방법이라 할 수 있다.

여기서 치료사가 해야 할 일은 이러한 불안을 이성적 · 감정적으로 이해하고자 하는 것이다. 이것은 내담자가 그들 자신의 고통을 감내하고자 애쓰고 있으며, 각 내담자가 처한 환경이 서로 다르다는 사실을 인식함으로써 각 개인을 서로 다른 존재로 이해하는 데 있어 매우 중요한 과정이라 할 수 있다. 이 단계에서 치료사는 기술적인 해석(descriptive interpretation)을 할 것이다. 이는 치료 과정에서 드러난 내담자의 경험을 포착하여 정확한 표현으로 기술하고 확인하는 것으로, 이 과정에서는 내담자의 경험이 갖는 의미가 왜곡됨 없이 잘 드러나야 한다. 이 작업을 통해 내담자의 삶에 내재되어 있던 모호성과 역설적인 부분들이 표면화될 수도 있고, 그들이 과거의 패턴을 얼마나 되풀이하며 살고 있는지가 드러나게 된다.

사실 이러한 작업은 치료사에게 매우 어려울 수 있다. 따라서 치료사는 세상을 바라보는 자신만의 관점을 획득하고, 학습 과정에서 불가피하게 경험해야 하는 불안 문제를 극복해 내는 방법을 배우기 위해 치료와 수퍼비전을 활용해야 한다. 내담자는 부인할 수 없는 인생의 사실들을 직시해야 하며, 치료사는 내담자가 그 자신에게 일어나야 하는 변화가 무엇인지를 발견하기 위한 긴 여정을 시작할 수 있도록 용기를 북돋아 주고, 그 과정 가운데 내담자와 끝까지 함께해야 한다.

📑 사례

치료 과정에서 경험하는 어려움으로 치료를 포기하고 싶어 하는 내담자

12회기

믹은 공황장애로 치료실을 찾았다. 이곳을 찾기 전에 그는 세 명의 치료사를 만났고, 세 번 모두 몇 회기 지나지 않아 치료를 그만두었다. 믹은 치료사들이 자신을 도와주지 않았기 때문에 치료를 그만둘 수밖에 없었다고 막연하게 말했다.

믹: 저는 이 치료가 뭔지 잘 모르겠어요……. 효과가 없는 것 같아요. 저는 지금까지 항상 불안해하며 살아왔지만, 그러한 불안을 극복할 수 있는 방법에 대해서는 배우지 못했어요. 사실 지난 회기에서 이 얘기를 하고 싶었어요…….

치료사: 이 치료를 중단하고 싶은 지금의 기분은 어떤가요?

믹: 괜찮아요.

치료사: 그것뿐인가요?

믹: 음, 좌절스럽고 실망스러워요.

치료사: 왜죠?

믹: 저는 제 문제를 해결하기 위해 아무것도 하지 않았어요……. 너무 어려워 보였거든요……. 스스로 노력할 수 있을 것 같지도 않았어요.

치료사: 어떤 부분이 가장 마음에 걸려요?

믹: 모든 것이요……. 모든 것이 과거와 변함없이 반복될 것 같다는 생각이 들어요.

치료사: 그래요. 저도 그 부분에 대해 생각하고 있었어요. 치료가 초점을 잃어버린 채 진행되고 있었네요……. 어쩌면 초점이 너무 많았을 수도 있고요. 이러한 부분들이 당신에게 큰 고통이 되었고, 그에 대해 솔직히 말하는 게 두려웠던 거군요.

믹: 과거에 만났던 치료사 가운데 한 사람도 제게 똑같은 말을 했어요.

치료사: 일리가 있는 말인 것 같아요?

믹: 그런 문제가 있는 것 같긴 해요.

🔊 **해설**

치료사는 믹이 계속해서 치료를 받고 싶은 마음과 치료를 그만두고 싶은 마음 사이에서 겪고 있는 딜레마에 초점을 맞추기로 결정했다. 믹 스스로 자신의 딜레마를 해결해야 하며, 앞으로도 그러한 노력을 늦추지 말아야 한다는 사실을 발견했기 때문이다. 치료를 그만두고 싶다는 믹의 이야기를 치료사가 액면 그대로 받아들였거나, 믹으로 하여금 계속해서 치료를 받도록 설득했다면 큰 실수를 범했을 것이다. 믹이 자기파괴적인 방식이 아닌 건설적인 방식으로 현재 자신이 경험하고 있는 딜레마를 표현하도록 하는 데는 많은 어려움이 있었지만, 치료사가 취한 방식은 믹의 자율성을 존중하는 데 적절하였다. 늘 그렇듯 전문가는 내담자로 하여금 무엇인가를 못하게 하거나 방해하기보다는 이전에 해 오던 것보다 조금이라도 더 잘할 수 있도록 밀고 나가는 능력을 발휘하였다.

세 번째 단계

지금까지와는 다르게 생각하고 느끼는 새로운 경험에 서서히 익숙해지기 시작하는 이 단계에서 내담자가 느끼는 감정은 다음과 같다.

- 흥분: 뭔가 새로운 일이 일어날 것 같은 흥분감
- 실제로 삶이 지금보다 나아질 것이라는 낙관주의와 기대감
- 불안: 현재 경험하고 있는 느낌은 낯설고 온전하지 않으며, 지금까지의 경험으로 미루어 볼 때 긍정적인 변화가 지속될 것 같지 않음.
- 두려움: 금방이라도 잘못될 것 같은 두려움, 치료사들이 싫어지거나 떠날 것에 대한 두려움

이 단계는 '나는 내가 무엇을 원하는지 알고 있지만 그것이 참된 것인지 확신할 수 없다. 그리고 그것을 다시 잃어버릴 것 같아 두렵다.'라는 문장으로 요약할 수 있다.

내담자에게 있어 변화는 여전히 매우 새로운 것이며, 또한 내담자가 온전히 변화된 모습을 갖추었다고도 할 수 없다. 내담자는 변화에 대한 희망에서 절망의 나락으로 떨어지는 경험을 할 수도 있고, 매주 자신의 무능함을 입증하는 근거 찾기에 몰입하던 과거의 행동 패턴으로 되돌아갈 수도 있다. 따라서 치료사는 내담자가 얼마나 효과적이고 창의적으로 그 자신의 삶을 살아가고 있으며, 이전의 삶에 비해 얼마나 진일보된 의식과 용기를 지니게 되었는

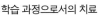

지에 대해 상기시켜 주어야 한다.

📧 사례

다르게 행동하는 것에 익숙해지기

18회기

제인은 마음에 드는 이성이 생겨 상대에게 호감을 표현할 때면 말을 잘하지 못하는 자신이 마치 '바보처럼' 느껴지고 이러한 자신의 모습에 스스로 당황하곤 하였는데, 그럴 때마다 그녀는 술을 마시곤 했다. 이로 인해 그녀는 이성과 교제를 시작하기도 전에 관계의 파국을 맞곤 하였으며, 이 문제로 치료실을 찾았다.

제인: 제가 전에 얘기했던 데이비드 있죠? 어제 그 사람과 점심을 먹으면서 이야기를 좀 했어요. 그런데 이상하게 우리가 지난 회기에 했던 얘기들이 다 기억나는 거예요. 얼마나 섬뜩했는지 몰라요. 저는 제가 마치 다른 사람이 된 것 같았어요. 그전처럼 그에게 많은 말을 하지 않았거든요. 이상한 말은 더더욱 하지 않았고요. 그리고 그 사람도 저에게 이것저것 물어봤어요.

치료사: 이를테면요?

제인: 이를테면 제가 어디서 태어났고 휴일과 주말에 주로 무엇을 하는지에 대한 것들이요. 저는 그가 저에게 데이트를 신청할 거라 생각했어요.

치료사: 기분이 어땠나요?

제인: 좋기도 하고 좀 두렵기도 했어요. 좋긴 한데, 뭐랄까 좀 이상했어요. 그가 저한테 호감을 갖고 있는 것 같긴 한데, 이 관계가 지속될 것 같다는 생각은 들지 않는 거예요. 제가 한번 얘기를 꺼내서 이 주제로 당신과 대화를 나눈 적이 있는데, 당신도 알다시피 그 사람에게는 저 이외에 대화를 나눌 상대가 없거든요.

치료사: 당신이 뭔가 다르게 행동했다면 기분이 어땠을까요?

제인:　저는 어제 분명 지금까지와는 다르게 행동했어요, 그런 것 같지 않아요? 새로 갖게 된 장난감이 원래 내 것이었던 것처럼 생각한 적이 한 번도 없어요. 장난감을 가질 자격에 대해 당연시한 적이 없다는 거죠. 이건 정말 무서운 생각이에요. 아마 내일 데이비드와의 만남은 엉망이 되어 버릴 거예요.

치료사: 내일 데이비드와의 만남이 엉망이 될 거라고 누가 그러던가요?

제인:　네, 그래요, 그래요. 예전의 저, 과거에 갇혀서 스스로를 믿지 못하는 저를 벗어나지 못하게 하는 제가 그러겠죠. 하지만 이제는 그러면 안 될 것 같아요, 그렇죠?

🔊 해설

　제인은 그녀가 과거와는 다르게 행동함으로써 스스로 어떻게 느끼고 있는지에 대해 발견하고 있다. 이는 자신의 행동에 대해 평가할 수 있는 권한을 내담자에게 부여하고, 그로 인해 발생할 수 있는 불안감을 치료사가 동일한 수준에서 경험하는 방법이라 할 수 있다. 그녀 자신을 자기파괴적인 잠재력을 지닌 존재로 인식하는 데 익숙했던 과거와 달리, 그녀는 자신에게 익숙해져 있는 자기파괴적인 자기인식이 그녀가 진정으로 원하는 것이 아님을 발견하기 시작하고 있다. 치료사는 그녀로 하여금 불안을 피하기보다는 인정하고 받아들이도록 하는 방식을 활용하여 과거 그녀의 행동 패턴에서 벗어나도록 돕고 있다.

　이 단계에서 치료사가 해야 할 일은 치료를 통해 내담자 안에 일어난 변화가 내담자 자신의 관념 속에 통합되도록 함으로써 내담자의 변화를 확고히 하고자 하는 노력이다. 이는 실제로 내담자의 행동이 어떻게 달라지고, 과거에 비해 얼마나 유능해지고 대담해졌으며, 자신과 다른 사람들에게 얼마나 솔직해졌는가를 통해 그 성과가 드러나게 된다. 치료사는 내담자의 변화를 긍정적으로 인정해 주고, 이러한 변화가 지속될 수 있도록 격려해 주어야 한다.

네 번째 단계

지금까지와는 다른 방식으로 행동하는 데 익숙해지면서 내담자는 문제 상황으로부터의 회복력이 향상되는 한편, 변화된 자신으로 인한 흥분을 느끼게 된다. 이 단계는 '나는 이제 내가 어떻게 해야 할지 알고 있기 때문에 과거의 문제로 더 이상 고민하지 않아도 된다.'라는 문장으로 요약할 수 있다.

이러한 내담자의 생각은 강력한 힘을 발휘할 수 있지만, 또한 위험할 수도 있다. 즉, 과거에 할 수 없었던 것을 할 수 있게 된 데 대하여 내담자가 흥분된 감정을 느꼈다는 점에 있어 내담자에게 나타난 변화는 강력한 영향력을 발휘할 수 있으나 현 상태에 만족하며 안주하는 것은 오만과 자만심을 야기할 수 있다는 점에서 위험하다고 할 수 있다. 실존적 사고가 묵살된 상태에서 이루어지는 내담자의 사고는 마치 조증 환자와 같은 힘을 갖게 되며, 결국 내담자는 과거의 행동 패턴으로 되돌아가게 된다.

🗨 사례

안주하고자 하는 내담자에게 도전하기

24회기

이전 직장에서 고용주에게 신뢰를 잃고 결국 권고사직을 당한 앤서니는 이후 몇 개월 동안 실직 상태에 있었다. 그러나 최근 최종 면접에 통과하여 직장을 얻게 되었다.

앤서니: 음, 저는 이 일이 좋아요. 이제부터는 모든 일이 다 잘 풀릴 거예요.

치료사: 당신이 취업을 하게 되었다니 저도 참 기쁘네요. 지난 회기에 우리는 지금 당신의 이러한 상황들을 파괴할 수 있는 요소들에 대해 살펴봤는데요, 그러한 부분들은 어떻게 처리해 나갈 생각인가요?

앤서니: 아…… 이제는 괜찮아요. 어떻게 해야 할지 알고 있어요.

치료사: 어떻게 알게 됐죠?

앤서니: 선생님은 제가 앞으로 일을 그르칠 거라는 말씀을 하시는 건가요? 선생님이 저를 그 정도로밖에 생각하지 않으시다니 정말 실망스럽네요.

치료사: 저는 당신이 당신 삶의 방해 요소들을 어떻게 처리해 나갈 것인지에 대해 들은 바가 없기 때문에 당신이 당신에게 주어진 일을 잘 해낼지, 그르칠 것인지에 대해 말할 수 없어요. 저 또한 당신의 일이 잘 풀리기를 바라고 있습니다. 다만, 당신 삶의 방해 요소들은 과거 당신에게 매우 어려운 상황으로 작용하였으며, 당신 스스로 파 놓은 함정에 대해 인식하는 것이 중요하다는 사실을 기억하라고 말씀드리는 것뿐입니다.

앤서니: 음, 귀찮아! 하지만 괜찮아요. 선생님이 저에게 이러한 사실을 상기시켜 주는 게 맞는 것 같긴 해요.

◀》 해설

앤서니는 과거 자신이 범했던 잘못에 대해 현재는 매우 잘 알고 있으며, 다시는 그러한 실수를 범하지 않을 것이라 결론짓고 있다. 그러나 이전에 성공을 거둔 적이 있다 하더라도 비슷한 상황에서 우리의 능력이나 노력을 요하는 유사한 문제가 발생할 수 있기 때문에 성공 가능성을 100% 확신할 수는 없다. 모든 일에 있어 우리는 성공을 당연한 결과로 확증할 수 없으며, 따라서 모든 행동과 사고에 있어 주의를 기울어야 한다. 오래된 패턴들은 쉽게 사라지지 않기 때문에 우리는 항상 주의해야 한다.

이 단계에서 치료사가 해야 할 일은 내담자가 지나친 자신감을 갖지 않도록 경계하면서 치료를 통해 발현된 그의 역량을 격려해 주고, 자신감을 북돋아 주는 것이다. 이때 치료사는 내담자에게 흥을 깨는 사람으로 비춰질 수도 있을 것이다.

한편, 치료사에게 내재된 위험성은 스스로 훌륭한 치료사가 되는 방법에 대해 잘 안다고 느끼며 안주하는 것이라 할 수 있다. 그러나 안주하는 순간 치료사들은 실수를 범하고, 자신이 범한 실수를 깨닫지 못하기도 하며, 때로는 자신의 실수를 내담자의 책임으로 돌리는 우를 범하기도 한다.

치료사가 되기 위한 학습

이 모델은 치료사가 진정한 치료사로 거듭나기 위한 방법에 대하여 학습하는 과정을 나타내고 있다. 당신이 치료사가 되는 방법에 대해 배우기 시작한 것은 언제부터였는지, 처음으로 개인치료를 받은 것은 언제였는지 떠올려 보라.

1. 그때의 상황은 어땠는가?
2. 그때 기분이 어땠는가?
3. 치료사가 되는 방법을 배우는 과정에서 무엇을 발견하였는가?
4. 이 과정에서 작용한 장애물은 무엇이었는가?
5. 포기하고 싶은 순간이 있었는가?
6. 학습한 내용을 실행에 옮긴 원동력은 무엇인가?

현상학: 선험론적 환원

치료사로서 치료의 마무리 과정을 점검하는 과업은 치료사로 하여금 치료 과정에서 무슨 일이 일어났는지에 대해 의식하도록 하는 현상학적 환원이나 내담자의 문제를 보다 진지하게 고민하도록 돕는 직관적 환원만큼이나 중요하다. 자기성찰에 초점을 두는 것은 현상학에서 '선험론적 환원(transcendental reduction)'으로 일컬어지고 있으며, 다음과 같은 내용으로 구성되어 있다.

1. 이는 코기토(나는 생각한다, 고로 나는 존재한다-역자 주)나 자신의 사고에 대한 의식에 초점을 두는 것과 관련되어 있다.

2. 이는 선험적 자아(칸트 철학의 인식론에 있어 주체이지 절대로 객체가 되지 않는 자아-역자 주)가 되고자 한다. 즉, 여기서 선험적 자아란 사회적 상황들 속에서 우리 자신을 규정짓는 자아(ego)의 특질보다는 자기(self)에 대해 사고하는 것이다.

3. 우리가 이해와 명료화의 원천으로서 우리의 의식에 의지할 때, 우리는 이기적이거나 자기중심적 또는 유아적이 되지 않는다. 대신, 다른 사람들의 순수한 선험적 의식과 접촉하고, 우리의 다양한 세계가 서로 분리되어 있는 상황을 극복할 수 있는 장에 거하게 될 것이다.

4. 이렇게 할 때, 우리는 우리가 보고자 하는 시야를 넘어 그 이상의 것을 볼 수 없게 됨으로써 우리 자신의 한계를 인식하게 된다. 다른 위치로 이동하지 않는 이상 우리는 우리의 시야 이상의 것들을 볼 수 없다는 것을 깨닫는다.

5. 우리가 무엇을 하든, 다른 사람의 입장을 얼마나 많이 고려하든, 우리의 의식은 항상 우리 자신을 중심으로 흘러가는 것이 현실이다. 우리 자신은 우리가 아무 경험도 하지 않은 상태에 머물러 있다.

6. 우리가 기존의 편향된 세계관을 넘어서고자 노력할 때, 우리는 인간의 경험을 다른 관점들을 이해하기 위한 수단으로서의 링구아 프랑카(lingua franca: 다른 언어를 쓰는 사람들 사이에 의사 전달의 수단으로 쓰이는 공통 언어-역자 주)로 번역하기 시작한다. 새로운 방식으로 다른 사람들과 접촉한다는 점에서 후설은 이를 '선험적 상호주관성(transcendental inter-subjectivity)'이라 불렀다.

실존치료의 목적은 치료사들이 가능한 한 많이 그들의 의식을 정화하고 이러한 과정이 어떻게 이루어지는지 보여 주는 것이다. 이는 연결에 대한 경험적 모델을 제공하고, 내담자로 하여금 그들이 위치한 곳에서 동일하게 행동하도록 독려해야 한다는 것을 이해할 수 있게 해 준다. 또한 치료사와

> 내담자로 하여금 그들이 상호주관성을 추구하는 놀랄 만하고 특별한 공생
> 의식으로 연결되었다는 의식을 갖게 해 준다.

치료의 마지막 단계에 대해 내담자와 충분한 논의가 이루어지고 나면 치료사는 수개월 동안 작업을 하는 과정에서 곤란했던 경험이나 우려했던 점에 대해 요약하게 된다. 치료사의 이러한 활동은 많은 장애물에도 불구하고 함께 치료 작업을 했던 내담자에 대하여 새롭게 이해하고 바라보게 해 준다. 이 단계에서 내담자는 '나는 어떤 어려움이 닥쳐와도 잘 이겨 낼 수 있기 때문에 내가 살고 싶었던 삶을 살 준비가 되었다.'라고 생각한다. 이 순간부터 치료사가 내담자의 독립성을 격려하는 것은 중요하다. 치료가 종료되고 3개월이나 6개월 후의 상태를 검토하기 위한 만남을 제안하는 것은 큰 도움이 된다. 이는 내담자에게 자신이 보살핌과 신뢰를 받고 있다는 느낌을 갖게 해 준다. 또한 보다 나은 삶을 위해 수퍼비전이 필요한 경우 그 기회를 가질 수 있음을 인식하도록 하면 내담자는 무엇인가를 위해 열심히 노력하고자 하게 된다. 정기적으로 6개월이나 일 년마다 실존치료사들과 '확인 작업(check-ups)'을 하는 것은 흔한 일이다. 이는 당신이 당신 자신에 대한 작업을 계속해서 수행할 수 있다는 확신을 갖는 데 있어 당신만의 방법, 좋은 방법을 찾을 수 있도록 돕는 개인과의 접촉 방식이다. 이러한 과정을 통해 내담자들은 많은 용기를 얻게 되는데, 그들은 자신이 직면했던 문제들이 완전히 해결되었다는 것과 이를 통해 자신의 역량이 개선되었다는 것을 과시하기 위한 기회를 갖기 위해 일 년에 한 번 치료사와의 만남을 원한다.

Key Points

- 인생과 치료에 대하여 학습하는 데 있어 치료사와 내담자는 같은 과정을 겪는다.
- 학습하는 방식을 이해하는 데 있어 그 핵심은 우리가 그 과정을 어떻게 느끼는가 하는 것이다.
- 새롭게 만나는 모든 내담자는 스스로를 유능하다고 생각하는 치료사의 관념에 대한 도전이다.
- 학습 기술은 일방적인 과정이 아니다.
- 우리는 상황에 따라 다른 기술이 요구된다.
- 치료사는 그 자신의 내적 과정과 작업해야 하며, 그들이 이해한 내용에 한계가 존재한다는 사실을 알아야 한다.

온라인 내용

- 비디오 내용은 감정에 대해 언급하는 상담 과정에서 이상의 요점들을 잘 나타내고 있다.

실존주의 상담과 심리치료의 적용

그들은 밤에 대한 기대로 낮을 잃고, 새벽에 대한 두려움으로 밤을 잃는다.

– 루키우스 안나이우스 세네카

수퍼비전

치료사들은 수퍼비전을 통해 좋은 평판을 얻고자 하지만, 실존치료사들은 이러한 수퍼비전이 권위적인 방법을 사용하고, 비판적이라는 이유로 반대한다. 균형감 있는 시각으로 눈높이를 높인다는 차원에서 'super'를 'over' 또는 'above'의 의미로, 대안적인 관점을 이해한다는 차원에서 'vision'의 의미를 받아들일 때, 우리는 수퍼비전(supervision)을 통해 실존적이라는 의미에 도달할 수 있다. 이러한 관점에서 수퍼비전은 형이상학적인 사고방식이 반영된 적절한 표현이라 할 수 있다. 이 외에 실존주의에서는 실존과 인간의 조건에 대한 전체적인 조망을 통해 보다 폭넓은 관점을 취하도록 하고 있다.

그러므로 수퍼비전은 이 모든 의미가 서로 맞물려 있는 방식을 이해하고, 완전히 파악할 수 있도록 다른 모든 전문적인 상호작용을 감독하는 것에 대해 배우는 것이라 할 수 있다. 수퍼비전은 내담자들이 곤경을 통해 보다 넓은 시야를 가질 수 있도록 돕는 한편, 치료사와 내담자가 함께 내담자의 경험에 입각하여 신중하고 적절하게 인간 존재의 진실을 찾아가는 과정이라 할 수 있다. 인간 및 철학과 관련된 이슈로 작업을 실시하고 이에 대해 고심하는 과정, 인간 삶의 과제와 도전들을 해결하기 위해 노력하는 과정에서 알게 모르게 내담자와 치료사 모두의 시야가 확대되는 것은 자명한 일이다.

이는 내담자, 치료사 그리고 수퍼바이저의 인간관계 및 삶의 환경이 갖는 복잡성과 상호 조화의 증거로서 우리 본성에 대해 반성할 수 있는 장(place)이다. 우리는 때로 치료사-내담자의 관계, 수퍼바이저-수퍼바이지 관계를 통해 이것이 내담자의 사적인 관계를 어떻게 반영하고 있는지를 파악할 수 있다. 또한 이러한 과정 속에서 인간의 유사성이 나타날 뿐 아니라 삶의 또 다른 부분들에서 우리 삶의 어떤 측면이 반복된다는 사실을 발견하는 것은 당연한 일이다. 수퍼비전이란 바로 이러한 내용을 다루는 것이라 할 수 있다.

이것은 수퍼비전에 대하여 다룬 저서들에서 수많은 저자가 언급한 '수평적 과정(parallel process)'의 개념을 이해하는 방법(Carroll, 2014; Page & Wosket, 2014) 및 새로운 방식으로 이해하는 방법(Deurzen & Young, 2009)에 관한 것이다. 이 개념을 시각적으로 나타낸 [그림 8-1]을 보라.

상담과 마찬가지로, 실존주의 수퍼비전은 현상학의 실천에 그 바탕을 두고 있다. 수퍼비전의 실존주의적 모델은 개인의 결핍보다는 개인의 발달과 성장을 바탕으로 발달한 모델이라 할 수 있다. 이는 실존주의 수퍼비전이 대화의 정신을 이행하는 협력적 과정이며, 지시적이거나 처벌을 위한 활동이 아님을 의미한다. 만약 수퍼바이저가 현상학적인 시각을 지니고 있다면 수퍼비전은 누군가를 괴롭히는 도구로 이용되지 않을 것이다. 수퍼비전은 치료사와 내담자가 함께 진실을 찾아가는 과정이기 때문이다.

또한 현상학적 사고방식을 실행하는 수퍼바이저는 자신과 다른 수퍼바이지의 이론적 성향을 세심하게 살피고 유연성 있게 대처한다. 이는 서로 다른 이론적 성향을 가지고 있는 집단 수퍼비전에 실존적 수퍼비전 모델이 적합한 이유이기도 하다.

현상학적인 작업을 통해 불명확했던 가정들이 점진적으로 드러나게 되고, 내담자를 둘러싼 은유적 괄호는 그것이 가정일 뿐 사실이 아니라는 것 또한

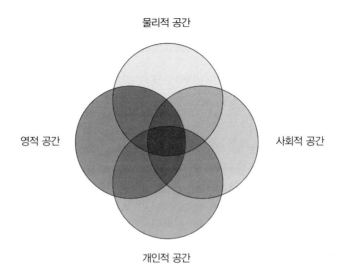

물리적 공간

영적 공간 사회적 공간

개인적 공간

[그림 8-1] 수퍼비전의 실존적 측면

드러나게 되는데, 이는 우리의 가시 범위를 한정 짓지 않게 해 준다. 수퍼바이저가 그들 자신에 대해 지각하지 않는 한 그들이 다른 사람의 생각에 대해 충분하고 명확하게 인식하는 것은 기대할 수 없다. 만약 이러한 과정들이 철저하게 이루어진다면 수퍼바이지는 수퍼바이저를 통해 학습한 내용을 반영하여 동일하게 작업을 수행할 수 있다.

다음으로, 교합된 의미들을 해독하기 위해 언급된 내용이 어떻게 이해되고 잘못 이해되는지를 배우게 된다. 형상학을 추구하는 사람들과 같이 우리는 인지된 것에 대한 것뿐 아니라 인지하고 있는 사람에 대해서도 알아야 한다.

수퍼비전에서 나온 질문 가운데 하나는 "두 사람이 어떻게 질적으로 관계를 형성하게 되었나요?"였다. 두 사람 간에 이루어지는 대화에 집중하게 되면 작업을 통해 자연스럽게 나타나는 현상들에 대한 집중력을 향상시킬 수 있다.

수퍼비전에 대한 질문

1. 당신은 당신의 활동을 어떻게 평가하고 관찰하는가?
2. 효과적인 작업이 되기 위해 당신에게 필요한 것은 무엇인가? 그리고 이
   것이 부족할 때 무슨 일이 발생하는가?
3. 좋았던 수퍼바이저와의 경험에 대해 기술하라. 그 특징들은 무엇인가?
4. 좋지 않았던 수퍼바이저와의 경험에 대해 기술하라. 그 특징들은 무엇
   인가?
5. 당신의 학습 방법에 대해 당신은 무엇을 알고 있는가?

수퍼비전은 치료사가 훈련을 받아 자격증을 취득한 지 얼마 되지 않은 시기와 수많은 전문적 경험을 통해 원숙해진 후에 여러 가지 면에서 차이를 보일 가능성이 크다. 노련한 치료사들은 일대일 또는 집단에 상관없이 동료 관계 안에서 수퍼비전을 받고자 할 것이다. 치료사 경력 초기에는 일반적으로 수퍼바이저가 치료사에 비해 보다 높은 수준의 경험을 갖고 있는 것이 자명한 일이다. 실존주의 상담자나 치료사에게 경험과 탄력성이 쌓여 가면서 그들은 실존주의 집단 외부의 사람에 대해서도 수퍼비전을 실시할 수 있으며, 이를 통해 개인이 실존적 사고와 작업 방식에 호의적이기만 하면 얼마든지 이 방법으로 수퍼비전을 받는 것이 가능하다는 사실을 깨닫게 될 것이다. 이는 치료사로 하여금 지금까지 갖지 못했던 새로운 관점을 갖고자 도전할 수 있도록 해 주고, 내담자의 과거, 내부 세계와 치료적 관계를 포함한 모든 관계를 다양한 측면에서 이해할 수 있도록 해 줄 것이다. 또한 실존적 시각과 다른 시각과의 접점에 대한 이해의 깊이를 더해 주는 동시에 그 자신의 지식을 확장시킬 수 있도록 해 줄 것이다. 우리는 다른 치료적 관점들에 대하여 전혀 두려

위하지 않아도 되고, 오히려 그들로부터 많은 것을 배울 수 있다. 정기적으로 수퍼비전을 받으며 다양한 경험을 갖는 것 또한 좋은 실습이다. 한결 편안해진 수퍼비전 내 관계는 앞서 언급한 'super'와 'vision'의 두 가지 원칙에 위배되는 것이 사실이다. 따라서 좋은 수퍼바이저는 특정 수퍼바이지와 다년간의 작업을 한 후에도 단순히 친밀하고 편안한 관계를 형성하는 데 만족하지 않고 새로운 관점을 유지할 수 있어야 한다.

책임감의 문제는 실존주의 철학과 실존주의 수퍼비전 모두에 있어 그 중심을 이룬다. 여기서 중요한 의문점은 수퍼바이저가 갖는 책임감의 정도, 특히 이러한 책임감이 갖는 특성에 관한 것이다. 수퍼바이저 및 수퍼바이지와 내담자의 자율권을 인식하는 동시에 치료사와의 작업에서 이러한 책임감을 어떻게 실행할 수 있는가?

- 수퍼비전은 마지막 회기에 대해서만 적용되는 것으로, 다음 회기에는 적용되지 않는다.
- 수퍼바이저는 다음에 무엇을 해야 할지에 대해 수퍼바이지에게 언급해서는 안 된다.
- 비록 내담자의 능력에 대해 확신을 갖지 못한다 할지라도, 수퍼바이저는 내담자의 동기를 향상시키기 위해 수퍼바이지가 자신의 능력을 전문적으로 발휘할 수 있다는 믿음을 가져야 한다.
- 내담자와 함께하는 수퍼바이지의 작업에 초점을 맞추는 것이 좋다. 물론 이때, 수퍼바이지의 경험이나 수퍼바이저와의 관계를 배재해서는 안 된다.

앞서 언급한 바와 같이 자유와 책임의 문제를 중심으로 다루는 데에는 차이가 있다. 여기에서 중요한 것은 수퍼바이저가 필요하다고 판단되는 상황에서 수퍼바이지에게 각기 다른 역할을 부여할 권리를 가져야 한다는 것이다. 수퍼바이저는 반드시 다음과 같이 한다.

- 수퍼바이지의 작업을 지지한다. 그들은 수퍼바이지의 사실적 지식에 생긴 빈틈을 의식해야 하고, 이 빈틈을 어떻게 채울 것인지에 대해서도 결정해야 한다. 경험이 없는 수퍼바이저에게 있어 그들의 지식으로 상담사들에게 감명을 주고 많은 설명을 하는 것은 매우 솔깃한 유혹일 수 있다. 이러한 설명은 수퍼바이저의 불안을 덜어 주고 수퍼바이저의 학식을 통해 수퍼바이지에게 감명을 주는 식으로 이루어지며, 이는 불가피하게 협력적인 대화를 감소시키게 된다.

- 수퍼바이지의 작업에 도전을 준다. 그럼에도 불구하고 치료사가 내담자의 탓으로 돌리는 문제 상황에 대해 그 자신이 영향을 미치는 바에 있어 치료사가 어떻게 그 자신을 인식하지 못하는지가 분명하게 드러날 수 있다. 치료사와 내담자 모두가 이에 대해 다루도록 하는 것이 바로 수퍼바이저의 책임이다. 때로 치료사가 인지하지 못했으나 내담자가 인지한 또 다른 방법들에 대해 추측하는 것이 유용한 경우가 있다. 그러나 이 모든 것은 내담자로 하여금 그 자신이 누구인지에 대해 알고자 집중하고, 그들 자신이 되도록 돕는 실존주의의 주된 발상으로 회귀하기 위한 것이라 할 수 있다.

- 윤리 규범에 어긋나는 잘못에 대해 인지하고, 이에 대처하는 방법을 결정한다.

수퍼바이저가 기관으로부터 수당을 받고 해당 기관의 상담사들을 감독한다면 이러한 역할들은 다른 방식으로 변형될 것이다.

실존주의 수퍼비전은 네 가지 차원에서 내담자들의 존재 방식이 그들이 집착하는 문제들로 변환되고, 이를 심도 있게 이해하는 방법에 대해 검토하게 될 것이다. 내담자의 언행과 경험에 대한 치료사 자신의 이해 수준을 검토한 후, 내담자의 삶에서 발견되는 유사점과 차이점의 측면에서 그 접점을 찾기 위해 치료사들은 그 자신을 내담자와 같은 공간에 둠으로써 내담자의 세계를 함께 느끼고자 하게 된다.

수퍼비전에서 필기하기와 작업하기

실존치료사들은 내담자와의 생동감 있는 만남을 유지하는 동시에 내담자의 경험을 반영하기 위한 방안을 모색해야 한다. 회기가 진행되는 동안 수퍼바이저는 그 자리에 존재하지 않기 때문에 우리는 회기에서 우리 자신의 활동을 반성하고, 또 이를 통해 학습이 가능하도록 회기에서의 기록 내용을 활용할 수 있는 방법을 강구해야 한다.

수퍼비전 작업에서 우리가 회기 그 자체만을 통해 파악할 수 없는 것이 있다는 사실을 고려한다면 상담사가 함양해야 할 것은 회기의 합리적 처리와 부정적인 부분에 대한 제거 능력이 아니라 회기에서의 경험을 기억하여 그것을 구현해 낼 수 있도록 회기에 임하는 태도, 생각, 감정, 대화를 상기하는 능력이라 할 수 있다. 모든 반영(reflection) 과정에는 위험이 따르게 되는데, 수퍼비전은 주로 내담자와 치료사 간의 관계에서 치료사가 미처 발견하지 못한 부분에 대한 반영이 이루어진다. 그러므로 우리는 치료가 인간 문제의 개입이 아닌 기술로 비춰지거나 객관적 해석의 가능성이 있을 때, 수퍼비전이 객관화될 가능성을 감소시키기 위한 방안을 마련해야 한다. 또한 내담자가 수퍼바이지의 상상 속에서 가상의 인물이 되어 여러 가지 기억의 형태로 수퍼비전에서 나타나게 되면 수퍼바이지의 욕구와 인상들은 괄호에 넣지 않은 (un-bracketed) 가정과 분리되기 어렵다는 점 또한 고려해야 한다. 이와 같은 문제들을 해결하기 위해 수퍼비전은 치료 관계에 집중해야 하며, 그 이외의 시간에는 수퍼바이지 자신과 관련된 문제에 집중해야 한다.

수퍼비전에서 활용하기 위하여 회기 내용 기록하기

다음의 내용은 회기의 내용을 기록하는 데 활용할 수 있는 양식이다. 시간이 지날수록 회기에 대한 기억의 정확성과 정밀함이 약화되고, 치료사의 가정과 해석으로 대체될 수 있다는 점에서 회기가 끝난 후 가능한 한 빨리 메모를 하는 것이 매우 중요하다. 이러한 작업이 제대로 이루어지게 되면 치료사는 보다 확신 있는 태도를 가지고 개선된 형태로 이후의 회기를 이끌어 갈 수 있을 것이다.

내담자

- 내담자가 주로 _____에 집착하고 있다.
- 이 문제를 해결하는 과정에서 그녀가 직면한 장애물과 딜레마는 _____이다.
- 그녀의 궁극적 목적은 _____으로 보인다.
- _____을 함으로써 그녀는 자신의 목표를 약화시키고 있다.
- 그녀가 달리 하고자 하는 것 또는 보다 잘 이해하고자 하는 것은 _____이다.

치료사

- 나는 _____을 했다(예: 당신이 무엇을 말했는지 어떻게 행동했는지, 어떻게 시간을 관리했는지).
- 나는 _____을 생각했다(예: 회기가 시작되기 전에 당신이 무슨 생각을 했는지, 회기 진행에 대해 회기 중 · 후에 어떤 생각을 하였는지).
- 나는 _____을 느꼈다(예: 회기 전, 중, 후에 당신이 무엇을 느꼈는지).
- 나는 _____을 배웠다(예: 회기가 끝난 후, 회기 전에는 미처 알지 못했던 내담자, 내담자와의 관계, 당신의 습관에 대해 새롭게 배운 것은 무엇인지, 평소와 달리 한 행동은 무엇인지).

작업 환경에 따라서는 그러한 환경을 활용하기 위해 반드시 메모를 해야 한다. 이와 같은 경우, 수퍼바이저는 치료사가 원하는 사항에 대한 지침을 제공하게 될 것이다. 치료사들이 그들 자신의 작업에 대해 적절히 기록하는 것은 전문가로서 받을 수 있는 당연한 요구라 할 수 있다. 법적 증거를 제시할 것을 요구받는 상황에서 치료사들이 남긴 기록이 전무한 경우 전문성이 결여된 것으로 여겨질 수 있기 때문이다. 그러므로 각 회기에 대해 치료사 자신의 경험을 요약하여 기록해 두는 것은 매우 좋은 연습이라 할 수 있다. 회기에 대한 기록 없이 효과적으로 수퍼비전을 활용한다는 것은 어려운 일이다. 우리의 기억은 그다지 좋거나 믿을 만하지 못하다. 기록은 우리의 사고, 감정, 의문, 인상, 예감, 내담자의 목표와 문제는 물론 내담자와의 대화 중 대수롭지 않은 부분을 발췌한 내용이 될 수도 있다.

처음에 받았던 인상과 느낌 그리고 자신이 했던 생각과 행동이 잊힐 수 있다는 점을 고려할 때, 기록은 회기가 끝난 후 가능한 한 빨리 해 두는 것이 좋다. 치료사가 회기에서 기록한 내용들은 작업 환경에서 요구되는 사항은 물론 지극히 개인적인 치료사의 경험 또한 담겨 있으며, 이를 통해 전문적인 학습이 이루어질 수 있다는 점에서 다른 일반적인 기록들과 차별화되어 있기 때문에 치료사에게 매우 유익한 실습이 될 수 있다.

만약 1시간 중 50분 동안 회기를 진행하였다면 남은 10분은 작업에 대한 내용 기록과 자기성찰에 할애하는 것이 좋다. 만약 10분이 충분하지 않다면 이후에 기록을 할 수도 있다. 회기 중 치료사가 기억하고자 하는 것을 대략적으로라도 적어 두는 것은 다음 내담자와의 회기 진행을 보다 수월하게 해 줄 수 있다. 지난 회기에 대한 내용을 기록해 두었다는 것 자체만으로도 치료사는 새로운 내담자의 문제를 다루는 데 있어 보다 편안함을 느끼게 될 것이다. 회기에서의 내용을 기록하는 것은 회기에서의 경험을 강화시킬 뿐 아니라 다음 회기에서 그 경험을 보다 잘 상기할 수 있도록 해 준다. 회기 전체의 내용을 기억해 내는 것은 불가능하기 때문에 기억 가운데 일부는 무심코 빠뜨리거나 변형되어 불가피하게 선택적 형태를 띠게 될 것이다. 회기의 내용을 지속적이고 정확하게 기록해 나가는 기술은 그러한 경험이 쌓이면서 향상되고 습득될 수 있다.

회기의 내용을 기록하는 것은 기록을 읽는 것과는 차이가 있다. 회기의 내용을 기록하는 것만으로도 충분할 때가 있다. 다시 말해, 새로운 회기를 시작하기 직전에 이전 회기의 기록 내용을 읽는 것은 때로 세부적인 내용을 기억해야 하는 경우에 도움이 될 수 있다. 그러나 이는 지난 회기에 너무 집중한 나머지 내담자에게 현재 존재하는 것을 방해할 수도 있다.

　　앞서 언급한 바와 같이, 치료사가 내담자와 한 작업의 일부에 대해 증명해 보여야 하기 때문에 회기의 내용을 지속적으로 기록해 두는 것은 매우 중요하다고 할 수 있으며, 치료사로 하여금 작업이 현실성 있게 이루어질 수 있도록 도울 것이다. 일부 실존주의 수퍼바이저는 대화에서 오간 말 그대로를 기록하는 방법을 지지한다. 그러나 수퍼비전의 모든 방법이 그렇듯이 여기에도 일장일단이 있다.

　　이를 위한 또 다른 방법은 회기의 내용을 녹음하거나 비디오로 녹화하는 것이지만, 이러한 방법은 윤리적·실용적 측면에서 실효성이 거의 없다고 할 수 있다. 내담자들 중에는 그들 자신의 목적을 위해 이와 같은 기록 방법을 선호하기도 한다. 또한 치료사가 이와 같은 방법을 꺼리지 않는다면 그 기록물은 치료사와 내담자 모두에게 유익한 자료가 될 것이다.

　　치료사와 내담자로 하여금 다음 회기까지 작업에 대해 느낀 점을 생각해 오도록 하는 방식으로 진행하는 것은 매우 큰 도움이 될 것이다.

⏻ Key Points

- 실존주의 수퍼비전은 치료 관계의 경험에서 시작된다.
- 실존주의 수퍼바이저는 항상 자신의 자율성과 지식에 대한 책임감을 지니는 동시에 치료사의 자율성을 인정해야 한다.
- 실존주의 수퍼비전은 인간 존재의 진실성에 대한 협력적 탐색이다.
- 회기에 대한 기록은 효과적이고 전문적인 실무자의 역할 가운데 하나이다.

코칭

많은 상담자는 코칭(coaching)이라는 말이 생소할 수 있으나 코칭 자체는 스포츠와 비즈니스 분야에서 오랜 기간 그 개념이 사용되고 확립되어 왔다는 점에서 전혀 새롭지 않다. 코칭과 상담 사이에는 수많은 접점이 존재하며, 특히 기술을 요하는 분야에서 코칭에 대한 요구는 더 많아지고 있다. 코칭은 매우 유연성 있는 수련법으로 인식되어 수많은 분야에서 활용되어 왔다. 실존주의 코칭은 새롭게 개발되어, 실존주의의 발달적 영역에서 매우 중요한 관점으로 자리잡았다(Deurzen & Hanaway, 2012).

심리치료와 상담의 차이 가운데 하나는 심리치료가 의학적 모델에서 발달하기 시작하였으며, 따라서 병리학, 기능 장애의 전제 아래 이를 치료하는 것으로 구현된다. 반면, 상담은 교육적 맥락에서 발달하기 시작하였으며, 정신건강 면에서 보다 우세하게 인식되던 의학적 모델에 대한 반향이라 보는 측면도 있다. 따라서 상담은 건강, 행복, 개인의 효능감 그리고 지속적인 발달 과정으로서의 삶이라는 전제 아래 심리치료와 대조를 이루고 있다. 비록 코칭은 독립적으로 발달되어 왔으나, 상담이 추구하는 가정들과 공통적인 부분이 많다는 점에서 실존주의적 접근과 매우 어울리는 방법이라 할 수 있다.

많은 상담사는 코칭을 지적이고 수준 높은 조언을 제공하는 방식으로 생각할 수 있지만, 이는 오해이다. 협의의 코칭은 삶 속 '행위'의 측면과 관련된 문제 해결에 초점을 두는 것으로 보일 수 있으나 훌륭한 코칭은 가르치는 것이 아니라 배움을 통해 학습하는 것이라는 점에서 그 이상의 의미와 가치를 지니고 있다. 상담과 마찬가지로 효과적인 코칭을 하기 위해서는 코칭을 하는 그 자신이 효과적인 코칭을 위해 끊임없이 노력해야 한다.

앞서 우리는 현상학을 기반으로 한 상담 실무가 인간 실존의 진실에 가깝다고 언급한 바 있다. 이는 현상학이 하나의 조사 연구방법이기 때문에 특정한 작업 환경의 윤리적 원리가 현상학에서 추구하는 윤리적 원리와 일치하는 한 아무런 문제가 없다는 것이다.

실존주의적 접근법을 코칭 실무에 접목하는 것은 실존의 '존재' 양상을 강조하는 것이다. 의미와 목적, 자유와 책임감에 대한 탐색의 좌절, 역설 및 딜레마와의 피할 수 없는 투쟁과 같은 경험들은 실존주의 코칭의 중심을 이룰 것이며, 따라서 문제 해결이라는 목표에 도달하는 데 있어 지금까지와는 다른 양상을 나타낼 것이다.

실존주의적 코칭은 개인이 그들 자신을 보다 잘 이해할 수 있도록 하기 위해 개인에게 실존의 다른 양상을 탐구할 수 있게끔 해 준다. 예컨대, 그들은 서로 대조적으로 보일 수 있는 두 가지 방식의 경험, 즉 행하는 것(doing)과 존재하는 것(being)은 사실상 상호 보완 관계에 있다는 것을 깨닫게 될 것이다. 실존주의적 코칭은 현상학을 기반으로 한 실무에 의존하게 될 것이며, 비윤리적 관행은 피하게 될 것이다. 실존주의적 코칭은 내담자들에게 일정한 행동 방식을 제시함으로써 그 안에 가두는 함정에 빠지지 않을 것이다. 또한 삶을 이해하고 그 안에 머물기 위한 단순한 배움의 기술을 전달하는 데서 벗어나 초점을 넓힐 수 있도록 하기 위해 내담자로 하여금 그들 경험의 현상학적 탐구를 계속해 나가도록 해 줄 수 있다. 코칭은 단순히 문제를 통제하거나 바로잡기 위하여 새로운 도구 사용 방법이나 기술을 가르치는 것이 아니라 미스터리를 활용하여 인간 경험의 범위를 확대시킴으로써 내담자의 삶에 대한 장악력을 갖는 수퍼비전의 형태로 보일 수도 있다.

모든 환경에는 일련의 새로운 통제와 기회가 따르기 마련인데, 코칭도 예외는 아니다. 코칭에 수반되는 기회 가운데 하나는 상담의 전통으로 남아 있는 회기 시간, 횟수, 계약 기간과 같은 근거를 제공하는 것이다. 작업 환경이 다르기 때문에 이에 따라 다른 가치와 요구가 적용된다. 단기 계약, 특히 NHS와 취업자 지원 프로그램(Employee Assistance Programmes)의 상담에는 전통이 존재하며, 실존적 접근법이 내포되어 있는 대부분의 치료적 접근은 단기 모델을 표방한다. 이는 코칭에서도 동일하다. 빅터 프랭클(2000)의 실존분석적 정신 요법은 단기 실존주의적 코칭의 초기 형태이며, 스트래서와 스트래서

(1997)의 실존분석적 정신 요법은 보다 현대적 모델이다. 그러나 심리치료는 회기의 길이 및 횟수와 관련된 문제를 고심하는 데 매우 주저해 왔다. 코칭을 실시하는 데 있어 작업은 언제나 시간 제한적이지만 회기가 반드시 매주 50분 이상 진행되어야 하는 것은 아니다. 회기의 길이와 횟수는 코칭의 효용성, 내담자의 요구와 자원, 자금 지원 단체의 자원과 같은 수많은 조건에 의해 결정된다. 예컨대, 계약은 6개월의 기간에 회기당 2시간씩 6번, 임의로 시간을 정하여 이루어지게 된다. 코칭이 업무 현장에서도 잘 이루어질 수 있다는 점은 심리치료와의 또 다른 차이점으로, 이것이 가능한 이유는 바로 코칭이 병리적 성격을 띠지 않은 합리적 방법으로 여겨지기 때문이다. 코칭은 심리적인 문제들을 겨냥하기보다는 전문적인 환경에서 그 수행과 잠재력을 극대화하기 위한 것으로, 결함이나 형편없는 수행에 대한 처벌의 증거가 아니다. 윤리적 · 철학적 이해를 강조하는 실존주의적 코칭은 실존분석적 정신 요법 모델과 잘 어울린다.

　코치는 현상학의 기술을 사용하여 작업의 시작 단계부터 내담자의 세계관을 파악하는 데 시간을 할애한다. 이와 동시에 코치는 내담자가 코칭을 어떻게 활용하는지 파악하기 위해 코칭 작업 내에서의 관계를 관찰할 것이다. 또한 내담자의 설명에 따라 문제를 진술하고, 달리 표현하는 과정을 반복할 것이며, 내담자의 목표에 집중할 것이다. 이는 엄청난 기술과 겸손을 요한다. 때로 코치는 코칭의 목적을 비롯하여 코치와 내담자의 서로 다른 책임에 대해 되풀이하여 설명해야 하는 경우가 있다. 코치는 작업이 단기적으로 이루어진다는 사실에 유념하여 현재 내담자가 모르고 있지만 반드시 알아야 할 정보나 사실을 안내해야 한다. 이와 같은 점을 고려할 때, 코치는 수퍼바이저와 같은 존재이다. 또한 코칭은 제한된 기간이라는 특성을 지니고 있기 때문에 일반적으로 코칭에서는 몇몇 기술과 전략이 활용된다. 이러한 전략과 기술 가운데 하나는 마이어스(Myers)가 개발한 성격유형 검사(MBTI)와 같은 심리측정 검사이다. 현상학적이고 실존적으로 활용한다는 것은 내담자로 하여금 내담자가 잊고 지냈던 삶의 과제에 다가가게 하고자 하는 목적을 가지고 있다. 이는 내담자로 하여금 그 과제가 무엇이며 그 자신의 자유를 부인해 온 측면들에 대응할 수 있는 단편적인 정보를 제공해 준다. 같은 방법으로 과제, 명상, 몰입 등을 비롯하여 상상, 협력적인 목표 설정, 자립과 같은 기법들이 활용되고 교육될 수 있다. 이와 같은 기법들은 작업의 실존적이고 현상학적인 특성을 손상시킬 위험이 있으나 코칭 자체에 의미를 두고 있기 때문에 이러한 위험은 수습 가능하다. 내담자는 그들이 추구하는 삶의 목표, 자신의 삶에서 결핍된 부분에 대해 고려할 수 있으며, 삶의 전제와 가치에 대해 더 깊이 깨닫게 된다.

모든 단기상담 모델에서와 마찬가지로, 코치는 심리적인 문제 등을 찾고자 하기보다는 행위, 목표 지향성, 구조적인 학습을 추구하는 경향이 있다. 현상학적인 접근을 취하는 것은 내담자에게 목표와 목적, 결단과 전략에 대해 천천히 재고할 시간을 제공하는 동시에 목표에 집중할 수 있도록 해 준다. 이는 코치와 내담자 모두 그들의 상상력을 사용하는 공간이 될 수 있다. 현상학적 접근법은 코칭을 하는 상담자에게 친숙할 수 있으나 기법과 해결책 제시에 익숙해져 있는 야심적 · 상업적 내담자에게는 친숙하지 않을 것이다. 따라서 코치는 그들이 해당 접근법을 사용하는 이유에 대해 설명해 주어야 할 것이다. 이는 이 회기에 구조가 없다는 것이 아니다. 구조는 가치와 의미에 집중하기 위한 것이며, 결단과 목표 설정에 있어 차별화된 양질의 특성을 부여하게 된다.

Exercise

작업의 효과성에 대한 질문

1. 문제가 야기된 지난 작업 상황에 대해 생각해 보라.
2. 문제를 지속시키는 데 있어 당신의 역할은 무엇이었는가?
3. 이와 관련하여 무엇인가를 하는 데 있어 왜 오랜 시간이 걸렸는가?

4. 당신은 이 문제를 어떻게 해결하였는가?

5. 시간이 지난 후 돌이켜 봤을 때, 다른 해결책이 있다면 무엇이었을까?

실존주의적 관점을 지니지 않은 주제는 없으며, 작업 환경과 관련된 모든 문제는 네 개의 세계와 깊이 관련되어 있다.

물리적 세계에서 내담자가 그 삶의 문제를 해결하기 위해서는 단순히 문제에 대해 고려해서는 안 되며, 그 문제에 대한 작업이 끝날 때까지 그가 하고자 하는 것을 재고하면서 삶의 여러 가지 문제에 직면해 나가야 한다. 이것은 자신이 추구하는 가치에 따른 그 무엇인가를 해야 한다는 측면에서 윤리적 세계에 영향을 미칠 수 있다. 그러나 여기서 '만약 나의 예상이 빗나간다면 나의 구체적인 물리적 실체는 어떻게 변화될 것인가?'라는 중요한 문제가 발생할 것이다.

사회적 세계에서, 우리 모두는 함께 일하고 다른 사람들과 함께해야 한다. 이는 실존적으로 주어진 것으로, 공동의 작업을 통해 발생하는 것 가운데 하나는 조직의 요구와 개인의 요구 사이에 존재하는 잠재적 갈등이다. 이는 코칭에 비용을 지불하는 기업이 존재한다는 사실로 입증된다. 또한 기업이 코칭의 결과에 대한 기득권을 가지고 있으며, 기업이 원하는 작업의 결과는 내담자가 코칭을 통해 얻고자 하는 결과와 일치하지 않을 수도 있음을 의미한다. 이러한 부분에 대해 코치는 딜레마를 느끼기도 하지만, 이는 회피한다고 해서 해결될 문제가 아니며 해결책의 존재 여부에 따라 달라질 수 있는 문제도 아니다. 문제를 직시하고, 드러내고, 명확하게 처리해야 한다.

심리적 차원에서 발생할 수 있는 흔한 문제 가운데 하나는 리더십을 관리하는 것이다. 우리 모두는 서로 다른 자질을 가지고 있으며, 협력적 세계에서는 개개인에게 조직 내 그들의 역할에 따라 수많은 권한을 부여한다. 이와 같이 세계에 대한 실존주의적 관점은 단순히 공동의 구조와 책임이라는 측면이 아니라 공동에 대한 우리의 요구, 지도자와 피지도자의 서로 다른 요구, 조직이라는 소우주 안에서 그 안에 소속된 사람들 간의 연결망과 구성을 통해 형성된 정체성의 측면에서 표현해야 한다. 개인은 조직에서 필요로 하는 조건들과 보다 잘 또는 덜 부합되는 욕구, 재능, 자질, 관심사 등을 가지고 있다. 조직 내에서 소우주와 대우주의 연결망은 각 개인이 그들 각자의 분야에서 만들었거나 획득한 역할에 따라 그 배경이 형성된다. 이와 같은 측면에서 발생하는 충돌은 매우 많다. 갈등은 일반적인 현상으로, 여기에는 비용이 소요되는 것과 같은 재정 문제가 따르게 된다. 불만이 있는 직원의 업무 처리는 비효율적일 뿐 아니라 그들의 주변에 대해서도 조직에 대해 불만족스러워하는 분위기를 조성한다. 갈등은 보다 깊은 이해를 통해 서로 다른 입장 간 접촉의 필요성을 표현하기도 하고 감추기도 하는 일종의 접촉이라는 점에서 역설적이라 할수 있다. 승리와 패배가 규범을 이루는 문화에서의 분쟁은 모두에게 문제를 야기할 수 있으며, 갈등 해결에 대해 서로 다른 접근법을 필요로 하게 된다. 그리고 이 과정에서 사람들은 다른 사람의 관점을 검토하고 존중하는 방법을 학습하게 된다. 이는 새롭게 무엇인가를 획득하기 위한 분쟁에서 양측 모두에 해당되는 것으로, 예컨대 이는 한쪽이 이기고 다른 한쪽이 패배하는 차원에서 끝나는 것이 아니라 깊이 있는 사고, 존경심, 이해력을 손상시키는 것은 물론 장기적으로 경쟁 모델은 각 개인들에게뿐 아니라 조직에 대해 파괴적이다. 실존주의 코치들은 대안적인 갈등 해소 모델을 가르침으로써 조직에 소속된 개인들이 조직을 존중하는 새로운 분위기를 조성할 수 있다.

사람들은 그들이 선택한 윤리적 가치관과 부합되게 행동하고자 하며, 이러한 자신의 가치관이 작업 현장의 가치관에 반영될 때 보다 효과적으로 일할수 있게 된다. 이러한 환경이 조성될 때, 직원들은 조직에 대해 부끄러워하거나 곤혹스러워하지 않고, 자부심을 가지고 자신이 맡은 역할을 수행해 낼 수있다. 실존주의 코치는 내담자들로 하여금 그들 자신의 윤리적 가치를 검토하고, 그들의 욕구를 어느 정도 충족시켜야 하는지를 고려하며, 원하는 결과를 얻기 위해 행동이 어떻게 변화되어야 하는지를 고려하도록 독려할 것이다.

조직의 변화를 경험하고 있는 단체들은 흔히 직원들과의 갈등과 스트레스에 봉착한다. 이는 실존적으로 볼 때 변화에 대한 인간의 자연스러운 반응, 무기력감, 불합리성, 불확실성으로 볼 수 있다. 다만, 직원 또는 노동조합의 비협조와 저항으로 야기된 문제로 보는 것은 문제를 해결하는 데 아무 도움이 되지 않을 것이다. 조직의 변화 과정 초기에 개입이 이루어진 경우, 코치는 조직의 변화에 대하여 보다 새롭고 협력적이며 창조적인 관점에서 문제 해결을 위한 실존주의적 코칭을 수행할 수 있다.

⏻ Key Points

- 코칭은 배움에 대하여 학습하는 것이다.
- 코칭 작업은 회기의 규칙적인 패턴과 접촉 시간에 있어 보다 유연한 입장을 취하고 있다.
- 실존주의에서 추구하는 원칙들은 항상 업무 관련 문제들을 다루고 있다.
- 직원들이 윤리적 원리에 따라 자율성을 가지고 일할 수 있는 환경이 조성된다면 그들은 보다 행복하고 생산적으로 일할 수 있을 것이다.

부부와 가족 관계 작업

우리는 앞서 모든 실존주의 철학과 실무의 근간을 이루는 '세계 내 존재(being-in-the-world)'의 원리에 대해 언급한 바 있다. 이는 관계성(relationality)이 아닌 관계(relationship)가 바로 실존의 중심을 이루고, 이와 같은 의미에서 개인은 관계보다 부차적이라 할 수 있으며 우리의 모든 작업은 물리적·사회적·개인적·영적 세계 내에서 우리가 형성한 관계의 특성과 상치됨을 의미한다.

그러나 관계에 대하여 어떻게 실존적으로 다루어 왔는지에 관심을 갖기 시작한 것은 최근의 일이다(Tantam & Deurzen, 2005; Deurzen & Iacovou, 2013).

비록 주요 실존주의 철학자들은 관계의 다양한 측면을 각기 다른 방식으로 보았지만 다음의 내용에 대해서는 그들 모두가 동의하였다.

- 우리의 삶은 타인과에 관계 속에 있으며, 그러한 인간의 삶은 관계 속에서 의미를 찾는다(부버).
- 타인에 대한 사랑과 존중에 기초하여 관계를 형성하기 위해 우리는 타인의 책임감 있는 행동을 기대하기보다는 우리 자신과 우리의 삶을 그 무엇보다 사랑할 수 있어야 한다(키르케고르와 니체).
- 온전한 개인으로서의 요구와 전체에 속한 구성원으로서의 요구 사이의 긴장은 항상 존재하기 마련이다. 이와 같은 요구가 서로 연결되고 융합되기 위해서는 혼자라는 느낌이 들지 않도록 타인과 함께하는 동시에 개인을 하나의 인격체로 느낄 수 있도록 다른 사람들과 분리될 수 있어야 한다(하이데거와 사르트르).
- 친한 관계 내에서도 여전히 자신의 안전을 보호하기 위한 생각으로 인해 잔존하는 문제는 모든 사람이 자신의 자율성을 가지고 있다는 실존적 현실을 수용하는 동시에 개인 간의 차이를 인식하여 서로를 이해하고 존중함으로써만 해결될 수 있다. 이것이 바로 사랑의 의미이다(부버, 레비나스와 사르트르).
- 가치 있는 존재임에도 불구하고, 자급자족하는 삶은 빈곤한 삶이다. 정직함과 신뢰할 수 있는 타인의 피드백이 없다면 우리는 결코 인간이라 할 수 없다(야스퍼스).

관계를 주제로 한 작업에서 자주 등장하는 문제는 성(sex)과 성생활(sexuality)에 관한 것이다. 이는 흔히 사람들이 상담을 처음 찾게 되는 주제이다.

철학자인 메를로 퐁티(1962)는 성생활에 대해 가장 많은 언급을 한 바 있다. 그는 존재의 각 부분을 분리시키듯이 성생활을 존재와 분리시키기보다는 타인들과의 관계 속에서 나타나는 방식에 대해 인식해야 한다고 지적하였다. 이는 세계 내 존재의 각 부분들과 불가분의 관계에 있다. 우리는 욕구에 의해 작동하는 성생활의 측면에서 성행위에 대해 고려할 수 있지만, 성생활은 성행위 이상의 의미를 갖는다. 우리는 영구적으로 그리고 불가피하게 성적인 존재이다. 비록 성생활은 존재론적이지만, 우리에게 이는 실제적인 의미를 갖는다. 시몬느 드 보부아르(1973)는 "여자는 태어나는 것이 아니라 여자로 만들어지는 것이다."라고 언급한 바 있다. 이것은 성별(gender)의 의미에 대해 질문을 던지는 모든 사람에게 줄 수 있는 대답이다. 성생활은 우리의 물리적 · 사회적 · 개인적 그리고 영적 세계를 통합시키고 통합된 세계를 구현할 수 있도록 해 준다. 이러한 사고방식을 통해 성 및 성생활에 대한 관념이 우리가 접하는 모든 성적 요소에 대해 필연적이고 비병리적인 생각으로 변화된다. 여기서 주목할 만한 점은 많은 사람에게 그와 같은 문제가 무수히 발생한다는 것이다. 이러한 문제들은 오래전부터 축적된 사회적 · 문화적 영향을 크게 받고 사람들 사이에서 회자되고 있는데, 성생활에 대한 수많은 언어는 동성애를 반대하는 남성 중심의 용어로 표현된다. 이와 관련된 간단한 예는 이성애자 간 성교가 (여성의) 질에 에워싸인 것이 아니라 (남성의) 발기된 성기가 삽입되었다는 관점에서 표현되는 것이라 할 수 있다.

성과 성생활에 대해 견고하게 굳어진 신념은 '일반적인' 성관계를 구성하는 것은 무엇이며, 치료사의 삶에서 성과 성생활이 어떠한 역할을 하는지에 대해 치료사들 자신의 전제를 검토할 책임감을 가져야 함을 의미한다. 이러한 과정이 이루어지지 않는다면 치료사들은 그들 자신의 가정을 내담자에게 강요하거나 내담자와의 관계를 이해할 수 없을 것이다.

**Exercise**

성과 관계에 대한 질문

1. 보통의 부부 관계에 대한 당신의 생각을 기술하라.
2. 외설물에 대한 당신의 견해는 어떠한가?
3. 당신이 친구들과 관계를 형성하는 경향은 어떠한가?
4. 당신이 성 파트너와 관계를 형성하는 경향은 어떠한가?
5. 남성과의 우정, 여성과의 우정은 어떠한 차이를 갖는가?
6. 당신이 남자(또는 여자)라는 것을 어떻게 아는가?

성생활이 존재의 일부분이 될 때, 우리는 기계론적 용어로 성을 생각하지 않고 성적 현상이 인간의 삶에 보다 광범위하게 관련되어 있다는 방식으로 생각하게 된다(Barker, 2012; Richards & Barker, 2013; Langdridge & Barker, 2008). 예컨대, 오르가슴에 이르기까지의 어려움을 불능(inability)이나 취약 (vulnerable)으로 보는 태도, 오르가슴이 해로울 수도 있다는 이해 없이 기계 적 기능 장애로 이 문제를 다루는 태도 등과 관련되어 있다. 물론 상담이 시작 되기 전에 자연스럽게 발생한 원인들을 배제하는 것은 중요하지만, 그러한 원 인들조차도 실존적 의미를 가진다는 사실을 항상 기억해야 할 것이다.

관계는 사랑에 의해 지속된다. 부부상담을 찾는 많은 사람은 자신이 다른 사람들에게 사랑을 잘 주는 반면 배우자는 사랑을 주는 것에 서툴다고 생각 한다. 이러한 생각에는 사람들 간에 주고받을 수 있는 상품으로 사랑을 인식 하는 태도가 반영되어 있다. 그러나 실존주의적으로 볼 때, 사랑은 상품이 아 니다. 사랑을 상품화할 때 사랑과 성은 개인으로 하여금 소외감을 느끼게 하 고, 그 결과 우리의 신체와 성생활의 상품화 및 기술화가 이루어짐으로써 개 인에게서 사랑의 경험을 앗아 가게 된다. 그럼에도 불구하고 사랑과 성은 인간으로 하여금 사랑을 느끼고 또 사랑받는 느낌을 갖게 해 준다. 사랑과 성을 혼동하는 것과 마찬가지로, 사람들은 흔히 사랑과 욕구, 사랑과 호감, 사랑과 우정, 사랑과 욕정 그리고 사랑과 상대방에 대한 지배를 혼동한다. 실존치료는 이러한 주제들을 허물없이 다룰 것이며, 개인이 이러한 치료 방식에 다른 사람들을 소중히 여기는 태도가 반영되어 있는지 그리고 그러한 태도로 문제를 다루고 있는지를 검토하도록 할 것이다. 다른 사람을 존중하는 마음이 결여된 태도는 타인에 대한 학대나 자학과 같은 문제를 야기함으로써 문제 해결에 방해물로 작용할 수 있다.

사랑은 연결(connection)과 존경(respect)이다. 상담을 찾는 부부들은 자신들이 다른 사람들과 연결되어 있다는 믿음을 가지고 있다 따라서 상담사는 세심하고, 개방적이며, 공평한 태도를 지니고 있어야 한다. 개인과 함께 작업함에 있어 우리는 문제 해결을 주된 작업으로 인식해서는 안 된다. 실존주의 상담에서는 미리 설계된 구체적 결과들이 아닌 개인의 해방(liberation)과 자율성에 주목해야 한다.

실존주의적 관계 상담이 추구하는 전반적인 목표는 다음과 같다.

- 부부가 개인적으로 그리고 함께 존재하는 방법을 탐색할 수 있는 분위기를 조성하되, 부부의 존재는 다른 사람들에 의해 증명될 수 있어야 한다. 이는 우리가 현상학적으로 존재하고, 두 사람이 함께 만들어 가는 세상에 진정한 관심을 가짐으로써 가능하다.
- 각자가 서로에게 어떠한 영향을 미쳤는지에 대해 기록하도록 독려한다. 우리는 "존, 당신은 지금 제인이 한 이야기에서 무엇을 들었나요? 그녀가 말하는 것을 듣고 당신은 어땠나요? 이에 대해 어떻게 생각하세요?"와 같이 말할 것이다.
- 타인과의 진실된 대화를 통해 나와 타인의 다름을 인정한다. 우리는 "제인이 모를 것이라 생각했던 것 중에 제인이 알았으면 하는 것이 있나요?"와 같은 논의에 주의를 기울이며, 존에게도 동일한 기회를 부여한다.

- 무엇인가에 대한 이해를 방해하는 세계관의 굴레에서 벗어난다. 이는 대화에서 드러나는 의미를 현상학적으로 분석하고, 명료화하며, 이의를 제기함으로써 가능하다. 또한 게슈탈트 기법을 사용하는 실무자들에게 보다 익숙한 방법, 예컨대 조각 기법과 같은 신체를 활용하는 작업을 통해서도 가능하다. 이러한 방법으로 내담자들은 그들의 경험을 신체적으로 표현해 봄으로써 관계적 역동의 정서를 보다 잘 이해할 수 있을 것이다. 이는 두 사람 간의 차이를 인지한 부부의 가치 체계 안에서 비슷한 점과 다른 점을 탐색하고, 극복 가능한 것과 그렇지 않은 것을 발견함으로써 가능하다.

- 개인의 자율성과 자신의 행동에 대한 책임감을 갖도록 돕는다. 이는 부부에게 그들의 생각과 감정에 대해 묻고, 그에 대해 질책하거나 다른 이들에게 책임을 전가하지 않도록 함으로써 가능하다. "존, 당신을 비난하거나 손가락질하지 않았을 때 어땠는지 말해 줄 수 있나요?"와 같이 말할 것이다.

- 관계 속에서 갈등은 불가피한 것이며, 갈등을 회피하거나 부인 또는 체념하기보다는 차분하고 확신 있는 태도로 갈등에 직면하는 것이 중요하다는 사실을 이해할 수 있도록 돕는다. 많은 부부가 불안, 분노, 분개의 해로움을 두려워한다. 실존주의적 관계 치료사들은 부부간의 갈등과 차이를 발견하도록 독려하고, 서로를 비난하거나 판단하지 않으며 열린 마음으로 서로의 마음을 표현하는 방법을 보여 준다. 이러한 작업은 배우자가 부부간의 갈등과 차이를 충분히 감당하고 이해할 수 있으며 서로에 대하여 보다 큰 신뢰와 친밀감으로 이어질 수 있음을 배울 수 있게 해 준다.

실존주의적 관계 상담사들은 현상학적 및 개인 작업에서 보장되어야 하는 내담자의 자율권에 대한 책무와 관련하여 동일한 원칙으로 교육을 받았다. 이러한 원칙은 상담사로 하여금 내담자의 문제를 바라봄에 있어 내담자 개인의 문제로 봐야 할지, 다른 사람과의 문제로 봐야 할지를 비롯하여 문제를 어떤 측면에서 바라보아야 하는지, 회기의 빈도를 어떻게 해야 할 것인지 등을 결정하는 데 있어 내담자의 요구를 토대로 하도록 되어 있기 때문에 이러한 부분을 결정하는 데 보다 자유로울 수 있다. 다만, 문제를 개인적으로 보든, 다른 사람과의 문제로 보든 상담의 초점은 항상 그들이 형성하고 있는 관계에 있어야 한다.

많은 부부는 생계나 폭력의 위험으로 인해 상담을 찾는다. 사랑을 파트너에 대한 통제와 혼동하는 경우, 상담사들은 이를 다루는 작업이 위험할 수 있다는 사실을 염두에 두고 접근해야 한다. 이러한 사례에서 특히 중요한 것은 두 사람이 상담에 참여하는 데 공동의 결정을 내렸다는 사실을 고지하는 것이다. 내담자의 안전을 위협하는 요소는 정해져 있지 않다. 두려움, 심리적 취약과 절제력의 부족과 같은 감정을 스스로 통제하지 못할 때, 내담자의 안전을 위협하는 요소는 더 증가할 수 있다(Adams & Jepson, 2013).

자신이 사랑받고, 존경받으며, 누군가 자신의 이야기를 경청하고, 자신을 이해해 주는 누군가가 있다는 사실에 대한 의심은 부부를 대상으로 한 상담 작업의 배경으로 작용하고 있음을 기억해야 한다. 상담사와 치료사는 내담자 부부에게 이러한 부분이 부부 사이에서 심각하고 중요하게 여겨질 수 있다는 사실을 알려 주어야 한다. 또한 상담사와 치료사는 공평하며 편향적이지 않다는 사실을 확실히 알려 주어야 한다. 부부가 상담사와의 작업 자체를 신뢰함으로써 상담사의 연령, 성별, 부부 중 누가 상담에 적극적으로 참여하는지, 누구의 견해를 상담사가 선호하는지 등에 대한 문제들에 부부가 개의치 않도록 열린 태도로 다루어야 한다. 이는 하나의 공간에서 나타나는 각기 다른 두 개의 관점이 현상학적 관점에서 비롯된 자산이라는 점을 기억해야 한다. 타인으로서의 자기 자신, 특히 우리를 잘 알고 있다고 여기는 누군가로부터 우리는 많은 것을 배울 수 있다.

부부를 서로 다른 개인으로 볼 때 기억해야 할 점은 바로 비밀보장이다. 부부 중 한 사람이 배우자와 함께 있을 때는 말하지 않았거나 언급하기를 꺼리던 그 무엇인가에 대해 말하는 경우가 바로 비밀보장이 필요한 상황이라 할 수 있다. 이는 부부가 처음 상담을 찾은 주제와 일부 관련되어 있다. 비밀보장과 관련된 문제를 어떻게 다룰 것인가는 부부가 처한 문제의 맥락과 개인이 어떻게 연관되어 있는가에 따라 매우 달라질 수 있다. 비밀보장과 함구하는 것 사이의 긴장 상태는 우리가 누구와 어떠한 방향으로 작업을 진행해 나가야 하는지를 제시해 준다. 비밀보장이 오랜 기간 유지되고, 부부간 신뢰가 형성될 때 서로에 대한 친밀감, 안정감, 회복력이 증가된다. 부부간의 문제를 개방적으로 다루는 것이 부부가 그들의 문제를 직시하고 안전하고 확신 있는 태도로 타개해 나갈 수 있는 분위기를 조성하는 데 도움이 될 수는 있다. 그러나 문제를 터놓고 다루는 것이 상담자의 의무는 아니다.

저자 중 한 명인 에미 반 두르젠은 한 명의 배우자와 다른 (부부의) 배우자를 앉혀 놓고 개별 작업을 실시하는 작업 방식을 개발하였다. 이를 통해 그들은 그들이 부부 사이에서 겪었던 두려움, 걱정, 갈망, 욕구 등의 익숙한 감정을 다른 사람들도 느끼고 있음을 알 수 있었다. 또한 그들은 처음 만났을 때 주로 대화를 하였는데, 대화를 통해 서로의 이야기를 경청하는 법에 대해 배우기도 하였다(Deurzen, 2012).

가족에 대한 실존적 · 현상학적 연구는 랭과 에스터슨(Laing, 1960; Laing & Esterson, 1964, Esterson, 1970)이 개척하였는데, 가족과의 작업에 적용되는 원칙은 부부와의 작업에 적용되는 원칙과 매우 유사하다. 부부와의 작업이 가족과의 작업과 갖는 큰 차이 가운데 하나는 몇몇 중매결혼을 제외하고 대부분의 부부가 배우자를 성인기에 선택했다는 것이다. 즉, 부부가 된다는 것은 상호 간의 능동적인 선택의 결과물이라 할 수 있다. 반면, 가족의 구성원이 된다는 것은 이와는 다른 체계이다. 우리는 우리가 태어날 가정, 누군가의 아버지, 어머니, 아들 그리고 딸이 되기를 선택하지 않는다.

✏️ Exercise

가족에 대한 질문

1. 당신의 원가족 내에 공식적 또는 비공식적 가훈은 무엇이었는가?
2. 가족 내에서 당신의 역할은 무엇이었는지 설명하라.
3. 일상적인 가족의 식사 시간에 대해 설명하라.
4. 당신의 원가족은 사랑이나 미움의 감정을 어떻게 표현하였는가?

하이데거는 우리가 선택의 여지없이 가족의 성 의식, 문화 등을 강요받고, 그 가운데 내던져진 존재라고 하였다. 이러한 특성은 나이가 들어 감에 따라 우리에게 다른 의미를 가질 수는 있으나 절대 변하지 않는다. 더불어 이러한 특성은 개인의 행위에 따라 다른 상황을 유발한다. 하이데거는 우리가 이에 함닉될 수는 있으나 이러한 특성에 대한 책임을 이해할 때 비로소 우리가 그 것을 변화시킬 수 있다고 설명하였다. 모든 가족은 독특하면서도 비슷한데, 실존주의 상담자들이 이러한 가족과의 상담 작업이 어떻게 이루어지는지에 대해 이해하는 것은 매우 중요하다. 가족과 서먹서먹한 관계를 유지하지 않고 원가족 내에서 자신의 위치를 이해하는 과제를 완수함으로써 가족 내 특성을 온전히 자신의 것으로 수용하고 그것의 한계를 초월하는 것은 자기이해를 위한 모든 실존적 탐색의 근본이 되기 때문이다(Stadlen & Stadlen, 2005).

대부분의 내담자는 외재적·내재적으로 그들의 과거와 현재의 가족 관계를 이해하고자 한다. 이때 실존치료사들은 가족 관계 내 문제를 극복하기 위해 그들이 어떻게 기능해 왔고, 그 문제를 어떻게 헤쳐 왔으며 또 헤쳐 나갈지에 대해 이해해야 한다.

⏻ Key Points

- 우리는 근본적으로 관계적이다.
- 우리의 성생활은 우리의 모든 관계에서 어떤 방식으로든 나타난다.
- 사랑은 연합과 존중에 기초하고 있으나 때로 요구, 통제, 애정, 우정, 욕망 등과 혼동할 수 있다.
- 상담자가 그 자신의 부부 관계를 비롯하여 관계의 문제 그리고 가족을 이해할 때 비로소 내담자의 부부 관계를 비롯하여 관계의 문제 그리고 가족을 이해할 수 있다.

집단과의 작업

실존주의 철학자(키르케고르와 니체)들은 집단이 광범위한 사회의 모습을 반영하고 있다는 점에서 관심과 흥미를 가지고 있다. 이는 개인이 타인과 함께 살고 있음을 인정하면서도 집단의 힘을 경계하기 때문이다. 키르케고르는 "사람들이 모여 있는 모든 곳에는 허위가 있다."라고 하였으며(2005; dedication), 니체는 "대중 사이에 답습되어 내려오는 관례에 따라 거짓말을 해야 하는 의무"에 대하여 이야기하였다(1982: 46). 하이데거는 인간에 대하여 책무를 감당하는 존재에서 존재의 본질을 발견하는 존재로 개인의 생각을 변화시키기 위하여 '그들(das Man)'의 마취 효과에 대해 이야기하였다. 그는 이것을 '일반적' 또는 '일상적'이라 일컬으며(Heidegger, 1962: 164), 마취 효과에 함닉되고 이를 수용하는 것은 개인에게 다른 사람의 생각과 관습에 따르게 함으로써 어떻게 살아갈 것인가에 대한 질문을 받았을 때 선택에 대한 불안과 책임감을 없애고자 한다고 하였다. 사르트르가 언급한 바와 같이 우리의 자유를 박탈하고 부정하기 위해 사회적으로 승인되어 개인이 수행하도록 부여된 역할을 발견하는 것 또한 쉽게 발견할 수 있는 경향성이다. 물론 거기에는 정서적이고 실존적인 보상이 따르게 되는데, 이 가운데 하나는 존재 방법에 대한 우려와 질문에 대한 부담의 완화이다. 그러나 여기에는 실존적 결과 또한 따르게 되는데, 개인은 우울과 불안으로 인한 실존적 죄책감을 느낌으로써 가식이나 잘못된 신념을 인식하게 된다.

집단에 대한 조력보다는 개인의 요구를 우선시한다는 의혹은 역사적으로 계속해서 나타나고 있으며, 당대의 정치적 · 문화적 담론을 통해서도 반복해서 나타나고 있다. 우리는 집단에 끌리면서도 집단을 두려워한다. 그러한 담론은 소속감에 대한 우리의 희망과 동시에 소멸에 대한 두려움을 압축하여 표현하고 있다. 개인이 어떻게 타인의 세계에 존재할 것인가에 대한 딜레마를 해결하고자 사회적 관습과 제도에 반대 입장을 취하거나 무비판적으로 사회적 관습과 제도를 따르는 것은 장기적인 해결책이 될 수 없다. 유일한 해결책은 이 모든 입장을 수용하고 체화시키는 것이다.

많은 철학자 가운데 사르트르는 집단에 대해 가장 많은 언급을 해 왔는데, 이는 집단은 일상의 한 부분이며 우리는 집단의 조직성 및 응집성 수준을 인지할 수 있는 천부적인 능력을 지니고 있다는 관찰 결과에서 비롯되었다. 응집성에 대한 생각은 일반적으로 과제 또는 목표에 대한 인지의 결과이며, 집단 내 관계에서 나타나는 '호혜'를 유지하기 위한 바람과 관련되어 있다. 집단의 정체성은 이와 같은 방식으로 형성된다. 일단 집단의 공동 목표를 설정하고 나면 그다음 과업은 개인이 타인과 공존할 수 있는 방법, 집단 내 각 구성원들이 집단에 의해 통제되거나 집단을 통제함으로써 스스로 결정할 수 있는 자유와 책임을 갖는 방법에 대한 작업을 진행하는 것이라 할 수 있다. 대부분의 사람은 집단 내에서 군림하고자 할 것이며, 또 다른 사람들은 기꺼이 지배를 당할 것이다. 또 다른 이들은 이 모든 것에서 철수하고자 할 것이다. 집단이 호혜와 존중이라는 공동의 목표를 확인하였다면 집단 구성원들은 자신과 타인 그리고 모두의 혜택을 존중하는 협력의 가능성을 발견할 것이다. 실존주의적 조력자는 배움과 상호 협력이 공존하는 상황을 확산시키기 위해 적극적으로 노력할 것이다.

우리가 이 사실을 인지하고 있는가의 여부와 상관없이 우리 모두는 우리가 누구인지를 규정해 주는 서로 다른 사회문화적 집단의 구성원들이다. 사회문화적 집단에는 동료 집단, 직장 집단, 종교적 단체, 각종 협회 등이 있다. 이들 각각은 그 집단만의 특별한 의미 체계, 상호작용 방식, 잠재력, 제약 및 제한을 가지고 있다. 일상에서 우리는 일부 우리에게 떠맡겨지고 일부 우리가 만들어 낸 정체성에 따라 행동한다.

　집단에 대한 실존주의적 관점에서는 개인이 항상 타인들과의 긴밀한 관계 속 일부로 존재한다고 보았으며, 이와 같은 생각은 후설, 하이데거, 메를로 퐁티의 영향을 받은 포크스(S. H Foulkes; Tantam & Deurzen, 2005)가 발달시킨 집단 분석적 치료의 현상학적 근거를 뒷받침하고 있다. 포크스는 심리적 장애를 다른 사람과의 접촉을 거부하는 일종의 개인주의와 같은 의사소통의 방해물로 보았다. 이러한 원칙은 랭과 에스터슨(1964)의 작업과 다소 겹치는 부분이 있다. 집단은 의사소통에 이러한 장애물이 존재할 수 있는 장이며, 이는 단순히 이야기를 통해서가 아니라 행위를 통해서 일어난다는 것이다. 따라서 여기에는 보다 직접적인 노력이 가능하다. 이러한 의미에서 실제적인 치료 작업은 개인 내에서가 아닌 사람들 사이에서 이루어진다고 할 수 있다.

 **Exercise**

집단에 대한 질문

1. 당신은 어떤 집단의 구성원이며, 그 집단이 추구하는 가치는 무엇인가?
2. 당신은 자신을 '협동 작업을 잘하는 사람'으로 평가할 수 있는가?
3. 당신의 친구들은 서로에 대해 잘 알고 있는가?
4. 집단 내에서 당신은 주로 어떠한 역할을 하는가?
5. 당신은 소셜 미디어(social media)를 어떻게 활용하는가?
6. 당신이 생각하는 이상적인 사회, 직업, 환경은 무엇인가?

치료적 훈련 과정의 하나인 자기개발 집단을 포함한 모든 치료 집단은 개인의 학습이 이루어질 수 있도록 정서적 경험과 반응을 반영하고 공유함으로써 형성된 목표와 가치를 공유한다. 집단 내에서 다루는 문제가 많다는 것은 그러한 집단 내 다른 구성원들의 정서적 경험에 의해 압도당하는 두려움이 얼마나 일반적인 것인지를 반증하는 것이다. 이러한 문제에 대한 해결책은 집단 내에서 경험하는 두려움을 이해하고, 견디며, 즐길 수 있는 방법을 찾는 것이다.

이와 같은 일련의 집단에서 집단 조력자는 집단 구성원들과 상호 간의 관계를 형성해야 할 책임, 다시 말해 사람들을 어떻게 대해야 하는지에 대한 본보기를 제공할 책임을 가지고 있기 때문에 그 역할이 매우 중요하다. 실존주의적 견지에서 효과적인 리더십은 다른 사람을 기만하거나 군림하기보다는 개인의 자유와 자율성, 다양성, 정직을 존중하는 가치관을 가지고 행동할 때 발휘될 수 있다. 집단의 지도자는 집단 내에서 지속적으로 발생하는 두려움과 염려의 수준을 관찰하고, 최적의 수준을 유지할 수 있도록 노력해야 한다. 집단 내 불안 수준이 너무 낮아지면 집단은 지루해지거나 회피적이 되고, 집단 활동은 서서히 중단되어 버릴 것이다. 반면, 집단 내 불안 수준이 너무 높아지면 구성원들은 공격적이 되고, 물러서거나 숨고, 경직되어 버린다. 집단 내 긴장감이 너무 많거나 너무 적다면 집단 구성원 간의 호혜는 불가능할 것이다. 비록 집단 지도자가 호혜의 본보기를 제시한다 해도 긴장이 너무 과하거나 결핍된 상태에서는 집단 내 호혜의 과업을 달성하는 데 많은 어려움이 있다. 이는 정서적·사회적·실존적 경험의 차이를 존중하는 대화를 하고 이를 유지하는 능력이 집단 내 존재하는 기본적 딜레마에 대하여 상반된 입장 모두를 유지해 나가는 집단 구성원들의 능력과 관련되어 있기 때문이다. 이러한 이유에서 집단 조력자는 집단에 대한 구성원들의 양가 가치를 직접적으로 다루어야 한다.

치료적인 양상 전체에 걸쳐 치료 집단의 역사는 치료 집단이 어떻게 운영되고 어떻게 해야 최선의 작업이 될 수 있는지에 대한 이해를 돕기 위하여 이를 돈의 가치로 나타내는 실용적 차원에서 고찰해 왔다.

집단과 작업하는 방식에는 크게 두 가지가 있다. 하나는 집단 자체를 학습과 치료적 변화의 대상으로 보는 것이다. 이는 집단에 대한 분석적인 접근과 일치한다. 집단 지도자는 그 자신을 집단의 일부분으로 여기지만, 그들은 집단 구성원 개개인이 아닌 집단 전체에 대하여 조언을 제시하며, 개인에 대한 치료는 집단 안팎에서 모두 이루어질 수 있다. 집단 지도자는 개인적으로 집단 구성원들과 개별적인 대화를 하지 않고자 노력하게 되는데, 이는 집단 구성원들과의 개인적인 대화가 자칫 집단 운영 과정에서 분열을 초래하고 방해가 될 수 있기 때문이다. 이와 같은 집단 과정에서의 과업은 개인이 다른 이들과 함께하는 세상에서 어떻게 존재할 것인지 그리고 그들과 어떻게 참된 대화와 소통을 할 수 있는지와 관련하여 딜레마를 해결하기 위한 방법을 찾는 것이라 할 수 있다. 이와 같은 작업이 현실 가능하고, 이를 위하여 개인이 실시하는 다양한 방법이 집단 과정을 구성한다는 믿음을 지닌 집단 구성원들 각각에게 동등한 책임을 두는 것이 이 방식의 특징이라 할 수 있다. 이것은 집단 작업이다. 집단 지도자가 해야 할 일은 언제 어떠한 상황에서 이 작업이 마무리될 수 없는지에 대하여 알려 주는 것이다.

집단과 작업하는 또 다른 방법은 집단 지도자들이 전체로서의 집단 작업보다는 개인과 각 개인이 형성하고 있는 관계에 보다 집중하고, 이에 대한 조언을 제공하는 것이다. 이러한 집단의 목표는 개인이 다른 사람과의 관계 속에서 경험한 문제들을 함께 살펴보고, 이에 대하여 진솔한 피드백을 나누는 것이다. 이러한 방식으로 작업을 실시하는 집단들은 우울이나 중독을 관리하는 등 보다 명확한 과업을 수행하는 경향이 있다. 이 두 가지 방식은 서로에 대하여 대안적이기 때문에 양자택일이 가능하지만, 대부분의 집단은 필요 시 이 두 가지 방식을 결합하고자 한다. 이는 집단 작업의 실존주의적 모델에 대하여 자세하게 기술한 얄롬(Yalom)의 『쇼펜하우어, 집단심리치료(The Schopenhauer Cure)』(2007)에 잘 나타나 있다.

얄롬(2007)은 집단 심리치료에 대한 연구와 실무를 검토하여 다음의 결론에 도달하였다.

① 지도자들은 네 가지 기능을 갖는다.
- 정서적인 격려 – 도전
- 배려 – 지지와 격려
- 직권의 의미 – 설명과 해석
- 집단 운영에 있어 요구되는 것 – 경계와 역할 유지
- 높은 수준의 배려와 지도자로서의 직권 행사, 중간 수준의 정서적 격려와 경계의 유지는 집단 작업에서 좋은 결과를 이끌어 낼 수 있다.

② 집단 구성원들의 구성에 있어 그 성격이 이질적인 집단은 동질적인 집단에 비해 작업의 기능이 떨어지는 경향이 있다. 왜냐하면 집단 내에서 응집력을 발달시킬 수 있는 기회가 제한되어 있기 때문이다. 익명의 중독 집단 내에 형성된 동질성은 집단 운영의 효과성에 크게 기여한다.

③ 일반 집단은 대인관계와 같은 관계 관련 주제를 다룰 때 보다 잘 기능한다.

④ 집단의 배경이 사회이기 때문에 집단의 조력자가 집단 참가자들의 동기에 대해 해석하거나 설명하는 것은 그들에게 큰 영향을 미친다. 이는 곧 그들이 덜 효과적일 수 있음을 의미한다. 단, 현상학적 집단치료사는 그들 자신의 역할을 다음 사항에 국한시킨다.
- 참가자들의 행동이 어떻게 보이는지 설명한다.
- 참가자들의 행동이 만들어 내는 감정이 무엇인지 설명한다.
- 참가자들의 행동이 집단과 다른 사람들에게 어떠한 영향을 미치는지 설명한다.
- 참가자들이 다른 사람들에게 어떻게 비춰지고, 다른 사람들과 관계를 형성하는 방법이 집단에 어떠한 영향을 미치는지에 대해 명백히 밝힌다.
- 참가자들의 행동이 그들 자신에게 가지고 있는 각 개인의 견해에 어떠한 영향을 미치는지 설명한다.

- 개인이 집단과 다른 구성원들에게 어떻게 기여하고, 그들에 대한 태도가 얼마나 관대한지에 대해 설명한다.
- 집단 구성원들이 고수하는 집단의 목적과 가치를 설명하고, 충돌이 있거나 불명확하고 미해결된 지점들을 지적한다.
- 실존적 도전 과제들이 어떻게 다루어지고 또 어떻게 회피되고 있는지 설명한다.

⏻ Key Points

- 집단에 대한 우리의 태도는 양가 가치 가운데 하나이다.
- 실존주의적 집단 지도자 또는 협력자는 어떻게 실존적 기정사실이 회피되고 거부되는지에 대해 짚어 주는 동시에 개방성과 존중의 모델을 제시한다.
- 대부분의 실존주의 집단 지도자들은 분석적 접근을 지향하는 집단과 개인적 접근을 지향하는 집단을 결합시키는 경향이 있다.
- 현상학적 실무와 마찬가지로 집단 지도자들의 중재는 대부분 해석적이기보다는 기술적이고, 의미 탐색을 지향한다.

삶의 양단에 선 사람들과의 작업

아동 및 청년과의 상담 작업에서 요구되는 전문적인 지식과 기술들은 성인과의 작업에서 요구되는 것 이상 또는 그것과는 다른 형태로 그 전통이 발달되어 왔으며, 이러한 요구들은 전문적인 과정과 맞닿아 있다. 이는 실습 과정에서 전 생애에 걸쳐 일어나는 인간 발달에 대한 강조가 매우 중요함을 반영하는 것으로, 인간 발달에 대한 역설은 치료적 관점을 통해 존재할 수 있다. 예컨대, 정신분석학을 지향하는 훈련 과정에는 아동의 발달 과정에 관한 내용들이 많이 다루어지지만, 다른 과정에서는 거의 다루어지지 않는다.

대부분의 상담자는 아동기를 거침으로써 직접적인 아동기 경험을 가지고 있음은 물론 부모가 되어 자녀를 돌보고 있으면서도 아동들과 작업할 능력이 부족하다 느끼고, 아동에 대해 아는 것이 없다고 주장한다. 추측컨대, 이는 대부분의 성인이 아동에 대한 그들 자신의 경험과 지식에 대한 감각을 잃어버렸기 때문이며, 아동의 연령, 성숙도, 학업 능력, 의학적 진단, 행동 등을 통하여 아동을 표준화 · 객관화시키고자 하는 유혹이 불순한 의도로 강하게 작용한 결과라 할 수 있다. 실존주의적 견지에서, 한 개인은 발달의 한 단계에서 다음 단계로 움직임으로써 성장하지 않는다. 이는 인간 성장의 표준적인 관점을 지향하는 자연과학적 · 생물학적 관점이다.

실존주의적 관점에서 볼 때, 우리는 태어나면서부터 우리의 삶 속으로 '던져졌다'. 또한 우리는 우리가 언제 죽을지 알지 못한 채 우리의 삶에 내던져졌다. 출생에서 죽음에 이르는 삶의 여정에서 우리의 것도, 우리에게 요구된 것(우리의 개인적 존재)도 아닌 우리에게 주어진 그 무엇인가와 함께 삶이 시작되었다. 그리고 우리 삶의 과업은 우리가 죽을 때 개인적으로 소유하고 있는 그 무언가를 잃는 것이다. 인간의 성장에 있어 가장 기본적인 도전 과제는 바로 이러한 모순과 더불어 사는 방법을 발견하고 분투하며 인내하는 것이다. 또한 우리가 인생을 살아가면서 필요로 하는 결정은 무엇이고, 우리에게 요구되는 변화는 무엇인지를 항상 염두에 두고 존재하는 방식을 발견하는 방법에 대해 배우는 것이다. 실존적 관점에서 인간 발달은 점진적이고 유동적이며, 영구적으로 누적되고, 예상치 못한 출생의 순간부터 갑작스러운 죽음의 순간까지를 아우르는 의미 중심적 과정이라 할 수 있다. 연령이 낮은지 높은지, 출생에 가까운지 죽음에 가까운지와 상관없이 모든 사람은 끊임없이 삶의 의미와 목적을 찾고 삶의 모순과 딜레마에 담긴 의미에 대해 이해하고자 노력한다. 이와 같은 견지에서, 비록 죽음으로 인해 인간은 다소 미흡한 완성도를 보이기도 하지만 죽음이 인간의 잠재력을 앗아 간다는 점에서 삶은 항상 불완전하다. 성숙함을 하나의 확실한 의미로 단정지을 수는 없으나, 이는 능동적인 이해의 척도가 될 수 있으며 연령보다는 삶의 환경과 조건 그리고 선택과 긴밀하게 연관되어 있다(Adams, 2013b, 2014).

그러므로 실존주의적 관점에서 볼 때, 성인에 비하여 아동들이 더하거나 덜한 존재가 아니다. 이는 아동과 성인의 경험 간 차이가 없다는 것을 의미하는 것이 아니다. 다만, 성인으로서 우리가 사용하는 규준들이 성인과 아동 간 경험의 차이를 명확하게 판단하기 어렵게 만드는 강한 문화적 걸림돌로 작용하고 있다는 사실을 기억하는 것이 중요함을 피력하고자 하는 것이다. 예컨대, 유럽에서 유년기 이후 아동기에 대한 관심은 비교적 최근에 높아졌으며, 이는 경제적 산물이다. 생물학에 기초한 사고가 종결된 후인 19세기까지 유럽에서는 작업을 수행하는 신체적 능력에 의해서만 사람들을 구분했다. 1870년에 제정된 영국의 「교육법」은 (의존적인) 아동이 (독립적인) 성인이 되는 5세에서 10세 사이의 아동들을 대상으로 의무교육을 실시하였다. 이 연령은 책임이 부여되는 법적 연령으로 공식화되었으며, 이와 같은 법적 연령의 기준은 문화에 따라 매우 다양하다.

아동을 객체화시키는 방식 가운데 하나는 아동이 성숙해지기 위해서는 정해진 단계들을 통과해야 한다는 문화적 지배 구조의 측면에서 사고하는 것이다. 인간 발달에 대한 진지한 검토는 현상학적으로 보다 복잡하고 역동적인 그 무엇인가를 통해서만 가능하다.

우리는 신체적 사실성과 피투성(thrownness)에 대한 본질적 예외 없이 순수한 존재로 태어난다. 우리의 의식은 의미를 창조하기 위해 세상을 비추는 빛과 같고, 이를 통해 아동들은 세상에 존재하는 그 자신과 다른 사람들, 그 위치를 자연스럽게 깨닫게 되며, 자아감이 발달하기 시작한다. '본래의 프로젝트(original project)'와 임의로 선택한 무한대의 기억은 서로 합쳐지고, 비일관적인 경험의 기억은 소수의 일관적인 본래(prototypical) '기억'을 상쇄시킴으로써 자아감이 형성되는데, 이때 아동의 기억은 매우 선택적이고 건설적이라 할 수 있다. 이와 같은 사실은 우리가 타인 및 세상과 형성한 기본적 관계를 전형적으로 보여 준다. 사르트르(1997)가 언급한 바와 같이 이는 유아가 세상에서 그 자신에게 필요한 지식을 서서히 획득해 가는 과정으로, 유아에게 이는 '결정적인 사건'이라 할 수 있다. 인지적 본성보다는 실존적 본성이 보다 강하게 작용하는 인간의 특성상, 본래의 프로젝트가 구현될 가능성이 높고, 딜레마, 역설, 불확실성과 관련하여 세상 내에 존재하는 우리의 위치에 관한 것이기 때문이다.

아동 및 청소년과의 작업

모든 인간의 삶은 유연하고 변화 가능하지만 아동과 성인 사이의 한 가지 분명한 차이점은 성인의 경우 자유와 선택에 대한 두려움을 피하기 위해 이른바 그들의 성격 안에 그들 '본래의 프로젝트'를 보다 장시간 가두어 두고 침전시키고 있다는 점이다. 아동의 경험은 성인에 의해 즉각적으로 잊히고, 병리화되며, 표준화되는 경향을 갖는다. 성인이 되면서 우리는 아동의 유연성, 상상력, 열정을 두려워하게 되는 것 같다.

출생에서 죽음에 이르는 순간까지 인간에게 있어 가장 중요한 과업은 책임을 질 수 있는 일과 그렇지 않은 일 사이의 차이를 이해하는 것이며, 이는 신체적·사회적·심리적·도덕적으로 세상을 이해하는 것과 관련되어 있다. 아동이 성인보다 더하지 않는다면 아동 또한 성인과 동일하게 이러한 세계들과 관련되어 있다. 성인은 그들이 이에 대해 이해했다고 믿지만 아동은 성인이 이해하지 못했다는 것을 알고 있다.

성인과의 작업에 비해 아동 및 청소년과의 작업에서는 책임감이 인정 (acknowledge)보다 중요하게 다루어져야 할 주제라 할 수 있다. 자율성과 책임감의 본질에 근거한 몸부림은 성인만큼이나 아동들에게도 중요한 문제이다. 치료사들은 아동과의 작업에서 보다 섬세하게 안내하고 제안함으로써 아동의 자율성을 묵살하거나 빼앗지 않도록 해야 한다.

그러나 아동과 함께하는 작업에 영향을 미치는 책임감의 문제에는 법적 차원이라는 또 다른 범주가 존재한다. 성인들과의 작업에 있어 그 초석은 그들의 자유 의사에 따라 치료 계약에 동의했다는 것이다. 이는 치료 작업을 시작하기 전에 충족되어야 할 윤리적인 필수 요건이다. 이러한 과정이 없을 경우, 치료 작업은 강요에 의해 불성실하게 이루어지게 된다. 성인들은 그들이 동의한 사항을 잘 알고 있다고 생각한다. 실존주의적으로, 아니 정확히는 법률적으로, 아동들은 합의를 할 수 있는 능력을 가지고 있지 않아서 아동과의 작업은 항상 아동을 대신하여 동의를 구해야 하는 부모와의 작업을 포함한다. 이는 첫 회기가 시작되기 전에는 성명 외에 아무런 정보도 없는 성인들과의 작업과는 달리 아동과의 작업은 항상 다른 사람의 시점에 의해 아동의 과거와 그가 형성하고 있는 관계에 대해 사전에 많은 것을 알 수 있음을 의미한다. 이와 동시에 우리는 매우 특별한 상황 가운데 있는 아동의 관계적 산물을 이해함으로써 아동의 과거와 그가 형성하고 있는 관계에 대한 정보를 채워 나가야 한다. 비밀보장이라는 개념에 대한 아동의 이해 수준은 아동과 함께하는 치료사의 작업이 어떻게 다르며, 동의가 반드시 필요하다는 사실에 대하여 알 권리를 갖는 성인의 그것과는 매우 다르다. 물론 상담은 아동이 생활해 나가고 있는 현재 삶의 환경에 대하여 충실하게 이루어져야 하지만 이는 아동에 대하여 알고 있는 정보를 모두 배제함으로써 아동과의 작업이 보다 복잡해질 수 있다(Scalzo, 2010). 세계 내 존재의 실존적 원리는 관계의 산물이며, 이것이야말로 아동에게 있어 가장 참된 진실이기 때문에 아동과의 작업은 아동이 살아가고 있는 삶의 현실을 반영한다. 이것은 어린 시절을 객관화하고 표준화하는 경향에 대한 저항의 중요성을 한층 가치 있게 만들어 준다.

 **Exercise**

아동기에 대한 질문

1. 당신에게 놀이(paly)는 어떠한 의미인가? 무엇을 하며 놀았는지 설명해 보라.

2. 아동과 성인의 차이는 무엇인가?

3. 당신의 아동기에 대해 설명해 보라. 아동기는 언제 끝났는가?

4. 당신은 아동과의 작업을 좋아하는가? 선호하는 연령과 그 이유는 무엇인가? 아동과의 작업을 좋아하지 않는다면 그 이유는 무엇인가? 아동기에 대한 당신의 인식이 의미하는 바는 무엇인가?

앞서 실존주의적 치료에서 대화가 얼마나 중요한지에 대해 언급한 바 있다. 성인의 행동에 대한 이해를 돕는 원리는 아동의 행동에 대한 치료사의 이해를 돕는 원리와 동일하다. 삶의 정체성과 이해에 대한 우리의 생각은 관계에서 비롯되며 우리가 사용하는 언어는 이러한 관계들과 직접적으로 연관되어 있다.

성인들과 함께하는 작업에서 우리는 깊은 고민 없이 언어를 사용한다. 우리는 대화와 언어를 동의어로 생각한다. 그러나 그렇지 않다는 사실을 아동과의 작업에서 깨닫게 되는데, 성인들이 이해한 언어는 아동이 이해한 언어와는 다소 다르기 때문이다. 이는 언어 문화에서 어려울 수 있으며, 성인들은 각자 다른 언어를 사용하는 데 따른 어려움을 발견할 수 있다. 평소에 쓰는 언어를 사용하는 것이 대화를 발전시키는 유일한 방법이 아니라는 점을 감안한다면 아동과 작업하는 상담자의 가장 중요한 과업은 상담자와 아동이 모두 사용하는 언어 체계를 수립하는 것이라 할 수 있다. 단, 이때 수립한 언어는 자주 사용하는 언어가 아닌 인지적 언어로, 체화되어 놀이, 그리기, 실연을 하는 데 사용될 것이다. 놀이를 통해 체화되어 공유된 언어는 의사소통과 대화의 발달을 돕는다. 이러한 언어는 해석될 필요가 없는데, 잘못된 해석은 오히려 언어 본연의 의미에 대한 오해를 불러일으키고, 아동과 상담자 간에 형성된 라포를 파괴할 가능성이 높다. 왜냐하면 그들이 사용하는 언어는 단순히 한 사람과 다른 한 사람 간의 의사소통에서 요구되는 이해를 돕기 위한 것이기 때문이다. 대부분의 경우 어떠한 단어에 그 무엇인가를 가미하여 해석하고자 하는 시도가 이루어지게 되는데, 결국 그 단어는 사용할 수 없게 된다. 놀이에 대한 몰입과 실행에 뒤따르는 대화는 아동으로 하여금 그 안에 내재되어 있던 자원들을 자유롭게 드러내고 자신의 선택을 재발견하도록 할 것이다.

노인과의 작업

인생의 마지막에 있는 이들과의 치료적 관계는 다른 이들과의 치료적 관계와 흥미로운 차이를 보인다. 이는 치료적 관점이 고연령층에 대하여 언급할 것이 없다는 것을 의미하지도 않고, 이들에 대한 치료가 전문성을 요하는 위치에 있음을 의미하지도 않는다. 노인을 대상으로 한 치료는 주요 치료법으로 다루어지지 않기 때문에 치료사들은 계속해서 노인과의 작업에 대하여 그 내부에 자리 잡고 있는 일상화된 편견을 유지할 수 있게 된다(Nelson, 2011). 노인은 청년에 비해 보다 정형화 · 객관화 · 표준화되어 있다. 노인들과의 작업은 시간 투입이 부족하며 심리치료를 통해 효과를 볼 가능성이 희박하다는 인식이 이미 오래전부터 있어 왔다(Kastenbaum, 1964).

'청년(the young)'과 달리 '노인(the old)'은 그 의미를 정의하는 데 있어 어려움이 따른다. 예컨대, 법적인 의미 규정이 존재하지 않는다. 연령이 문화적 혜택의 수준을 결정짓는 것은 아니다. 다만, 사회적 의무를 면제받을 뿐이며, 서서히 시민으로서의 권리를 박탈당하게 된다. 노인을 일컫는 데 있어 어떠한 단어를 사용해야 할지에 대한 우려의 목소리 또한 높다. 그들은 '나이 많은(old)' '연장의(elderly)' '손윗사람(elder)' '고령자(senior)' '연금 수급자(pensioner)' '조부모(grandparent)'와 같이 다양하게 불리는데, 일반적으로 그 가치를 폄하하거나 거만하게 표현된다. 노인들은 얼마나 늙지 않았는지, 얼마나 어리게 보이는지에 대하여 칭찬을 받는다. 연구자들 또한 고령(old age)의 시작이 언제인지에 대하여 의견의 일치를 보지 못하였지만(Hill & Brettle, 2006), UK라는 표시는 비록 그것이 노인들의 전유물도 아니고 눈에 보이지도 않지만 버스 승차권을 갖고 있는 것과 같다고 할 수 있다. 은퇴는 또 다른 표시이다. 비록 이에 대한 연구가 시작되긴 했지만(Milne, 2013; Edwards & Milton, 2014), 이 또한 눈에 보이지 않는다. 21세기 서양에서 은퇴 나이는 정치적이고 경제적인 이유로 추진되었다.

비록 노인들은 동질 집단으로 정형화되어 있지만, 사실 그들은 매우 이질적인 집단이라 할 수 있다. 또한 정책 입안자가 인식한 바와 같이 노인들이 점점 세상을 떠나게 될 것이고, 2035년에는 영국 인구의 1/3 이상이 65세 이상이 될 것이라는 예상이 지배적이다. 만약 누군가가 말한 것과 같이 노인의 나이가 50세에 시작된다면 노인의 연령층은 40년 또는 그 이상의 시간이 유지됨으로써 두 세대에 가까운 연령대를 형성하게 된다. 2015년 영국에서 예상한 평균수명은 여성이 82세, 남성이 78세였으며, 그 수치는 계속해서 상승하고 있다. 또한 사람들 중에는 나이가 들었어도 건강하고 높은 기능 수준을 보이는 경우가 있는가 하면 그들보다 20~30년이 더 어림에도 불구하고 허약한 경우와 같이 다양한 개인 특성과 사회·경제적 차이가 존재한다(Munk, 2010). 사회적으로 처한 환경으로 인해 끊임없이 일을 해야 하는 남성은 자유롭게 은퇴를 할 수 없다는 문제에 봉착하게 될 것이다. 한편, 여성은 자녀, 부모, 손자손녀, 배우자 등 항상 누군가를 돌보아 왔음을 발견하게 될 것이다. 외모는 남성보다 여성에게 보다 중요하게 다루어지는 문제가 될 것이다. 시몬느 드 보부아르의 저서 『노년(La Vieillesse)』(1970)에는 이러한 모든 문제가 상세하게 설명되어 있으며, 실존주의적 관점에서 나이를 먹어 가는 것에 대해 이해하고, 노인들과 함께하는 치료 작업의 기반을 잘 수립해 두었다.

삶의 최후에 있는 사람들과의 작업은 삶 가운데서 그들이 얼마나 많은 것을 얻고, 잃었으며, 어떠한 고통을 겪었는지에 대하여 그들에게 그 자신의 인식과 경험을 표현하게 해 준다는 점에서 중요하다. 어떤 이들은 그들의 상실과 아픔, 고통을 크게 보이기 위해 지금까지 축적해 온 지혜를 발휘하는 반면, 또 어떤 이들은 쇠퇴와 쇠락으로 인하여 받는 고통의 과정에 집착할지도 모른다. 실존주의 사상들은 상실-결손 모델에 도전하지만, 나이를 먹어 가는 것의 긍정적 요인을 지나치게 강조하는 것이 죽음을 부인하는 치료사의 태도에 의해 보다 극대화된다는 믿음에 대한 반대 입장도 우리는 인정해야 한다. 이는 젊은이들의 편견이다. 모든 실존치료가 지향하는 바와 마찬가지로 삶의 끝자락에 놓인 사람들과의 작업에는 균형 있고 개방적인 접근 방식이 필요하다. 이것은 각기 다른 개인들이 살아오면서 겪었던 수많은 경험을 잘 이해할 수 있는 방법, 삶의 마지막을 마무리하는 과정에서 배운 것들을 수확하기 위한 준비 방법을 찾는 데 초점을 둘 것이다.

나이 들어 가는 것에 대한 질문

1. 30대의 당신 자신을 상상해 보라. 당신은 어떤 사람인가?
2. 나이 들어 가는 것에 대해 당신은 어떻게 생각하는가?
3. 나이 들어 가는 것에 대해 당신은 어떠한 두려움을 갖고 있는가?
4. 나이 들어 가고 있다는 것을 처음으로 느낀 때는 언제였는가?

우리는 앞에서 치료 이론에서 작업 시작의 주안점은 인생이 시작될 때 중요하게 강조하는 사항과 비슷하며, 작업의 종결을 경시하는 태도는 인생의 마지막을 무시하는 태도와 상통한다고 언급한 바 있다. 로라 바넷(Laura Barnett)의 저서 『죽음이 치료 공간으로 들어갈 때(When Death Enters the Therapeutic Space)』(2008)는 이 주제에 대하여 다룬 몇 안 되는 저서 가운데 하나이다. 더욱이 IAPT(Improving Access To Psychological Therapies, 심리치료에 대한 접근성 확대-역자 주)의 노력에도 불구하고, 65세 이상의 사람들은 대표하는 인물이 불충분한 내담자 집단(2014~2015년 전체 소계 중 0.8%)일 뿐 아니라 가장 높은 회복률을 나타냈다(Health & Social Care Information Centre, 2015). 작업은 보통 상담자와 동년배이거나 상담자보다 낮은 연령의 사람들과 이루어지는 것이 대부분이다. 많은 문화권에서 죽음과 삶의 마지막에 대한 언급을 피하는 것은 어렵지 않게 발견할 수 있다. 이와 같은 사실은 문화뿐 아니라 개인적 차원에서도 입증된 사실임이 여러 연구에서 밝혀졌는데(Woolfe & Biggs, 1997), 노인들과의 작업을 꺼리는 치료사의 태도에는 노화와 사망에 대한 치료사 자신의 두려움이 반영되어 있다. 그럼에도 불구하고 나이 든 성인들과의 작업을 통해 그들에 대한 지식을 갖는 것은 노화와 사망에 대한 치료사 자신의 두려움과 불안에 직면할 수 있는 기회가 될 것이다.

나이 든 사람들이 치료를 받는 문제가 사망 및 죽어 가는 것과 직접적으로 연관되어 있다고 생각하기보다는 지금까지 살아온 날들보다 앞으로 살아갈 날이 얼마 남지 상황에서 매일 부딪혀야 하는 도전과 관련된 주제들로 치료의 내용을 재구성하는 것이 좋다.

실존주의적 관점은 병리학, 성취 및 적응만을 강조한 전통적인 상담 모델의 대안이 될 수 있다는 점에서 은퇴와 같이 발달 과정상 중요한 사건뿐 아니라 개인적·철학적 접근을 통해 상실, 죽음, 분리 등과 같은 주제를 다룰 수 있다.

어떤 의미에서 노인 내담자 집단은 여느 다른 내담자 집단과 다르지 않다. 현상학적으로 우리는 연령과 관계없이 내담자 그들 자체로 모든 개인과 작업을 한다. 그렇다고는 해도 현상학은 맥락과 개인에 민감하기 때문에 모든 상담 작업은 다를 수밖에 없다. 우선 70대와 80대 사람들은 치료가 무엇인지 잘 알지 못하고 정신분석학적인 추정 또한 불가능하다. 이는 상담이 덜 형식적이 되도록 해 주고, 결과적으로 치료사로 하여금 내담자가 치료를 통해 달성하고자 하는 것이 무엇인지 이해하기 위해 보다 적극적으로 열중할 수 있게 해 준다. 일반적인 상담 관계로의 시작은 보다 즐겁고 유익한 목가적 우정을 형성할 수 있도록 해 줄 것이다.

실존적 변화는 우리의 삶에 부여된 것에 직면하여 겸손과 관련되어 있으며, 상담자의 기술(skill)과 자신감은 죽음에 직면하여 겸손할 능력과 연관되어 있다. 나이 든 사람들에게 심리치료가 유익하지 않을 수도 있다는 편견과 모순되게 오바크(Orbach, 1999)와 얄롬(2011, 2015)은 아마도 노년만큼 자기

인식 기능이 강력하게 작용하는 연령대는 없을 것이라고 하였다. 가장 효과적인 치료에서는 사망 및 임종과의 대립이 치료사와 내담자 모두에게 삶의 성취와 가치에 대한 재평가를 가능하게 해 준다. 이러한 의미에서 나이 든 사람들은 삶의 중요한 실존적 딜레마를 드러내는 데 있어 특별한 방법을 가지고 있다. 치료사들은 죽음이 이론적으로 논의될 수 없으며, 죽음에 대한 이야기는 항상 '나의 죽음'에 대한 것임을 이해하게 될 것이다(Cooper & Adams, 2005).

보부아르(1970)는 "우리는 속임수를 멈추어야 한다. 우리 삶의 전체적인 의미는 우리를 기다리고 있는 미래에 대한 질문 속에 있다……. 나이 든 존재로서 우리 자신을 인식하자."라고 하였다.

이와 같은 자문의 과정은 일반적으로 죽음이 아닌 상실에 대한 생각에서 시작된다. 실존과 관련된 가장 큰 문제는 임박한 죽음과의 만남이라 할 수 있다. 개인이 이와 같은 상실을 다루는 방법은 이전에 겪은 상실의 경험과 직접적으로 연관되어 있으며, 이러한 원리는 내담자와 치료사 모두에게 동일하게 적용된다. 만약 치료사가 "내가 앞으로 3개월밖에 살지 못한다면 남은 삶을 어떻게 살아야 할까?" 또는 "나는 언제 은퇴할까?"와 같은 질문을 자신에게 던지는 데 망설인다면, 이러한 그들의 회피는 내적 분리에 대한 내담자의 생각을 악화시키기만 할 것이다. 치료사들이 보다 두려워하는 것은 나이를 먹어 가는 것에 대한 것으로, 이는 내담자들 또한 그들이 미래에 맞이할 죽음에 대해 인정하는 것을 회피할 것이라는 고정관념을 형성하게 된다. 젊은 사람들에 비해 죽음에 대해 보다 큰 불안을 안고 살아가는 노인들은 노인차별주의를 수용하고 병리적 노화를 경험하는 경향이 높다.

실존주의의 최대 쟁점은 치료사와 내담자의 경우 그 자신이 존중하는 연령대가 각각 존재한다는 전제일 것이다. 치료사들이 그들의 부모와 동일한 연령대의 누군가와 이야기를 나누는 것은 쉽지 않을 것이고, 내담자는 그들의 자녀와 동일한 연령대의 누군가와 이야기를 나누는 것이 쉽지 않을 것이다. 치료사에게 있어 이것은 그들 자신과 그들 부모의 노화 또는 죽음에 대해 생각하게 할 것이고, 내담자에게 있어 이것은 앞으로 더 많은 삶의 시간이 남은 젊은 세대들에 대해 떠올리게 할 것이다. 치료사들에게 있어 그들의 내담자들로부터 다른 세대의 경험에 대하여 배울 준비가 되어 있다는 것은 매우 중요하다. 이것은 나이 든 사람들과의 작업에 있어서 가장 큰 장애물이다. 나이 든 사람들과의 작업이 치료사들에게 깊은 영향을 미치는 것은 사실이다. 역설적으로 '나이 든 사람들'은 젊음보다 노화를 보다 잘 다룰 수 있으며, 이러한 사실을 공개한다면 젊은이들은 나이 든 사람에게 노화에 대해 매우 많은 것을 배울 수 있게 된다. 나이 든 성인들과의 작업을 도모하는 치료사들은 나이 든 사람들에 대한 그들 자신의 신념과 편견에 대해 잘 알아야 할 뿐 아니라 고령의 사람들이 처한 실존적 현실에 대해 이해하는 데 시간을 할애해야 한다.

랑글(Längle)은 다음과 같이 기록하였다.

> 사람은 그가 살아온 방식으로 나이가 든다. [……] 모든 것은 나이가 들었을 때 보다 명료하게 그 모습이 드러나게 된다. 이러한 사실을 이해하고 받아들이기 위해서는 인간 존재와 관련된 기본적인 질문들에 대하여 우리 자신만의 해답을 찾아야 한다. [……] 인간의 마지막에 대해 침묵하지 않고 자유롭게 이야기하며, 항상 생각할 때 나이 든 사람들을 변함없이 지지하고, 이끌며, 생의 마지막에 대한 그들의 생각을 발달시킬 수 있다(2001: 195).

⏻ Key Points

- 치료사들은 아동과의 작업에서 그들의 자율성을 해치지 않고 자신의 의견을 피력하는 방법에 대해 알아야 한다.
- 젊은 사람들과 나이 든 사람들은 모두 정형화 · 객관화 · 표준화되는 경향이 있다.
- 공통의 언어를 통한 대화의 발달은 단어 자체 이상의 의미를 갖는다.
- 노화에 대한 상실-결핍 모델도, 노화에 대한 부정도 효과적인 치료의 토대가 될 수 없다.
- 죽음과 죽어 가는 것에 직면하는 것은 치료사와 내담자에게 삶의 성취와 가치에 대한 재평가를 가능하게 해 준다.
- 나이 든 성인과의 작업을 도모하는 치료사들은 그들에 대한 자신의 신념과 편견에 대해 반드시 인지해야 한다.

온라인 내용

- 실존주의적 코치로서의 그녀의 작업에 대한 사샤 스미스(Sasha Smith)와의 인터뷰 비디오
- 실존주의적 수퍼바이지로서 그의 경험에 대한 제임스 고든(James Gordon)과의 인터뷰 비디오

전문가의 문제와 도전

고난은 마음을 강하게 한다. 노동이 육체를 강하게 하듯이.

— 세네카

국민의료보험(NHS)[1])의 도전

실존치료와 공공 건강 서비스와의 관계는 모호하다. 자유롭고 개방된 철학적 방식으로 정신건강 분야에 접근하는 실존치료사의 태도는 의학적 모델에 기초한 시스템에 적합하지 않다는 사실을 어렵지 않게 발견할 수 있을 것이다. 정신건강 서비스가 발달할수록 실존적 작업 방식의 채택 가능성은 높아진다. 신체건강 서비스와 정신건강 서비스의 차이는 법정 건강과 사회복지에서 오랫동안 관심의 주제였으며, 지난 십 년 전부터 정부 기관에서 제공하는 치료 서비스는 급속도로 확대되고 있다.

2011년부터 심리치료에 대한 접근도 개선 6개년 계획(Improving Access to Psychological Therapies: IAPT) 프로그램과 '이야기치료(talking therapies)' 4개년 계획이 영국에서 시작되었으며, 이러한 정책들은 우울증이나 불안장애를 보이는 성인의 심리치료를 용이하게 하고, 65세 이상의 사람들이 프로그

---

1) NHS(National Health Service, 세금으로 운영되는 영국의 공공 의료 서비스)

램을 보다 많이 활용할 수 있도록 하는 데 그 목표를 두고 있다. 또한 필요에 따라 이전에는 특진으로만 받을 수 있었던 정신의학 서비스도 이 프로그램과 결합하여 받을 수 있게 되었다. 2014년에서 2015년 사이에 120만 명이 IAPT 서비스에 의뢰되고, 80만 명이 치료 프로그램에 가입하였으며, 이들 가운데 40만 명은 평균 6회기의 치료를 받은 것으로 나타났다(Health & Social Care Information Centre, 2015). IAPT 프로그램은 정신건강과 신체건강을 결합시켜 만성적인 신체 질환자, 의학적으로 설명이 불가능한 신체증상 호소 환자, 중증 정신질환자들에 대한 치료 제공을 그 목표로 하고 있다. 또한 근거에 기반한 심리치료 활용은 물론 내담자의 개인적 치료 욕구와 그들의 사회적 맥락을 강조한다. 연구 결과, 대부분의 환자는 항우울증 약물치료보다는 상담을 선호하는 것으로 나타났다(Schaik et al., 2004). 실제로 Royal College 의 정신과 의사와 개원의들은 '환자들이 상담이라는 방법을 적극적으로 선택함으로써 보다 좋은 결과를 보인다.'고 주장하였다(2008). 데이비드 클라크 (David Clark) 교수 또한 이러한 주장을 지지한 바 있다(Philosophy for Life, 2013).

상담의 효과성을 지지하는 연구를 가능하게 했던 치료 실제에 대한 강조는 영국국립보건임상연구원(NICE)[2]이 인지행동치료 실제를 공식적으로 지지할 수 있도록 해 주고, 그 효과성을 증명하는 방식에 대한 타당성을 인정받는 수준까지 발전할 수 있도록 해 주었다.

치료가 '모든 사람에게 적용될 수 없기(one size fits all)' 때문에 IAPT 프로그램의 중요한 국면은 정확한 평가와 진단이라 할 수 있으며, 이러한 인식을 바탕으로 IAPT 프로그램은 저강도 개입(low-intensity intervention)과 고강도 개입(high-intensity intervention)으로 구분된다.

저강도 개입은 보통 수준의 불안과 우울증 완화를 목표로 하여 독서치료, 과제, 문제해결 등의 기법을 통해 내담자 스스로 자신의 문제를 해결해 나가

---

2) NICE(The National Institute for Health and Care Excellence)

도록 돕는 방식이다. 해당 기법들은 교훈적인 성격을 띠고 있기 때문에 심리 치료보다는 심리교육에 가깝다고 볼 수 있다. 약속된 시간은 매주 1회 50분 이내로, 면대면 만남 이외에도 전화, 채팅, 이메일, 스카이프, 내담자의 컴퓨터 프로그램 등을 통해 이루어진다. 저강도 개입 프로그램은 특별한 훈련을 이수한 심리건강사(psychological wellbeing practitioners: PWPs)라는 전문가들에 의해 실시된다.

한편, 고강도 개입은 심각한 불안과 우울을 보이는 환자들의 증상 완화를 그 목표로 하고 있으며, 저강도 프로그램 참여자들이 당초 예상했던 것보다 심한 증상을 보이는 경우, 고강도 프로그램에 의뢰되기도 한다. 이러한 고강도 프로그램은 일반적으로 면대면 단기치료의 형태를 띠고 있으며, 내담자는 자신에게 가장 적합하다고 판단되는 치료 방법을 선택하여 충분히 훈련된 심리치료 전문가의 고강도 개입을 받게 된다.

IAPT의 중요한 특징 가운데 하나는 근거 기반 상담 원리에 맞게 모든 프로그램이 CORE 양식으로 알려진 질문지를 사용하여 매 회기마다 감독과 평가를 받는다는 것이다.

단기간의 계약으로 이루어지고, 진단이 중요한 역할을 차지하며, 감독 (monitoring)에 기초한 질문지를 사용하고, 양적 평가를 활용하며, 목표가 설정되어 있는 등 IAPT 작업의 특성들은 실존치료사에게 있어 도전으로 여겨질 수도 있다.

다음 장에서 이와 관련된 연구에 대해 살펴보겠지만, IAPT가 갖는 효과성의 증거를 수집하는 문제는 실존치료사가 생각하는 것만큼 그렇게 어렵지 않다.

지금까지 언급한 바와 같이, 실존치료는 그 자체로 연구방법인 현상학에 토대를 두고 있다. 다른 연구방법들과 달리 현상학이 경직되어 있거나 명문화되어 있지 않다는 사실은 해당 원리를 고수하는 한 약점보다는 강점으로 작용한다. 3장에서 살펴본 바와 같이 현상학은 현상학의 원리를 반박하지 않는 가치에 대해서는 무엇이든 수용할 수 있을 만큼 유연한 성격을 갖고 있다.

실존상담과 관련된 학습을 하고, 이와 관련된 훈련을 받은 실존치료사 및 실존상담심리학자는 내담자, 맥락, 조건에 맞추어 계약 기간 및 자신이 활용할 기술들을 조정해 나가게 된다. 실존치료사는 오랜 기간 동안 그러한 문제를 관리하는 훈련을 해 왔고, 실존적 현상학적 상담을 적절하게 채택하여 그 가치를 손상시키지 않는 범위 내에서 상담할 수 있는 방법을 알고 있기 때문이다.

　　실존치료사는 진단의 의학적 원리에 따라 진단 및 감독과 평가에 기초한 질문지의 내용에 대해 질문을 실시하게 되는데, 이러한 활동의 실제적인 목표는 내담자의 치료를 위해 진단이 갖는 의미를 탐구하는 것이라 할 수 있다. 따라서 치료 기법은 진단이 아니라 특별한 상담 관계의 역동에 따라 달라질 수 있다. 여기에서 중요한 것은 실존상담의 본질이 평가와 감독이 수반된 상담관계 형성 및 이러한 작업이 갖는 의미에 대한 이해가 잘 이루어지고 있는가에 대한 평가와 감독, 내담자의 동기 및 역량 향상이라 할 수 있다. 이들은 실존상담 전문가가 반드시 알아 두어야 할 필수요소이다.

　　고강도 개입이 추구하는 목표와 그 맥을 같이 하는 IAPT 프로그램 가운데에는 상담 서비스를 받은 사람들로 하여금 복지 시스템에 대한 요구를 줄이고 자신의 직업에 복귀하도록 도움으로써 경제적으로 자립할 수 있도록 독려하는 사회 · 경제적 내용들이 포함되어 있다. 물론 프로그램이 궁극적으로 추구하는 것은 앞서 언급한 실존적 가치이기는 하지만 경제적 자립이라는 사회 · 경제적인 목표가 내담자에게 있어서는 궁극적 가치보다 우선시될 수 있다는 사실을 기억해야 한다. 그렇다고 해서 IAPT의 목표를 단순히 행동주의에 기초하여 보아서는 안 되는데, 이는 CORE 질문지의 내용이 모든 실존주의 치료사가 기본적으로 사용하고 있는 의미나 존재 기반 질문이라는 점에서도 알 수 있다.

　　실존적으로 볼 때, 삶은 행동과 존재에 관한 것으로, 실존치료의 목표는 내담자가 삶에 대하여 큰 의미와 목적을 가지고 보다 효율적인 삶을 살 수 있도록 하는 것이다. 이는 개방적이고 직접적인 대화를 통하여 내담자의 가치, 태도, 신념, 가정을 실행하는 방식에 대하여 조명하는 것이라 할 수 있다. NICE 의 지침과 동일하다는 점에서 실존주의 상담을 인지행동치료(CBT-based therapies) 방식으로 진행할 수 있다고 생각할 수도 있으나 이러한 방법으로 는 실존치료사만이 지닌 지식과 기술을 대체하지 못한다는 사실을 인정해야 한다(DoH, 2010).

또한 변증법적 행동치료(DBT) 및 우울증 재발 방지를 위한 마음챙김치료 와 같은 제3의 인지행동치료는 이전의 인지행동치료에 비해 이성적 요소들에 보다 많은 주의를 기울이는 경향이 있다. 고강도 개입 치료사들의 교육과정에 포함된 현상학에는 이러한 경향이 잘 나타나 있다(DoH, 2011).

 Key Points

- 현상학은 현상학의 원리를 반박하지 않는 모든 가치를 수용할 만큼 유연하다.
- 실존치료사는 진단의 의학적 원리를 바탕으로 질문을 실시하며, 이러한 활동의 실제적인 목표는 내담자의 문제 해결을 위하여 진단의 의미를 탐구하는 것이다.

연구와 실존치료

근본적으로 연구는 문제를 제기하고 그에 대한 답을 찾는 과정으로 이루어 져 있다. 즉, 이론의 유용성을 검증하고 무엇이 사실인지에 대해 탐색하는 것 이라 할 수 있다. 실존치료 연구가 기여한 바는 성찰적 실제의 특성을 제공하 고, 지혜의 진리와 사랑을 추구하는 실존철학의 실제적인 탐구를 가능케 한다 는 것이다. 실존치료는 현상학적 연구의 원리에 근거하고 있으며, 이는 치료 의 본질과 과정을 탐구하기 위한 방법론을 제공한다. 이러한 점에서 현상학은 심리학 연구와 마찬가지로 중요한 위치를 차지하고 있다.

실존치료는 의미를 탐구하는데, 이때 엄격하지 않고 체계적이지 않은 방법으로 이루어진 연구의 결과는 연구자가 발견하고자 하는 의도의 영향을 받을 것이다. 이는 현상학적으로 검토되지 않은 가설 설정으로 인한 결과라 할 수 있다. 이를 연구 용어로 '충성 효과(allegiance effect)'라 하는데, 이러한 효과가 작용한 연구의 결과는 연구자의 치료 방향과 매우 유사한 경우가 많다. 우리는 우리가 발견한 이론, 우리가 개념화하는 방식이 상담에 대한 우리의 가정에서가 아니라 상담 실제로부터 도출된 것임을 확인할 수 있는 방법을 알아야 한다.

핀레이(Finlay, 2011)는 실존상담이 현상학에 기초해 있음에도 불구하고 그 효과성과 특성에 대한 연구는 거의 이루어지지 않았는데, 그 이유는 연구 설계에 있어 기술적인 어려움이 있기 때문이라고 하였다. 그러나 질적 연구방법 및 양적 연구방법으로 훈련받은 NHS 소속 실존주의 상담심리학자들의 세대가 출현하면서 실존상담을 주제로 한 연구 성과에 변화가 나타나기 시작하였다(Vos et al., 2015; Rayner & Vitali, 2014).

일반적으로 경험을 관찰·평가·반영하는 연구는 성찰적 존재로서의 우리가 과거, 현재, 미래를 통해 연속성과 일관성을 갖도록 하기 위해 이루어진다고 할 수 있다. 이러한 점에서 상담은 치료 밖의 경험을 비롯하여 내담자로서의 경험, 수퍼비전의 영향을 받는다. 이는 상담이 우리의 개인적 경험의 결과이고 가치 있는 지식의 원천인 동시에 우리의 경험 외부에서 비롯된 또 다른 원천, 즉 훈련의 기초를 이루는 이론, 공식적 연구의 결과로부터 나온 이론이라는 사실을 반영하고 있다.

상담자로서 훈련을 받을 때, 이론을 읽고, 이해한 후, 이에 대해 논의하도록 독려를 받게 되는데, 이는 상담자에게 연구 결과를 읽고, 이해하고, 논의할 수 있는 능력이 갖추어져야 함을 의미한다. 실존주의 상담이 지시적 상담 이론이 아닌 정보를 제공하는 상담이론에 기초하고 있다는 사실을 고려하면 실존주의 상담에 대한 연구 또한 지시적 상담에 대한 연구보다는 정보 제공 상담에 대한 연구로 이루어져야 한다. 이는 '환자의 특성, 문화, 선호의 맥락에서 접근한 임상전문가들의 연구를 통합한 상담방법'으로서 근거 기반 상담을 정의한 미국심리학회(American Psychological Association: APA)의 입장과 일치한다고 할 수 있다(APA, 2006: 273). 개인적으로 우리는 상담을 연구함으로써 치료사로서 상담이 갖는 효과성에 대해 검토한다. 이를 위해 치료사는 상담과 관련된 이론과 연구를 탐독함으로써 개인이 갖고 있는 지식의 한계에 대해 인식해야 한다. 실존주의에서 추구하는 시각과 부합된 시각을 가진 치료사는 실존주의의 이론과 철학의 협소한 한계를 넘어서야 하며, 소설 또한 이와 같은 자세로 읽어야 한다. 소설이 개인의 생각을 넓혀 주는 것처럼 연구는 개인으로 하여금 보다 광범위한 직관력을 갖도록 해 준다(Kidd & Castano, 2013). 앞서 언급한 바와 같이, 우리가 발견하는 것은 우리가 발견하기를 기대하는 것으로 기능하게 되는데, 이러한 원리는 연구를 통한 결론 도출과 발견에 있어서도 동일하게 적용된다. 따라서 이전의 연구 결과, 태도, 관점, 선입견에 대해 살피기보다는 우리가 설정한 가정에 도전하거나 반박하는 현상에 관심을 가져야 한다.

이렇게 할 수 있는 한 가지 방법은 임상 작업 내용을 기록하고 이를 수퍼비전에 활용함으로써 치료사로서 우리가 무엇을 하고 있으며, 미처 인식하지 못한 것이 무엇인지를 비판적으로 자각하는 것이다. 이러한 방식으로 작업할 때, 우리는 이미 얻은 답보다는 아직 남아 있는 질문에 초점을 맞추게 될 것이다. 또한 우리는 우리가 진행하는 상담에 대한 질문에 대하여 열린 태도로 응답하는 소통 방식을 가져야 하는데, 이는 치료사로 하여금 상담을 새로운 각도에서 검토하도록 해 준다.

실존주의 상담자들은 자연 과학에 근거해 있고 환원주의와 인과론에 초점을 두고 있다는 점을 들어 전통적으로 양적 연구에 대해 회의적인 입장을 취해 왔다. 양적 연구에 대한 이와 같은 논의는 실존주의 상담이나 치료의 모든 과정이 그 자체로 고유한 성격을 띠고 있음을 의미한다. 이는 의심의 여지가 없는 사실로, 우리 모두가 고유의 인간성을 소유하고 있다는 사실과도 상통한다. 근거 기반 상담을 선호하는 최근의 추세는 무엇이 치료의 효과성과 밀접한 관련성을 갖는지에 대한 논의를 가능하게 해 주는데, 이에 대하여 웜폴드(Wampold, 2001)는 모든 상담 모델에 공통적으로 포함되어 있는 기법적·관계적 요소들의 결합을 제안한다. 이는 '모두가 승자이고 모두가 상을 받아야 한다'는 '도도새 판결(Dodo Bird Verdict)'로 설명되기도 한다. 이러한 주장은 모든 상담이 모든 사람에게 효과적이라는 환원적이고 단순한 결론을 도출함으로써 일면 타당해 보일 수 있으나 이러한 원리는 우리의 사고 발달에 지장을 초래하게 된다. 램버트와 발리(Lambert & Barley, 2001)는 성공적인 치료에 있어 40%는 내담자 요소, 30%는 치료관계가 차지하는 한편, 치료기법은 15%의 영향력밖에 발휘하지 못한다고 하였다. 이에 대해서는 보다 자세한 연구가 이루어져야 할 것이다.

쿠퍼(Cooper, 2008, 2015)는 이론 또는 상상 기반 상담에 비해 근거 기반 상담이 보다 효과적이라는 사실에 기초하여 많은 연구가 이루어졌다고 주장하였다. 그러나 실존적으로 구체적인(또는 비구체적인) 요인별 질문에 대한 답을하기 위해 사고하는 것은 기술적(technological) 사고방식이라 할 수 있다. 실존치료에서의 질문은 우리 삶에 던지는 질문과도 같다. 우리는 삶에서 대단히 흥미롭고 의미 있는 상황들을 발견할 수 있으나 본질적으로 삶은 끝없는 신비이고, 우리의 지식에는 한계가 있음을 인정해야 한다. 공식적·비공식적 연구는 모두 어떠한 사건이 일어날 것이라는 가능성 또는 개연성의 실마리를 제공할 뿐 그 무엇도 단정 지어 말할 수 없다. 실존적·이념적 차원에서 양적 연구에 대하여 반대 입장을 취하면서도 쿠퍼(Cooper, 2015)는 '방법론적 다원주의'를 표방하며 질적·양적 연구의 장점들을 수용하는 자세야말로 21세기 의료보건 시대에 편승하는 것이며, 실존주의가 추구하는 개방성을 보다 잘 반영하는 것이라고 하였다.

공식적으로 발표된 수많은 의학 연구와 심리학 연구 사이에는 큰 차이가 존재한다. 심리치료 연구는 상업적으로 매력이 없기 때문에 이에 대해 연구하는 학문 및 보건 기관들은 연구에 필요한 예산을 확보하지 못하는 경우가 많다. 연구비에는 매우 복잡하고 거대한 윤리적 함의가 내포되어 있다. 심리적

개입은 의학적 개입과 질적으로 다름에도 불구하고 의학적 개입은 의학 연구
는 물론 심리연구를 평가하는 데에도 동일한 기준으로 활용되고 있다. 이는
의학적 개입이 약물치료가 이루어지지 않는 단기 개입인 경우 가능하나 중ㆍ
장기 치료에서는 적용이 어렵다고 할 수 있다. NICE의 지침은 역사적으로 무
작위 대조 연구(randomized controlled trials: RCTs)를 통해 어떠한 지침이 치
료를 위한 것인가에 기초하여 도출해낸 근거로 제작되었다. 이와 같은 기준
에 따라 '매우 우수(excellent)' 판정을 받은 연구는 수많은 유사논문에 대한
체계적 검토 작업에 영향을 미쳤다. 그 다음은 무작위 대조 연구로, 해석적 연
구(interpretive research)는 '우수(good)', 기술적 연구(descriptive research)는
'양호(fair)' 판정을 받았다(Evans, 2003). 여기서 주목해야 할 것은 사례연구방
법이 '부적합(poor)' 판정을 받았다는 사실로, 이는 심리치료 훈련을 받는 사
람들에게 매우 중요한 문제라 할 수 있다.

　무작위 대조 연구는 비용이 많이 들고 복잡하지만 CORE 서식에서 생성되
는 엄청난 양의 자료는 그와 같은 연구를 가능하게 해 주었다. 이러한 무작위
대조 연구의 경우, 증상의 변화를 검증하는 데는 적절하지만 실존적 변화에
적용하는 데는 적절치 않다. 한편, CBT와 같은 치료법에서 보다 손쉽게 주목
할 만한 결과가 도출되는 것은 그러한 치료 방법이 양적 연구자에게 가장 매
력적인 방법이 될 수 있음을 반증한다. 이와 같은 이유로 양적 연구자들은 대
인관계심리치료(interpersonal psychotherapy: IPT)와 역동적 대인관계치료
(dynamic interpersonal therapy: DIT)와 함께 IAPT 프로그램을 선호한다. 실
존치료의 효과성에 대한 양적 연구는 완만한 속도로 이루어지고 있지만 이
가운데 몇몇 연구는 눈에 띄는 결과를 나타내고 있다. 예컨대, 레이너와 비탈
리(Rayner & Vitali, 2014)는 CORE의 목표 성취 서식을 활용하여 그들이 뽑은
표본의 80%가 '중간 정도' 또는 그 이상의 수준에 이르는 연구의 목표에 도
달했다고 하였다.

　이 연구는 실존상담을 주제로 한 연구의 결과가 얼마나 도출되는지를 보여
주는 예로, 엄격한 연구 기준은 물론 NICE 연구 지침 또한 충족시킬 수 없는

전이 가능한 결과가 생산되고 있음을 나타내고 있다.

상담심리학-상담과 심리학 전문가의 관계

심리학과 심리치료는 최근까지도 분리되어 왔으나 그 역사는 매우 유사한 형태를 띠고 있다. 심리학은 19세기 중반, 독립적인 학문으로 시작되었으며 자연과학과 밀접한 관계를 맺고 있다. 심리학은 언제나 엄격한 연구를 기반으로 하기 때문에 그와 관련된 이론들은 양적 연구를 바탕으로 발달되어 왔다. 이와 같이 심리학은 무엇보다 행동의 측정과 기록에 관심을 기울이는데, 이러한 경향은 심리학의 발달 초기에는 학습 이론의 발달로, 그 이후에는 독립적인 학문 분야로써 행동주의의 발달로 이어졌다. 초기에는 쥐나 비둘기 실험이 대부분을 차지했는데, 이는 인간을 포함한 모든 동물이 동일한 방식으로 행동을 학습한다는 원리에 근거하고 있다. 이러한 실험을 통해 발견한 원리는 인간에게도 적용될 수 있다는 것이다. 초기에는 실험을 통해 발견한 원리들을 학습이론에 적용했지만(예: 정신병원에 token economies[3]이 도입됨), 그 이후 심리학은 하나의 학문 분야로 자리 잡게 되었다.

본질적으로 인간을 수동적 · 반응적으로 본 정신분석과 행동주의의 경향성에 대한 반향으로 1940년대에는 인본주의 전통이 출현하게 되었다. 이러한 인본주의 전통은 인간 중심으로 돌아가길 원했고, 심리학이 자연과학보다는 인문학의 영역에 포함되는 것을 목표로 삼았다. 심리학과 상담, 그리고 심리치료는 각각 독립된 영역을 구축해 나갔으며, 실존주의 철학은 키르케고르와 니체가 활동한 19세기 중반 이래로 인간 경험을 기반으로 한 연구를 주창하였다.

1970년대 중반에는 심리학 연구에 급격한 변화가 나타났는데, 이는 행동을 이해하는데 있어 사고와 인지의 역할을 인식하는 것이 매우 중요하게 부각되

---

3) 토큰을 보수로서 주는 행동 요법

었다는 점에서 찾을 수 있다. 이러한 변화는 심리학이 치료의 영역으로 이동하고, 상담과 심리치료 영역에서 인지치료가 부각되는 결과를 낳게 되었다.

이러한 현상은 최근 영국에서 상담심리학 발달의 토대가 되었다. 영국심리학회 내 상담심리학 분과가 1990년에 첫 연례회를 열었으며, 이 책의 저자 중 한 명인 에미 반 두르젠은 상담심리학의 철학적 토대에 대하여 기조연설을 하였는데, 그 자리에서 그녀는 현상학적 연구방법의 중요성을 강조하였다. 영국의 상담심리학 분과는 심리학 이론과 연구를 치료 실제와 통합시키는 데 관심을 두고 지속적으로 현상학적 연구의 발달을 지지하고 있다. 2014년에는 현상학적 원리에 기초하여 세워진 런던 NSPC(New School of Psychotherapy and Counselling) 및 Regent's University를 포함하여 영국의 13개 상담기관이 박사 수준의 상담심리학 훈련을 실시하였다. 상담심리학은 특별한 치료적 관점을 선호하지 않는 대신 실제적·실용적인 관점을 취하고, 치료 관계의 우선성에 기초하여 상담 실제와 연구의 경험적 모델을 선호한다. 13개 기관의 훈련에는 대부분 매우 중요한 실존적 요소를 비롯하여 다른 관점들이 포함되어 있다. 상담심리학은 심리학 연구 전통과 밀접하게 연관되어 있지만, 상담심리학은 자연과학의 양적 연구뿐 아니라 현상학의 질적 연구 전통 또한 수용한다는 점에서 차이가 있다.

올란스와 반 스코욕(Orlans & van Scoyoc, 2008), 그리고 쿠퍼(Cooper, 2009)는 상담심리학의 실제적인 가치를 강조하였으며, 캐스킷(Kasket, 2011)은 상담심리학을 '응용심리학 중 특히 정직하고, 현실적이며, 용기 있는 학문'이라 언급하면서 이를 발전시켜 나갔다. 이는 응용이 매우 중요하다는 사실과 함께 본서의 서두에서 실존상담의 핵심이 일상의 삶에 철학을 실제적으로 적용하는 것이라 강조한 바를 반영하고 있다. 사르트르는 그의 저서 『실존주의와 인본주의(Existentialism and Humanism)』(1973)에서 인간 문제의 과정과 맥락적 본성을 다루는 실제적인 학문으로서 실존주의를 소개하였다.

상담심리학은 일련의 철학적 가치를 추구하는데(Goldstein, 2009), 이에 해당되는 여섯 가지 원리는 다음과 같다.

① 내담자의 주관적 · 상호주관적 경험의 우선순위를 매김.

② 병리를 다루기보다는 성장을 촉진하고 잠재력을 실현하는 데 초점을 둠.

③ 개인의 자율권을 정신적 질병의 부재를 통한 부산물로 보지 않고, 내담자에 대한 권한 부여를 지향함.

④ 민주적 · 비위계적 내담자-치료사 관계에 전념함.

⑤ 보편적 법칙의 한 사례로서가 아닌 고유한 존재로서 내담자를 인식함.

⑥ 사회적 · 관계적 존재로 내담자를 이해함(Orlans & van Scoyoc, 2008).

이러한 원리들은 상담심리학에 실존주의 전통이 잘 녹아들 수 있게 해 준다. 이는 실존주의 상담이 내담자를 기존의 해석적 틀에 공공연하게 또는 은밀하게 끼워 맞추려 하기보다는 내담자로 하여금 자신의 삶 속에 내재되어 있는 진실을 열린 마음과 경이의 태도를 가지고 탐색할 수 있도록 하는 데 그 목표를 두고 있기 때문이다(Milton, 2010, 2012, 2014).

상담심리학과 실존주의는 무엇보다 인간의 의미를 중요하게 여김으로써, 다수의 관점과 다양한 잠정적 의미를 인정한다.

상담심리학은 심리치료와 상담이 인간 본성에 대하여 폭넓게 이해하고, 발전하는 이론과 실제에 대한 탐구의 가치를 이해할 수 있게 해 준다.

상담심리학과 실존치료가 치료 실제와 기술이라는 측면에서 갖는 공통점은 그들이 공유하는 윤리적 가치와 현상학적 실제에 전념하는 태도라 할 수 있다.

인터넷 기술을 이용한 상담

인터넷 기술의 발달은 우리의 삶뿐 아니라 우리의 사고방식과 심리치료 방식을 변화시켰다. 사람들이 인터넷 기술에 익숙해질수록 해당 기술이 일상의 삶과 치료 실제에 통합될 것임은 자명한 일이다.

심리치료와 상담 영역에서 기술적 접근법은 비교적 점진적인 발달을 이루어 왔고, 때로는 의혹을 사기도 하였다. 두 사람이 실제로 같은 공간, 같은 시간에 머물러야 한다는 생각에 기초하여 볼 때, 온라인 상담과 면대면(f2f) 상담은 대조적이라는 의견에 대하여 종종 논쟁이 발생하곤 한다. 이러한 생각이 타당하다 생각된다면 온라인 상담은 면대면 상담이 가지고 있는 모든 긍정적 요소들을 그대로 반영하여 재현해 냈을 것이다. 그러나 현재 온라인 상담은 면대면 상담을 구현하지 않았을 뿐 아니라 오히려 어떠한 치료관계가 효과적인지에 대한 연구를 촉진시키고 있다.

면대면 상담과 온라인 상담은 서로 분리되고 구별된 것이 아니며, 동일한 현상, 동일한 관계의 변형으로, 온라인 상담은 면대면 상담을 보완하고 지지할 수 있는 잠재력을 가진 새롭고, 그 용도가 다채로우며, 유연한 자원으로 여겨진다. 면대면 상담과 온라인 상담은 각각 그 자체로서 일장일단이 있다.

인터넷 기술을 이용한 상담은 런던 NSPC(New School of psychotherapy and Counselling)의 사례에서 알 수 있는 바와 같이 실존주의 상담자들이 훈련을 받고 상담을 할 때 활용된다.

여기에서는 이러한 기술이 우리 삶의 방식에 어떠한 영향을 미치는지 검토하지는 않고, 그 기술이 상담 실제에 제공하는 제약과 기회를 살펴보는 것으로 국한시키고자 한다.

기술은 징에서부터 인쇄기나 그 이상의 기기 사용을 통해 사람들 간의 의사소통을 매개한다. 전화상담은 오랜 기간 상담 실제의 한 부분이었으나 또 다른 매체들이 새롭게 등장하고 있다. 이러한 매체들에는 웹캠, 채팅 및 문자 메시지가 있다. 앞서 언급한 바와 같이 현대의 이러한 상담 방식이 전통적 상담과 갖는 가장 큰 차이점은 지리적 여건이다. 그러나 이 문제는 초기만큼 큰 장애 요인으로 나타나지 않고 있다. 하이데거는 상담에 있어 텔레비전이 거리 문제를 없앨 것이라 하였고, '텔레비전은 머지않아 모든 의사소통 수단을 지배할 것이다.'(1977: 163)라고 예견하였다. 그는 아마 텔레비전보다 훨씬 더 극적으로 시간과 공간의 문제를 해결하는 인터넷을 보면 충격을 받고 놀랄 것이다. 인터넷 매체는 실제로 타인에 대한 우리의 세계-내-존재를 보다 잘 반영하면서 우리를 연결할 수 있다. '함께 존재함(being together)'은 물리적 근접성을 필요로 하지 않는다. 왜냐하면 우리는 공간의 문제를 축소시킬 수 있는 인터넷을 통하여 타인이 어디에 있든지 그들과 함께 있을 수 있기(be together) 때문이다. 이러한 의미에서 '웹-내-존재(being-in-the-web)'는 세계-내-존재를 표현하는 또 다른 방식이라 할 수 있다. 기술이 의사소통 양식을 향상시키고 수정할 수는 있으나 관계성과 상호 이해와 관련된 인간의 근본적인 욕구는 지속적으로 발현될 것이다.

하이데거는 또한 우리가 단순히 '공간(in space)'에 사는 것이 아니라고 하였다. 그는 우리의 실존적 본성의 일부가 공간 내 그리고 공간에 존재한다는 점에서 우리가 공간적이라고 보았다. 따라서 물리적으로 공유하는 공간의 부재 시, 다른 종류의 공간이 발달하게 되고, 가상공간을 공유하게 되는데, 이러한 공간은 전통적인 면대면 상담에서 나타나거나 발생하는 문제보다 덜 가상적이지도, 더 가상적이지도 않게 공유할 수 있는 심적 공간이라 할 수 있다. 어떤 의미에서 이는 정신분석에서 치료사와 내담자 사이에 동등성을 유지하면서 침상(의사의 진료실에 있는 침상)을 사용할 때 발달하는 공간과 유사하다. 로시렌 등은 그의 동료들은 이러한 가상공간을 '원격현실(telepresence)'이라 하였으며, 이 공간은 '물리적 공간을 공유하지 않아도 다른 누군가와 함께 있는 느낌'을 준다고 하였다(Rochlen et al., 2004: 272).

매체와 상관없이, 치료사가 인터넷 기술을 활용하여 상담을 할 때, 치료사와 내담자가 나누는 대화의 주제는 보다 명백해지고, 이들의 관계는 보다 동등해지게 되는데, 이는 치료사와 내담자로서의 관계와 상관없이 이들이 웹 현실에서 만나는 것과 같다고 할 수 있다. 내담자는 치료사와 내담자의 관계에 대하여 보다 많은 정보를 파악하기 위해 인터넷에서 치료사에 대한 정보를 검색하게 되고, 치료사 또한 내담자에 대해 같은 태도를 보일 것이다.

치료적 틀, 즉 공간, 시간, 기법에 있어 나타나는 모든 변화는 치료에 대한 가정에 도전하는 효과를 나타내는 것은 물론 상담 실제에 변화를 줄 수 있는 장점과 단점으로 작용하기도 한다. 연구방법으로 활용되고, 본질적으로 유연하다면, 현상학이 이 모든 변화를 고려하여 수정되지 못할 이유는 없다.

인터넷 상담의 두 가지 주요 범주는 웹캠을 사용하여 서로 보며 동시에 말하는 것이고, 또 하나는 채팅을 통해 메시지를 주고받는 것이다. 이러한 작업들은 동시에 이루어질 수도, 그렇지 않을 수도 있다. 이 외에도 온라인 치료를 통해 내담자를 지원할 수 있는 창조적이고 새로운 방법은 많이 있다. 예컨대, 심리학에 기반한 게임, 검사, 챗봇(인간과 대화를 할 수 있는 로봇), 자조 도구(self-help materials), 국제 공동지원 참여, 전화상담, 기분이나 자살경향을 알아차릴 수 있는 메시지 상담, 치료 과정을 추적하는 방법 등 그 종류는 매우 광범위하고 유용하다고 할 수 있다.

사람들이 이와 같이 새로운 치료 자원이 유익하다고 느끼는 데에는 여러 가지 이유가 있다.

가장 큰 이유는 편리함이다(Chester & Glass, 2006). 온라인 치료는 지리적으로 멀리 떨어져 있거나 신체적 장애가 있을 때 또는 시간을 맞출 수 없을 때와 같은 한계를 극복할 수 있게 해 준다. 또한 자신의 문제를 드러내는 것을 수치스럽게 느끼는 사람들은 특정 개인이 개입되지 않은 치료에서 자신의 문제를 보다 쉽게 드러내는 경향을 발견할 수 있다. 특히 지리와 관련된 문제는 실존적으로 중요한 의미를 갖고 있는데, 실존주의가 중요한 의미를 가질수록 지리적 거리는 보다 중요하게 다루어지게 된다. 현상학적으로 상담하는 상담자는 자신의 가정과 편견의 의미에 괄호치기를 하고, 이를 이해하는 것의 중요성에 대해 인식하며, 전문가로서의 삶과 그 개인의 삶을 사는 데 익숙할 것이다. 한 장소에서 상담해야 한다는 제약에서 자유롭다는 것은 상담자와 내담자가 매우 다른 문화를 가지고 있고, 서로 다른 문화에서 상담하고 있을 가능성이 높다는 것을 의미한다. 또한 같은 장소에서 상담하지 않는다는 것은 상담자와 내담자가 공통의 언어를 사용하기는 하나 서로 다른 기관에 소속되어 있음을 의미할 수도 있을 것이다. 이는 가치의 상대성이라는 실존적 사실을 깨닫게 할 것이고, 상담자나 수퍼바이저가 현실과 실존적 주제에 대하여 스스로 설정한 가정에 의심을 품게 할 것이다. 또 다른 이유는 사생활의 보장, 익명성이 갖는 장점, 다른 사람에게 도움을 구하는 것에 대하여 전통적·사회적 편견으로 인해 발생하는 면대면 상담에의 양가감정 등이 있다.

슐러(Suler, 2004)는 사람들이 사이버 공간에서 행동의 제약을 덜 받는 경향이 있으며, 비대면 상담을 적극적으로 선택하는 사람들은 안전감의 저하보다는 사회적 역할의 축소가 촉진되는 사실을 발견하게 된다고 주장하였다(Leibert & Archer, 2006). 이와 같이 자의식(disinhibition)을 촉진하는 요소는 내담자가 치료사의 집이나 치료사가 선택한 중립적인 공간보다는 자신의 집과 같이 편안함이 느껴지는 공간에서 보다 말을 잘할 것이라는 것이다. 직접 보지 않고 얘기할 때, 상대방은 말하는 사람의 이야기를 보다 민감하게 받아들이게 된다. 이는 마치 원격현실이 내담자로 하여금 실험적이 되게 하고, 감추어져 있던 것이 드러나게 되며, 그 자신의 시간과 속도에 맞추어 그들의 반응을 반영하는 것과 같다. 상담 회기를 기록하는 메시지 상담은 이러한 경향을 보다 많이 나타낸다. 사회적으로 고립되고 불안한 사람들은 면대면 상담보다는 온라인 상담에 보다 쉽게 접근할 수 있다. 그러나 면대면 상담에 익숙해지게 되면 면대면 만남에 대한 선입견에 변화가 일어나게 되는데, 이전에 사람들과의 관계를 회피했던 내담자가 사람들과 새로운 관계를 형성해 나가는 능력을 시험하기 위하여 면대면 상담의 기회를 찾기도 한다. 기술에 친근한 젊은이들의 경우, 온라인 상담이 보다 효과적이라는 근거는 쉽게 찾아볼 수 있다.

물론 익명성이 내담자의 독자성 및 인상관리와 관련되어 있기는 하지만 이것은 온라인 상담에만 존재하는 것은 아니다.

웹캠을 활용한 상담은 상담 작업을 면대면 상담과 보다 유사하게 만들면서도 더 편리하고 지리적으로 쉽게 접근할 수 있는 방법이라 할 수 있다. 웹캠을 이용한 상담이 유용하다는 단서가 사회적으로 미비한 상태이기는 하나 메시지를 이용한 상담에 비해 효과적이고, 익명성과 자의식이 존재하기는 하나 그것이 상담을 방해하는 요소로 작용하는 것은 아니다. 웹캠 상담은 기술의 질에 따라 그 효과가 달라지는데, 선명하지 못하고 이상한 화면, 소리에 대한 반응, 간헐적으로 신호가 끊기는 것 등은 효과적으로 상담에 임하기 어렵게 만드는 요소로 작용한다. 공공 서버를 이용하는 경우, 비밀 보장의 문제 또한 존재한다.

✎ Exercise

1. 당신의 개인적인 글쓰기 역사는 어떠한가?
2. 언제 당신 자신을 이해하는 방법으로 글쓰기를 사용하는가?
3. 인터넷 치료나 수퍼비전에 대한 당신의 경험은 어떠한가?
4. 당신의 삶에서 인터넷 기술은 어떠한 역할을 하는가?

앞서 언급한 바와 같이 메시지 상담은 반(反)직관적으로 보일 수 있으나 면대면 상담과의 '차이에도 불구하고'가 아니라 '차이 때문에' 많은 장점을 내포하고 있다.

치료에서는 저널 쓰기를 포함하여(Thompson, 2010) 글쓰기 방법을 활용하는 것 또한 오랜 역사를 가지고 있으며, 이러한 글쓰기를 통하여 개인의 정서 문제를 다루는 데 있어 그 효과성을 지지하는 증거가 상당수 존재한다.

메시지 상담 작업은 보통 해당 작업이 동시(즉, 상담자와 내담자는 정해진 시간에, 정해진 시간 동안 상담을 하기 위한 만남에 합의한다)에 혹은 비동시(상담자가 메시지를 보내는 시간과 내담자가 반응하는 시간 사이에 간격이 존재한다)에 수행되는지에 대해 고려한다. 이러한 시간 차이는 이메일을 활용한 의사소통과 유사하다. 실제로 메시지 상담과 이메일을 활용한 상담은 차이점보다는 유사점이 더 많다.

마음과 마음이 만나는 느낌, 육안으로 확인할 수 없는 상황, 상담 내용에 대한 철저한 검토는 개인이 자의식을 갖지 않고 상담에 임할 수 있도록 격려한다. 원격현실 세대는 자신의 속도에 맞추어 반응할 수 있고, 상담 내용이 기록되기 때문에 내담자와 상담자는 본인이 원하는 내용으로 되돌아가 그들이 나눈 실제적인 대화를 다시 보고 재경험할 기회를 획득할 수 있게 된다. 이는 면대면 상담에 비해 상담자와 내담자로 하여금 상담의 과정과 내용을 이해할 기회를 보다 많이 부여한다. 이러한 작업이 원활하게 이루어질 때, 상담자와 내담자는 고유한 개인적 속기 문자 언어를 발달시킬 수 있다.

  관계적·자전적 역사를 쓰는 경우, 메시지를 활용한 상담은 내러티브 접근법과 유사한 작업이 된다. 왜냐하면 메시지는 개인적 내러티브가 발달해 가는 과정을 면밀하게 검토할 수 있도록 해 주기 때문이다. 또한 이는 대화담화분석(conversational discourse analysis: CDA) 검토 방식과 매우 유사하다.

  동등성 및 명료성과 관련하여 내담자는 자신이 갖고 있는 문제의 내용과 깊이, 상담회기의 속도를 보다 많이 통제하게 되는데, 이는 내담자의 심리적 안정감을 촉진시키는 역할을 하게 된다. 물론 이와 같은 역동에 익숙하지 않은 상담자들은 불안할 수 있다. 새롭게 타이핑한 내용이 화면에 나타나지 않는 것은 상담에 참여하고 있는 상대방이 생각에 잠겨 있는지, 대기하고 있는지, 멍하게 있는지 불확실하기 때문에 일반적으로 타이핑한 내용은 전송 버튼을 눌렀을 때에만 화면에 나타나게 된다. 대답이 없을 때의 모호한 상태는 개인의 기대, 정서, 불안을 쉽게 투사할 수 있는 빈 화면이 될 수 있다. 따라서 빈 화면에 대하여 신뢰하는 방법을 배워야 한다. 내담자와 상담자에게 있어 그것은 불안과 버림받았다는 느낌의 온상이 될 수도, 친밀감을 공유할 수 있는 자유의 공간이 될 수도 있다. 이러한 공간은 상담에 참여하는 사람들에게 매우 도전적이기 때문에 원격현실의 상호주관적 경험이 파괴되지 않도록 상담자와 내담자 모두에게 100% 완벽한 주의를 요한다.

  메시지 상담의 또 다른 약점은 말하는 것보다 타이핑하는 데 보다 오랜 시간이 걸린다는 사실이다. 이는 상담자와 내담자가 간결하고 핵심적인 언어를 학습해야 함을 의미한다. 어떤 상담자들에게는 이 또한 큰 도전이 될 수 있으나 자신의 생각을 글로 정확하게 표현하는 방법에 대하여 배우는 것은 가치 있는 기술이며, 면대면 상담으로의 전환 또한 가능하게 한다. 경우에 따라서는 온라인 치료를 이메일 상담으로도 변환하여 실시 가능한데, 이때 보다 신중한 개입을 위하여 질문에 대하여 답을 하는 특정 날짜를 정할 수 있다. 이는 스트레스 수준이 높은 내담자에게 매주 1회기의 면대면 상담 외에 치료사와의 이메일 상담을 추가로 할당함으로써 내담자를 지지하는 유용한 방법이 될 수 있다. 이와 같은 방식은 효과적일 수 있으나 분명한 경계가 존재해야 한다.

실존치료에 있어 또 다른 온라인 상담

NSPC는 실존치료사에게 온라인 훈련을 실시하기 위해 유럽 연합의 보조금을 받는 일련의 프로젝트 파트너로 자리매김하였다. 이러한 방식으로 NSPC의 프로젝트는 유럽 연합의 지원을 받아왔으며, 자기개방과 자의식을 주제로 한 엄청난 양의 논문을 산출해 내었다. 온라인 실존주의 치료와 관련된 자료들은 비동시 · 동시 구성 방식으로 심층적인 논의와 대화를 촉발시켰다. 온라인을 활용한 철학적 · 심리적 자원에 대해 직접적으로 언급할 수 있는 능력은 보다 깊은 탐색을 가능케 한다(Deurzen et al., 2006, 2008을 참고하라).

Key Points

- 면대면 상담과 온라인 접근법을 분리되고 구별된 방식으로 보아서는 안 되며, 세계-내- 존재(being-in-the-world)를 밝히는 다른 방식으로 보아야 한다.
- 면대면 상담과 온라인 상담에는 일장일단이 있다.
- 원격현실은 물리적 공간에 함께 있지 않아도 다른 누군가와 함께 있다는 느낌을 준다.
- 인터넷 상담의 장점 가운데 하나는 사회적으로 개인의 자의식을 인정하고, 익명성을 허용한다는 것이다.
- 인터넷 상담은 사회적으로 요구되는 임무가 거의 존재하지 않는다는 점에서 치료사에게 도전적일 수 있다.

온라인 내용

- 실존치료의 효과에 대해 연구한 마크 레이너(Mark Rayner)와의 인터뷰
- 디지털 세대와의 작업에 대하여 연구한 엘라인 캐스킷(Elaine Kasket) 박사와의 인터뷰

10장

종합 및 요약

내가 정말로 필요로 하는 것은 내가 알아야 하는 것이 아니라 해야 하는 일에 대해 명확해지는 것이다. 중요한 것은 나에게 있어 참된 진리를 찾는 것이며, 삶과 죽음을 기꺼이 받아들이기 위한 관념을 찾는 것이다.

―쇠렌 키르케고르

실존치료의 철학적 기초 요약

실존치료사들이 실존주의 치료 관련 연구 문헌의 내용을 상세히 알아야 하는 것은 아니지만 그들의 철학적 관점을 형성하는 데 있어 어느 정도의 규범과 방법은 필요하다고 할 수 있다.

실존주의 철학을 어떻게 정의할 것인지에 대해서는 오랫동안 논의되어 왔지만, 실존적 사고의 특성을 고려할 때 실존주의 철학에 대한 정의에는 논란의 여지가 있으며, 이는 우리에게 생각할 거리를 준다. 실존주의 철학을 정의하는 것은 중요한 문제인 동시에 우리가 신중하게 접근할 문제이기도 하다. 이 문제는 우리가 누구이며, 우리가 추구하는 원칙이 무엇인지에 대해 알아야 한다는 점에 있어 매우 중요하다. 만약 그렇지 않으면 실존주의 철학에 대한 정의는 그 어떤 형태도 갖추지 못한 채 결국 아무 의미도 갖지 못하게 될 것이다. 그러나 실존주의에 대한 정의를 한 번에 내릴 수 있을 것이라는 생각 또한 실수이다. 우리는 그럴 수 없다. 삶은 그렇지 않다. 실존치료를 하나의 유형으로 분류하는 것은 실존치료를 이해하는 데 있어 선택적 · 단편적 · 추상적 개념으로 정의하는 것과 같다. 그리고 엄격한 기준으로 분류하려는 시도에는 회의적인 태도가 반드시 수반되어야 한다. 무엇인가가 흥미롭고 가치를 갖는 때는 그것을 구성하고 있는 것들이 분리되어 있을 때가 아니라 공존할 때라고 할 수 있다. 그와 같은 원칙을 정하는 것은 철학적 · 인식론적인 토대 위에서만 가능하며, 단순히 기술적 · 행동적인 측면만으로는 고려할 수 없다. 만약 우리가 실존치료를 기술적인 용어로 정의하고자 한다면, 실존치료의 정의는 유용하게 쓰일 수 없다. 동물을 생김새와 서식지에 따라 분류한다고 할 때, 박쥐, 두더지, 고래가 각각 새, 지렁이, 물고기와 갖는 공통점을 고려하면 박쥐와 새, 두더지와 지렁이, 고래와 물고기를 같은 무리에 넣게 된다. 비슷한 대상을 비교하기 위해서는 우리가 언급한 것에 대해 확신을 가져야 한다. 이 책의 목적을 달성하기 위해 채택한 원리는 다음과 같다.

맥락에 민감하지 않다면 실존주의 철학과 현상학은 아무런 의미도 갖지 못한다. 이러한 원리들이 작용하는(가능한) 방식은 개인의 특별한 시간과 장소, 그들의 의식과 이해 속에서 개인 및 그들이 추구하는 의미와 목표를 구성하는 방법에 따라 달라진다.

실존적 사고와 현상학은 맥락에 민감하기 때문에 그들은 다른 시간과 장소에서 다른 특성을 정의할 것이다. 이와 같은 사고를 통해 개인은 다른 환경 속에 존재하고 적응함으로써 탄력성과 진실을 획득하게 될 것이다.

이와 관련된 인식론적 원리는 다음과 같다.

① 존재는 본질에 앞선다. 실존치료는 여러 가지 본질이나 소위 개인적 특성보다 인간 실존과 깊은 관련이 있다. 그것은 우리를 둘러싼 주변의 다른 것들이 아닌 우리 스스로 우리 자신이 누구인지를 결정짓는 것이라 할 수 있다.

② 이와 같은 이유로 개인이 그들 자신에 대해 어떻게 생각하며, 자신의 자서전을 어떻게 저술하는지와 관련된 개인의 정체성은 개인에 대한 이해, 책임감, 선택에 있어 가장 중요한 요소라 할 수 있다.

③ 실존치료와 관련된 지식은 모든 지식의 중심을 이룬다. 이러한 지식은 실존치료의 원리 및 현상학과 일치하는 연구방법에 의해 밝혀진 것으로, 자신의 경험을 최대한 살려 설명하는 것이 중요하다는 믿음이 반영되어 있다. 실존치료의 원리와 현상학에서 추구하는 연구방법은 실존치료와 다른 인문과학을 연구하는 데 있어서도 적절한 연구방법이라 할 수 있다.

실존치료 원리 요약하기

매일의 삶에 이러한 철학적 원리들(그리고 상담과 심리치료는 일상의 특별한 예일 뿐이다)을 적용하는 데 있어 다음과 같은 치료 원리가 수반되어야 한다.

- 삶에 대해 깊이 있게 이해하는 것은 물론 삶을 이해하고자 하는 노력 또한 중요하다는 신념이 있다.
- 실존주의적으로 우리는 다른 특정한 모델을 지지하기보다는 특정한 개인의 삶을 개선할 수 있는 삶의 모델을 찾는다. 여기에서 추구하는 지침 원리는 내담자가 무엇을 선택하든 그에 따른 책임감을 가지고 책임을 져야 한다는 것이다. 치료사의 과업은 내담자로 하여금 이것이 가능하도록 하는 것이다. 필연성, 의무감, 책임감이 없는 자유는 존재하지 않는다. 이는 내담자와의 관계 및 삶을 살아가는 법에 대해 논하는 내담자와의 작업에서 우리가 목표로 하는 것이다.
- 우리는 대화를 매개로, 성공을 위한 몰입과 온전한 참여를 요하는 현상학의 원리를 토대로 한 응용철학의 형태를 활용한다. 이는 우리가 수행하는 활동의 영향과 결과를 이해하고 증명하는 데 있어 경험에 대한 신중하고 깊이 있는 설명이 요구됨을 의미한다.
- 우리는 개인의 경험 및 경험의 물리적 · 사회적 · 개인적 · 영적 차원들과

같이 보다 광범위한 환경과 대조를 이루는 개인의 문제에 대해 이를 진심으로 이해할 수 있다는 신념과 개방성을 목표로 한다. 여기서 다루어지는 문제는 순수한 개인적·정신 내적 이슈가 될 수 없다.

• 안녕감에 대한 탐색은 인간의 조건, 삶의 모순, 갈등과 딜레마에 대한 이해와 관련하여 살펴보아야 한다. 또한 그러한 문제들은 역설 및 딜레마가 야기된 맥락을 찾아야 한다. 다만, 이러한 문제들은 한번에, 모두 성공적으로 해결될 수 없으며, 잠정적인 결론을 도출하기 위한 해결책과 문제에 대한 깊은 이해에 기초하여 변증법적으로 해결될 수 있다.

• 개인의 회복력은 삶의 모순과 갈등, 딜레마를 회피하지 않고 해결하고자 할 때 획득할 수 있다.

• 성공적인 결과는 사람을 행복하게 만들거나 삶에서 부딪히는 수많은 문제가 더 이상 존재하지 않도록 하는 것은 아니지만, 삶에서 불가피하게 찾아오는 도전과 어려움을 겪어 나가는 데 있어 필요한 용기를 북돋아 준다.

개인적인 스타일의 개발

이 장에서 우리는 그 철학적 명확성과 그것이 추구하는 가치라는 차원에서 실존적 접근이 다른 접근들과 구분된다는 사실을 알게 되었다. 장차 실존주의 치료사가 되고자 하는 사람들이 해야 할 일은 자신만의 스타일을 계발하는 것이라 할 수 있으며, 이에 이 책에서는 치료사들이 치료에 적용할 수 있는 개입 전략을 제시하였다. 물론 실존치료에서 추구하는 방식이 아닌 다른 방식으로 치료를 할 수도 있으나 다른 사람을 모방하는 것만으로는 발전할 수 없다. 우리는 우리 자신의 이야기에 살고 죽는다. 삶은 심판자인 동시에 교사이다. 실존적 개입은 특정 시간과 장소에서 특정 내담자와 특정 치료사 간 인간적 상호작용에 대한 이해를 통해 이루어진다. 우리는 기술(skill)과 기법

(technique)의 차이를 신중하게 구분해 왔다. 오직 인내와 실패의 경험을 통해 온전한 그 자신이 되어 가는 방식으로서 기술을 설명하였다면 상호 간의 비인간적 전략으로서 기법을 언급해 왔다. 치료사 자신의 기법들은 우리가 사람을 기계로 인식할 때에만 적용 가능하다.

삶이 주는 교훈과 마찬가지로 치료를 통해 얻은 가르침은 항상 우리에게 놀라움을 선사하며, 책이나 일반적인 교육을 통해 완벽하게 요약되어 전달될 수 없다. 인간은 무의식적으로 다른 사람들로부터 자기 삶의 권한을 부여받아서는 안 되며, 개인의 상황과 존재가 처한 현실에 대하여 이해하는 방법을 스스로 끊임없이 탐색해 나가야 한다.

우리 모두에게는 우리 자신의 관점과 지식에 대한 책임이 있으며, 또한 다른 이의 자율성을 인정해 줄 의무가 있다. 나라는 사람과 치료사로서 나라는 존재가 하는 일 사이의 차이는 치료 환경과 윤리적 경계에 따른 제약이 작용할 때에만 나타나게 된다. 우리는 하나의 인격체로 존재하기 때문에 또한 한 사람의 치료사로 존재할 수 있는 것이다.

삶과 마찬가지로 이 명제를 올바로 이해하는 데는 평생이 걸린다.

온라인 내용

- 실존적으로 작업한다는 것은 어떠한 의미인가, 그리고 우리가 삶에서 만나야 하는 도전들은 과연 무엇인가에 관한 경험 많은 실존치료사 클레어 아널드－베이커(Claire Arnold-Baker)와의 인터뷰 비디오
- 실존치료에서 개개인이 추구하는 스타일의 종류, 실존치료의 다양한 형식에 관한 비디오

부록

추천 문헌

Beauvoir, S. de (1963). *Memoirs of a Dutiful Daughter*. London: Penguin.

Becker, E. (1997). *The Denial of Death*. New York: Simon and Schuster.

Binswanger, L. (1963). *Being-in-the-world* (trans. J. Needleman). New York: Basic Books.

Boss, M. (1957). *The Analysis of Dreams*. London: Rider.

Boss, M. (1963). *Psychoanalysis and Daseinsanalysis*. New York: Basic Books.

Camus, A. (2005). *The Myth of Sisyphus* (trans. J. O'Brien). London: Penguin (original work published 1942).

Cohn, H. (2002). *Heidegger and the Roots of Existential Therapy*. London: Continuum.

Cooper, M. (2003). *Existential Therapies*. London: Sage.

Cox, G. (2008). *The Sartre Dictionary*. London: Continuum.

Cox, G. (2009). *Sartre and Fiction*. London: Continuum.

Cox, G. (2009). *How to be an Existentialist or How to Get Real, Get a Grip and Stop Making Excuses*. London: Continuum.

Danto, A. C. (1991). *Sartre*. London: Fontana.

Deurzen, E. van (2008). *Psychotherapy and the Quest for Happiness*. London: Sage.

Deurzen, E. van & Kenward, R. (2005). *Dictionary of Existential Psychotherapy*. London: Sage.

Fabry, J. (1980). *The Pursuit of Meaning: Viktor Frankl, Logotherapy, and Life*. New York: Harper & Row.

Frankl, V. E. (1964). *Man's Search for Meaning*. London: Hodder & Stoughton.

Friedman, M. (ed.) (1991). *The Worlds of Existentialism*. London: Humanities.

Jacobsen, B. (2007). *Invitation to Existential Psychology*. Chichester: Wiley.

Kierkegaard, S. (1970). *The Concept of Dread* (trans. W. Lowrie). Princeton, NJ: Princeton University Press.

Laing, R. D. (1961). *Self and Others*. Harmondsworth: Penguin.

Laing, R. D. (1967). *The Politics of Experience*. Harmondsworth: Penguin.

Langdridge, D. (2007). *Phenomenological Psychology: Theory, Research and Method*. Harlow: Pearson Education.

Lomas, P. (2005). *Cultivating Intuition: A Personal Introduction to Psychotherapy*. London: Penguin.

Macquarrie, J. (1972). *Existentialism*. London: Penguin.

May, R. (1969). *Love and Will*. London: Norton.

May, R., Angel, E., & Ellenberger, H. F. (1958). *Existence*. New York: Basic Books.

Merleau–Ponty, M. (2005). *The Phenomenology of Perception* (trans. C. Smith). London: Routledge (original work published 1962).

Moran, D. (2000). *Introduction to Phenomenology*. London: Routledge.

Nietzsche, F. (1961). *Thus Spoke Zarathustra* (trans. R.J. Hollingdale). Harmondsworth: Penguin (original work published 1883).

Sartre, J–P. (2000). *Words* (trans. I. Clephane). London: Penguin (original work published 1961).

Schneider, K. (2007). *Existential-integrative Psychotherapy: Guideposts to the Core of Practice*. London: Routledge.

Schneider, K. (2009). *Awakening to Awe: Personal Stories of Profound Transformation*. New York: Jason Aronson.

Schneider, K. (2013). *The Polarized Mind: Why It's Killing Us and What We Can Do about It*. Boulder, CO: University Professors Press.

Smith, J., Flowers P., & Larkin M. (2009). *Interpretative Phenomenological Analysis: Theory, Practice and Method*. London: Sage.

Spinelli, E. (2005). *The Interpreted World: An Introduction to Phenomenological Psychology* (2nd edn). London: Sage.

Spinelli, E. (2014). *Practising Existential Psychotherapy: The Relational World* (2nd edn). London: Sage.

Stadlen, N. (2011). *How Mothers Love: And How Relationships Are Born*. London: Piatkus.

Stolorow, R. (2007). *Trauma and Human Existence*. New York: The Analytic Press.

Szasz, T. S. (1984). *The Myth of Mental Illness*. New York: HarperCollins.

Tillich, P. (2000). *The Courage to Be. London: Yale University Press* (original work published 1952).

Warnock, M. (1970). *Existentialism*. Oxford: Oxford University Press.

Wong, P. (ed.) (2012). *The Human Quest for Meaning: Theories, Research, and Applications*. Hove: Routledge.

Yalom, I. (1989). *Love's Executioner and Other Tales of Psychotherapy*. London: Penguin.

Yalom, I. (2003). *The Gift of Therapy*. London: Piatkus.

소설

J. G. Ballard (1997). *Cocaine Nights*. London: Flamingo.

J. G. Ballard (2006). *Empire of the Sun*. London: Harper.

Simone de Beauvoir (2006). *She Came to Stay*. London: Harper (original work published 1954).

Samuel Beckett (2010). *Malone Dies*. London: Faber and Faber (original work published 1951).

Ray Bradbury (2008). *Fahrenheit 451*. London: Harper (original work published 1953).

Paul Bowles (2004). *The Sheltering Sky*. London: Penguin (original work published 1949).

William Boyd (1987). *The New Confessions*. London: Hamish Hamilton.

William Boyd (2002). *Any Human Heart*. London: Hamish Hamilton.

Mikhail Bulgakov (2007). *The Master and Margarita* (trans. L Volokhonsky & R. Pevear). London: Penguin (original work published 1967).

Albert Camus (2006). *The Outsider* (trans. J. Laredo). London: Penguin (original work published 1942).

Lewis Carroll (2007). *Through the Looking Glass*. London: Penguin (original work published 1871).

J. M. Coetzee (2000). *Disgrace*. London: Penguin.

Joseph Conrad (2007). *Heart of Darkness*. London: Penguin (original work published 1899).

Philip K. Dick (1977). *A Scanner Darkly*. London: Gollancz.

Fyodor Dostoyevski (2003). *Crime and Punishment* (trans. D. McDuff). London: Vintage (original work published 1866).

Fyodor Dostoyevski (2004). *The Idiot* (trans. D. McDuff). London: Penguin (original work published 1868).

Ralph Ellison (2001). *Invisible Man*. London: Penguin (original work published 1952).

Helen Fielding (1997). *Bridget Jones's Diary*. London: Picador.

Johan Wolfgang von Goethe (1998). *Faust* (trans. D. Constantine). London: Penguin (original work published 1790-1832).

William Golding (1997). *Lord of the Flies. London: Faber and Faber* (original work published 1954).

Gunter Grass (2010). *The Tin Drum* (trans. B. Mitchell). London: Vintage (original work published 1959).

Thomas Hardy (1998). *Jude the Obscure*. London: Penguin (original work published 1895).

Joseph Heller (1994). *Catch-22*. London: Vintage (original work published 1961).

Herman Hesse (2012). *Steppenwolf* (trans. D. Horrocks). London: Penguin (original work published 1927).

Patricia Highsmith (1999). *The Talented Mr. Ripley*. London: Vintage.

Nick Hornby (1996). *High Fidelity*. London: Indigo.

Michel Houellebecq (1998). *Whatever* (trans. P. Hammond). London: Serpent's Tail.

Aldous Huxley (2007). *Brave New World*. London: Vintage (original work published 1931).

Franz Kafka (2007). *Metamorphosis and Other Stories* (trans M. Pasley). London: Penguin (original work published 1915).

Nikos Kazantzakis (2008). *Zorba the Greek* (trans. C. Wildman). London: Faber and Faber (original work published 1952).

Jack Kerouac (2011). *On the Road*. London: Penguin (original work published 1957).

Ken Kesey (1973). *One Flew over the Cuckoo's Nest*. London: Picador.

Arthur Koestler (1994). *Darkness at Noon* (trans. D. Hardy). London: Penguin (original work published 1940).

Milan Kundera (2000). *The Unbearable Lightness of Being* (trans. M.H. Heim). London: Faber and Faber (original work published 1984).

Ursula LeGuin (2001). *The Lathe of Heaven*. London: Gollancz (original work published 1971).

Ian McEwan (2001). *Atonement*. London: Jonathan Cape.

Iris Murdoch (2001). *The Sovereignty of Good*. London: Routledge (original work published 1970).

Anthony Powell (1997). *A Dance to the Music of Time*. London: Arrow (original works published 1951–1975).

Marcel Proust (2003). *In Search of Lost Time* (trans. C. K. Scott-Moncrieff). London: Penguin (original work published 1871–1922).

Philip Pullman (2007). *His Dark Materials*. London: Scolastic.

Luke Rhinehart (1999). *The Dice Man*. London: HarperCollins.

Philip Roth (2001). *The Human Stain*. London: Vintage.

Antoine de Saint Exupéry (2011). *The Little Prince* (trans. K. Woods). London: Egmont (original work published 1943).

J. D. Salinger (1994). *A Catcher in the Rye*. London: Penguin (original work published 1951).

Jean–Paul Sartre (2000). *Huis Clos and Other Plays* (trans. K. Black). London: Penguin (original works published 1945, 1951, 1947).

Jean–Paul Sartre (2000). *Nausea* (trans. R. Baldick). London: Penguin (original work published 1938).

William Shakespeare (1604). *Hamlet*.

Muriel Spark (2012). *The Prime of Miss Jean Brodie*. London: Penguin (original work published 1961).

Wallace Stegner (2013). *Crossing to Safety*. London: Penguin (original work published 1987).

John Steinbeck (2006). *Of Mice and Men*. London: Penguin (original work published 1937).

Leo Tolstoy (2003). *Anna Karenina* (trans. L. Volokhonsky & R. Pevear). London: Penguin (original work published 1878).

Salley Vickers (2006). *The Other Side of You*. London: Fourth Estate.

Kurt Vonnegut (2008). *Cat's Cradle*. London: Penguin (original work published 1938).

Oscar Wilde (2009). *The Picture of Dorian Gray*. London: Penguin (original work published 1890).

Irvin Yalom (1992). *When Nietzsche Wept*. London: Harper.

영화

A Beautiful Mind (2001). Ron Howard. USA: Universal Pictures.

A Streetcar Named Desire (1951). Elia Kazan. USA: Warner Bros.

Amadeus (1984). Milos Forman. USA/France: AMLF.

American Beauty (1999). Sam Mendes. USA: DreamWorks.

Anatomy of a Murder (1959). Otto Preminger. USA: Carlyle Productions.

Apocalypse Now (1979). Francis Ford Coppola. USA: Zoetrope Studios.

Avatar (2009). James Cameron. USA/UK: 20th Century Fox.

Barry Lyndon (1975). Stanley Kubrick. UK/USA: Warner Bros.

Being John Malkovich (1999). Spike Jonze. USA: Propaganda Films.

Birdman (2014). Alejandro Iñárritu. USA: Regency Enterprises.

Blade Runner (1982). Ridley Scott. USA/Hong Kong/UK: Warner Bros.

Boyhood (2014). Richard Linklater. USA: Detour Filmproduction.

Braveheart (1995). Mel Gibson. USA: Icon Entertainment.

Breakfast at Tiffany's (1961). Blake Edwards. USA: Jurow-Shepherd.

Breaking the Waves (1996). Lars von Trier. Denmark: Argus Film Produktie.

Cat on a Hot Tin Roof (1958). Richard Brooks. USA: MGM.

Cinema Paradiso (1988). Giuseppe Tornatore. Italy/France: Cristaldifilm.

Citizen Kane (1941). Orson Welles. USA: RKO Radio Pictures.

Cria Cuervos (1976). Carlos Saura. Spain: Elías Querejeta Producciones.

Crimes and Misdemeanors (1989). Woody Allen. USA: Orion Pictures.

Crouching Tiger, Hidden Dragon (2000). Ang Lee. Taiwan/Hong Kong/USA/China: Columbia Pictures.

Death in Venice (1971). Luchino Visconti. Italy: Cinematographica.

Defiance (2008). Edward Zwick. USA: Five & Dime Productions.

Dirty Harry (1971). Don Siegel. USA: Warner Bros.

Donnie Darko (2001). Richard Kelly. USA: Flower Films.

Easy Rider (1969). Dennis Hopper. USA: Raybert Productions.

eXistenZ (1999). David Cronenberg. Canada/UK: Alliance Atlantis Communications.

Fight Club (1999). David Fincher. USA: Fox 2000 Pictures.

Gone with the Wind (1939). Victor Flemming. USA: MGM.

Groundhog Day (1993). Harold Ramis. USA: Columbia Pictures.

Hidden (2005). Michael Haneke. France: Les Films du Losange.

High Noon (1952). Fred Zinnemann. USA: Stanley Kramer Productions.

Hiroshima Mon Amour (1959). Alain Resnais. France/Japan/Mexico: Argos Films.

Ikiru (1952). Akira Kurosawa. Japan: Toho Studios.

Infernal Affairs (2002). Andrew Lau Wai-Keung, Alan Mak. Hong Kong: Media Asia Films.

It's a Wonderful Life (1946). Frank Capra. USA: Liberty Films.

Jean de Florette and Manon des Sources (1986). Claude Berri. France: DD Productions.

Jules and Jim (1962). Francois Truffaut. France: Les Films du Carrosse.

Kes (1969). Ken Loach. UK: Kestrel Films.

Last Tango in Paris (1972). Bernardo Bertolucci. France/Italy: MGM.

Le Cercle Rouge (1970). Jean-Pierre Melville. France/Italy: Rialto Pictures.

Leviathan (2014). Andrey Zvyagintsev. Russia: Russian Ministry of Culture.

M (1931). Fritz Lang. Germany: Nero Film AG.

Memento (2000). Christopher Nolan. USA: Newmarket Capital Group.

Mia Madre (2015). Nanni Moretti. Italy/France: Arte France Cinéma.

Midnight in Paris (2011). Woody Allen. US: Gravier Productions.

Miller's Crossing (1990). Joel and Ethan Coen. USA: 20th Century Fox.

Modern Times (1936). Charlie Chaplin. USA: United Artists.

My Neighbor Totoro (1988). Hayao Miyazaki. Japan: Tokuma.

Once Upon a Time in the West (1968). Sergio Leone. Italy/USA/Spain: Paramount Pictures.

Ordinary People (1980). Robert Redford. USA: Paramount.

Paris, Texas (1984). Wim Wenders. West Germany: Road Movies Filmproduktion.

Red Desert (1964). Michelangelo Antonioni. Italy/France: Film Duemila.

Ride in the Whirlwind (1966). Monte Hellman. USA: Walter Reade Organization.

Rosemary's Baby (1968). Roman Polanski. USA: William Castle Productions.

Seven Samurai (1954). Akira Kurosawa. Japan: Toho Company.

Shame (1968). Ingmar Bergman. Sweden: Lopert Pictures Corporation.

Solaris (2002). Steven Soderbergh. USA: 20th Century Fox.

Stalker (1979). Andrei Tarkovsky. Soviet Union: Kinostudiya.

Talk to Her (2002). Pedro Almodovar. Spain: El Deseo.

Taxi Driver (1976). Martin Scorsese. USA: Columbia Pictures.

The 400 Blows (Les Quatre Cents Coups) (1959). Francois Truffaut. France: Les Films du Carrosse.

The Big Sleep (1946). Howard Hawks. USA: Warner Bros.

The Bridge on the River Kwai (1957). David Lean. UK/USA: Columbia Pictures.

The Discreet Charm of the Bourgeoisie (1972). Luis Bunuel. France: Greenwich Film Productions.

The Elephant Man (1980). David Lynch. USA: Brooks Films.

The Emigrants (1971). Jan Troell. Sweden: Svensk Filmdustri.

The Enigma of Kaspar Hauser (1974). Werner Herzog. West Germany: Werner Herzog Filmproduktion.

The Fifth Element (1997). Luc Besson. France: Gaumont.

T*he French Connection* (1971). William Friedkin. USA: D'Antoni Productions.

The Great Escape (1963). John Sturger. USA: The Mirisch Company.

The Hours (2002). Steven Daldry. USA/UK: Paramount.

The Last Temptation of Christ (1988). Martin Scorsese. USA: Cineplex-Odeon Films.

The Lord of the Rings Trilogy (2001/2/3). Peter Jackson. New Zealand/USA: New Line Cinema.

The Painted Veil (2006). John Curran. China/USA: WIP.

The Passenger (1975). Michelangelo Antonioni. Italy: Compagnia Cinematografica Champion.

The Passion of Joan of Arc (1928). Carl Theodor Dreyer. France: Société Générale des Films.

The Pianist (2002). Roman Polanski. France/Germany/UK/Poland: R.P. Productions.

The Red Shoes (1948). Michael Powell, Emeric Pressburger. UK: The Archers.

The Return (2003). Andrey Zvyagintsev. Russia: Kino International.

The Searchers (1956). John Ford. USA: Warner Bros.

The Seventh Seal (1957). Ingmar Bergman. Sweden: Svensk Filmindustri.

The Shawshank Redemption (1994). Frank Darabont. USA: Castle Rock Entertainment.

The Sound of Music (1965). Robert Wise. USA: Robert Wise Productions.

The Trial (1962). Orson Welles. France/Italy/Germany: Astor Pictures.

The Truman Show (1998). Peter Weir. USA: Paramount Pictures.

Unforgiven (1992). Clint Eastwood. USA: Malpaso Productions.

Viridiana (1961). Luis Bunuel. Spain/Mexico: UNINCI.

Waking Life (2001). Richard Linklater. USA: Detour Filmproduction.

Wings of Desire (1987). Wim Wenders. West Germany/France: Road Movies Filmproduktion.

참고문헌

Adams, M. (2013a). 'Human development from an existential phenomenological perspective: some thoughts and considerations', *Existential Analysis, 24*(1), 48–57.

Adams, M. (2013b). *A Concise Introduction to Existential Counselling*. London: Sage.

Adams, M. (2014). 'Human development and existential counselling psychology', *Counselling Psychology Review, 29*(2), 34–42.

Adams, M., & Jepson, M. (2013). 'Working with violent and abusive relationships', in E. van Deurzen & S. Iacovou (eds), *Existential Perspectives on Relationship Therapy*. Basingstoke: Palgrave Macmillan.

APA (2006). 'Evidenced practice in psychology', *American Psychologist, 61*(4).

Barker, M. (2012). *Rewriting the Rules: An Integrative Guide to Love, Sex and Relationships*. London: Routledge.

Barnett, L. (2008). *When Death Enters the Therapeutic Space: Existential Perspectives in Psychotherapy and Counselling*. London: Routledge.

Barrett–Lennard, G. T. (1998). *Carl Rogers' Helping System: Journey and Substance*. London: Sage.

Beauvoir, S. de (1970). *The Coming of Age* (trans. P. O'Brian). New York: Putnam.

Beauvoir, S. de (1973). *The Second Sex* (trans. H. M. Parshley). New York: Vintage Books (original work published 1949).

Binswanger, L. (1963). *Being-in-the-world* (trans. J. Needleman). New York: Basic Books.

Buber, M. (1958). *I and Thou* (trans. G. Smith). Edinburgh: T&T Clark (original work published 1923).

Cannon, B. (1991). *Sartre and Psychoanalysis: An Existentialist Challenge to Clinical Metatheory.* Lawrence, KS: University of Kansas.

Carroll, M. (2014). *Effective Supervision for the Helping Professions.* London: Sage.

Chester, A. & Glass, C. A. (2006). 'Online counselling: a descriptive analysis of therapy services on the Internet', *British Journal of Guidance and Counselling, 34*(2), 145–160.

Cohn, H. (1997). *Existential Thought and Therapeutic Practice.* London: Sage.

Cooper, M. (2008). *Essential Research Findings in Counselling and Psychotherapy.* London: Sage.

Cooper, M. (2009). 'Welcoming the other: actualising the humanistic ethic at the core of counselling psychology practice', *Counselling Psychology Review, 24,* 119–129.

Cooper, M. (2015). *Existential Psychotherapy and Counselling: Contributions to a Pluralistic Practice.* London: Sage.

Cooper, M. (2016). *Existential Therapies* (2nd edn). London: Sage.

Cooper, M. & Adams, M. (2005). 'Death', in E. van Deurzen & C. Arnold-Baker (eds), *Existential Perspectives on Human Issues: A Handbook for Therapeutic Practice.* Basingstoke: Palgrave Macmillan.

Correia, E. A., Cooper, M., & Berdondini, L. (2014). 'The worldwide distribution and characteristics of existential counsellors and psychotherapists', *Existential Analysis, 25,* 321–338.

Department of Health (DoH) (2008). 'IAPT Implementation Plan: National Guidelines for Regional Delivery'. London: DoH. From www.iapt.nhs.uk/silo/files/implementation-plancurriculum-for-high8208intensity-therapies-workers.pdf (accessed 6. 11. 15).

Department of Health (DoH) (2010). 'Good Practice Guidance on the Use of Self-help Materials within IAPT Services'. London: DoH. From www.iapt.nhs.uk/silo/files/good-practiceguidance-on-the-use-of-selfhelp-materials-within-iapt-services.pdf (accessed 8. 3. 16).

Department of Health (DoH) (2011). 'National Curriculum For High Intensity Cognitive Behavioural Therapy Courses'. London: DoH. From www.iapt.nhs.uk/silo/files/nationalcurriculum-for-high-intensity-cognitive-behavioural-therapy-courses.pdf (accessed 8. 3. 16).

Deurzen, E. van & Arnold-Baker, C. (eds) (2005). *Existential Perspectives on Human Issues: A Handbook for Therapeutic Practice*. Basingstoke: Palgrave Macmillan.

Deurzen, E. van, Blackmore, C., & Tantam, D. (2006). 'Distance and intimacy in Internet psychotherapy training;, *International Journal of Psychotherapy, 10*, 15–34.

Deurzen, E. van, Blackmore, C., & Tantam, D. (2008). 'Evaluation of e-learning outcomes: experience from an online psychotherapy education programme', *Open Learning: The Journal of Open and Distance Learning, 23*(3), 185–201.

Deurzen, E. van & Young, S. (2009). *Existential Perspectives on Supervision*. Basingstoke: Palgrave Macmillan.

Deurzen, E. van (2010). *Everyday Mysteries: Existential Dimensions of Psychotherapy* (2nd edn). London: Routledge.

Deurzen, E. van (2012). *Existential Counselling and Psychotherapy in Practice* (3rd edn). London: Sage.

Deurzen, E. van (2014). 'Structural Existential Analysis (SEA): A phenomenological research method or counselling psychology', *Counselling Psychology Review, 29*(2).

Deurzen, E. van & Hanaway, M. (2012). *Existential Perspectives on Coaching*. Basingstoke: Palgrave Macmillan.

Deurzen, E. van & Iacovou, S. (2013). *Existential Perspectives on Relationship Therapy*. Basingstoke: Palgrave Macmillan.

Deurzen, E. van (2015). *Paradox and Passion in Psychotherapy* (2nd edn). Chichester: Wiley.

DoH (Department of Health) (2008). *Improving Access to Psychological Therapies Implementation Plan: Curriculum for High-Intensity Therapies Workers*. London: Department of Health.

Edwards, W., & Milton, M. (2014). 'Retirement therapy? Older people's experiences of existential therapy relating to their transition to retirement', *Counselling Psychology Review, 29*(2), 43–53.

Esterson, A. (1970). *Leaves of Spring: Study in the Dialectics of Madness*. London: Tavistock.

Fabry, J. (2013). *The Pursuit of Meaning*. Birmingham, AL (original work published 1967).

Finlay, L. (2011). *Phenomenology for Psychotherapists: Researching the Lived World*. Chicester: Wiley-Blackwell.

Frankl, V. (2000). *Man's Search for Ultimate Meaning*. New York: Perseus.

Freud, S. (1923). *The Ego and the Id. Standard Edition 19*. London: Hogarth Press. pp. 1–66.

Fromm, E. (1995). *The Art of Loving*. London: HarperCollins.

Fry, E. (1966). *Cubism*. London: Thames and Hudson.

Gendlin, E. (1996). *Focusing-oriented Psychotherapy: A Manual of the Experiential Method*. New York: Guilford.

Goldstein, R. (2009). 'The future of counselling psychology: a view from inside', *Counselling Psychology Review, 24*.

Health & Social Care Information Centre (HSCIC) (2015). 'Psychological Therapies, Annual Report on the Use of IAPT Services: England—2014/15 Experimental Statistics'. London: HSCIC.

Heidegger, M. (1962). *Being and Time* (trans. J. Macquarrie and E. S. Robinson). New York: Harper and Row (original work published 1927).

Heidegger, M. (1977). *The Question Concerning Technology: And Other Essays*. (trans. W. Lovitt). London: Harper and Row.

Hill, A., & Brettle, A. (2006). 'Counselling older people: what can we learn from research evidence?', *Journal of Social Work Practice, 20*(3), 281–297.

Kasket, E. (2011). 'Counselling psychology research in training and beyond'. Paper presented at the Division of Counselling Psychology Trainee Talk, British Psychological Society, London, November. From www.academia.edu/1705538/Counselling_Psychology_Research_in_Training_ (accessed 16. 12. 13).

Kastenbaum, R. (ed.) (1964). *New Thoughts on Old Age*. New York: Springer.

Kidd, D., & Castano, E. (2013). 'Reading literary fiction improves theory of mind', Sciencexpress. From www.sciencemag.org/cgi/content/full/science.1239918/DC1 (accessed 17. 12. 14).

Kierkegaard, S. (2005). 'That single individual', in *Upbuilding Discourses in Various Spirits: Kierkegaard's Writings,* vol. 15. (trans H. V. Hong). Macon, GA: Mercer University Press (original work published 1847).

Laing, R. D. (1960). *The Divided Self*. London: Penguin.

Laing, R. D., & Esterson, A. (1964). *Sanity, Madness and the Family: Families of Schizophrenics*. London: Penguin.

Lambert, M. J., & Barley, D. E. (2001). 'Research summary on the therapeutic relationship and psychotherapy outcome', in *Psychotherapy: Theory, Research, Practice, Training, 38*(4), 357–361.

Langdridge, D. (2006). 'Solution focused therapy: a way forward for brief existential therapy?', *Existential Analysis, 17,* 359–370.

Langdridge, D., & Barker, M. (2008). *Safe, Sane and Consensual: Contemporary Perspectives on Sadomasochism.* Basingstoke: Palgrave Macmillan.

Längle, A. (2001). 'Old age from an existential-analytical *perspective'*, *Psychological Reports, 89*(2), 211–215.

Leibert, T., & Archer, J., Jr. (2006). 'An exploratory study of client perceptions of internet counseling and the therapeutic alliance', *Journal of Mental Health Counseling, 28,* 69–83.

May, R., Angel, E., & Ellenberger, H. F. (eds) (1958). *Existence: A New Dimension in Psychiatry and Psychology.* London: Simon and Schuster.

May, R. (2015). *The Meaning of Anxiety.* New York: Norton (original work published 1950).

Merleau–Ponty, M. (1962). *Phenomenology of Perception.* London: Routledge (original work published 1945).

Milne, D. (2013). *The Psychology of Retirement: Coping With the Transition from Work.* Chichester: Wiley-Blackwell.

Milton, M. (2010). *Therapy and Beyond: Counselling Psychology Contributions to Therapeutic and Social Issues.* Chichester: Wiley-Blackwell.

Milton, M. (2012). *Diagnosis and Beyond: Counselling Psychology Contributions to Understanding Human Distress.* Ross-on-Wye: PCCS.

Milton, M. (ed.) (2014). *Sexuality: Existential Perspectives.* Ross-on-Wye: PCCS.

Munk, K. P. (2010). 'New aspects of late life depression: Feature article', *Nordic Psychology, 62*(2), 1.

Nanda, J. (2009). 'Mindfulness: a lived experience of existential-phenomenological themes', *Existential Analysis, 20*(1), 147–163.

Neibuhr, R. (1987). *The Essential Reinhold Neibuhr: Selected Essays and Addresses* (ed. R. M. Brown). New Haven, CT: Yale University Press.

Nelson, T. D. (2011). 'Ageism: the strange case of prejudice against the older you', in R. L. Wiener & S. L. Willbourne (eds), *Disability and Aging Discrimination*. New York: Springer.

Nietzsche, F. (1982). 'On truth and lie in an extra-moral sense,' in *The Portable Nietzsche*, (ed. and trans. W. Kaufman). London: Penguin (original work published 1873).

O'Connell, B. (1998). *Solution-Focused Therapy*. London: Sage.

Orbach, A. (1999). *Life, Psychotherapy and Death: The End of Our Exploring*. London: Jessica Kingsley.

Orlans, V., & van Scoyoc, S. (2008). *A Short Introduction to Counselling Psychology*. London: Sage.

Page, S., & Wosket, V. (2014). *Supervising the Counsellor and Psychotherapist: A Cyclical Model*. London: Routledge.

Philosophy for Life (2013). *David Clark on Improving Access for Psychological Therapy* (IAPT). From www.philosophyforlife.org/david-clark-on-improving-access-for-psychological-therapyiapt/ (accessed 8. 3. 16).

Rayner, M., & Vitali, D. (2014). 'CORE blimey! Existential therapy scores GOALS!', *Existential Analysis, 25,* 296–313.

Richards, C., & Barker, M. (2013). *Sexuality and Gender for Mental Health Professionals: A Practical Guide*. London: Sage.

Rochlen, A., Zack, J., & Speyer, C. (2004). 'Online therapy: review of relevant definitions, debates, and current empirical support', *Journal of Clinical Psychology, 60,* 269–283.

Rogers, C. R. (1961). *On Becoming a Person*. Boston, MA: Houghton Mifflin.

Rogers, C. R. (1980). *Way of Being*. Boston, MA: Houghton Mifflin.

Royal College of Psychiatrists/Royal College of General Practitioners (2008). Psychological Therapies in Psychiatry and Primary Care. College report CR151. From www.rcpsych.ac.uk/files/pdfversion/CR151.pdf (accessed 1 Dec 2015).

Ryle, G. (1949). *The Concept of Mind*. Chicago, IL: University of Chicago Press.

Sartre, J–P. (1973). *Existentialism and Humanism* (trans. P. Mairet). London: Methuen (original work published 1946).

Sartre, J–P. (1997). *Existentialism and Human Emotions*. New York: Carol Publishing.

Sartre, J–P. (2002). *The Roads to Freedom* (The Age of Reason, The Reprieve, Iron in the

Soul) (trans. E. Sutton & G. Hopkins). London: Penguin (original works published 1945–1949).

Sartre, J–P. (2003). *Being and Nothingness: An Essay in Phenomenological Ontology* (trans. H. E. Barnes). London: Routledge (original work published 1943).

Scalzo, C. (2010). *Therapy with Children: An Existentialist Perspective*. London: Karnac.

Schaik, D. J. F. van, Klijn, A. F. J., Hout, H. P. J. van, Marwijk, H. W. J. van, Beekman, A. T. F., Haan, M. de & Dyck, R. van (2004). 'Patients' preferences in the treatment of depressive disorder in primary care', *General Hospital Psychiatry, 26*(3), 184–189.

Stadlen, A., & Stadlen, N. (2005). 'Families', in E. van Deurzen & C. Arnold-Baker (eds), *Existential Perspectives on Human Issues: A Handbook for Therapeutic Practice*. Basingstoke: Palgrave Macmillan.

Strasser, F., & Strasser, A. (1997). *Existential Time-limited Therapy*. Chichester: Wiley.

Suler, J. (2004). 'The online disinhibition effect', *Cyberpsychology & Behavior, 7*(3), 321–326.

Tallis, R. (2011). *Aping Mankind: Neuromania, Darwinitis and the Misrepresentation of Humanity*. Durham: Acumen.

Tantam, D., & Deurzen, E. van (2005). 'Relationships', in E. van Deurzen & C. Arnold-Baker (eds), *Existential Perspectives on Human Issues: A Handbook for Therapeutic Practice*. Basingstoke: Palgrave Macmillan.

Thompson, K. (2010). *Therapeutic Journal Writing: An Introduction for Professionals*. London: Jessica Kingsley.

Vos, J., Craig, M., & Cooper, M. (2015). 'Existential therapies: a meta-analysis of their effects on psychological outcomes', *Journal of Consulting and Clinical Psychology, 83*(1), 115–128.

Wampold, B. E. (2001). *The Great Psychotherapy Debate: Models, Methods and Findings*. Mahwah, NJ: Lawrence Erlbaum.

Woolfe, R., & Biggs, S. (1997). 'Counselling older adults: issues and awareness', *Counselling Psychology Quarterly, 10*(2), 189–194.

Yalom, I. (1980). *Existential Psychotherapy*. New York: Basic Books.

Yalom, I. (2007). *The Schopenhauer Cure*. New York: Harper.

Yalom, I. (2011). *Staring at the Sun: Being at Peace with Your Own Mortality: Overcoming the Terror of Death*. London: Piatkus.

Yalom, I. (2013). *Love's Executioner*. London: Penguin (original work published 1989).

Yalom, I. (2015). *Creatures of a Day: And Other Tales of Psychotherapy*. London: Piatkus.

Yalom, I., & Leszcz, M. (2005). *Theory and Practice of Group Psychotherapy*. New York: Basic Books.

찾아보기

내용

저자 소개

Emmy van Deurzen은 실존주의적 접근의 세계적 권위자로서, 리젠트 대학교와 실존주의 아카데미에서 심리치료 및 상담 전공의 단과대학을 설립하였다. 또한 Dilemma Consultancy에서 개인 프랙티스를 하고 있다.

Martin Adams는 런던의 있는 리젠트 대학교와 심리치료 전공이 개설된 한 대학에서 강사로 활동 중에 있으며, 수퍼바이저 겸 개인 프랙티셔너로 활동하고 있다. 그는 또한 조각가이기도 하다.

역자 소개

이동훈(Lee, Dong Hun)
미국 University of Florida 상담심리 박사(Ph.D.)
한국상담심리학회 상담심리사 1급, 한국상담학회 전문상담사 수련감독급
전 전국대학교학생상담센터 협의회 회장
    한국상담학회 대학상담학회 회장
    한국청소년상담원 상담교수
    성균관대학교 카운슬링센터장
현 성균관대학교 교육학과 교수(상담심리교육전공)
    성균관대학교 외상심리건강연구소 소장

이정기(Lee, Jung Kee)

미국 University of Illinois at Chicago, M.Ed. in Psychology and Education

미국 Chicago Theological Seminary, Th. M. & Ph.D. in Theology and Psychology

전 서울신학대학교 상담대학원장

현 한국실존치료연구소 대표

윤영선(Yoon, Yeong Seon)

서울신학대학교 상담심리학 박사

현 한국실존치료연구소 소장

　밝은빛심리상담센터 센터장

　순복음대학원대학교 상담학과 교수

임인구(Lim, In Goo)

서울불교대학원대학교 자아초월상담학 전공

연세대학교 신학대학원 종교철학 전공

서울불교대학원대학교 상담심리학 박사

현 실존상담연구소 소장

　심리학 놀이터 마음과 시선 공동대표

강수운(Kang, Soo Woon)

성균관대학교 교육학과 상담교육전공 박사

현 국립전통예술고등학교 교사

실존주의 상담 및 심리치료의 기술

Skills in Existential Counselling & Psychotherapy, 2nd ed.

2020년 1월 20일 1판 1쇄 발행
2023년 3월 20일 1판 2쇄 발행

지은이 • Emmy van Deurzen · Marten Adams
옮긴이 • 이동훈 · 이정기 · 윤영선 · 임인구 · 강수운
펴낸이 • 김 진 환
펴낸곳 • (주) **학지사**

04031 서울특별시 마포구 양화로 15길 20 마인드월드빌딩 5층

대표전화 • 02) 330-5114   팩스 • 02) 324-2345

등록번호 • 제313-2006-000265호

홈페이지 • http://www.hakjisa.co.kr
페이스북 • https://www.facebook.com/hakjisabook

ISBN 978-89-997-1981-3 93180

정가 20,000원

▌출판미디어기업 **학지사**

간호보건의학출판 **학지사메디컬** www.hakjisamd.co.kr
심리검사연구소 **인싸이트** www.inpsyt.co.kr
학술논문서비스 **뉴논문** www.newnonmun.com
원격교육연수원 **카운피아** www.counpia.com